ua SA
S4E4B

d'ailleurs quoique son grec soit un peu barbare
il loue aussi beaucoup Aretée et Hyppocrate
parmi les modernes latins il dit que le style
de Cornarius ne cede qu'à celuy de Celse
que Sylvius + ou du boys, dont le traité des fièvres a tant
de réputation est au fond un mauvais Auteur.

Quant aux Edons d'Hyppocrate sur lesquelles
M. Freind a travaillé, il dit que celle d'Alde
Manuce est très defectueuse, celle de Froben un peu
meilleure, mais qu'il y a des fautes que Mercurialis
a copié servilement, Que celle de Foesius est
la meilleure quoiqu'elle ne soit pas exempte d'Erreurs,
Que celle de Chartier est extrêmement fautive
M. Freind n'a trouvé pour corriger les fautes de
toutes ses Edons qu'un seul MSS. d'Hyppocrate
dans toute l'Angleterre.

Aureste M. Freind a beaucoup perfectionné le
remede d'Hyppocrate pour guérir les fièvres,
puisqu'Hyppocrate dit luy mesme que de
42. personnes qu'il traita par sa méthode
il en mourut 24.

on trouve ici en latin à la fin du volume un appendix que m'. freind
ajouta a l'Edon de 1726. et qui contient nombre de petits morceaux
                                                  roger
curieux dont une partie extraite des œuvres de bacon.
un petit traité d'un jurisconsulte anglois sur le pretendu privilege
des rois d'angleterre et de france de guérir les ecrouelles en les touchant
et les vies de bactishua medecin arabe et de linacer medecin anglois

Set art. 2367.   Trad.on

Il y a deux Editions de cette histoire de Freind
Celle cy est la meilleure.
L'Editeur en a été M. de Senac actuellement
1.er Medecin du Roy et c'est de luy qu'en est la
Preface adressée à M. helvetius.
L'Ed.on precedente est de 1738. in 8.o 2. Volumes
Le Traducteur est un nommé M. Coulet.
Quant a celle cy elle a été faite par un François
en Angleterre sous les yeux de M. Freind
et corrigée par M. de Senac.
L'Original anglois a été imprimé pour la
1ere fois à Londres en 1725. in fol. in 8.o de 300
Trad.on en Latin de cette Ed.on imprimée avec
le reste des Oeuvres de M. Freind
à Leyde en 1734. et 35.

M. Freind loue beaucoup l'hist.re de la
medecine de M. le Clerc, mais il n'en
approuve pas le plan et a rangé la
sienne dans un ordre tout different.
Cette hist.re quoiqu' excellente a été critiquée
en Angleterre.

M. Freind avoit preludé à cette hist.re de la
medecine par une Trad.on d'une partie des Livres
d'Hyppocrate avec un commentaire sur les Fievres
imp.é en 1713 dans lequel ce sçavant Medecin (M. Freind) porte
des Jugemens sur les anciens Medecins Grecs et
Latins. Le commentaire se trouve dans les Oeuvres
de Freind que j'ay.

M. Freind donne parmi les medecins latins le 1.er
rang à Celse et la 2.de à Coelius Aurelianus,
auteur qui a ecrit en tres mauvais latin, mais qui
est, dit il, au fond tres bon.
Quant aux medecins Grecs il fait le plus grand cas de

HISTOIRE
DE
LA MEDECINE
DEPUIS GALIEN
JUSQU'AU XVI. SIECLE,

Où l'on voit les progrès de cet Art de siécle en siécle, par rapport principalement à la Pratique ; les nouvelles Maladies qu'on a vû naître, & les Noms des Médecins ; avec les circonstances les plus remarquables de leur Vie, leurs Découvertes, leurs Opinions, & enfin leur Méthode de traiter les Maladies.

Traduite de l'Anglois de J. FREIND, *Docteur en Medecine.*

A PARIS,

De l'Imprimerie de JACQUES VINCENT, ruë & vis-à-vis l'Eglise de saint Severin, à l'Ange.

M. DCC. XXVIII.

AVEC APPROBATION ET PRIVILEGE DU ROY.

DISCOURS
SUR L'HISTOIRE
DE
LA MEDECINE,

Adressé à Monsieur HELVETIUS.

ONSIEUR,

 Je vous présente un Ouvrage, dont le mérite n'est pas douteux ; le seul nom de l'Auteur en assûre le succès ; vous connoissez les Ecrits de cet homme illustre ; voici l'idée qu'on nous donne de son caractere & de ses lumieres dans un Livre * Anglois, qui n'est pas peut-être parvenu jusqu'à vous.   * Mémoires de l'Europe.

 M. Freind n'est pas un de ces Sçavans sombres & farouches, qui sont toûjours étrangers dans le monde ; c'est l'homme le plus poli & le plus aimable ; on trouve en lui des charmes auxquels il est difficile de résister ; il répand dans ses Ecrits une force & une douceur qui le rend maître des esprits. On admire dans ses

*

Discours sur l'Histoire

» converſations les agrémens de l'eſprit, la juſteſſe du
» raiſonnement & l'étendue de ſes lumieres. Ses talens
» brillent encore plus dans l'exercice pénible de ſa
» Profeſſion; il n'eſt pas de Medecin plus éclairé, plus
» laborieux, plus heureux que lui. Ses opinions ont
» parmi les Sçavans la même autorité que les ſentimens
» d'Hippocrate; la pureté de ſon ſtyle eſt digne du ſiecle
» d'Auguſte.

*Milord Peterbouroug.

C'eſt à un homme * illuſtre par ſa naiſſance, par ſes lumieres, par ſes actions, que nous devons ce portrait ſi juſte & ſi flateur. M. Freind étoit fort jeune lorſqu'il s'attira ces éloges, que peu de perſonnes méritent dans un âge avancé. Le Public les a confirmez par une eſtime que ce grand homme a toûjours ſoûtenue. On le reconnoît dans Londres pour le plus grand Medecin de l'Angleterre; les petits & les grands ont recours à lui. La Cour qui n'eſt pas un ſéjour qu'il ambitionne, a voulu ſouvent ſe l'approprier.

Mais ces éloges & cette réputation ne ſont pas un titre aſſuré du mérite; le Public, juge ſi éclairé & ſi déſintéreſſé, eſt ſuſpect dans le jugement qu'il fait des Medecins. On lui en impoſe ſouvent par des titres ſpécieux, par des promeſſes hardies, par des ſuccès douteux; les eſprits les plus éclairez ſont crédules ſur l'Art qui intereſſe le plus la vie des hommes. Combien n'a-t-on pas vû de vils empiriques qui ſe ſont heureuſement traveſtis en Medecins aux yeux du Public? Combien ne compte-t-on pas d'ignorans qui ont joui d'une eſtime preſque univerſelle, ſous les déguiſemens les plus groſſiers? Combien d'hommes merveilleux ont quelquefois langui dans l'obſcurité, où le Public qui n'a des yeux que pour les dehors, les a laiſſez à ſa honte

Ceux qui sont initiez dans les mysteres de l'Art sont les seuls juges d'un Medecin; sans leurs suffrages les titres les plus brillans ne seront qu'une décoration passagere, qui ne tire son éclat que de quelque faux jour.

M. Freind a réuni les suffrages des Sçavans & du Public; il a écrit sur beaucoup de matieres avec un succès peu ordinaire: les regles des femmes, sujettes à autant de caprices que leur esprit, paroissoient inexplicables; les symptomes ne présentoient que des contradictions; ce grand génie est remonté à la source de cet écoulement fécond. Dans les plus grandes varietez, dans des phénomenes opposez, il a montré des regles sûres, tirées d'un seul principe, confirmées par l'expérience, & par la raison.

Les Ouvrages d'Hippocrate ont produit des Commentateurs innombrables; les uns servilement attachez aux sentimens des Anciens n'ont été que de fades Apologistes; les autres n'ont fait des efforts que pour justifier de fausses idées. Quelques-uns ont retourné en cent façons des Livres qui n'avoient besoin que de leur forme naturelle; la plûpart n'ont été que de misérables Interpretes, hérissez de grec, diffus en raisonnemens inutiles, stériles en observations. M. Freind a suivi une route bien différente. Hippocrate nous a donné une histoire exacte des Maladies épidémiques: les unes se terminoient par les selles & par les urines; les autres par les sueurs, par les hémorragies, par les vomissemens. Ces crises qui décident du sort des Malades, ont seules attiré l'attention de M. Freind. Il nous a développé leur nature, leur cours, leurs causes; ses réflexions sur la Saignée de la jugulaire, sur les sécretions de la peau & des intestins, sont puisées dans la Physique la plus brillante & la plus exacte.

Cet Ouvrage si utile, & qui sent si peu le Commentaire, quoiqu'il porte ce titre donné par la modestie, a été suivi d'un traité plus hardi. Presque tous les Médecins suivoient aveuglément de vieux préjugez dans le traitement de la petite vérole ; l'idée seule de la purgation les épouventoit. M. Freind qui ne reconnoît d'autre autorité que celle de l'expérience, conduite par les lumieres de la Physique, a secoué cette timidité aussi funeste que l'ignorance ; il a osé le premier appeller au secours un purgatif dans le tems que le pus formé couvre la surface du corps, arrête la transpiration, se répand dans les visceres.

Toûjours avide de connoissances, M. Freind s'est familiarisé avec la Chymie, cette source de secrets utiles & pernicieux, qui ont produit tant de Charlatans & égaré tant de Medecins. Dans ses leçons on voit cette science mysterieuse dépouillée de son obscurité, réduite à des principes, asservie à des regles constantes, brillante d'un nouveau lustre emprunté de la Physique la plus relevée.

Ce sont ces Ouvrages qui ont mis le sceau à la réputation de M. Freind ; mais ce grand homme si riche de son propre fonds, n'a pas dédaigné d'être votre Commentateur : dans un petit traité sur les varietez de la petite vérole, il en parcourt quelques especes sur lesquelles vous n'aviez pas insisté. Il parle d'abord de l'élegance de votre diction : » C'est avec une impatience
» extraordinaire, & avec un plaisir encore plus grand,
» qu'il a lû votre Ouvrage; Maître de l'Art & de l'expé-
» rience, vous avez, dit-il, épuisé la matiere ; selon lui
» on n'y fera pas après vous des découvertes fort essen-
» tielles. Ce témoignage n'est pas suspect dans la bouche

de M. Freind; les éloges ne lui sont pas familiers, & il ne vous connoissoit que par votre Ouvrage quand il a été votre panégyriste; mais il seroit ridicule de justifier des louanges si justes & si désinteressées; le triste lieu d'où elle sont sorties éloignent tout soupçon de flatterie: si elles trouvent des contradictions, ce ne sera pas dans des esprits éclairez par la Theorie, c'est-à-dire, dans ceux qui peuvent seuls être vos juges; vous n'aurez pas même besoin de briguer leur faveur s'ils jettent les yeux sur vos Ouvrages Accadémiques. Ils seront plus portez à étendre les éloges que vous donne M. Freind, qu'à les resserrer.

Les Anatomistes vous doivent des lumieres qu'on n'auroit pas attendu d'un Medecin appliqué au soin des Malades. La structure du ventricule avoit occupé Willis, vous y avez porté des yeux plus éclairez & des mains plus habiles; cette double cravate qui embrasse l'orifice du ventricule, & qui a des usages si merveilleux aux yeux d'un Physicien, a été décrite par vous seul: c'est vous qui nous avez développé la tunique nerveuse, membrane dont le tissu peu connu cede si facilement aux mouvemens les plus opposez. Vous nous avez rendu sensible la structure du velouté & ses mammelons, qui peut-être sont les admirables organes qui pompent le chile. Les travaux du grand Malpighi ne vous ont point découragé; vous avez repris les poulmons après lui; ces fausses idées de vesicules qui avoient passé dans les planches & dans les livres, se sont évanouies sous vos mains. Les replis des vaisseaux qui facilitent la respiration; les ramifications plus nombreuses dans les artéres que dans les veines pulmonaires; le passage du sang dans ces routes; les changemens merveilleux qu'il y souffre

Discours sur l'Histoire remplissent honorablement plusieurs feuilles des Mémoires de l'Académie. Dans ces Ouvrages qui sont les dépositaires des plus illustres travaux de ce siecle, vos recherches éclaireront les Physiciens; ils verront que vous avez méprisé la Théorie aisée & stérile, qui fait l'ennuyeux jargon des Medecins de notre siecle. Pour vous rendre digne de l'estime publique, vous avez cherché dans la structure des corps animez les fondemens de la Medecine; vous avez donné plusieurs années à l'étude de l'Anatomie, occupation dégoutante, qui rebute la délicatesse des Medecins. La Chirurgie, la Chymie, la Physique expérimentale, ont partagé tour à tour votre application. Dans une telle carriere, vous avez suivi les traces de ce grand homme qui a écrit l'Histoire de la Medecine: cet Ouvrage ne pourroit donc paroître sous de meilleurs auspices que les vôtres; mais en vous le présentant on ne lui cherche pas des protecteurs; ils ne sont qu'une foible ressource pour un Ecrivain qui se livre au Public; c'est parce qu'elle peut marcher sans appui qu'on vous présente cette Histoire. Elle est parfaitement digne de vous par les qualitez de l'Historien, par ses succès & par ses vûes.

L'Histoire des Etats & des Empires est un ouvrage dont les plus grands génies ont toûjours redouté les difficultez; aussi les grands Historiens ne sont pas moins rares que les grands Poëtes & les grands Orateurs. L'Histoire de la Medecine n'est pas un Ouvrage moins difficile que l'histoire des Nations; son objet est immense, il embrasse la nature entiere. Un nombre prodigieux de Maladies, leur origine, leurs causes, leurs progrès, leurs changemens, leurs divers remedes, les Ecrivains qui en ont traité, leurs idées, leurs opinions singulieres, leurs variations, leurs disputes, leurs succès, leur caractere, leurs méthodes, voilà l'objet que se propose un Historien qui écrit les annales de la Medecine: les qualitez essentielles à un Ecrivain qui porte sa vûe sur une matiere si étenduë, si obscure, qui entreprend de la débrouiller, se trouvent-elles facilement réunies? Qu'on en juge par les travaux que demande un sujet si épineux; il faut d'abord parcourir l'un aprés l'autre des Ouvrages immenses par leur nombre, effraians par leur volume, ennuieux par les répétitions, fatigans par leur obscurité. Il ne suffit pas de se présenter avec ardeur devant cet assemblage énorme; ces Livres ne s'ouvrent à l'esprit qu'aprés de longs détours; l'étude de la Physique, la connoissance du corps humain, les travaux Chymiques, l'application des remedes, une longue & pénible expérience, sont les fondemens sur lesquels doit être appuiée toute l'Histoire; ce sont là les clefs qui nous doivent ouvrir les Livres des Medecins. Mais aprés ce travail, qui malheureusement est un fardeau trop pésant pour la plûpart des hommes, l'Ouvrage est seulement ébauché. Sans un esprit vaste, qui rassemble, qui compare, qui parcoure d'un seul coup d'œil les monumens de nos prédécesseurs, on ne doit attendre qu'une vaine compilation qui sera le fruit d'une grande lecture faite sans jugement.

Ces difficultez ne peuvent que donner un nouveau lustre à l'Histoire de M. Freind; il a parcouru avec une ardeur infatigable les Ecrivains qui ont traité de la Medecine. Il a pris dans chaque Livre ce qui n'étoit point emprunté; il a remis en possession de leurs découvertes les Auteurs que les Plagiaires avoient dépouillé; il releve ceux que l'ignorance avoit abbaissé; il les présente par tout à la vanité de ces esprits superficiels, qui donnent si libéralement à leur siecle & à leur Nation la perfection de la Medecine & de la Chirurgie; il approfondit les idées des anciens Medecins; il les compare avec les opinions modernes; il porte dans leur théorie les lumieres que nous devons à la circulation; dans les matieres qui paroissent le moins curieuses il découvre des merveilles inconnues aux Physiciens; la dissertation sur les emplâtres nous prouve que tout est une source féconde de phénomenes curieux : ses réflexions sur l'Aneurisme nous montrent quel lustre la Chirurgie pourroit prendre entre les mains d'un Physicien. Mais les lumieres de la théorie ne l'éblouissent pas assez pour l'occuper entierement; il ramene tout à la Pratique, & c'est-là que doivent se terminer nos connoissances ou à l'inutilité : les routes qu'ont suivi nos Prédécesseurs dans le traitement des maladies, sont fidellement représentées dans cet Ouvrage; leurs écarts & leurs détours n'y sont point cachez; M. Freind oppose toûjours son expérience à leur pratique; il abrege leur méthode en répandant sur leurs observations les lumieres de la Physique. Par des chemins qui paroissent opposez, il ramene souvent aux mêmes principes des opinions où l'on n'avoit vû que de la contrarieté. L'esprit, l'érudition, le jugement, la théorie, l'expérience, marchent toûjours ensemble dans cette histoire; les matieres abstraites, tristes, désagréables qui y sont traitées, paroissent n'avoir d'attraits que pour des Medecins; mais M. Freind y séme des agrémens qui peuvent attirer des esprits curieux & délicats.

Une telle histoire est un monument bien plus interessant que les histoires des Empires; ces Ouvrages qui nous

nous rappellent le souvenir des siecles passez, nous offrent peu de vertus & beaucoup de vices, on y voit les miseres où les hommes se sont plongez; on y apprend l'art de détruire des créatures, où l'Etre suprême a bien voulu reconnoître son image; ces objets mêmes si grands dans l'imagination de la plûpart des hommes, sont couverts d'une obscurité que nos recherches augmentent souvent; l'infidélité altere les faits; les tems, les circonstances, les vûes des Princes sont des sécrets inconnus à l'Historien. Dans les monumens les moins douteux la certitude n'accompagne nos esprits que jusqu'à des tems peu reculez; les premiers siecles n'ont envoié jusqu'à nous que des fables où notre vanité croit appercevoir quelques traits de la vérité. Les Ouvrages historiques qui sont plus fideles, ont des bornes fort étroites : nous n'avons que l'histoire de quelques Nations que leur ambition, leur injustice, leurs revers ont rendu célebres. Ces traîts mortifians pour notre curiosité ne portent point sur l'Histoire de la Medecine; elle est le portrait désagréable de nos maux, mais elle nous découvre en même tems les sources de la santé; elle est la dépositaire des soulagemens que l'infirmité humaine a trouvé dans l'industrie des Medecins; elle nous offre des instructions qu'il faudroit attendre d'une expérience, dont les commencemens sont toûjours peu heureux. Une telle histoire est donc un digne objet de notre curiosité; les hommes qui se sont appliquez à réparer les injures auxquelles nos corps sont expofez, méritent dans notre souvenir une place plus honorable que des ambitieux, qui, en s'élevant, n'ont travaillé que pour eux.

    Cette histoire si curieuse, si intéressante, n'est pas

seulement un monument durable de l'esprit, du sçavoir, des recherches de M. Freind: elle est une preuve de son zele pour le bien Public, les vûes qu'il se propose donnent à son histoire un noûveau lustre.

Pour inspirer aux Medecins une nouvelle ardeur, il leur met devant les yeux la gloire de leurs Prédécesseurs: il leur présente des génies supérieurs, cultivez par des belles Lettres, ornez des connoissances de la Physique; infatigables dans la recherche de nos maux, & de leurs remedes, attachez à l'étude des anciens Ouvrages, célebres par leurs succès, maîtres des esprits par leur éloquence, respectez des Grands, aimez du Peuple.

Parmi ces grands hommes on trouve un Oribase, l'homme le plus sçavant de son siecle, le plus habile en Medecine, le plus aimable dans la conversation, l'appui de l'Empereur Julien, son Ministre à Constantinople.

On y voit un Alexandre à qui on éleve des statues parmi les trophées des Conquérans; Un Elpidius, premier Medecin de Theodoric, le dépositaire de ses sécrets, le confident de ses regrets sur la mort injuste de Symmache & de Boëce; Un Etienne, Précepteur de Cosroës, Ambassadeur dans sa Cour, Orateur de la ville d'Edesse; Un Tribunus, qui est envoié en Perse par l'Empereur Justinien, qui conclut une Tréve, qui est chargé de présens par Cosroës, qui obtient la liberté de trois mille Romains.

Il est vrai que ces dignitez sont extrinseques à la Medecine, mais c'étoit le sçavoir qui en avoit revêtu ces grands hommes: s'ils n'eussent été de grands Medecins, ils ne seroient point sortis de l'obscurité.

Les Médecins n'ont pas été moins célebres, selon

M. Freind, par leur éloquence que par les dignitez; leurs Ouvrages peuvent servir de modele aux Ecrivains: dans les Historiens, les Orateurs, les Philosophes, on ne trouve ni plus de clarté dans les raisonnemens, ni plus de justesse dans l'expression : quelques-uns même sont sortis avec éclat des ténébres de leur siecle. Les Sophistes, dont l'étude n'avoit d'autre objet que l'élégance, ne sont pas comparables à Galien. Le grand saint Basile, qu'une santé foible appliqua à la Medecine, a répandu dans ses Ouvrages tous les charmes de l'expression : on trouve dans saint Luc une exactitude que les autres Evangelistes ont négligé; ses expressions sont justes, son style est coulant, facile. Dans des tems moins reculez nous trouvons l'illustre Fernel; les matieres les plus abstraites, les plus désagréables sont semées de fleurs entre ses mains. Tous ces grands hommes qu'a formé la Faculté de Paris, ne sont pas moins admirables par leur éloquence que par leurs lumieres. Des Lecteurs trop séveres regarderont peut-être les beautez du langage comme un ornement étranger à la Medecine, mais l'expression est l'image de la pensée : si le discours est peu exact, confus, mal lié, on peut douter de la justesse de l'esprit ; souvent les défauts de l'expression blessent moins le langage que le bon sens. Qu'on ne dise donc point, pour excuser les négligences du style que la raison est plus brillante sous des dehors négligez; que les soins qu'on donne à l'expression éteignent la force de l'esprit, & lui font perdre de vûe l'objet qui demande toute son application : c'est-là un artifice de la vanité plûtôt qu'une excuse légitime, la raison ne sçauroit excuser ce qui la défigure. Qu'on méprise cette attention scrupuleuse, qui n'a d'autre objet que le choix des termes. Elle est indigne d'un esprit occupé de matieres utiles; mais l'exactitude & la justesse de l'expression est nécessaire dans les Ouvrages de Medecine ; des Traitez qui interessent la vie des hommes ne sçauroient être trop exacts.

Si ces grands Hommes dont nous venons de parler n'étoient que des Ecrivains polis, ils pourroient nous amuser, & ils nous seroient peu utiles. Ils seroient pour nous comme les Poëtes, ces Ecrivains orgueilleux, demi-sçavans, pernicieux, flatteurs, médisans, parasites, que Platon banissoit sagement de sa République. Les plus illustres Medecins n'ont regardé l'élégance que comme un secours ou un assaisonnement. M. Freind les représente comme des hommes infatigables, avides de nouvelles connoissances; la lecture & la pratique partageoient leur tems ; pleins d'estime pour les anciens Maîtres de l'Art, ils étudioient dans leurs Ouvrages les regles qui devoient leur servir de guide : ils joignoient les anciennes observations à leurs expériences ; ils puisoient dans les Livres des instructions, & les Malades leur donnoient des éclaircissemens. Ils recherchoient dans la conversation des Medecins fameux la résolution de leurs difficultez. L'éloignement des lieux n'étoit pas un obstacle à leur curiosité : Alexandre élevé sous les yeux du fameux Cosmas, parcourt l'Italie, la France & l'Espagne. La méditation étoit d'abord l'occupation de Rhazès : plein de la doctrine des anciens Medecins, il va dans la Perse ; il voyage parmi les Barbares, dans l'espérance de recueillir de nouvelles lumieres. Il écoute avec empressement les Botanistes, les Chirurgiens, les Oculistes, les Alchymistes. Le sçavant Avenzoar ne croit pas avilir ses mains par les opérations de la Chirurgie & de la Pharmacie.

Ce n'est pas seulement comme un exemple que le Docteur propose ces grands Medecins ; il les présente comme des sources d'instructions. Je ne sçai par quelle fatalité les anciens Ouvrages sont tombez dans l'oubli ; ils sont inconnus ou méprisez de la plûpart des Medecins ; des faits peu intéressans, des époques incertaines, des inscriptions énigmatiques, des médailles usées, occupent glorieusement la vie d'une infinité de gens vainement laborieux, & des Ouvrages qui brillent d'esprit & d'invention ; qui renferment l'histoire fidelle de nos maux, de leurs périodes, de leurs changemens, de leurs remede ; des Ouvrages, dis-je, la vie des hommes est le seul objet, ne peuvent sortir de l'obscurité où l'ignorance les a plongez. L'antiquité si respectée parmi les Poëtes & les Orateurs est décréditée parmi les Medecins. La doctrine de la circulation, des systêmes sortis des Laboratoires, ont fait disparoître les anciennes opinions ; à l'estime outrée, a succedé un mépris injuste : mais quand on porte dans la Medecine des yeux attentifs, le préjugé se dissipe insensiblement. Dans le brillant de la nouvelle Physique on découvre son insuffisance ; sa clarté ne dissipe pas toutes les ténébres ; on reconnoît qu'on est obligé d'appeller au secours des faits avérez, des expériences réïterées, & qu'on ne peut sans crainte de s'égarer marcher à la lueur de la théorie. On trouve, par exemple, dans la circulation du sang l'explication de plusieurs phénomenes, les sources de plusieurs maladies : mais qu'un

Physicien habile examine les loix de la circulation, les dérangemens qu'y apportent les obstacles, ses effets étonnans dans l'enfance, dans la vieillesse, dans les maladies: avec les connoissances qu'il puisera dans cet examen, pourra-t-il se flatter de connoître les maladies, d'y porter des remedes? Non sans doute. Les Anatomistes qui ont pâli sur des Cadavres, les Botanistes qui ont emploié leur vie à la recherche des Simples & de leurs vertus; les Chymistes, qui, par les feux de leurs fourneaux, croient forcer la nature à se dévoiler, ne sont presque jamais que des Medecins méprisables: ils portent le ravage par tout; leurs lumieres sont plus pernicieuses que l'ignorance; les conséquences les plus natuelles de leurs principes les jettent dans l'égarement; témoin le grand Bellini, c'étoit un génie vaste; la Physique, les Mathématiques, étoient pour lui des sciences familieres. L'Anatomie la plus subtile ne lui étoit pas étrangere; cependant tant de connoissances n'ont été suivies que de succès peu heureux: ce n'est donc pas la seule spéculation qui peut être le guide des Medecins; il faut lui donner d'autres appuis; il faut en spectateurs timides chercher dans la nature elle-même la vérité de nos idées, c'est-à-dire, qu'il faut soumettre la théorie à nos observations; en attendre la confirmation, ou renoncer à l'art de soulager les Malades. Or les observations ne peuvent se tirer que des Livres des Medecins qui nous ont précédez, ou de notre propre expérience: mais nos travaux, peuvent-ils nous donner un fonds assez riche en observations pour n'avoir recours qu'à nous-mêmes, qu'à nos expériences? Quelque étendue que donne notre amour propre à nos foibles lumieres, notre esprit trouvera dans les moindres difficultez des bornes qui arrêteront l'essor de notre orgueil. Les maladies varient, leur nombre, leur complication, leurs difficultez, sont sans bornes. Un esprit qui n'a d'autres secours que lui-même pourra-t-il embrasser un sujet si vaste ? Non, nos lumieres sont trop bornées ; les matieres qui ont été l'objet de tant de recherches en sont une preuve peu flatteuse pour notre vanité : prouvons cela par quelques exemples.

Quoiqu'on dise des parties solides, quoiqu'on reconnoisse ces organes pour les premiers acteurs dans la santé & dans les maladies, ce n'est qu'au dérangement des liqueurs que presque tous nos maux doivent leur naissance. La théorie & l'expérience concourent à établir cette cause, méconnue des anciens Méthodistes, rébutée par les Modernes, poussée trop loin par les Medecins vulgaires. Or quel est le Physicien qui connoisse exactement la nature des fluides, qui arrosent le corps humain ; qui puisse suivre les loix qui les forment ; les dégrez par lesquels ils dégénerent. Le sang où Boerhave ne reconnoît qu'un savon ; où Lewenoek n'apperçoit que des globules entassez, où un Italien a cru découvrir un corps organique, &c. est une liqueur toûjours examinée par les Medecins, toûjours accusée dans des maladies, & toûjours peu connue. La formation de la lymphe, son usage, ses vaisseaux, les glandes qui les reçoivent, sont des énigmes pour nous. La bile, cette espece de gomme qui a été l'objet de tant de recherches, oppose toûjours à notre curiosité des difficultez insurmontables : il n'y a donc, encore une fois, que des esprits téméraires qui puissent prendre pour seules regles les systêmes Physiques qu'on a formez sur ces liqueurs. Or quelle est la ressource que nous laisse l'obscurité de la nature parmi tant de difficultez ? C'est de rassembler les faits, de les comparer, de les séparer, de les réunir. Nous avons reçû de nos Prédécesseurs une histoire immense des maladies qu'entraîne la misere humaine : ce sont là les oracles que nous devons consulter ; sans leurs lumieres nous n'ajoûterons à nos fausses idées que de nouvelles erreurs.

Ces réflexions ne tombent que sur ces esprits dédaigneux, qui n'estiment que la théorie moderne. L'histoire de M. Freind peut les ramener à l'estime qu'on doit aux Anciens, & les réconcilier avec eux ; mais pour le malheur de la Medecine, il est une autre espece d'hommes qui méprisent la lecture : c'est l'expérience, dit-on, qui forme le Medecin ; nous avons vû un nombre prodigieux de Malades ; nos succès sont des leçons plus sensibles pour nous que tous les préceptes. Les Malades sont nos Livres ; les années sont le titre de notre sçavoir. Les Medecins qui parlent ainsi forment le plus grand nombre ; le préjugé du vulgaire appuye leur prévention ou leur vanité. Un vieux Medecin, un Medecin d'Hopital, un Medecin d'Armée, est toûjours un grand homme.

Mais si la prévention du Public est si favorable à une telle erreur, nous trouvons dans cette prévention même des armes pour la combattre. La Medecine, cette science inconnue à la plûpart des hommes, a toûjours été l'objet de leurs vains raisonnemens : les plus sages mêmes ont à peine assez de retenue pour ne pas prononcer fur la nature des maladies & fur les remedes: tous appellent les Medecins à leur tribunal, apprécient leur mérite, condamnent ou approuvent leur conduite, leur imposent des loix, leur donnent liberalement des avis, vantent des remedes infaillibles, racontent des guérifons merveilleufes, difcourent fur les témperammens. Par un contrafte ridicule de tels Juges ignorans & hardis prononcent gravement que la Medecine eft obfcure, qu'elle eft la fcience des conjectures ; c'eft-là une décifion avouée de ceux mêmes qui font les plus empreffez à demander du fecours à la Medecine. Or cette prévention prouve fenfiblement la témérité des Medecins qui rejettent l'étude des anciens Livres, & qui ne veulent d'autres fecours que leurs obfervations. En même tems elle met en tout fon jour la contradiction abfurde & bizarre des difcours publics fur le mérite de l'expérience. Car fi les ténebres de la nature nous cachent la fource de nos maux, quel eft l'homme qui fe conduira plus prudemment dans le cours d'une maladie? Sera-ce un ignorant préfomptueux qui eft entré dans l'exercice de la Medecine, fans d'autre fecours que fes lumieres? Ne fera-ce pas plûtôt un homme modefte & laborieux, qui s'inftruit tous les jours dans les Livres des Anciens; qui médite les préceptes des plus fameux Maîtres de l'Art ; qui fe forme des regles fur leur expérience? Qui eft-ce qui évitera les écueils qu'on nous reproche fi fouvent ? Ne fera-ce pas un homme qui les connoîtra avant de les rencontrer, qui apprendra de ceux qui les ont vûs les routes qui y conduifent & s'en éloignent ? qui poffedera l'hiftoire des malheurs qu'ils ont caufez ? qui fe rendra familiere la manœuvre de ceux qui auront échapé aux périls ? qui comparera leurs fautes & leurs fuccès. A un tel guide inftruit par la lecture & par l'expérience, oferoit-on oppofer un téméraire qui fe croira toûjours la vûe affez bonne pour découvrir ces écueils ; qui n'apprendra à les éviter que par les malheurs de ceux qu'il conduit ; qui ne connoîtra les routes qu'il faut fuivre que par les préceptes paffagers de quelques Maîtres peu expérimentez ; qui enfin ne trouvera des leçons qu'en lui-même, & ne verra jamais que par fes yeux.

Mais ce feroit faire injure aux grands Medecins que de pouffer plus loin un tel parallele : examinons l'expérience de ceux qui méprifent, ou plûtôt qui ignorent les Ouvrages des Anciens, & nous verrons qu'elle n'eft pour eux qu'un très-foible appui.

Un Medecin expérimenté, felon l'idée vulgaire, c'eft un Medecin qui a vû beaucoup de Malades, qui leur a donné fes foins & fes remedes ; mais pour mériter par l'expérience l'eftime du Public, fuffit-il d'être témoin ou fpectateur de plufieurs maladies, de diftribuer à pleines mains depuis plufieurs années la Caffe & le Sené ; d'avoir verfé le fang en abondance ; de compter un grand nombre de morts, qui atteftent une longue pratique ?

A ces Medecins qui vantent leurs années, on peut dire : Depuis que vous êtes chargé du foin des Malades, il s'eft écoulé un long efpace de tems ; tous les jours ont été marquez par des guérisons que vous vantez ou par des morts qu'on vous a quelquefois reprochées. Dans cette carriere, ou plûtôt dans ce labyrinte. n'avez-vous pas à vous reprocher de faux pas ? Parmi les routes périlleuses qui s'offroient à vous, avez-vous bien démêlé le bon chemin ? Avez-vous reconnu les maladies qui se déguisent si souvent? Des signes trompeurs ne vous en ont-ils point imposé ? Le voisinage des parties ne vous a-t-il point fait prendre le change ? La complication des maux ne vous a-t-elle point trompé ? Les changemens qui dépendent des saisons, des climats, des âges, les crises des Maladies, leurs métastases, leurs mouvemens, leurs impressions, ces objets si délicats., si embarassans, si insensibles, ne vous ont-ils point échapé ? Si vos lumieres ne peuvent dissiper cette obscurité qui nous cache si souvent l'origine, la nature, le siege de nos maux, vous ne pouvez pas nous opppoſer votre expérience, elle n'est qu'une suite de préjugez & d'erreurs.

Ce qui fait le Medecin est donc une expérience éclairée: mais les lumieres qui doivent la conduire & la soûtenir s'offrent-elles facilement ? Ceux qui ont fait les premieres tentatives pourroient seuls nous l'apprendre. Quels efforts n'ont pas coûté les moindres progrès ? Les objets les moins embarrassans fournissent à nos recherches une varieté intarissable; ils ont toûjours quelque merveille qui se dérobe à notre curiosité: or si notre esprit est renfermé dans des bornes si étroites le corps humain, ce petit monde si changeant, si sujet aux renversemens, qui porte en lui dans toutes ses parties les principes de sa destruction ; qui a occupé tant de grands génies, se développera-t-il à un seul homme, à un simple témoin de ses mouvemens extérieurs ? Non, sans doute, il faut chercher des guides & des lumieres, & c'est des anciens livres qu'on peut les espérer ; il n'y a même que des présomptueux, dit M. Freind, *qui osent négliger ces Ouvrages ; un honnête homme ne peut estre content de lui-même, s'il n'a d'autre appui que ses réflexions, & quelques systêmes modernes : l'arrogance de nos Medecins méprise les anciens Ecrivains ; une liberté effrenée de penser n'a pas été moins nuisible à la Medecine qu'à la Religion. L'expérience sans doute offre de grands secours, mais dans ceux qui la vantent le plus on n'en trouve souvent que le nom. Un homme peut voir des Malades toute sa vie sans estre plus éclairé ; s'il ne voit d'autres objets que ceux que lui découvre sa foible vûe, il ne donnera jamais que de frivoles observations. Mais celui qui lit étend ses lumieres ; la lecture fait parcourir à l'esprit un champ plus vaste & plus fertile que la pratique la plus étendue ; elle joint à notre expérience celle des Anciens ; c'est de leur concours qu'on peut attendre quelque progrès, autrement le plus ancien Medecin seroit toûjours préferable ; une vieille Garde, pourroit se charger d'une maladie.*

Rhazez, dont l'expérience a été si longue & si heureuse, étoit dans les mêmes idées : *L'expérience dit-il, est moins essentielle dans un Medecin que la lecture des anciens Ouvrages ; un esprit nourri des préceptes des anciens Medecins, laisse loin de lui dans peu de tems les Medecins sans lecture qui ont vieilli dans la Pratique. Dans l'espace de mille années peut-estre y a-t-il eu mille Auteurs. La lecture rassemble dans un esprit les connoissances qu'a produit cet espace si long ; on peut puiser dans les Anciens des richesses immenses ; si on les néglige, les talens les plus rares ne sçauroient les remplacer, on s'égarera dans la cure des maladies.*

M. Freind nous propose les anciens Medecins comme nos maîtres, mais il ne veut pas qu'on les regarde comme des oracles ; il veut que nous ramenions leur expérience & la nôtre à une exacte théorie : il regne parmi quelques Medecins un pyrrhonisme ignorant, peu instruits des mysteres de la Physique, ils ne la regardent que comme un amusement curieux. Selon eux il n'y a que les faits qui soient appuiez de quelque certitude ; les causes leur paroissent dans une profonde obscurité : avec une telle défiance de leurs lumieres ils entrent donc dans la pratique sans être guidez par des principes, ils condamnent même ceux qui en recherchent ; ils ne portent les yeux que sur les dehors des maladies, les remedes qu'ils y appliquent sont ceux que la coûtume a consacrez, ils n'en demandent pas d'autres ; une fievre se présente-t-elle à de tels Medecins, l'idée du Kinkina vient d'abord au secours ; ce remede si nuisible, si la théorie n'en regle l'application, reparoit toûjours dans leurs mains ; les fievres qu'il a rendu continuës, les fievres lentes qu'il a fait naître, les squirrhes, les hydropisies qu'il produit ne rebutent pas ces empiriques, quelques succès douteux les autorisent dans leur obstination. Nous avons vû, disent-ils, des Malades revenus à la santé par de tels secours ; nous appliquons ces mêmes remedes à d'autres Malades, mais c'est l'expérience qui est notre guide.

Il est vrai que la nature est d'un accès difficile ; en nous offrant ses bienfaits & ses merveilles, elle nous en cache la source; il semble qu'elle ne demande que des spectateurs, & qu'elle n'ait travaillé que pour nos sens & non pour la raison. Les hommes animez par leur curiosité l'ont fatiguée dans tous les siecles par leurs travaux; ils ont tenté de se rapprocher des principes en montant par dégrez; les uns croiant s'en être rapprochez s'en sont éloignez; d'autres ont fait quelque pas heureux; parmi bien des erreurs ils ont saisi quelques véritez; enfin le travail de plusieurs siecles a rassemblé des lumieres qui nous ont éclairez dans nos recherches. Mais il faut l'avouer, après toutes nos tentatives les premieres causes se refusent à nous; l'ame de l'univers, le mouvement, ne nous est connu que par ses effets; la fluidité, la pésanteur, l'union des corps, le feu, sont autant d'énigmes. Si la theorie de la Medecine demandoit la connoissance de ces merveilles ceux qui négligent la Physique seroient les Medecins les plus sages. C'est trop demander à nos foibles efforts, que d'exiger de telles lumieres; elles ne sont pas d'une nécessité absolue, les causes secondes suffisent pour nous conduire. La cause de la pésanteur de l'air nous est inconnue; cependant dès qu'on a connu l'existence de cette force, combien de phénoménes se sont dévoloppez à nos yeux? combien de machines n'a-t-on pas construit? On peut douter si de nouvelles lumieres sur ce mobile universel ajoûteroit quelque chose à notre industrie.

Les causes qui donnent au cœur un mouvement perpétuel, l'action des muscles, la chaleur qui anime nos corps, la composition des liqueurs, l'accroissement des parties, n'ont produit que des tentatives plus propres à rebuter les Lecteurs qu'à nous éclairer. Les maladies qui en dépendent ne peuvent donc se dévoiler dans leurs sources, mais il y a des causes secondaires qui ne sont pas si éloignées de nous; la circulation a des regles constantes; les sécrétions suivent un méchanisme, dont on peut pénétrer l'obscurité. La structure des parties n'est pas entierement ignorée; on trouve dans les cadavres des vestiges des maladies. Nous connoissons donc dans le corps des causes qui sont subordonnées aux premiers principes; ce sont ces causes qui doivent être consultées, qui doivent nous conduire; elles abrégent nos études, elles nous montrent de nouvelles routes, elles nous éclairent dans les chemins douteux; donnons quelques preuves de cela.

* Dans les fievres miliaires & dans d'autres éruptions cutanées, quelle est la conduite des Médecins vulgaires? La nature, disent-ils, fait des efforts vers la circonférence: suivons ses mouvemens, aidons-là par des sudorifiques; ne la troublons pas par des saignées & par des purgatifs, la matiere pourroit revenir sur ses pas; ce reflux ne produit que des ravages dans les visceres; vains raisonnemens que dissipe une theorie exacte. La saignée facilite ces éruptions; les parties relâchées par les saignées s'opposent moins aux cours des matieres qui les traversent, au contraire les remedes actifs poussent avec plus de force le sang vers la peau, resserrent les couloirs: à ces remedes incendiaires, M. Stahl substitue la purgation; les Medecins de Breslaw la recommandent dans leur histoire; l'expérience nous montre que les fievres miliaires, les fievres pourprées, cédent aux évacuations, & la theorie nous conduit à cette méthode.

M. Freind a ofé purger ceux qui avoient la petite-vérole dans le tems de la fuppuration ; la theorie lui a appris que le pus furcharge fouvent les parties ; qu'il produit des ravages dans la tête, dans les poulmons. Ouvrons-lui donc une porte, s'eft-il dit, fi les pores lui refufent un paffage, rappellons-le dans les inteftins.

M. Stahl qui ne manquoit pas de préjugez contre la theorie, en a démontré lui-même la néceffité & même la facilité dans fa Differtation intitulée, *Vena porta, porta malorum*. Il prouve par la communication des vaiffeaux que le foye eft une fource de maux qui fe répandent fur les parties qui lui envoient du fang : les lumieres qu'il nous donne fur cette matiere s'étendent aux remedes, il prouve l'utilité des uns, & le danger des autres.

M. Freind dans fon Commentaire s'éleve contre les fauffes idées qu'on s'eft formé de la pleuréfie : cette maladie n'eft qu'une inflammation de la pleure ; cependant les Medecins la confondent prefque toûjours avec la peripneumonie, car ne tâchent-ils pas d'exciter les crachats ? Or, fi la maladie n'attaque que la pleure, il eft ridicule d'avoir recours à de tels remedes ; ils font auffi inutiles que fi l'inflammation fe formoit au pied ; tous ces raifonnemens érigent la theorie en guide affûré ; & fi les Malades y trouvent du fecours, notre curiofité y trouve des appas. La maladie, dont nous venons de parler, eft accommpagnée d'un phénoméne qui a paru furprenant, les Malades ne peuvent fe coucher que fur le côté qui fouffre ; s'ils s'appuient fur le côté fain,

ils

ils sentent des douleurs surprenantes ; on a dit que le côté attaqué étoit attaché à la pleure ; que sa pésanteur le portoit vers le côté sain, cela ne peut arriver sans tiraillement & sans douleur. Mais qui ne sçait qu'on a trouvé des poulmons adhérans, sans qu'ils eussent été exposez à de telles douleurs ? D'ailleurs jamais les poulmons ne s'éloignent des côtes, l'air les y applique constamment. La vraie théorie nous dicte que lorsqu'on se couche sur le côté sain on le comprime, & que par conséquent il ne peut se dilater : or dans ce cas il entre plus d'air & de sang dans le côté malade, & ces fluides plus abondans doivent y causer des distentions douloureuses. Il s'ensuit de là que les Malades qui ne peuvent se coucher sur le côté sain ont le poulmon attaqué.

Pour prouver encore mieux l'utilité de la theorie, je n'aurois qu'à en appeller à votre œconomie animale, vous y rendez à la Physique les droits que l'ignorance lui refusoit. Ce que vous avez dit sur les vaisseaux lymphatiques est aussi glorieux pour la Physique, qu'utile à la Medecine. Les Anatomistes imaginoient à peine d'autres vaisseaux lymphatiques, que ces canaux blancs, interrompus par des valvules, reçûs dans des glandes : vous avez prouvé qu'il y avoit des artéres destinées à recevoir la lymphe, à en faire la séparation, à la porter dans des tuyaux excrétoires. Ce n'est pas par le secours du scalpel que vous avez démontré ces tuyaux ; c'est par les phénoménes de l'inflammation, c'est par les lumieres de l'esprit qui sera désormais la seule source de découvertes, & qui écartera du

****

nombre des Anatomiſtes, ces Diſſéqueurs qui ne portent dans l'Anatomie que des mains & des yeux.

Mais, me dira-t-on, il n'y a pas de ſyſtême parfait; toutes les opinions ſont plûtôt des ſources de diſputes, que des idées que la vérité puiſſe avouer. Comment peut-on donc établir pour regle la theorie, qui n'eſt qu'un aſſemblage d'opinions conteſtées?

On oppoſe à la Medecine ce qu'on a reproché à la Phyſique; tous les ſiecles y ont apporté quelques changemens. Les opinions adoptées par nos Prédéceſſeurs ont été rejettées par leurs Succeſſeurs; elles ſont ſujettes dans notre eſprit aux viciſſitudes qui naiſſent d'une longue ſuite d'années. Eclairez par de nouvelles lumieres, ou rebutez par quelques difficultez, nous condamnons ce que nous avons approuvé.

Mais ces objections ne ſont fondées que ſur un préjugé auquel on donne trop d'étendue; toutes les matieres ſouffrent des diſputes, la Religion même qui porte tant de caracteres d'évidence, ne trouve-t-elle pas quelquefois de l'oppoſition dans la foibleſſe ou dans la malice de l'eſprit humain? Il y a ſans doute dans toutes les ſciences des replis que nous n'avons pas développé. Notre eſprit n'eſt pas auſſi vaſte que la nature, il ne peut la ſuivre dans ſon cours immenſe; mais, comme je l'ai établi, elle ne ſe cache pas par tout; ces principes qu'elle veut bien nous dévoiler doivent être comme autant de pas qui nous rapprochent des objets que nos foibles yeux nous repréſentent dans un trop grand éloignement ; nous devons attendre de notre travail de plus grands éclaircissemens. Parce que quelques-uns des mysteres de la nature sont impénétrables pour nous, devons-nous fermer les yeux aux merveilles qu'elle expose à notre curiosité ? Non sans doute, l'autorité même de ceux qui se défient trop de nos lumieres nous doit être supecte ; les doutes ont souvent leur source dans la vanité plûtôt que dans les difficultez ; quand on affranchit son esprit du joug des idées reçûes, on se flatte d'avoir des yeux plus perçans ; souvent l'ignorance se couvre du pyrrhonisme, il est une ressource à la vanité qui n'a d'autre soûtien qu'elle même ; ces esprits qui prêchent, avec le plus de dédain, l'incertitude des sciences n'en connoissent pas quelquefois les dehors : parce que le travail qu'elles demandent a effraié leur paresse, parce que les objets les moins cachez éludent leurs vains efforts, parce que la gloire que donne l'étude blesse leur vanité, ils refusent leur consentement aux idées les plus reçûes ; ils s'arment de quelques difficultez communes, ils en forment de nouvelles, & cela n'est pas difficile, car malheureusement en fait de systême il est facile de détruire, & il en coûte beaucoup de bâtir. C'est cette facilité & cette difficulté qui ont attiré tant de sectateurs au pyrrhonisme, je dis au faux pyrrhonisme, au pyrrhonisme que produisent l'orgueil & l'ignorance ; car pour le vrai pyrrhonisme, quoique ses prétendues lumieres ne tirent leur source que de l'aveuglement, il est encore trop estimable pour être confondu avec le pyrrhonisme vulgaire ; il demande plus de travail que toutes les sciences.

 N'y a-t-il pas, ajoûtera-t-on, des Medecins heureux qui ignorent la theorie ? Nos Ancêtres ne sont-ils pas respectez parmi nous ? Cependant leurs lumieres Physiques ne sont pour nous que des préjugez. Mais suivez ces Medecins qui prétendent marcher sans être guidez par la théorie, vous les verrez dans l'incertitude ou dans l'erreur; ils n'ont recours qu'à de vains spécifiques; ils surchargent leurs Malades de remedes; ils vuident les boutiques des Apoticaires, mais ils n'éteignent point dans les corps les sources des maladies; quelques remedes leur réussissent, mais leur succès sont peu nombreux. Si les maladies n'étoient pas si multipliées, si elles suivoient le même cours, on pourroit se dispenser de pénétrer dans leurs causes. L'histoire de leurs périodes & de leurs remedes suffiroit, mais elles varient éternellement; comment les suivre, les reconnoître, les attaquer, sans s'attacher à quelque principe.

Il est vrai que les anciens Medecins étoient privez de quelques connoissances que nous vantons, mais leur Physique n'étoit pas aussi méprisable que nous nous l'imaginons, ils reconnoissoient un mouvement dans le sang, ce mouvement étoit une espece d'ondulation vers les extrémitez; Colombus méprisé sans raison par un Anatomiste, Servet brûlé insolemment par les ministres de Calvin, reconnoissent une force qui conduit le sang du cœur dans le poulmon, du poulmon le ramene au cœur, & l'envoie dans tout le reste du corps. En suivant le cours des maladies, en observant leurs métastases, les Anciens s'étoient formé des regles qui pouvoient les conduire. Alexandre connoissoit clairement l'effet de la dérivation & de la révulsion qu'on lise ses observations sur la purgation dans les fievres sur la saignée dans la syncope, sur les évacuations dans l'épilepsie, sur l'usage des délayans dans la pleurésie, on se convaincra que sans sa theorie ses Malades eussent été moins heureux. Je pourrois rapporter les idées d'Ætius sur les applications extérieures, les réflexions de Rhazés sur les maladies cutanées; mais une telle énumération seroit inutile, elle préviendroit le détail historique de M. Freind. J'ajoûterai seulement que les anciens Medecins, s'appliquoient aux méchaniques, aux expériences, aux observations, Hippocrate recommande à son fils l'étude des Mathématiques comme la baze de la Medecine : les Livres de ces Medecins ne peuvent donc pas mériter le sort des Livres d'Aristote, dont l'oubli a été glorieux pour les nouveaux Philosophes, souvent les termes de nos premiers Maîtres nous offensent plus que leurs idées; soions des interprétes sinceres, & nous deviendrons leurs admirateurs plûtôt que leurs critiques.

On peut m'opposer encore une objection qui est de quelque poids ; l'illustre Sydenham rejettoit la theorie comme un guide trompeur, auquel on ne pouvoit livrer que l'imagination ; il vouloit qu'en voiant des Malades un Medecin fermât les yeux aux lumieres de la Physique, & qu'il ne prétât son attention qu'aux préceptes de l'expérience.

Sydenham étoit sans doute un homme respectable, mais le mérite n'est jamais bien épuré de préjugez ; ce Medecin écoutoit trop les difficultez, la timidité les grossissoit dans son esprit; il se défioit trop de la raison, il l'abandonnoit pour suivre l'expérience, qui, selon Hippocrate, est souvent trompeuse.

Mais il faut l'avouer, Sydenham n'étoit pas constant dans son aversion pour la theorie; les raisonnemens des autres Medecins lui étoient suspects; ceux qui venoient du fond de son esprit lui paroissoient moins éloignez de la vérité. Dans son Traité sur les fievres, après avoir rabaissé nos lumieres, il dit qu'il y a dans les humeurs une ébullition, que le sang se dépure par le feu de la fievre. Les hydropisies qui suivent les fievres n'ont, selon lui, d'autres sources que l'épuisement des esprits, dissipez par les fermentations; la dyssenterie n'est qu'une fievre qui tourne son action contre les intestins; c'est la transpiration supprimée qui entraîne une toux avec la peripneumonie; l'affection hysterique n'est qu'une foiblesse des esprits animaux. Voilà les idées de ce Medecin si animé contre la theorie; elles étoient pour lui des regles qui le guidoient; ainsi aux idées reçûes il en a substitué d'autres qui n'auront que peu d'Approbateurs; son exactitude dans l'histoire des maladies lui méritent des éloges, mais ses raisonnemens sur les causes ne sont pas heureux; un Physicien n'y verra que des lumieres bornées; c'est là le jugement de M. Freind, qui, en rendant justice à Sydenham, sçait borner son admiration malgré les cris de quelques Auteurs trop enthousiasmez des Ouvrages de ce célébre Observateur.

J'aurois pu me dispenser, Monsieur, d'un plus long détail, en rapportant vos réflexions judicieuses sur la theorie: » Les Arts les plus vils se laissent éclai-
» rer, dites-vous, par des principes qui leur sont pro-
» pres. La Medecine seule chargée du dépôt de la

vie des hommes, marchera-t-elle fans guides? Obfervez, nous dit-on, mais obfervera-t-on fans prendre pour regles des notions capitales, des principes préliminaires? Ce feroit s'expofer à rendre les
obfervations infructueufes; car ne le deviendront-
t-elles, pour la plûpart, fi on n'a pris foin de les
faire remonter jufques à des principes d'où l'on puiffe
les faire couler naturellement & fans effort, lorfqu'il fera tems de les mettre en pratique. C'eft encore à la même fource qu'on eft obligé de ramener
les obfervations des Auteurs qui nous ont devancez:
quel ufage fera-t-on de leurs Ecrits? Comment
réuffira-t-on à connoître la jufte valeur de leurs découvertes, fi on ne les réduit fous quelques chefs
principaux, qui fervent de pierre de touche pour en
fixer le titre, & pour les apprécier.

La néceffité de la lecture & de la theorie eft donc
établie fur des fondemens inébranlables; les raifons qui l'appuient ne peuvent être combatues que
par des efprits peu éclairez, qui veulent autorifer
l'ignorance; du moins peut-on les foupçonner de
n'être pas dégoûtez des Ouvrages des Medecins &
de leurs raifonnemens par une longue application;
c'eft cependant une longue étude qui donne feule
le droit de prononcer fur de telles matieres: mais
les Difcoureurs les plus décififs font ceux qui ont
l'efprit vuides de connoiffances. Les Medecins peu
éclairez font encore plus hardis dans leurs décifions
que les autres efpeces d'ignorans, foit que l'obfcu-
rité de la Medecine cache leur ignorance; foit que
la crédulité ou la foibleffe humaine reçoive avidement, & avec refpect, tout ce qui intéreffe la vie; tous

les donneurs de remedes parlent avec affûrance : que d'exemples anciens & modernes font une preuve éclatante de cette hardieffe ? La Medecine a toûjours été livrée à des Charlatans, dès les premiers fiecles la mifere érigea des vagabonds en Medecins : l'audace foûtenue de la crédulité du Public, leur mit dans les mains les inftrumens que la nature a deftiné pour foulager nos maux ; leurs ravages n'ont pas encore défabufé les efprits ; cette race malheureufe s'eft perpétuée jufqu'à nos jours ; le zele des Medecins n'a pû l'étouffer ; ce qu'il y a de plus trifte, c'eft que les Medecins eux-mêmes pouffez par l'avidité ont fouvent fuivi les mêmes traces. C'eft contre cette pefte publique que M. Freind s'éleve dans fon hiftoire ; pour faire mieux connoître le génie des Charlatans, il nous a tracé le portrait de deux qui ont été fameux. Ces deux faux Medecins étoient Jean de Gadefden & Uranius, tous deux ignorans, difcoureurs, hardis, flatteurs, rampans, hautains, eftimez, récompenfez.

Des caracteres de cette efpece ne font pas fans doute des gens méprifables ; les Charlatans, dit le Comte de Rochefter, font de grands politiques en fait de Medecine ; leurs artifices font anciens, & ils les conduifent à des fuccès. D'ailleurs tel eft l'efprit des hommes, il demande toûjours un peu de charlatanerie ; ne fçait-on pas que le Public eft capricieux, & qu'il dédaigne la fimplicité ? Il veut un peu d'artifice, il faut le furprendre pour lui plaire, ce feroit être trop févere que de blâmer un déguifement qu'authorife l'approbation du Public, nous ferions trop heureux fi les hommes ne fe déguifoient que pour nous plaire.

IDÉE GENERALE DE L'OUVRAGE.

I le Docteur *Freind* n'étoit déja celebre par l'édition du premier & du troisiéme Livre d'Hippocrate, auquel il ajouta un commentaire Latin sur les fievres, & par la Lettre Latine qu'il publia deux ans après *touchant l'utilité de la Purgation dans la seconde fievre des petites veroles confluentes, sa réputation seroit assez établie par son Histoire de la Medecine depuis Galien.

* En 1719.

Elle commence à l'endroit où finit celle que nous a donnée un savant Medecin de Geneve. *Elle pourra lui servir de derniere partie, au lieu du supplément que cet habile homme y a fait lui-même. Effectivement ce petit Livre est inexact, superficiel & plein de bévues, comme s'exprime le Docteur Anglois. Par exemple, on y place Oribasius, Aetius, Alexandre & Paulus sans distinction dans le quatriéme siecle, ce qui est une faute considerable. Quoiqu'Oribasius ait écrit ses collections sous le regne de Julien,*lui-même, & Eunapius qui le connoissoit, prouvent qu'il a vêcu jusqu'à la fin du quatriéme siecle. Quant à Aetius, puisqu'il cite saint Cyrille Patriarche d'Alexandrie,*& Pierre Archiater, Medecin de Theoderic, c'est une preuve qu'il est posterieur d'un siecle au moins à Oribasius. Alexandre & Paulus à leur tour sont plus nouveaux encore, puisqu'Agathias nous represente le premier comme faisant une grande figure à la Cour de Justi-

*M. le Clerc. Défauts du supplément à l'hist. de la Medecine de M. le Clerc.

* Environ en 360.

* Mort en 444.

ã ij

IDÉE GENERALE

nien, & que le second cite l'autre dans ses Ouvrages, outre qu'Abulpharage le place dans le septiéme siecle, * sous le regne d'Heraclius. Que dirons-nous maintenant de l'Auteur d'un Traité inseré dans la Bibliotheque Litteraire, qui place ces Medecins dans une espace de septante années,* & qui compte après eux Diocles de Caryftos, quoique Paulus raporte une Lettre de ce Medecin à Antigonus, que Pline en parle comme du second après Hippocrate, & qu'il ait vêcu au moins trois cents ans avant l'Ere Chrétienne, c'eſt-à-dire huit siecles avant le tems où on le fait vivre? Cependant, si on ne sait au juste en quel tems chaque Medecin a fleuri, il eſt impoſible de marquer bien quels progrès la Medecine a faits, & quels changemens elle a soufferts.

* En 621.

* Depuis l'an 350. juſqu'en 429.

Eloge d'Oribasius.

Voilà donc déja un défaut considerable dans le supplément dont nous venons de parler. Un autre, c'eſt sa briéveté sur le chapitre d'Oribasius, d'Aetius, d'Alexandre & de Paulus, sous prétexte qu'ils ne sont que des Compilateurs. Cependant ces Auteurs ne meritent pas d'être traitez avec tant de mépris. Oribasius nous aide à entendre beaucoup de passages de Galien; il eſt le premier qui ait décrit la Lycanthropie, maladie dont parlent les Evangelistes Luc & Marc; il traite de la saignée par scarification qui paroît avoir été inconnue aux Anciens, & aſſure sur son experience qu'elle eſt excellente pour la supreſſion, les fluxions sur les yeux, la difficulté de respirer, les maux de tête & la peſte: il nous a donné auſſi la premiere description des glandes salivaires. Lui & Aetius nous ont conservé des morceaux considerables d'Archigenes, d'Herodote, chef de la secte Pneumatique, de Posidonius, d'Antyllus, de Soranus le Methodiſte, & de Leonides l'Epiſynthetique. L'un & l'autre nous ont enseigné pluſieurs remedes nouveaux.

Celui d'Aetius.

Aetius n'eſt pas moins considerable qu'Oribasius. On trouve dans ses Ouvrages beaucoup de choses sur les operations manuelles, inconnues aux Auteurs précédens, & auxquelles il a joint ses propres observations. On y voit que l'Acupuncture dont Sylvius de le Boë se donne pour Inventeur, étoit pratiquée par les Anciens dans l'Anasarce, & qu'ils connoiſſoient les cauteres actuels & potentiels, que nous avons seulement perfectionez quant à la maniere de les appliquer.

DE L'OUVRAGE.   v

Il est le premier qui en transcrivant Leonides d'Alexandrie, ait fait mention des Dracunculi, vers qui s'engendrent ordinairement aux jambes, & quelques fois dans les parties musculeuses du bras & des côtez, (Paulus ajoûte) des enfans. Ils se meuvent sous la peau, sans causer de douleur, mais dans son tems, l'endroit où est l'extremité du ver vient à suppurer, la peau s'ouvre & la tête du ver paroît. Alors on doit bien prendre garde à le laisser sortir entierement de lui-même, & l'aider si on peut, soit avec un fil, soit en faisant une incision; car s'il vient à se rompre, & qu'une partie reste dans la place, elle cause des douleurs cuisantes. Le Pere Labat a vu des Negres attaquez de ces vers, qu'il décrit dans son voyage de l'Amerique. Pour revenir à Aetius, il raporte avec beaucoup d'étendue & de jugement diverses choses sur les remedes externes attractifs, suppuratifs & resolutifs, dont les unes sont de lui-même, & les autres tirées d'Auteurs que nous n'avons point. A propos des remedes resolutifs, le Docteur Freind traitant des huiles qui bouchent les pores, conjecture que les Athletes ne se frottoient point d'huile, pour échaper à leurs antagonistes en se rendant la peau glissante; mais afin que la transpiration étant arrêtée, le sang & les esprits coulassent avec plus d'affluence & de force dans les muscles, & augmentassent leur vigueur. C'est au même Aetius que nous avons obligation de connoître beaucoup de la Pharmacie des Egyptiens. Le même nous apprend le prix extravagant que quelques Medecins mettoient de son tems à leurs remedes. Tels sont le Collyre de Danaüs qui se vendoit à Constantinople cent vingt écus, encore avoit-on bien de la peine à en avoir de lui, & l'Antidote de Nicostrate contre la colique, qu'il avoit l'orgueil d'apeller Isotheos, & qu'il vendoit deux talens. Il parle aussi d'un remede divisé en trois cents soixante cinq doses, qu'on devoit prendre, de sorte qu'il y en eût pour deux ans entiers.

Alexandre est un Auteur d'un autre genre. On sent d'abord qu'il pense de lui-même: son stile qui est clair, concis, composé d'expressions ordinaires, lui est particulier; il décrit les maladies avec beaucoup d'ordre, ainsi qu'Aretæus, & ces deux Ecrivains, que le Docteur Freind regarde comme les deux meilleurs depuis Hippocrate, s'accordent encore à ne-

Addition des J.

Eloge d'A-lexandre.

traiter que d'un petit nombre de maladies, & de cinquante ou soixante au plus. D'ailleurs il est exact, excellent dans la Diagnostique, exact à donner la composition des remedes, & à marquer la maniere de s'en servir, à quoi il faut ajouter, qu'il en a inventé lui-même plusieurs: Une autre chose qui le distingue encore, c'est qu'il s'attache uniquement & directement à la description des signes des maladies, & de la méthode des les guerir. Dans son Livre sur la goute, la purgation est presque l'unique remede, qu'il recommande, ce qui montre que l'invention de guerir la goute par la purgation, n'est pas moderne, comme certaines personnes voudroient se le persuader. Il est remarquable, que pour purger il préfere la pierre d'Armenie à l'hellebore blanc; en effet, ce medicament fameux chez les Anciens avoit perdu sa réputation, & bien que Asclepiodotus l'eût ressuscité au commencement du sixiéme siecle, il avoit déja perdu sa vogue du tems d'Alexandre. Il a découvert que la boulimie, ou faim canine, étoit causée souvent par les vers, ce qu'il prouve par l'histoire d'une femme, qui guerit de cette maladie en prenant du hiera, après quoi elle vuida un ver de douze coudées de long.

Eloge de Paul Eginete.

Paul Eginete qui vivoit dans le septiéme siecle, est le dernier des quatre Auteurs sur lesquels le supplément passe avec trop de legereté, & dont il dit des choses fausses. Malgré le peu de figure que quelques personnes lui font faire parmi ses confreres, il a diverses choses, qui le rendent recommandable, comme que ses descriptions des maladies sont courtes sans laisser rien à desirer, qu'en traitant des maladies des femmes, il entre dans des détails savants, qu'il paroît avoir été le premier exemple d'un homme qui ait fait profession d'être accoucheur, ce qui fait que les Arabes l'ont appellé *vir obstetrix*, qu'il nous a conservé plusieurs fragmens des anciens Medecins, & que son sixiéme Livre est peut-être le meilleur recueil de discriptions d'operations Chirurgiques qui ait paru. On voit par ce traité, qu'il pratiquoit lui-même la Chirurgie. Il y raporte les differentes méthodes des Anciens, de ses Contemporains, & de lui-même, & il en décrit les differens succès. Loin de n'être qu'un simple Compilateur, il ne craint point de s'éloigner de Galien, lors que les experiences modernes prouvent contre ce grand homme. Nous lui sommes redevables de je ne sçai combien d'operations manuelles, que personne n'avoit décrites avant lui. Enfin une preuve incontestable de l'excellence de ses Ouvrages par raport à la Chirurgie, c'est qu'ils ont servi de texte & de base à tout ce qu'on a fait de traitez dans cette Faculté depuis son tems jusques au nôtre. Il n'y a même que trop d'Ecrivains qui l'ont copié mot à mot, ou qui se sont contentez de le déguiser un peu. C'est ce que le celebre Charles Bernard a reconnu dans le passage suivant que le Docteur Freind raporte, & que nous copions, parce qu'il peut servir à faire juger du procès entre les Medecins & entre les Chirurgiens de Paris.

Si nous examinons, dit-il, les progrès que les Modernes ont fait dans la Chirurgie, nous nous trouverons obligez d'avoüer, que nous avons si peu de sujet de nous glorifier par dessus les Anciens, ou de les méprifer, comme ceux qui ne sçavent que peu, & n'ont rien lû, ont coutume de faire; qu'au contraire, nous ne pouvons donner de preuve plus forte, ou plus convainquante, soit de notre orgueil, soit de notre ignorance. Je ne prétens pas dire par là, que les Modernes n'ayent contribué en rien à l'avancement de la Chirurgie; cela seroit non seulement absurde, mais injurieux, & je me rendrois digne des mêmes reproches que je fais à ceux qui méprifent les Anciens. Mais ce que je soutiens, c'est, que tout ce qu'ont fait les Modernes a plutôt été de rafiner sur les inventions des Anciens, & de les mettre dans un plus beau jour, & dans un meilleur ordre, que non pas d'y avoir ajouté beaucoup de choses essentielles de leur cru: soit que l'art de guerir les maux externes, étant principalement l'objet de nos sensations, ait fait plutôt le sujet de l'étude des hommes, & par conséquent se soit trouvé plutôt capable d'être porté à un plus haut degré de perfection que les autres branches de la Medecine; soit que le plus grand nombre de ceux qui faisoient leur unique profession de cet art, aiant été pendant plusieurs siecles composé de personnes ignorantes, & purement empiriques, il n'ait pu être cultivé & poussé aussi loin qu'il l'eût été, si ces personnes avoient eu les qualitez requises dans un degré plus éminent,

Sentimens de Ch. Bernard sur l'excellence des anciens Chirurgiens.

» que ceux qui les ont suivis, & qui les suivent tous les jours, ne
» les ont eues, & ne les ont encore aujourd'hui pour la plûpart.
» Une preuve évidente de ceci, & qui je crois doit être suf-
» fisante, c'est ce nombre si extremement petit de bons Au-
» teurs en Chirurgie, comparé avec ce grand nombre de ceux
» qui ont écrit sur les autres sciences, ou sur les arts Liberaux ;
» & si l'on en croit ces Diminutifs de savans, ce ne seroit pas
» une grande perte pour leur art, quand il y en auroit encore
» moins. La meilleure excuse qu'on puisse inventer, & à la
» faveur de laquelle la folie de cette opinion puisse en quelque
» maniere passer, est ce me semble, que certaines méthodes
» de proceder, tant en Medecine qu'en Chirurgie, ne pou-
» vant se communiquer, & chaque personne étant alors obligé
» de se conduire selon son propre jugement, & la nature de
» son genie; que ces méthodes, dis-je, ne se trouvent pas dans
» les Auteurs, que ces présomptueux Praticiens ont eu le bon-
» heur de consulter. Cela fait qu'ils sont tout aussitôt portez
» à mepriser toute sorte de lecture comme inutile & incapable
» d'instruire, particulierement celle des anciens Auteurs qui,
» generalement parlant, il faut l'avouer, n'écrivent ni pour des
» Novices, ni pour des Bêtes, ni pour ceux qui ne seront de
» leur vie que l'une ou l'autre de ces deux choses.
» Mais, quiconque a lû & étudié leurs Ecrits, & a les occa-
» sions de comparer les choses avec la capacité d'en juger par
» sa propre experience, reconnoîtra d'abord que ce qui ne con-
» tribue pas peu à les rendre estimables par dessus la plûpart
» des Modernes, c'est qu'ils sont generalement plus exacts dans
» les Descriptions des Pathognomiques, ou signes particuliers
» qui distinguent une maladie d'avec une autre, comme l'ac-
» compagnant toujours, & qu'étant en même tems plus soi-
» gneux, ils ont aussi plus de justesse dans les distinctions qu'ils
» font entre les differentes especes de tumeurs ou d'ulceres,
» que n'en ont ordinairement nos Modernes les plus rafinez.
» Si notre siecle a retranché quelques méthodes de pratique
» qui paroissoient rudes & superflues, comme il faut confesser
» de bonne foi qu'il a fait, on ne peut pas prouver qu'elles
» nous fussent venues des Anciens; il est certain au contraire
» qu'elles avoient été introduites par des Empiriques ignorans
» & barbares, d'une beaucoup plus fraiche date.

« Il est encore très-certain que les principaux progrès qu'on
« a fait en Chirurgie dans ces derniers tems, sont particulie-
« rement dus aux nouvelles découvertes qu'on a fait dans
« l'Anatomie : ce qui nous a donné les moyens de resoudre
« enfin beaucoup de ces Phenomenes, qui auparavant étoient
« ou inexplicables, ou mal expliquez. Mais la plus importante
« branche, je veux dire celle de guerir, à laquelle toutes les
« autres doivent seulement servir, est restée pendant tout ce
« tems-là dans le même état, à très-peu de choses près, où les
« Anciens nous l'avoient laissée.

« Pour preuve incontestable de ce que j'ose avancer ici,
« j'en appelle à tous ces Ouvrages complets, ou autres de Chi-
« rurgie, qui ont été publiez jusqu'ici par les plus habiles &
« les plus fameux Chirurgiens modernes. N'est-il pas manifeste
« qu'ils sont tous copiez les uns des autres, & que les meil-
« leurs de tous le sont des anciens? Il est vrai qu'on peut dire
« en faveur des modernes, & pour leur défence, que l'art de
« copier, quoiqu'ils en fassent leur pratique ordinaire, n'est pas
« neanmoins de leur invention: car Aetius & Paulus n'ont pas
« peu emprunté de Galien, & Marcellus Empericus encore plus
« grossierement de Scribonius Largus, à qui il n'a pas seule-
« ment fait l'honneur de le nommer, parmi tant d'autres Au-
« teurs qu'il a citez, & auxquels il s'en faloit beaucoup qu'il
« fût si obligé.

« Entre tous les compositeurs de sistêmes, je croi qu'il y en
« a bien peu qui refusent de céder la premiere place à Jerôme
« Fabrice d'Aquapendente, comme étant un homme d'un sça-
« voir & d'un jugement universellement reconnu. Cependant
« il n'a pas honte de nous dire que Celse entre les Latins, au-
« quel il donne le titre de merveilleux en toutes choses *mira-*
« *bilis in omnibus*, & qu'il nous conseille de feuilleter nuit &
« jour dans les propres termes d'Horace, *Nocturna versate*
« *manu, versate diurnâ*: Paul Eginete entre les Grecs, & Al-
« bucasis entre les Arabes, lequel je ne me soucie pas de pla-
« cer entre les Modernes, parce qu'il est du nombre de ceux
« que nos pretendus juges modernes rejettent, soit pour ne
« l'avoir jamais lû, soit parce qu'il a eu le malheur de vivre il
« y a six cents ans; il ne fait pas, dis-je, difficulté d'avouer que
« ces trois personnages forment une espece de triumvirat,

» auquel il est obligé principalement, pour les secours qu'il en
» a reçus dans la composition de son excellent Livre.
» Mais quelqu'un dira peut-être, combien y a-t-il d'opera-
» tions qu'on pratique aujourd'hui, qui étoient absolument in-
» connues aux Anciens ? J'ai bien peur que si l'on examinoit
» leurs Ouvrages avec l'attention qu'ils meritent, on n'y en
» trouvât encore beaucoup de très-utiles, ou qu'on n'a point
» pratiquées du tout, ou qu'on a discontinué de pratiquer, &
» qu'elles n'excedassent même en nombre celles, que l'on
» pretend que nous avons inventées.

Histoire de diverses Medecins Grecs.

Comme l'histoire fournit peu de chose concernant les Medecins Grecs, qui vinrent dans la suite, & que d'ailleurs ils ne contiennent presque rien de nouveau, le Docteur Freind s'étend moins sur ce qui les regarde. Palladius, surnommé le Sophiste, & le Jatrosophiste, est le premier dont il parle. En rendant compte de ses Ouvrages qu'il dit être melez, de bon & de mediocre, & contenir les explications claires, exactes, & sçavantes de divers endroits d'Hippocrate & de Galien, il remarque que la pierre fit beaucoup de progrès dans son tems, & devint moins facile à guerir, ce que cet ancien Medecin attribuoit à la débauche, à la quantité excessive des nourritures, & au défaut d'exercice. Il lui revendique divers traitez qui passent dans les manuscrits, sous les noms de Theophile & d'Etienne, ce qui lui donne occasion de parler de l'un & de l'autre. Il observe au sujet du premier, que personne avant lui n'avoit traité des urines expressément, & que Theophile l'a fait d'une maniere qui montre qu'il en avoit fait sa principale étude, & quant au second surnommé tantôt l'Athenien & tantôt l'Alexandrin, après l'avoir distingué d'une autre Etienne d'Alexandrie, Astrologue fameux, qui prédisit sous le regne d'Heraclius, ce haut degré de puissance, où les Sarasins devoient parvenir, il croit qu'il pourroit bien être le même qu'Etienne le Chymiste, qui dédia son Livre de Chrysopœia à ce même Empereur. Nonus vient ensuite. Il fleurit sous le regne de Constantin Porphyrogenete, fils de Leon. Ce qu'il a fait n'est qu'une copie effrontée & plagiaire d'Aetius, d'Alexandre & de Paul Eginete. Michel Psellus suit. Il étoit précepteur de Michel, fils de Constantin Ducas. La Princesse Anne Commene & Leo Allatius lui donnent des louanges extraordinaires ; cependant il n'étoit que le compilateur des compilateurs ; & ce qu'il y a de plaisant, c'est qu'il trouva lui-même un copiste en la personne de Simeon d'Antioche, qui dédia son Livre à Constantin Ducas, surnommé Parapinaceus. Les derniers de tous sont Demetrius Pepagomenus, Actuarius, fils de Zacharie, dans lequel on trouve des choses bonnes & nouvelles, entre autres sur la palpitation & sur les urines, & Myrepsus.

Quoique le Docteur *Freind* finisse la premiere partie de son Ouvrage à l'endroit où nous venons de le quitter, il ne laissera point de nous fournir encore quelques remarques que nous avons omises exprès pour ne pas interrompre le fil de la narration. Tel est, par exemple, ce qu'il dit de Procope l'historien, & de saint Luc. Pour ce qui est du premier, il ne sauroit s'ôter de l'esprit, qu'il étoit Medecin, ce qu'il fonde sur divers passages de ses Ecrits. Par exemple, Procope remarque que les eaux du Pô affoiblissoient l'estomac des soldats, empêchoient la digestion, & leur causoient des dyssenteries dangereuses. Lors qu'il parle d'une certaine famine terrible, il dit que la chaleur de l'estomac étant refroidie & éteinte, on étoit obligé de nourrir les hommes comme on nourrit les enfans, & que la bile qui dominoit dans leur temperament, teignoit le corps de sa couleur. Il remarque que les pays qui sont à la portée des souffres du Vesuve, sont d'une extrême fertilité, que l'air qui regne autour de cette montagne est subtil & sain, & que c'est ce qui a toujours engagé les Medecins à recommander ce climat aux personnes attaquées du poulmon. D'un autre côté, il ne laisse passer aucune occasion de faire honneur à la Medecine. Il nous apprend qu'Elpidius, premier Medecin de Theodoric, fut celui que ce grand Prince choisit à l'heure de la mort pour lui avoüer les reproches, qu'il se faisoit d'avoir ôté la vie à Symmaque & à Boëce. Il nous dit qu'Etienne, fameux Medecin d'Edesse, fut nommé chef de l'Ambassade envoyée par les Edesseniens à Cosroës. Il nous apprend que ce même Roi eut pour Tribunus, Medecin celebre, la complaisance de consentir à une treve de cinq ans avec Justinien, à laquelle il n'avoit pas voulu entendre auparavant. Le même descend dans un grand détail au sujet des plaïes de diverses personnes dont il parle dans son histoire.

Divers traits honorables aux Medecins.

Enfin dans les descriptions qu'il fait des maladies & des blessures, il se sert des termes propres de l'art, il s'exprime avec la derniere exactitude; en un mot, un Medecin ne seroit pas mieux, & c'est ce qu'on peut dire en particulier de la description de cette peste épouventable, qui affligea Constantinople en 543, qui desola toute la terre, & qui dura cinquante deux ans, après avoir commencé par l'Orient, la cinquiéme ou la quinziéme année de Justinien.

Dans un autre endroit, zelé pour l'honneur de sa profession, le Docteur Freind ramasse plusieurs traits, qui la rendent recommendable. Il observe, par exemple, que depuis Hippocrate jusqu'à Paul Eginete, il n'y a point de Medecin qui doive céder en rien aux meilleurs Auteurs de son tems, soit par raport à la disposition de sa matiere & à la clarté de ses raisonnemens, soit à l'égard de la netteté & de l'élegance du langage. Il y en a même qui ont écrit d'un stile bien au dessus de leur siecle, & les Sophistes qui ne s'attachoient qu'à imiter le stile des anciens Grecs, n'ont aucun avantage sur Galien. Au contraire, ce grand homme effaça autant les savans & les critiques de son siecle, qu'il en surpassa les Medecins.

La connoissance que saint Basile eut de la Medecine, est cause des éloges que le Docteur Freind lui donne. Il en est de même de ses remarques sur saint Luc. Quoique cet Evangeliste ait quelque chose de l'Hellenisme, & du tour de l'expression Syriaque, il prétend que la lecture des Medecins Grecs, qu'il étudia, donna à son langage plus d'exactitude & de politesse, & c'est ce qu'il prouve par trois ou quatre exemples. La personne attaquée de paralysie, est appellée proprement par cet Evangeliste παραλελυμένος, au lieu que dans l'endroit paralelle saint Matthieu & saint Marc employent le mot παραλυτικός. L'Hemorroïsse est representée par saint Marc comme παθοῦσα ὑπὸ πολλῶν ἰατρῶν ἢ δαπανήσασα τὰ παρ' ἑαυτῆς, ἢ μηδὲν ὠφεληθεῖσα, ἀλλὰ μᾶλλον εἰς τὸ χεῖρον ἐλθοῦσα. S. Luc adoucit beaucoup ce passage en faveur de la Faculté, & au lieu de raconter combien elle souffrit de la part de plusieurs Medecins, ou combien elle empira par les remedes, il dit seulement que le mal étoit au dessus de la capacité des Medecins, οὐκ ἴσχυσεν ἀπ' οὐδενὸς θεραπευθῆναι. Dans la même histoire, en parlant des grandes depenses, que cette femme

DE L'OUVRAGE.

fit pour se procurer du soulagement, il se sert du terme propre προσαναλώσασα, au lieu du δαπανήσασα de saint Marc, qui signifie proprement *dépenser en plaisirs & en débauche*, selon que saint Luc lui-même s'en sert dans l'histoire de l'enfant prodigue.

Au reste, l'amour du Docteur Freind pour sa profession, ne l'empêche point de censurer quelques-uns de ceux qui l'ont embrassée. Il dit, par exemple, qu'excepté Celsus & Pline, on ne peut lire les Medecins Latins sans perdre patience, & il assure de Scribonius Largus entre autres, que pour le rendre intelligible, il faudroit le traduire en Latin. La même équité lui fait avoüer de bonne foi les vices honteux de ses confreres. C'est ainsi qu'après avoir parlé honorablement de Jaques Psychrestus, natif d'Alexandrie, & originaire de Damas, qui fut Archiater de Leon de Thrace, à qui le Senat fit ériger une statue dans Constantinople, & que ses malades regardoient comme un homme inspiré du ciel, & comme un nouvel Esculape, à cause des cures admirables qu'il avoit faites ; il copie ce qu'Agathias a raporté d'un certain Uranius, contemporain d'Alexandre, qui exerçoit la Medecine à Constantinople. Nous le copierons après lui, afin que bien de faux savans & de prétendus esprits forts se reconnoissent dans ce portrait, & rougissent d'eux-mêmes.

" Il étoit Syrien de naissance, & Medecin de profession. Sans *Portrait* " avoir la moindre connoissance d'Aristote, ou de l'ancienne *du Medecin Ura-* " Philosophie, il avoit neanmoins une très-haute opinion de *nius.* " son propre savoir, quoiqu'il ne consistât tout au plus que dans " une affluence de paroles, & une maniere décisive de soutenir " les paradoxes les plus extraordinaires. On le trouvoit ordinai- " rément, ou dans la boutique de quelque Libraire, ou dans la " place publique, qui joignoit la Cour ; & là il disputoit avec " diverses autres personnes, qui avoient aussi bien que lui une " très-légere teinture de science, ou de vertu ; & cela touchant " des matieres de haute importance, sur lesquelles il argumen- " toit & décidoit avec autant de temerité que de présomption ; " telles que sont les attributs, & l'essence de Dieu, qui sont des " choses si extrêmement au dessus de nos conceptions bornées. " Mais ces Messieurs n'y regardoient pas de si près, ou s'en " embarassoient très-peu. Leur Société s'assembloit communé-

» ment le foir; après avoir paffé toute la journée dans la dé-
» bauche, & même dans une maniere des plus libertines; & ils
» difputoient fur les plus difficiles, abftraites, fubtiles, ou fu-
» blimes queftions, qui s'agitent entre les hommes; fans jamais
» être, ou fe confeffer vaincus, ou fans avoir eux-mêmes con-
» vaincu aucun de la compagnie, de forte que leur coutume
» étoit de fe féparer toujours, de plus en plus confirmez dans les
» opinions dont ils s'étoient prévenus, & fort fouvent encore,
» n'oublioient-ils pas celle des joueurs, qui eft de faire précé-
» der leur retraite par des reproches, des querelles, & des in-
» jures. Voilà quelle étoit la fin de leurs difputes, c'eft-à-dire,
» une extrême averfion l'un pour l'autre. Uranius étoit du nom-
» bre de ces honnêtes gens là, l'un des chefs, & celui qui faifoit
» le plus de bruit; c'étoit en un mot, le veritable original du
» Therfites, dont Homere ne nous a fans doute donné que la
» copie. Mais n'ayant aucun favoir folide, il ne faut pas s'éton-
» ner du peu de capacité qu'il faifoit voir à mettre fes argu-
» mens en forme. Son ignorance l'obligeoit quelques fois à fe
» preffer de répondre à des doutes qu'on ne lui avoit pas encore
» propofez; & dans d'autres tems, au lieu de fatisfaire les gens
» qui lui faifoient des objections, il demandoit par quelle rai-
» fon on s'avifoit de les lui faire. Enfin il ne prenoit la parole
» dans les difputes, que pour renverfer toutes les regles qu'on
» a coutume d'obferver dans les conferences entre les per-
» fonnes raifonnables; & cela devoit toujours être un obftacle
» à la Verité, & l'empêcher de fe montrer jamais. Il affectoit
» de paroître fceptique en toutes chofes, & il formoit toutes
» fes reponfes fur le modele de Pyrrhon, & de Sextus Empiri-
» cus. Il s'imaginoit que l'opinion où il étoit, qu'on ne pouvoit
» arriver à la certitude de quoi que ce fût, lui procureroit une
» parfaite tranquilité d'efprit, & le mettroit à couvert de tous
» les remords de fa confcience. Etant donc d'une trempe auffi
» médiocre, il ne pouvoit certainement qu'en impofer aux
» perfonnes fimples & crédules; car s'il n'y avoit point de fcien-
» ce, dont il ne fût très-embaraffé à fe tirer, c'étoit encore
» bien pis à l'égard de celle du monde, & de la conduite qu'un
» homme doit avoir avec les perfonnes d'un caractere poli &
» diftingué. Il étoit admis dans les maifons des Grands; mais
» après qu'il y avoit bu & mangé avec excès, il devenoit le jouet

de la compagnie, & donnant à sa langue une liberté effrenée, «
on rioit quelquefois de ses sottises. Il étoit aussi fort sujet à «
recevoir des affronts, & des coups; de sorte qu'à la fin il «
devint aussi necessaire dans les parties de plaisir, que l'est un «
boufon & un fou. «

On sçait que l'Ecole d'*Alexandrie* a été fameuse dans le monde pendant plusieurs siecles, qu'elle étoit la depositaire des sciences, & qu'elle étoit particulierement renommée pour la Medecine, ce qui a fait dire à Ammien Marcellin, que c'étoit assez qu'un homme y eût été élevé pour avoir toutes sortes de droits de pratiquer la Medecine. Cette réputation dura autant que la liberté de la ville, c'est-à-dire, jusqu'à l'année six cents quarante, qu'Alexandrie fut prise par Amrou, & sa Bibliotheque brulée pendant six mois en mille differentes manieres, par quatre mille baigneurs publics qui en reçurent la commission. Neanmoins il est probable que les Livres qui regardoient la Medecine, ne perirent pas avec les autres, & qu'ils furent conservez, ou par Jean le Grammairien, & d'autres Savans qui demeuroient alors dans cette ville celebre, ou par les Arabes mêmes, à qui des Ouvrages de cette sorte ne pouvoient être suspects. Ce qu'il y a de certain, c'est que la Medecine ne fut pas envelopée entierement dans le malheur des autres sciences, & que les persécuteurs mêmes des Lettres la protegerent. En effet Abulpharage fait mention de Theodulus & Theodocus, Medecins & Professeurs celebres vers la fin du septiéme siecle, qui autant qu'on en peut juger par les circonstances, residoient à Alexandrie. Les disciples du dernier parvinrent jusqu'au milieu du huitiéme siecle selon Abi Osbaya, qui a écrit les vies de plusieurs savans Arabes. L'Ecole d'Alexandrie ne fut transferée à Antioche & à Harran, qu'en sept cents vingt & un.

Eloge de l'Ecole d'Alexandrie.

Quoiqu'il en soit, depuis la prise d'Alexandrie, les Arabes vinrent peu à peu à connoître les ouvrages des Grecs par le moyen des versions Syriaques, qui en avoient été faites, & sur lesquelles on fit les traductions Arabes. Le premier Traducteur dont il est fait mention, est Maser Jawaihus, qui étoit Syrien Juif, & qui publia *en Arabe les Pandectes du Prêtre Aaron, Alexandrin, contemporain de Mahomet. Cet Ouvrage contenoit trente Livres recueillis principalement des

Premiers Medecins Arabes.

* Environ l'an 683.

Auteurs Grecs. George Backtishua, Medecin Indien & Chrétien, celebre par la connoissance des Langes Persane & Arabe, traduisit plusieurs Livres de Medecine pour Almanzor, second Calife de la maison des Abbasides. Ce savant homme étoit né à Nisabur, capitale de Chorasan, bâtie par Sapor Roi de Perse, en l'honneur de la Reine son épouse, qui étoit fille de l'Empereur Aurelien. Il est probable que la Medecine avoit fleuri dans cette ville, depuis qu'elle avoit été bâtie, jusqu'au tems dont nous parlons. Car Aurelien y envoya plusieurs Medecins Grecs à sa fille, & ils y établirent le système d'Hippocrate, qui se répandit ensuite dans l'Orient. C'est delà peut-être que les Rhazes, Hali Abbas, & Avicenne ont été élevez dans les Pays les plus Orientaux de l'Asie. Almanzor combla George d'honneur, & lui fit present de dix mille écus d'or. Contre l'avis des autres Medecins, il conseilla la saignée au Calife Rashid, attaqué d'apoplexie, & le tira ainsi de danger, ce qui lui procura la faveur du Prince, la dignité de son Medecin, & cent mille drachmes d'apointemens par an. Il y a quelques raisons de penser, qu'en ce tems-là comme en celui d'Hippocrate, cette science s'enseignoit dans certaines familles, où elle sembloit être un bien hereditaire, car ce George-ci eut un fils élevé dans la même profession, & peu après on vit trois ou quatre generations des Backtishuas, celebres par leur habileté, & par leur experience dans la Medecine.

Sous le regne de Rashid, qui orna Bagdal de plusieurs Mosquées, & qui selon la coutume generale des Mahometans en pareil cas, y érigea en même tems des hôpitaux & des écoles publiques, Mesuë Syrien professa la Medecine avec honneur, & fut employé par les Califes pendant plus de quarante ans à expliquer & à traduire les Ouvrages des anciens Medecins.

Cure plaisante d'un Medecin Arabe.

Sous ce même regne fleurissoit Gabriel, fils de Backtishua, fils de George. Abi Osbaya en raconte une histoire plaisante. Une des concubines d'Al-Rashid avoit perdu le mouvement d'une de ses mains en l'élevant en l'air, & les Medecins avoient employé sans succès toutes sortes de linimens & d'onguens, de sorte qu'on la regardoit comme incurable. Gabriel instruit de cet accident & introduit chez le Calife par Giafar, promit

cependant

cependant de la guerir, à condition que le Commandeur des Croyans fît venir la jeune Dame en presence de toute la Cour, & qu'il ne s'emportât point, s'il voyoit faire quelque chose qui lui deplût. Al-Rashid y consentit, la Dame vint, & le Medecin accourant à elle, lui prit le bas de la robe, comme s'il avoit voulu la leyer, & l'exposer nuë. A l'instant la malade effrayée de l'intention qu'elle lui supposoit, se baisse pour l'empêcher de l'exécuter; & sa main, qu'elle avoit tournée en haut perdit sa roideur & reprit sa situation naturelle, qu'elle conserva depuis. Le Prince fit donner cinq cents mille drachmes au Medecin. Il rendit la raison suivante du mal de cette Princesse. *Profudit se in puellæ istius membra inter venerem humor tenuis præ motu & caloris diffusione, & cum subito à motu coitus quiesceret, congelatus est in interiori parte nervorum, adeo ut nisi à motu consimili solvi non posset: usus sum ergo commento, quo dilatato calore, solutus est humor superfluus.*

Enfin la Medecine fut relevée entierement sous le regne du Calife Almamon, fils de Rashid. Au commencement du Mahometisme, les Arabes ne s'attachoient presque qu'à cultiver leur Langue & à étudier leurs Loix, si on ne veut en excepter la Medecine, qui bien que sçuë de peu de personnes, étoit generalement aprouvée à cause de l'utilité dont elle est pour le genre humain. Il faut seulement observer que cette Medecine étoit purement empirique. Telle étoit l'état des sciences sous les Ommiades, qui régnerent 91. ans. Enfin la maison d'Abbas*les retira de l'obscurité par l'estime qu'elle leur témoigna. Almanzor en avoit donné l'exemple par l'aplication avec laquelle il avoit étudié les Loix de sa Nation, la Physique, l'Astronomie, & l'Astrologie. Almamon, le septieme Calife de cette illustre race, acheva ce que son ayeul n'avoit fait qu'ébaucher. Il fit venir des Livres & des Savans de toute-part; il honora de sa faveur & de sa tendresse ceux qui enseignoient les sciences à ceux qui s'appliquoient à les étudier; il fit construire des instrumens Astronomiques, & établit des Astronomes en divers endroits. C'est sous son regne que parut * Honaim, Chrétien natif d'Hira. Il savoit parfaitement le Grec, l'Arabe & le Syriaque. C'est à lui & à sa famille que nous avons principalement l'obligation des traductions Arabes d'Hippocrate,

Progrès de la Medecine chez les Arabes.

* Elle monta sur le trône en 754.

*Environ l'an 840.

d'Aristote, d'Euclide, de Ptolomée & de Galien. La Traduction d'Aristote lui fut payée à la lettre au poids de l'or. Il est vrai que ses traductions & les autres ne sont rien moins que fideles. On peut dire, que les Arabes ont gâté tout ce qu'ils ont traduit, soit dans l'Astronomie, soit dans les Mathematiques, soit dans la Physique, soit dans la Medecine. Mais d'un autre côté, ils nous ont conservé quelques Livres des Anciens; & d'ailleurs, il y en a quelques-uns entre eux comme Averroës, qui les ont traduits avec une fidelité scrupuleuse.

Histoire de plusieurs Medecins Arabes, & jugement sur leurs Ouvrages.

Le Docteur *Freind* raporte ensuite l'histoire des Medecins Arabes, tirée d'Haly Abbas. Selon ce Savant, qui fut honoré dans son tems du titre de Mage, * le Prêtre Aaron péche par trop de brieveté dans ce qu'il dit des choses naturelles & non naturelles. Mesuë né à Nisabur, élevé sous la conduite de Gabriel, fils de Backtishua, & Nestorien, ne suit ni ordre, ni methode dans ce qu'il écrit. Jean fils de Serapion vient après. Il n'écrit de la cure des maladies, qu'autant qu'on peut l'effectuer par le moyen du regime & des medicamens. Du reste, il ne dit rien de la conservation de la santé, ni de la Chirurgie: il omet plusieurs maladies, & il en definit mal quelques-unes. Rhazes est le dernier dont Hali fait mention. Il naquit à Rei, ville de l'Irack en Perse, où il eut la direction de l'hôpital, & d'où il passa à Bagdad à l'âge de trente ans. Il perdit la vuë en sa quatre-vingtiéme année. * Les Historiens Arabes sont pleins de ses loüanges. Ils racontent, qu'il étoit versé profondément dans la Medecine, dans la Physique, dans l'Astronomie & dans la Musique. Il fut preferé entre plus de cent Medecins celebres qui résidoient alors à Bagdad, pour avoir le soin de l'hôpital de cette grande ville. Il voyagea beaucoup, & fut le Medecin de plusieurs Princes. Il acquit le surnom d'*Experimentator* par la multitude des experiences qu'il fit, & il passa pour un excellent Chymiste. Abi Osbaya conte deux cents vingt-six traitez qu'il composa. Hali trouve que son Continent est écrit d'une maniere confuse, qu'il est difficile à entendre par sa brieveté, & qu'on n'y aperçoit aucun ordre, mais que d'ailleurs il y a beaucoup de bon. Le Docteur Freind qui aprouve ce jugement, avouë que le Continent est excellent en son genre; mais que d'ailleurs ce n'est qu'une copie des Auteurs Grecs, semblable en ce point aux

* Il écrivit environ l'an 980.

* Il mourut en 932.

DE L'OUVRAGE.

autres Ouvrages des Arabes. Cependant il ne laisse point de parler souvent sur sa propre experience, & de raporter bien des choses nouvelles & remarquables. Par exemple, la méthode, dont il se servit avec une femme d'un temperament vigoureux, qui avoit au poignet droit une tumeur accompagnée d'une inflammation & d'une douleur violente, a quelque chose de singulier & d'étrange. En neuf heures de tems il la seigna trois fois à la basilique & à la saphene, & chaque fois il tira de chacune demi chopine de sang, sur quoi la douleur cuisante cessa entierement. Il ne veut point qu'on ouvre le cancer par une incision. Selon lui, ceux qui le font y gagnent seulement, qu'ils causent une ulcere où il n'y avoit qu'une tumeur, à moins que ce ne soit en un endroit, d'où on le puisse arracher entierement par le fer ou par le feu. Il est le premier qui ait décrit une *Spina ventosa*, c'est-à-dire, une corrosion & carie de l'os accompagnée de douleurs cuisantes, differente du τερηδὼν des Grecs, du Paedarthrocace & du nodus. Ses maximes valent aussi la peine d'être lues: on trouve des extraits de quelques-unes dans l'histoire de la Medecine.

Celui des Auteurs Arabes qui le suit selon l'ordre des tems, est le fameux Avicenne, fils d'Hali, né* à Bochara dans le Chorasan. On dit de lui, que ses débauches le firent tomber dans plusieurs maladies de toutes les sortes, & qu'il mourut dans la cinquante-sixiéme année de son âge. L'histoire nous apprend, qu'il fit une belle figure dans le monde, & il y a même des Arabes qui ont écrit, qu'il fut élevé à la dignité de grand Visir, ce qui a donné lieu dans la suite à quelques Ecrivains de s'imaginer, les uns, qu'il étoit Prince, les autres, qu'il fut Roi. Il composa un gros Ouvrage intitulé le *Canon*, qui fut abregé & commenté par plusieurs Medecins Arabes, & qu'il eut tant de vogue en Europe, que sa doctrine y fut enseignée seule dans les Ecoles jusqu'au retablissement des sciences. Cependant cette vogue étoit fondée sur peu de chose. On n'y voit rien qui ne vienne ou de Galien, ou de Rhazes, ou d'Hali Abbas. Il multiplie sans necessité les signes des maladies, & il donne pour symptomes essentiels, des choses qui n'en sont que les simples accidens, ou qui n'ont pas même la moindre connexion avec elles.

Histoire d'*Avicenne*.
* En 980

D'Avenzoar.

Avenzoar qui vient enfuite étoit de Seville, ou du moins, y a fait un long féjour. Il vécut cent trente-cinq ans, & avoit commencé à pratiquer la Medecine dès fa quarantiéme année, ou comme d'autres difent, dès fa vingtiéme, de forte qu'il ne fe peut gueres d'expérience pareille à la fienne, ayant joui d'une parfaite fanté jufqu'à fa derniere heure. La plupart des écrivains en ont fait un Empirique, quoique cet épithete lui convienne moins qu'à aucun Arabe, quel qu'il foit, puis qu'il fortoit d'une famille toute de Medecins, qu'il reçut une éducation reguliere de fes parens, comme il le raconte lui-même, & qu'outre les chofes qui appartiennent proprement à un Medecin, il apprit encore la Pharmacie & la Chirurgie contre l'ufage de fon tems, où ces profeffions étoient féparées; qu'il déclame en divers endroits contre les vieilles, qui donnent des remedes, qu'il affecte par tout d'être de la fecte dogmatique ou raifonnée, ce qui fait qu'il ne cite prefque que Galien. Il eft le feul qui ait décrit un abfcès dans le mediaftin, & le premier Arabe qui en ait décrit dans le pericarde. On omet beaucoup d'autres chofes qui ne font ni moins belles, ni moins particulieres. Il fuffit de dire, qu'il porte le caractere d'un Auteur original, & qu'il lui manque feulement d'être mieux traduit.

D'Averroës.

Averroës vécut peu après Avenzoar. Il étoit natif de Cordouë. Son grand pere étoit chef des Prêtres & Grand-Juge du Royaume de Cordouë, dignité qu'il conferva long tems, & dans laquelle il eut pour fucceffeurs fon fils, & enfuite fon petit fils. Averroës fut élevé pour le barreau, qu'il abandonna pour étudier les Mathematiques & la Medecine. Il fe rendit celebre par fa liberalité, fa patience, fon application infatigable à l'étude, & le grand nombre de volumes qu'il écrivit fur Ariftote qui lui firent donner le nom de Commentateur. Il entremêle la Philofophie d'Ariftote dans ce qu'il dit de la Medecine. Dans l'Anatomie il avoue, qu'il ne donne rien de nouveau, & en effet ce qu'il dit, eft tout copié de Galien, & il paroît n'avoir jamais pratiqué beaucoup dans l'Anatomie.

Bayle refuté.

Faute d'avoir eu connoiffance des Auteurs originaux; le celebre *Bayle* eft tombé en diverfes erreurs au fujet de cet Arabe. Il nous dit, par exemple après Champerius, qu'Averroës étoit ennemi mortel d'Avicenne, & que c'eft par cette raifon qu'il

DE L'OUVRAGE. xxj

ne le nomme jamais. Or rien de plus faux. Averroës nomme souvent Avicenne en plusieurs de ses Ouvrages. Il a fait un commentaire sur le Cantica de ce Medecin : loin d'y paroître son ennemi, il parle de ce traité comme d'une introduction excellente à la Medecine ; il déclare qu'il n'a travaillé à l'éclaircir que pour le rendre utile à tout le monde ; lors même qu'Avicenne pose un principe qui paroît faux ; il explique en quel sens on doit l'entendre, pour qu'il soit conforme à la verité. Voilà des preuves suffisantes d'erreur dans Bayle. Il y a encore deux ou trois autres fautes du même genre, mais nous ne parlerons que de la derniere, qui regarde les theses ou dissertations écrites par Averroës contre Algazel, fondateur d'une secte appellée les Motazelas. * Dans cet Ouvrage qui contient plusieurs speculations sur l'art selon les principes d'Aristote, l'Auteur explique l'unité de l'intellect, ce qui fait conclure à Bayle, qu'il étoit libertin, qu'il soutenoit la mortalité de l'ame, & qu'il nie les peines & les récompenses de la vie future. Cependant Averroës dit positivement le contraire ; car dans la troisiéme de ses dissertations, il affirme que l'ame n'est point materielle, & dans la quatriéme, il assure en propre termes, qu'*elle est immortelle.*

Il mourut l'an de l'Egire 505.

Le dernier Medecin Arabe, dont le Docteur Freind parle d'une maniere étenduë, est *Alscharavius*, qu'il prouve être le même qu'Abulcasis. Il ne peut avoir vêcu avant le milieu du douziéme siecle, puis qu'en traitant des playes, il décrit les fléches des Turcs, nation qui n'a fait aucune figure avant ce tems. Il est le restaurateur de la Chirurgie presque éteinte de son tems. Il a joint beaucoup de lecture à beaucoup d'experience, & proteste qu'il n'avance rien qu'il n'ait vû de ses propres yeux. Il est recommandable pour avoir été le premier entre les Anciens, qui ait décrit les instrumens propres à chaque operation, & qui avertisse toujours s'il y a eu du danger dans quelques-unes, ce qui est d'une précaution non moins utile que les directions détaillées des autres sur la maniere d'operer dans chaque cas particulier. Il paroît par son premier Livre qui roule sur les cautéres, que l'usage lui en étoit plus familier, qu'il ne l'avoit été aux Grecs mêmes. Il y rapporte cinquante maladies où les cauteres peuvent servir beaucoup, à quoi il ajoute que pour s'en servir, il faut savoir

D'Alscharavius.

au juſte, où ſont ſituez les nerfs, les tendons, les arteres & les veines, temoin l'hiſtoire d'un malade tué pour lui avoir brulé les tendons en lui cauteriſant le col du pied. Au reſte, il ne faut pas s'étonner, qu'il eût tant de connoiſſance des cautéres. Long-tems avant lui le cautére potentiel étoit pratiqué communément parmi les Arabes, juſqu'à en avoir reçu le nom de *Uſtio Arabica*, comme nous l'aprenons de Dioſcoride dans l'hiſtoire, qu'il donne de la fiente de bouc, dont il ſe ſervoit pour faire l'aplication de ſes cautéres. Dans ſon ſecond Livre il traite au long des operations faites par inciſion, & en raporte juſqu'au nombre de quatre vingt dix-ſept. Il fait mention dans un endroit d'une maladie extraordinaire s'il y en eût jamais. Il la vit dans une femme d'une maigreur extrême, & dont les veines paroiſſoient au travers de la peau. C'étoit une douleur qui couroit d'un endroit à l'autre. Il aperçut à la main de cette femme une petite enflure dans la veine. En une heure de tems cette tumeur remonta en gliſſant comme un ver, après quoi elle s'élança tout d'un coup dans le bras avec une promtitude inexprimable. Là elle ſautoit d'un endroit à l'autre comme du vif argent, & lors qu'elle s'éloignoit d'une partie, la douleur y ceſſoit au même inſtant. Dans l'eſpace d'une autre heure cette enflure courut par tout le corps juſqu'à ce qu'elle vint ſe replacer à l'autre main. Il ne dit pas s'il ordonna quelque choſe, ſeulement il conſeille en pareil cas de faire une inciſion à la partie, & d'y apliquer enſuite un cautére, ſi l'enflure eſt viſible & la douleur conſiderable. Il finit ſon ſecond Livre par la deſcription des differentes manieres de tirer du ſang des veines. Il dit que celles du bras peuvent être ouvertes de deux manieres, la premiere en faiſant une ponction avec un inſtrument fait en feuille de myrthe ou d'olivier ; la ſeconde en coupant avec un couteau, qu'il appelle *Phlebotomus cultellaris*. C'eſt de ce dernier qu'il dit que ſe ſervoient les Medecins en vogue. Pour ouvrir la veine du front, il propoſe un autre inſtrument appellé *Foſſorium*, qui reſſemble à la flamme dont ſe ſervent nos Maréchaux, & il dit qu'on doit le faire entrer en le frapant avec quelque choſe pour l'aider à pénétrer les tuniques des vaiſſeaux. Voilà peut-être la premiere mention qui ait été faite des inſtrumens particuliers des Anciens pour ſaigner ; car le

Des inſtrumens des Anciens pour la ſaignée.

μαχαίριον ὀξυβελές, le μαχαίρια ἀμφήκη, le μύλη d'Hippocrate, le σμίλη ou σμίλιον des Grecs que Galien explique par le μαχαίριον ςηθοείδες d'Hippocrate ; enfin le *Scalper* ou *Scalpellus* de *Celse*, ne sont que des couteaux à faire des incisions, à disséquer des corps, ou à couvrir des tumeurs. Il est donc certain que du tems d'Abulcasis la flamme étoit en usage, & ce qui rend vrai-semblable qu'on s'en servoit non seulement pour ouvrir la veine du front, mais aussi pour celles du bras, c'est qu'il repete fréquemment le mot de *percussio*, en parlant de la saignée. Rhazes & Ali Abbas se sont exprimez de la même maniere avant lui. Constantin l'Afriquain, qui les copie en mille endroits, n'use en traitant de la Phlebotomie que des mots *ferire* & *percutere*. Il semble aussi que Juvenal veuille faire allusion à la maniere de saigner au bras, puisqu'il se sert d'un terme, qui a la même signification que les précedens, *mediam pertundite venam*. Quoiqu'il en soit, le mot de Celse, pour désigner un instrument à saigner, est *Salpellus*, que les Auteurs de la basse-Latinité expriment generalement par *Phlebotomus*. On ne sçait combien cet instrument s'aprochoit ou s'éloignoit de notre Lancette, qui est un mot que nous avons reçu des anciens Gaulois, & qui est formé de λαγκία, mot ancien de leur langue selon Diodore de Sicile. L'antiquité du mot *lanceola* dans sa signification propre & naturelle, ne remonte pas au dessus de Jules Capitolin, quoi qu'on ne puisse pas dire au juste combien il y a qu'on lui fait signifier un instrument Chirurgique. Seulement il est sûr qu'il étoit connu en cette signification du tems de Guillaume le Breton,[*] qui a écrit l'histoire de Philippe Auguste, dont il étoit Aumônier. Cet écrivain nous parle en effet de la *lanceola*, & la distingue même du *Phlebotomus* de la maniere suivante. *Lanceola dicitur subtile ferrum acutum, cum quo minutores aliqui pungendo venam aperiunt in minutione. Aliqui cum Phlebotomo venam percutiunt, unde & Phlebotomia dicitur minutio.* La Lancette est un fer mince & aigu, avec laquelle quelques-uns de ceux qui saignent ouvrent la veine par Ponction. Quelques autres frappent la veine avec le *Phlebotomus*, d'où le nom de *Phlebotomie* a été donné à la saignée. Abulcasis finit par la *lithotomie*, qu'il traite avec beaucoup d'étendue & d'exactitude.

[*] Qui vivoit en 1210.

Hiſtoire de la petite verole.

Tels ont été les differens caracteres des principaux Medecins Arabes. On ne ſçauroit nier qu'ils n'aient ajouté quelque choſe à ce qu'ils avoient apris des Grecs. Une autre choſe qui leur eſt duë encore, c'eſt l'hiſtoire de la petite verole, dont on ne peut trouver l'origine que dans leurs écrits, & qui naquit peut-être au commencement du ſeptiéme ſiecle. Cette maladie ſi ſurprenante dans ſes ſymptomes, ſi reguliere dans ſon cours, & ſi commune parmi les hommes, parut du tems d'Omar, ſucceſſeur de Mahomet. Aparemment les Arabes l'avoient reçuë originairement de quelques regions éloignées de l'Orient, car leurs anciens Auteurs n'en parlent point comme d'une maladie, dont on pût trouver l'origine en remontant un petit nombre d'années. Comme ces peuples étendirent les bornes de leur Empire & de leur Religion dans l'eſpace de moins de trente ans, ils porterent avec eux cette maladie, inconnue aux peuples, qu'ils avoient conquis, dans l'Egypte, en Syrie, dans la Paleſtine, en Perſe, le long des côtes d'Afrique, dans Lycie, & dans la Cilicie; & enfin dans le ſiecle ſuivant, on la vit ravager les provinces maritimes de l'Afrique, d'où paſſant bientôt la Mediterranée, elle ſe jetta en Eſpagne. *Rhazes* eſt le premier qui ait écrit ſur ce ſujet avec un peu de clarté & d'exactitude. Le mal ayant été inconnu juſqu'alors; il lui a donné une cauſe naturelle & inconnue dans la Medecine, ſçavoir une ſorte de contagion originelle. Il la definit une eſpece de levain dans le ſang, ſemblable à celui qui eſt dans le vin nouveau, lequel levain ſe fermente & ſe purifie enſuite, ou de bonne heure ou tard, en rejettant hors de ſoi les matieres peccantes par les orifices des glandes de la peau. Il ſuppoſe qu'il eſt communiqué de la mere à l'enfant dans la matrice, ce qui fait que perſonne n'échappe à cette maladie. Le tems où elle eſt plus Epidemique eſt le Printems & l'Automne, particulierement ſi l'Hyver a été chaud, ou l'Eté pluvieux. Les enfans & les adultes y ſont plus ſujets que les vieillards. Les perſonnes corpulentes, dont les chairs ſont molaſſes, qui abondent en humeurs, qui ont fait ſouvent des excès de vin, ou qui mangent trop de lait, prennent l'infection plutôt que les autres, & elle a plus de violence & de malignité dans ceux qui ſont ſecs & bilieux. Les Symptomes qui la precedent ſont une fievre aiguë, un mal de tête violent, de grandes douleurs

douleurs dans le dos, qui en font un figne indubitable; la peau paroît feche, on eſt appefanti, on a de la peine à refpirer, les yeux deviennent rouges, le fommeil eſt troublé par des fonges effrayans, on baille, on s'étend, la tête bat, & on peut à peine la fupporter; on a des maux de cœur continuels, avec des envies de vomir. Si les douleurs dans le dos font violentes, les maux de cœur infupportables, qu'on ne puiſſe trouver de repos nulle-part, que tout le corps foit brulant, que la couleur du vifage foit haute & ardente, ce font autant de fignes d'une verole très-maligne. Plufieurs de ces fymptomes font communs à la rougeole, que les Arabes regardoient comme une efpece de petite verole, & qu'Avicenne apelle avec affez de raifon *Variola cholerica*. Si la chaleur qu'on fent eſt plus forte, la difficulté de refpirer & l'oppreffion plus violente, & particulierement s'il furvient une toux, & une demangeaifon des oreilles & du nez, il eſt apparent, que ce font des fignes de cette derniere maladie. Selon le même Rhazes, fi les puſtules fortent aifément, qu'elles meuriſſent bien, & que la fievre ceſſe, il n'y a point de danger. Si au contraire, après la fortie la fievre continue encore, tout eſt à craindre. On peut juger que la maladie eſt favorable, lorfque la refpiration du malade eſt aifée, fon pouls regulier, fes fens dans leur affiette naturelle, qu'il peut prendre la nourriture & dormir, que les puſtules contiennent une matiere blanche, font larges, feparées les unes des autres, en petit nombre, meuriſſant fans beaucoup de fievre, fans oppreffion ni chaleur immoderée. Mais lorfque les puſtules font nombreufes, ferrées les unes contre les autres, fe communiquant enſemble, de forte que plufieurs n'en font qu'une grande : fi le cercle, qu'elles occupent, eſt grand, qu'elles reſſemblent à de la graiſſe, qu'elles courent comme du feu volage, qu'elles s'elevent comme des porreaux ou des verrues, & qu'elles ne contiennent point de matiere, on doit conclurre que c'eſt une efpece de la derniere malignité, particulierement fi après la fortie elles ne meuriſſent pas, que le malade n'en foit pas foulagé, & que la fievre augmente après la fortie de l'humeur. Que fi des puſtules nouvelles viennent à fortir, lorfque les autres font près de s'en aller, c'eſt une marque d'une grande plenitude d'humeur. L'efpece eſt bien meilleure, quand elle n'eſt pas accompagnée de grandes rougeurs. Mais si elle est d'une extrême pâleur, elle n'a pour l'ordinaire que des suites funestes. Le tems de la sortie des pustules est encore un prognostic, auquel il faut faire attention. Si elles paroissent le premier jour de la maladie, c'est une marque d'une impetuosité excessive dans les humeurs; si elles ne sortent que le troisiéme jour, les humeurs sont plus temperées: enfin, si on ne les voit qu'aux jours de crise, la maladie est plus moderée encore, & les suites en seront moins fâcheuses. Il y a encore d'autres signes funestes, par exemple, une grande douleur à une partie qui devient verte, violette, rouge foncé, ou noir, ou si les pustules ne meurissent point, ou si la fievre continue, ou si elle est accompagnée de défaillances, de maux & de palpitations de cœur. Quant aux remedes, nous ne les raportons point, parce que destinez à un climat chaud comme la Perse, ils ne peuvent gueres être d'usage dans les nôtres.

Ce que les Arabes ont ajouté à la Medecine. Outre l'obligation que la Medecine a aux Arabes d'avoir décrit la petite verole parfaitement, ils ont introduit les premiers des préparations Chymiques dans la Medecine. Il est vrai qu'ils n'ont point perfectionné l'Anatomie, & qu'Abulcasis seul d'entre eux a porté la Chirurgie jusqu'à un haut degré de perfection. Mais d'un autre côté ils ajouterent beaucoup à la Botanique, & à la matiere medicale, soit par l'introduction de l'espece Aromatique, qu'ils tiroient des pays Orientaux, soit par la découverte de diverses plantes nouvelles, & de plusieurs vertus des anciennes. Pour ce qui est de la Pharmacie, ils ont introduit l'usage des feuilles d'or & d'argent; ils ont trouvé le secret de tirer le sucre par coction, & d'en faire des syrops; ils ont inventé les pillules & les électuaires. Il est vrai que le naïf Guy-Patin s'est emporté contre eux au sujet de ces derniers remedes entre autres. Mais les Arabes ne sont point les seuls Auteurs ou partisans des remedes composez, & même Abulcasis, un d'entre eux, a déclaré que trop d'application à les faire, est une peine inutile & perdue. Galien a dans ses Ouvrages des remedes de cette espece. Hippocrate en a parlé & s'en est servi. Deux siecles après lui Mantias, disciple d'Herophile, & Heraclide de Tarente écrivirent des traitez sur les regles & sur la méthode de leur composition. Actuarius parle d'un antidote d'Hippocrate, composé de plusieurs drogues, pour lequel les Atheniens lui firent present d'une couronne. Il ajoute même que c'est un excellent remede en bien des cas. Le Mithridat & la Theriaque d'Andromachus sont en vogue depuis plus de deux mille ans. On ne doit donc pas rejetter toute sorte de remedes compofez, sous prétexte, qu'il est bien difficile de déterminer absolument quelles sont ses vertus, par la proportion des qualitez de chaque simple qui y entre. Il est constant, qu'il peut resulter d'un certain mélange une certaine proprieté, qu'on ne trouve dans aucun des ingrédiens qui y entrent. Quelques absurditez qu'on puisse commettre dans la composition des medicaments, la pratique en elle-même en est raisonnable, souvent elle devient necessaire, & la nature semble nous l'enseigner par ce qu'elle fait dans les eaux minerales. Pourquoi donc l'art aidé de la Chymie ne pourra-t-il à son imitation incorporer tellement plusieurs simples, qu'il en resulte un corps qui differe en même tems de chacun d'eux pris à part, & puisse produire d'autres effets? La differente combinaison des mêmes ingrédiens peut de plusieurs remedes en former un d'un gout agréable. Pourquoi ne pourroit-elle pas leur communiquer une nouvelle vertu, ainsi qu'un nouveau gout?

Encore une autre remarque sur la pratique des Arabes, c'est que leur maniere ordinaire de purger étoit moins violente que celle des Grecs. Outre qu'ils avoient inventé des medicamens doux, lorsqu'il leur arrivoit d'ordonner ceux des anciens, ils en diminuoient la dose de beaucoup. Ils ne tomboient point dans l'excès de saigner jusqu'à la Syncope, *ad deliquium*, comme les Grecs faisoient, & dans les cas qui demandoient une revulsion grande & subite, où c'étoit une methode judicieuse, & dans des cas où il n'y avoit aucune necessité d'en user de la sorte.

Purgation des Arabes plus douce que celle des Grecs.

Mais à propos de saigner, nous ne devons pas oublier cette dispute extravagante, qui commença avec le quinziéme siecle, sçavoir si dans la pleuresie on doit saigner du côté qu'est le mal, ou du côté opposé. Apparemment qu'ils suivoient alors l'opinion d'Archigenes & d'Aretæus, de sorte qu'on les appelloit déserteurs de la doctrine d'Hippocrate & de Galien, quoique ni l'un ni l'autre n'ait donné sur ce point de regle constante & immuable. Quoiqu'il en soit, l'Université de Salamanque pre-

Plaisante question de Medecine.

nant le parti des Arabes, fit un décret, que personne en cette occasion n'eût la hardiesse de saigner d'un autre bras, que de celui qui étoit opposé au mal, & sollicita un Edit de Charles-Quint, alléguant que la methode contraire n'entraineroit pas moins de suites pernicieuses, que l'herésie de Luther. L'experience a fait voir depuis, que les Arabes n'avoient pas moins de raison pour appuyer leur methode, que leurs adversaires pour la combattre. Un de ces derniers * attaqué d'une violente pleuresie, & réduit à choisir ou de perdre la vie, ou de suivre la methode des Arabes, qu'il avoit tant décriée, prit le dernier parti & s'en trouva bien, quoi qu'au fond la difference de saigner d'un bras ou de l'autre soit une pure vetille.

* Curtius.

La Medecine, la Philosophie & la Litterature des Arabes pénétrerent bientôt dans l'Europe avec leurs armes, & y reçurent les mêmes applaudissemens qu'on leur avoit donnez ailleurs, de sorte que dans le onziéme siecle la Physique & les Arts liberaux étoient designez ordinairement par le nom de *Sciences des Sarrazins*. Mais pour nous en tenir à la Medecine, long-tems avant les Croisades, & peut-être dès le milieu du septieme siecle, il y avoit en cette science des Professeurs Hebreux, Arabes & Latins, établis à Salerne, dont la réputation invita Charles-Magne à y fonder * un College. C'est-là que fleurissoit vers la fin du onziéme siecle Constantin l'Africain, natif de Carthage. Il avoit voyagé en Orient pendant une longue suite d'années, & s'étoit rendu habile dans les langues & dans les sciences des peuples qu'il avoit frequentez. Il revint ensuite à Carthage, d'où ses ennemis l'obligerent à s'enfuir dans la Pouille. Il y fut recommandé à Robert Guischard, Duc de cette Province, qui le fit son Secretaire. On lui donna le surnom de Rheginus. Enfin il se fit Moine du Mont Cassin, & dédia quelques Livres à Didier, Abbé de ce Monastere, qui devint Pape quelque tems après sous le nom de Victor troisiéme. Il traduisit plusieurs traitez, les uns d'Arabe en Latin, les autres du Syriaque & du Latin en Grec. Il dit, qu'il est le premier qui ait traité d'une maniere claire & distincte des maladies de l'estomach. On ne trouve rien de nouveau ni de considerable dans ses écrits.

* En l'an 802.

Environ au commencement du douziéme siecle, on compila le fameux Ouvrage intitulé, *Schola Salernitana*, auquel Arnaud de Ville-neuve fit ensuite l'honneur de le commenter.

Histoire de l'Ecole de Salerne.

Il fut réduit en corps par Jean de Milan, qui le dédia au nom de la Faculté à Robert Duc de Normandie, fils de Guillaume le Conquerant. Cet Ouvrage contient les principaux préceptes qu'on doit obferver pour la confervation de fa fanté, & traite des fix chofes non naturelles. Il eft compofé en Vers Leonins par une civilité particuliere pour le Duc, parce que cette forte de poefie faifoit alors les délices des Normands. Ce fut par le même motif qu'ils ajouterent un chapitre entier fur la fiftule dont ce Prince étoit incommodé, depuis une bleffure qu'il avoit reçue d'une fléche empoifonnée. L'hiftoire nous aprend à ce fujet que les Medecins déclarerent la playe incurable, à moins que quelqu'un ne voulût bien la fucer. Le Duc ne voulut point employer ce remede cruel, de peur de caufer la mort de quiconque le lui donneroit. Mais Sibylle fon époufe profitant du fommeil du Prince, lui rendit ellemême ce genereux office, fans qu'il s'en aperçût. Illufte par fa vertu & par fa beauté, elle meritoit fans doute un meilleur fort que celui de mourir du poifon qu'elle avoit fuccé. A l'imitation de l'Ecole de Salerne, les ftatuts du College de Salerne font également extraordinaires & judicieux. Il a faint Matthieu pour Patron, & la devife de fon fçeau confifte en ces deux mots, *Civitas Hippocratica*. Il eft compofé de dix Docteurs feulement, qui fe fuccédent les uns aux autres, felon leur rang d'ancienneté. L'examen par où ils paffent eft fort fevere, & roule principalement, ou fur la Therapeutique de Galien, ou fur le premier Chapitre du premier Livre d'Avicenne, ou enfin fur les Aphorifmes. Le Prétendant doit avoir vingt & un an, & être fourni de certificats, qui témoignent qu'il a étudié fept ans en Medecine. Si c'eft pour être reçu Chirurgien feulement, il faut que la perfonne ait étudié l'Anatomie pendant un an. Celui qu'on reçoit doit jurer d'être obéiffant & fidelle à la Société, de refufer de l'argent des pauvres, & de ne partager en aucune maniere le gain des Apoticaires. On lui met enfuite un livre à la main, un anneau au doigt, une couronne de laurier fur la tête, & on finit la ceremonie par un baifer que chacun des Docteurs, qui la font, lui donnent. Il y a encore plufieurs autres reglemens pour la pratique, particulierement celui, que les Apoticaires feront obligez de compofer leurs Medicamens felon les ordres du Medecin, & de ne les vendre qu'à un certain prix fixe.

C'est ainsi que de fort bonne heure on vit fleurir la fameuse Ecole de Salerne, qui eut ensuite plusieurs beaux privileges, & entre autres celui d'être la seule avec celle de Naples, qui pût donner des degrès & des licences pour pratiquer. Ce fut l'Empereur Frederic II. qui lui donna ces Privileges, environ l'an mil deux cents vingt-cinq. Ce Prince étoit tout ensemble un excellent juge, & un zelé protecteur des sciences. Ce fut lui qui en ce tems-là favorisa & encouragea le projet de traduire en Latin tous les Ouvrages des Arabes.

Egidius, Moine Benedictin & Medecin de Philippe Auguste, à ce qu'on dit, écrivit en Vers hexametres Latins un traité de la vertu des medicamens, des urines, & du pouls. Telle fut la vogue de cet Ouvrage, qu'on le lisoit dans les Ecoles publiques, & que Gentilis, Ecrivain fameux de ces tems-là, l'orna d'un Commentaire.

Juifs étudient la Medecine.

Outre ces Medecins, les Juifs se distinguoient dans le monde par la profession de la medecine, soit parmi leurs Tribus, soit parmi les Chretiens & les Maures. Environ l'an deux cents de Jesus-Christ, ils avoient eu une espece d'Université à Sora en Asie. Dès les commencemens du Mahometisme, plusieurs d'entre eux avoient été employez par les Califes en qualité de Medecins. On peut même observer que c'est parmi eux une sorte d'éducation Nationale, comme l'est une autre profession, que nous appellerons des Pourvoyeurs. Car nous lisons dans l'Histoire Bizantine qu'ils étoient souvent employez à pourvoir les armées Imperiales de toutes sortes de munitions, de même qu'ils font aujourd'hui parmi plusieurs Nations de l'Europe. On les avoit vûs pratiquer la medecine dans les Cours de Charlemagne & de Charles le Chauve. Mais ce ne fut rien au prix de la réputation où ils parvinrent vers la fin du dixiéme siecle. Etant presque les seuls qui entendissent la Langue Arabe, ils étoient aussi les principaux Medecins qu'il y eût alors en Europe, où il n'étoit pas possible d'avoir des versions d'Hippocrate ni de Galien. Il y eut jusqu'à des Papes qui en retinrent à leur service en cette qualité. Ils n'étoient pas moins considerez chez les Rois Maures d'Espagne. Leur Nation fut même incorporée en quelque maniere avec les Maures,* lorsque ces derniers s'emparerent de l'Espagne, & on leur assigna ensuite Cardoue & Grenade pour leur demeure.

* Environ l'an 714.

DE L'OUVRAGE. xxxj

Comme la Medecine nous étoit venue des Arabes, c'eſt d'eux auſſi que nous vint la Chymie long-tems après. *Roger Bacon* eſt celui qui l'introduiſit en Angleterre. Il étoit d'une famille noble près d'Ilcheſter. * Il commença ſes études à Oxford. Il étudia les Mathematiques & la Phyſique à Paris. De retour à Oxford il s'appliqua à la Philoſophie & aux Langues, & le fruit de cette étude fut une Grammaire Latine, Grecque & Hebraïque. Il expliqua la nature des miroirs concaves ſpheriques, & démontra leur faculté de brûler les choſes de loin. Son traité de perſpective montre juſqu'où il porta la ſcience de l'Optique, & les branches qui en dépendent. Il y parle de la reflexion & de la refraction de la lumiere. Il décrit la chambre obſcure, & les differentes ſortes de verres qui augmentent ou qui diminuent la grandeur de l'objet, & qui l'approchent ou qui l'éloignent de l'œil. On y voit entre autres choſes, qu'il a connu parfaitement les Teleſcopes. Il faiſoit de groſſes dépenſes en inſtrumens de Mathematiques. Il dit lui-même, que dans l'eſpace de vingt ans il avoit dépenſé ſoit en inſtrumens, ſoit en livres, plus de deux mille livres ſterling, ce qui étoit une ſomme prodigieuſe de ſon tems. Il étoit preſque le ſeul Aſtronome qu'il y eût alors. C'eſt lui qui préſenta au Pape Clement IV. un plan de réformation du Calendrier, qui fut ſuivi à peu de choſes près par Gregoire XIII. Son genie penetrant ne ſe borna pas à ces ſortes d'études. Il approfondit les ſecrets de la Méchanique, par le ſecours de laquelle on dit qu'il fit un char volant, qu'il donnoit des mouvemens aux ſtatues, & qu'il faiſoit ſortir des ſons articulez d'une tête de bronze. On lui attribue auſſi l'invention de la poudre à canon. En un mot, il n'ignoroit preſque rien dans ſon tems, où peu de perſonne ſavoit quelque choſe, où la cinquiéme Propoſition d'Euclide étoit appellée le *Pont aux ânes*, où il regnoit en un mot une ignorance groſſiere par toute l'Europe. Il a fait auſſi de bonnes choſes ſur la Medecine. On trouve enſuite l'hiſtoire des Chymiſtes, Guillaume de Saliceto, le premier qui ait preſcrit des remedes Chymiques, & Arnaud de Ville-neuve. Ce dernier étoit de Milan, * ſi nous l'en croyons lui-même. Le deſir d'apprendre lui fit paſſer vingt années à Paris, dix à Montpellier, & viſiter les Univerſitez d'Italie. Il paſſa même en Eſpagne pour y apprendre ſous les Medecins Arabes leur methode & leur Langue. Jacques II.

Eloge de Roger Bacon.

* Il étoit né l'an 1214 & mourut le 11. Juin en 1291.

* Il y a apparence qu'il étoit né vers le milieu du 12e ſiecle, & qu'il mourut en 1313.

Roi d'Arragon l'envoya vers le Pape Clement V. à Avignon au sujet de quelques demêlez sur son titre de Roi de Jerusalem. Ce fut pendant son séjour en Espagne, qu'il fit connoissance avec Raimond Lulle, qui le nomme souvent son Maître. Pour son malheur, il voulut se distinguer par la Théologie, comme il faisoit par la Medecine, par la Chymie, & par la connoissance des Langues. Il ne s'en tint pas à cette espece d'imprudence. Il osa encore étaler ses sentimens avec une liberté entiere, & ne craignit point de vaincre un Moine fameux dans une dispute où le Pape assistoit. Pour comble d'imprudence, il parla mal des Moines & de la Messe, tellement que la Faculté de Theologie de Paris condamna quinze propositions qu'il avoit avancées, l'une desquelles portoit, *que les œuvres de miséricorde & la pratique de la Medecine étoient plus agréables à Dieu, que le Sacrifice de l'Autel.* Enfin la crainte de tomber entre les mains de l'Inquisition, comme Pierre de Apono, lui fit prendre le parti de se retirer chez Frederic d'Arragon, Roi de Naples & de Sicile.

<small>* Il naquit en 1258.</small>

Pierre de Apono vient ensuite. * Il étoit né dans le territoire de Padouë à Apono, où sont ces bains chauds fameux dans l'Antiquité. Il étudia long-tems à Paris, où il prit ses dégrez, & écrivit son Conciliator. Il avoit la réputation d'être également versé dans la Physionomie, dans la Chymie, dans les Mathematiques, dans l'Astrologie, & dans l'art Talismanique. On dit que cette derniere raison le fit soupçonner de Magie par l'Inquisition, qui se saisit de sa personne. Heureusement sa mort prévint sa condamnation, de sorte qu'il ne fut brulé qu'en effigie.

<small>Caractere singulier de Jean Gaddesden.</small>

Le Docteur Freind raporte ensuite l'Histoire de Gilbert l'Anglois, & de Jean Gaddesden. Le caractere singulier de celui-ci merite qu'on s'étende sur ce qui le regarde. Habile à connoître jusqu'où l'homme pouvoit être trompé, il n'a jamais manqué de mettre à profit la credulité & les passions de ceux qui avoient affaire à lui. On le voit toujours appliqué à tendre des piéges aux gens délicats, aux Dames & aux personnes riches. Il alloit jusqu'à enseigner aux femmes des eaux pour leur teint, & des drogues pour teindre leurs cheveux. Ses égards pour les riches vont jusqu'à se faire une étude particuliere de leur trouver des remedes bien choisis & très-chers, dont il leur ordonne toujours le double de ce qu'il

ordonne

DE L'OUVRAGE. xxxi

ordonne pour les pauvres. *Experimentum meum si sit pro divite duplum, ossis cordis cervi*. Ce n'étoit pas assez pour lui de se distinguer dans la Medecine, s'il ne donnoit encore des preuves de sa profonde litterature, en donnant les étymologies de divers mots. Par exemple, il dit que *Peritonæum* est appellé ainsi, à cause qu'il est situé *juxta tonantem*.... *Herniæ quasi rumpens enia*, c'est à-dire, *intestina*..... *Phthisis* vient, dit-il, de *tussis*, & *chiragra*, de *chiros*, & de *gradior*. C'est bien autre chose sur le mot *Epilepsie*; il le derive de *Epi*, & de *lædo*. C'est pourquoi il observe qu'on l'appelloit aussi *hiera noson*, de *hiera*, qui signifie *sacra*, & de *nôces*, parce qu'elle nuit aux parties nobles, & les offense. C'est ainsi qu'à l'imitation de son maître Gilbert, il fait parade de son habileté dans la Philologie; mais c'est aussi avec un succès semblable. Il n'affecte pas moins de faire briller ses talens poëtiques, jusques là qu'il y a à peine une seule page de ses Livres qui ne soit ornée de ses vers, qui ont cette bonne qualité, qu'il faut être la mélancholie même pour les lire, sans en être réjoui. D'un génie turbulent & entreprenant, il falut qu'il se mêlât de faire des operations de Chirurgie, dont il s'applaudit extrêmement. Il se vanta aussi d'être grand Oculiste, & pour les infections dans les yeux, (c'est le terme dont il use) il déclare qu'il a inventé un remede, mais qui n'est propre que pour les riches, *experimentum meum, quod divitibus convenit*. Il nous avertit aussi, qu'il est grand Physionomiste, & son dessein étoit de composer un Traité de la Chiromancie, si Dieu lui conservoit la vie & la santé. Mais à notre grand regret, cet excellent Commentaire sur l'art de dire la bonne avanture est perdu. Il étoit aussi grand amateur de secrets, qu'il vendoit un prix exorbitant, temoin ce remede fait de trois grenouilles, dont il dit en propres termes qu'il avoit eu une somme considérable des Barbiers. *Pro quo habui bonam pecuniam à barbitonsoribus*. Aussi il n'est point de maladie pour laquelle il n'ait un secret exprès. Il dit avoir gueri vingt personnes hydropiques avec le *spica nardi*; mais c'est un remede, qu'il ne veut point qu'on donne sans en avoir été payé auparavant, *nec debet dari nisi accepto salario*. Plus le cas étoit compliqué & difficile, plus il faisoit paroître de plaisir à l'entreprendre. Quelqu'un étoit-il tourmenté de la pierre? il pouvoit la faire dissoudre. Un autre étoit-il cruellement affligé de la goûte? il pouvoit attirer l'humeur au dehors, par le moyen d'un Cataplasme ou d'un onguent. Il pouvoit vaincre l'obſtination du mal-caduc avec un colier. Il gueriſſoit la paralyſie de la langue avec de l'eau de vie. Il deſcendoit juſqu'aux moindres choſes. Si on avoit une dent pourrie, il la tiroit. Si on étoit couvert & rongé de vermine, il avoit un ſecret infaillible pour en délivrer. Il portoit la tendreſſe de cœur qu'il avoit pour les humains, juſqu'à s'abbaiſſer à couper les cors des pieds. Il gueriſſoit encore la colique par le moyen d'une ceinture faite de la peau d'un veau marin, pourvû que la Buccula en fût de baleine. Il avoit un emplâtre & un cauſtique, infaillibles pour les playes & pour les ruptures. Il gueriſſoit un cancer produit par une cauſe externe, avec de la *pareille rouge*. Il connoiſſoit ſur tout le plaiſir, qu'il y a de ſe mêler des femmes groſſes. Il leur ordonne de la Rhubarbe rôtie, il s'inſinue auprès d'elles, & ſachant qu'il y a une eſpece de jargon particulier pour ces occaſions, il badine d'une maniere hardie & libertine. Il paroît s'être appliqué en particulier à trouver des moyens d'aider la conception. Ceux qui voudront être informez des grands talens qu'il avoit dans cet art, prendront la peine de lire les ſçavants Commentaires, & les divers ſecrets qu'il a publiez touchant la méthode abominable des irritatifs. Il étoit Chanoine & non pas Moine, comme quelques-uns ont crû. Il a été le premier Anglois que la Cour d'Angleterre ait employé en qualité de Medecin.

Etabliſſement de la Chirurgie.

Environ ſur la fin du quinziéme ſiécle *Hermolaüs Barbarus* eſſaye de perfectionner la Botanique, en corrigeant les fautes nombreuſes des manuſcrits de Dioſcoride & de Pline; mais nous avons reſolu de ne nous y point arrêter, afin de reſerver de la place pour l'hiſtoire de la Chirurgie. Elle commença à être cultivée avec ſuccès dès que les ſavans Livres d'Abulcaſis ſur cette ſcience eurent été portez en Italie, c'eſt-à-dire, ou du tems même de cet Arabe, ou peu après ſa mort. Les premiers Chirurgiens ne firent que copier leur maître, ce qui les a fait nommer *Arabiſta*, comme furent Roger de Parme, ou de Salerne, Jamerius, Roland, Brunus qui vint après eux,* Theodoric qui publia les collections de Brunus ſous ſon propre nom. Guillaume de Saliceto eſt un peu meilleur, & il a même aſſez l'air d'un Auteur original, particulie-

* Il écrivoit en 1252.

rement dans ce qu'il dit de la hernie charnue. Lanfranc vint ensuite, & fut suivi de Guido de Cauliaco, qui fut Medecin de Clement V. Nous lui avons obligation d'une histoire abregée de la Chirurgie de son siecle. Il nous apprend qu'elle étoit divisée en cinq sectes. La premiere suivoit Roger & Roland, & les quatre Maîtres qui appliquoient indifferemment des Cataplasmes sur toutes sortes de playes & d'abscès. La seconde suivit Brunus & Theodoric, qui dans les mêmes occasions ne se servoient que de vin. La troisiéme avoit pour chefs Guillaume de Saliceto & Lanfranc, qui tenoient un milieu, & pansoient les playes avec des onguents, & des emplâtres doux & molets. La quatriéme secte étoit celle des Allemans qui suivoient les armées, & qui employoient sans distinction les charmes, les potions, l'huile & la laine. Enfin la cinquiéme étoit celle des femmes & des ignorans, qui, dans quelque maladie que ce fût, n'avoient jamais recours qu'aux Saints.

Le Docteur Freind termine l'histoire des Ecrivains de ce siecle & de cette classe par un nommé *Jean Ardern*, Chirurgien, qui a vécu avant dans le quatorziéme siecle, dont il raporte plusieurs choses. Cet endroit est suivi de l'histoire de ce que les Anglois appellent Sweating Sikeness, *Morbus Sudorificus*. Elle commença en premier lieu l'année quatorze cent quatre-vingt trois, dans l'armée de Henri VII. vers le tems qu'elle fit sa décente au port de Milford. De là elle se communiqua bien vîte jusqu'à Londres depuis le vingt-un du mois de Septembre jusqu'à la fin d'Octobre. Elle revint visiter l'Angleterre jusqu'à cinq fois, & toujours dans l'Eté. La premiere fois qu'elle revint fut en quatorze cent quatre-vingt cinq. La seconde en quinze cents six. La troisiéme en quinze cents dix-sept, & alors elle emportoit le malade en trois heures de tems, de sorte qu'il perit beaucoup de Noblesse, & qu'il y eut pour le moins la moitié de la populace qui fut emportée dans un grand nombre de villes. La quatriéme fois qu'elle parut fut en quinze cents vingt-huit, & elle tuoit cette fois en six heures. Plusieurs Courtisans moururent, & Henri VIII. lui-même fut en danger. En quinze cents vingt-neuf, & seulement alors, elle infecta les Pays-bas & l'Allemagne. Dans cette derniere sur tout, elle fit d'étranges ravages, détruisit bien du monde, & fut en particulier cause que la conference qui se tenoit à

Histoire de la Sueur Angloise.

Marpurgh entre Luther & Zuingle touchant la Sainte Cene fut interrompue.

La derniere fois qu'elle revint fut en quinze cens cinquante-un. Elle emporta alors jusqu'à cent vingt personnes en un jour dans Westminster. A Sheewsbury en particulier, où résidoit le sçavant Caïus, qui en a fait la description, elle parut d'une maniere terrible. Il l'appelle avec raison une fievre pestilencielle contagieuse, dont la durée étoit d'un jour naturel, & il ne regarde la sueur que comme un symptôme, ou une crise de cette fievre.

La maniere dont on étoit saisi étoit telle. D'abord elle attaquoit quelque partie particuliere, & étoit accompagnée de chaleurs internes & externes, d'inquiétude, de maux de tête, d'estomach & de cœur, quoi qu'il fût rare qu'on vomît, de délires, de défaillances, & d'assoupissemens extraordinaires & excessifs. Le Pouls étoit vîte & vehement, & la respiration courte & difficile. Les enfans, les pauvres, & les vieilles gens étoient beaucoup moins sujets à en être attaquez. Des autres, il y en avoit peu qui échapassent à ce mal, & la plupart moururent. Dans Shrewsbury entre autres, où la maladie dura sept mois, il perit près de mille personnes.

On n'évitoit pas même la maladie en voyageant en France, ou en Flandres. Ce qu'il y a d étrange, c'est que les étrangers, qui se trouvoient en Angleterre, n'en étoient pas attaquez, & qu'au contraire les Anglois en quelque Pays qu'ils fussent, y étoient seuls sujets.

Personne n'étoit hors de danger avant les vingt-quatre heures. Le seul remede qu'on trouva fut de continuer la sueur. Il étoit necessaire de le faire pendant long-tems ; car si on l'arrêtoit, il n'y avoit rien d'aussi dangereux, ni de plus fatal. Le seul remede étoit donc d'avoir patience, & de demeurer tranquille & chaudement, sans prendre l'air, de peur du froid. Si la nature n'étoit pas assez forte pour faire cela d'elle-même, il falloit l'assister par art, & tâcher d'exciter la sueur par le moyen d'habits, de couvertures, de remedes, de cordiaux, de vin, &c. La violence du mal étoit bien passée en quinze heures, mais il ne faloit compter sur rien avant les vingt quatre.

Il étoit necessaire d'obliger quelques malades à suer une seconde fois, & quelques temperamens durs à émouvoir furent contraints de recommencer jusqu'à douze fois. Il y avoit un grand danger à fortir du lit trop tôt, & ceux qui n'avoient pas fué affez, tomboient dans des fievres malignes. Il faloit ne point manger de viande tout le tems que duroit la maladie, & ne boire quoique ce fût les cinq premieres heures. A la septiéme heure le mal s'augmentoit de beaucoup, & environ la neuviéme, le délire furvenoit: mais il faloit abfolument prendre garde de ne pas dormir. L'experience fit connoître que cette maladie étoit plutôt une furprife de la nature, qu'aucun mal veritablement rebelle aux medicamens, fi l'on prenoit un grand foin des malades dès le commencement. Car lors qu'on apportoit au mal les remedes neceffaires, & dans le tems qu'il faloit, il étoit rare qu'on en mourût.

On devroit peut-être s'étendre de même fur l'hiftoire de la verole, que le Docteur Freind rapporte avec un détail fçavant. Mais il vaut mieux renvoyer à fon Livre. Les chofes obfcenes qu'il rapporte ne font point obfcenes dans un traité de Medecine, parce qu'elles y font neceffaires, & elles le feroient ici. Ainfi nous paffons à la vie de *Linacre*, par laquelle il finit fon hiftoire. Il naquit à Cantorbery, *& fut élevé à Oxford, d'où il paffa dans l'Italie, qui étoit fameufe par le rétabliffement des belles Lettres. Il y fut reçu avec une extrême bonté par Laurent de Medicis, qui lui fit la grace de fouffrir qu'il eut les mêmes maîtres que fes fils avoient. Linacre aimoit trop les fciences pour ne pas profiter de cette occafion. Auffi fous la conduite de Demetrius Chalcondyle & de Policien, il fit tant de progrès dans les Langues Grecques & Latines, que le Docteur Freind ne craint point d'en faire le premier homme de fon tems. Il prétend que fon ftile Latin a été blâmé injuftement par Erafme & par Cheke. Selon lui, quoique Linacre eût une connoiffance parfaite de tous les écrits de Ciceron, il ne fe propofa pour modele que le ftile de fes épitres & de fes ouvrages de Philofophie, fi ce n'eft qu'il s'attacha encore à imiter l'élegance de Terence avec la clarté & la délicateffe de Celfe, qui fouvent conviennent mieux aux matieres Philofophiques, dont il avoit envie de traiter. Le Docteur Freind ne s'en tient pas à ces éloges. Charmé du ftile pur & correct de Linacre, il veut que nous en jugions par nous mêmes, & copie pour cet effet la traduction que ce fçavant homme fit de la préface de Galien aux quatorze Livres de la

Vie de Linacre.
* En 14

méthode de traiter les maladies. Une grande connoissance de la langue Latine ne fut que le moindre merite de Linacre. Il se distingua tellement dans la Medecine, qu'à son retour dans sa Patrie, il fut chargé par Henri VII. de l'éducation & de la santé du Prince Artur. Il fut ensuite Medecin du Roi lui-même, de Henri VIII. & de la Reine Marie. Le Docteur Caïus fait un portrait magnifique de ses mœurs, de sa politesse, de sa sincerité, de l'horreur qu'il avoit pour la lâcheté, de sa fidelité pour ses amis, de son ardeur à encourager les jeunes gens, qui avoient du merite, & de son zele pour l'avancement & pour l'honneur de sa profession. Linacre ne ne se contenta point d'avoir fondé trois lectures en Medecine à Oxford & à Cambridge. Considerant qu'il n'y avoit presque plus de Medecins que des Moines ignorans, ou des Empiriques fourbes, & que chaque Evêque dans son Diocese admettoit à son gré ceux qui se présentoient pour y pratiquer, il crut qu'il falloit mettre le droit d'approuver des Praticiens en de meilleures mains. Il conçut donc alors le projet d'un College de Medecine. Protegé par le Cardinal Wolsey, il obtint des Lettres Patentes, que le Roi confirma ensuite, pour établir une societé de Medecins à Londres. Ce College subsiste encore, & jouit du privilege d'admettre seul quelque personne que ce soit à pratiquer la Medecine, & de revoir les ordonnances des Medecins. Personne ne peut même exercer la Medecine en aucun endroit d'Angleterre hors de Londres, jusqu'à ce qu'il ait été examiné par le President, accompagné de trois Membres du College, & qu'il ait reçu d'eux des Lettres testimoniales, à moins qu'il ne soit gradué dans l'une des deux Universitez. On ne choisit personne pour Membre de cette Société, qui ne soit Docteur d'Oxford ou de Cambridge, à moins qu'il ne soit Medecin du Roi, reconnu & entretenu comme tel aux dépens de la Nation. Le même College est chargé par d'autres actes de visiter les boutiques des Apoticaires, & d'examiner les medicamens, chose qui n'est pas moins à l'avantage des malades qu'à celui des Medecins. Linacre présida dans ce College les sept dernieres années de sa vie. Ceux qui voudront mieux connoître son histoire & ses ouvrages, n'ont qu'à consulter une Lettre Latine du sçavant Monsieur Maittaire au Docteur Freind, que ce dernier a inserée dans son supplément.

Marginalia: College des Medecins de Londres.

AVERTISSEMENT.

J'Ai écrit cette Histoire sans penser à la rendre publique; je n'avois eu d'autre vûe en écrivant, que de remplir quelques heures de loisir, mais on m'a persuadé de revoir mon Ouvrage, & j'y ai fait quelques Additions. Le Lecteur peut facilement s'imaginer que j'ai été obligé de consulter plus de livres que je n'en avois d'abord consulté. J'ai rapporté à chaque matiere, ce qu'on a écrit depuis la premiere ébauche de cette Histoire. Les feuilles qui traitent de l'Hernie inguinale étoient imprimées avant que jeusse lû la traduction de la Chirurgie du Sieur Garengeot; il est le premier qui a traité de cette Hernie; mais l'essentiel de ce qu'il a dit sur cette matiere avoit été expliqué il y a quatorze ans dans une Assemblée publique. Si mon travail peut être de quelque utilité à ceux qui sont versés dans la lecture des anciens Médecins, ou donner quelque goût pour ces Auteurs à ceux qui ne les connoissent pas, je croirai qu'il ne sera pas inutile. S'il arrive que j'aie vainement travaillé pour les autres, j'aurai du moins réussi à m'amuser moi-même.

Monsieur de B. s'est donné la peine de traduire en François mon Ouvrage, durant le séjour qu'il a fait en Angleterre en 1726. J'ai revû la traduction pour la rendre plus exacte; & un Medecin François s'est chargé du soin de l'Impression. Cette Histoire avoit besoin d'une nouvelle traduction, celle qui a été faite en Hollande, étant défigurée & pleine de fautes grossieres.

APPROBATION.

J'AY lû par ordre de Monseigneur le Garde des Sceaux un Manuscrit qui a pour Titre: *L'Histoire de la Medecine depuis Galien*, avec un autre Manuscrit, dont le Titre est: *Traité de la Formation de la Pierre dans le corps humain, des suppressions d'urine & des Operations de la Taille*. A Paris ce 8. Août 1726. CASAMAJOR.

HISTOIRE
DE
LA MEDECINE
DEPUIS GALIEN.

REMARQUES CHRONOLOGIQUES
SUR L'HISTOIRE DE M. LE CLERC.

'AI attendu avec beaucoup d'impatience la nouvelle édition de l'Hiſtoire de la Medecine de M. le Clerc; parce que j'ai toûjours fait grand cas de cet Auteur : dans les trois parties de ſon Ouvrage l'on voit un jugement ſûr, ſoutenu d'un ſçavoir profond; l'hiſtoire y eſt conduite juſqu'au tems de Galien. M. le Clerc ayant fouillé dans les Ouvrages de cet Ancien, & de tous les Ecrivains qui l'avoient precedé, eſt remonté à plus de ſix cens ans; il a raſſemblé ſes Memoires non-ſeulement avec un travail infatigable, mais auſſi avec un diſcernement exquis. La Philoſophie, la Theorie, & la Pratique de tous les anciens Medecins eſt dévelopée avec tant de netteté & d'étendue, qu'à peine eſt-il une notion, une maladie, un remede, ou même un nom d'Auteur dans un eſpace de tems ſi conſiderable, dont il n'ait parlé exactement.

HISTOIRE

Dans cette édition il nous donne (en 56. pages,) un plan qu'il voudroit faire servir de continuation à son histoire jusqu'au milieu du seiziéme siécle; espace de 1200. ans, trop étendu sans doute pour être bien dévelopé dans un abregé si étroit; & encore M. le Clerc en a-t-il rempli la moitié, en rapportant tout l'obscur galimathias de Paracelse ce Fanatique, sans lettres & sans jugement; on a souhaité que je dise ce que je pense sur cette piece ; je souhaiterois pouvoir en parler de même que du premier Ouvrage; mais elle me paroit non-seulement imparfaite & superficielle, elle est encore inexacte & fautive en plusieurs endroits. Je vais faire par déference quelques remarques sur cette partie de l'histoire de la Medecine: quoique j'aye assez de loisir à present, je ne pourrai pas beaucoup avoir recours aux Livres ;* ainsi qu'on n'attende point de moi quelque chose de parfait, qu'on se contente de quelques observations telles que pourront me les fournir ou ma memoire ou une legere revûe de quelques Auteurs.

Monsieur le Clerc place Oribase Ætius Alexandre & Paul sans aucune distinction dans le quatriéme siécle. Il faut avouer que tous nos Historiens, même les meilleurs parlent d'une maniere très-confuse du tems dans lequel ces Auteurs ont vêcu; ils sont si négligens, que c'est assez pour eux s'ils approchent de cent ou deux cens ans de la veritable époque. Mais on peut aisément remarquer que si M. le Clerc les avoit lûs avec le même soin & la même attention qu'il a lû Hipocrate & Galien, il auroit beaucoup plus approché de la verité; les écrits mêmes de ces Auteurs lui auroient fourni des lumieres; je le prouverai en peu de paroles. Oribase, quoiqu'il ait écrit ses collections dans le tems de Julien vers l'an 360. a cependant vêcu jusqu'à la fin du quatriéme siécle, ce que lui-même & [a] Eunapius avec qui il avoit des liaisons, fait entendre clairement: Ætius aussi le cite souvent, mais non pas comme un homme qui a écrit immédiatement avant lui. Pour Ætius il est clair par ses propres livres qu'il n'a écrit qu'à la fin du cinquiéme siécle, ou au commencement du sixiéme; car il parle non-seulement de S. Cyrille Archevêque d'Alexan-

[a] *In Chrysantio.*

---

* M. Freind n'eut d'abord d'autre dessein que d'écrire une lettre à un de ses amis; mais enfin engagé à écrire une longue histoire, il a approfondi parfaitement les matieres,

drie qui mourut en 444; mais encore de Pierre l'Archiatre qui étoit Medecin de Theodoric, & qui par conséquent doit avoir vêcu plus tard. Alexandre n'a paru qu'après, car il fait mention d'Ætius: il n'y a pas cependant une grande diftance entr'eux; car outre qu'il loue Jacques Pfychreftus [a] excellent & pieux Medecin qui fut premier Medecin de Leon de Thrace avant l'an 474. & que nous trouvons cité par Ætius. Agathias qui écrivit fon hiftoire au commencement du Regne de Juftin le jeune en 565. nous dit quelle belle figure faifoit à Rome Alexandre fous le regne de Juftinien, il ajoûte un fort beau compliment qu'il lui fit & à fes quatre freres qui brilloient chacun dans leur état. Il eft poffible qu'Alexandre n'ait point écrit long-tems avant Agathias; car Alexandre lui-même nous apprend qu'il écrivit dans un âge extrémement avancé, lorfqu'il n'avoit plus la force de fupporter les fatigues de la pratique. Obfervez que Vanderlinden ne fçait décider fi c'eft en 600. 413. ou 360. qu'il a fleuri; mais ce ne font là que de petites méprifes de Chronologie pour un Auteur qui peut faire Aretæus contemporain de Strabon & de S. Gregoire de Nazianze, & les placer tous fous le regne de Céfar-Augufte.

 Paul a vêcu encore plus tard; car il fait mention d'Alexandre: & Abulpharage Ecrivain Arabe, qui nous a laiffé l'hiftoire la plus dévelopée de ces tems, place Paul dans le regne d'Heraclius vers l'an 621. non comme Fabricius prétend [b] dans le regne de Conftantin Pogonat vers l'an 680. [c] L'Auteur Arabe met Paul immédiatement devant le Chalifat d'Othman qui commença en 643. deux ans après la mort d'Heraclius; outre cela nous apprenons de Paul lui-même qu'il avoit étudié à [d] Alexandrie; c'étoit fans doute avant que cette Ville fût prife & pillée par Amrou en 640. Par là nous pouvons apprendre en paffant, que l'école d'Alexandrie étoit encore en ce tems-là dans un grand éclat, ayant continué d'être la plus fameufe pour l'étude de la Medecine: ce que dit Abulpharage [e] de Jean le Grammairien homme très-fçavant, qui vivoit alors dans cette Ville fait voir quelle collection immenfe de livres avoit été faite par les Rois depuis que la Bibliotheque Ptolomeane avoit été brûlée dans le tems de Céfar. Car quand Amrou eut reçu ordre du Chalife de faire périr tous les livres, il les fit diftribuer par toute la ville chez tous

[a] 5. 4. *On parlera ailleurs de ce Jacques.*

[b] *Biblioth. Germ. vol.* 12.

[c] 114.

[d] 4. 49.

[e] *Ibid.*

les Baigneurs, dont le nombre se montoit alors à quatre mille dans Alexandrie; & quoiqu'il s'en fît un prodigieux dégât, comme on doit le supposer, il fallut six mois de tems pour les consumer entierement. Ce petit détail fait voir combien l'on peut compter sur l'exactitude [a] d'un des derniers Journaux qui fixe ainsi le tems de ces Medecins & de Dioclés.

[a] *Biblioth. Litterar. n. 2. 4.*

	A. C.
ORIBASE	350
ALEXANDRE	360
ÆTIUS	400
PAUL	420
DIOCLE'S DE CARISTE	500

La derniere bévûe sur le tems de Dioclés est monstrueuse; car non-seulement sa lettre à Antigonus touchant sa santé est conservée dans Paul même qui est supposé ici avoir vécu 80. ans avant Dioclés; mais encore nous sçavons que cet Auteur étoit, comme s'exprime Pline, le second après Hipocrate & pour l'âge & pour la réputation, c'est-à-dire donc qu'il vivoit 300 ans au moins avant J. C. Ainsi dans ce seul article il n'y a déja qu'une petite erreur de 800 ans. Qu'on me permette d'observer que si cette lettre est bien de lui, elle ne peut avoir été écrite, comme le suppose Fabricius, à Antigonus Gonatas Roy de Macedoine qui a vécu 240 ans avant J. C. car cela éloigneroit trop Dioclés d'Hipocrate : c'est pourquoi il est plus probable que cet Antigonus étoit plus vieux, & peut-être que c'étoit le successeur d'Alexandre environ l'an 320 devant J. C. ou 130 après la naissance d'Hipocrate ; & cet Antigonus répond fort bien au portrait qui y en est fait comme d'un vieux homme, aussi avoit-il passé 80 ans quand il fut tué. Par ces raisons le tems de Dioclés peut tomber dans le siecle qui a suivi précisément Hipocrate, très-près de celui d'Aristote.

Au premier coup d'œil ce détail pourra paroître une pure vetille chronologique ; mais je croi qu'après quelque reflexion on reconnoîtra que si le veritable tems de chaque Auteur n'est bien connu, tout détail historique sur l'état de la Medecine ne peut qu'être très-défectueux ; & il s'en faudra sans doute beaucoup qu'on ne puisse connoître quels progrès elle a fait; où en un mot quelles ont été ses révolutions en differens tems.

M. le Clerc ne donne pas plus de quatre pages à l'histoire de ces quatre Auteurs, & il pense nous en donner une assez bonne raison en disant qu'ils n'étoient que des Compilateurs. Les deux premiers & le dernier sur tout meritent ce titre, il est vrai ; mais ont-ils composé de façon à n'avoir rien de neuf, ni rien qui leur soit propre ? J'avoue que ce qu'on trouve dans ces Ecrivains est peu de chose, si on le compare avec la masse de leurs volumes, ce qu'ils ont dit se trouve dans Galien & dans quelques autres ; cependant ils ne laissent pas de fournir certaines choses qui peuvent contribuer au progrès de l'Art. Pour ce qui est de la partie historique sur laquelle roule proprement cette discussion, assurément on peut tirer de ces Ecrivains beaucoup de matieres propres tout au moins à amuser notre curiosité, si elles ne peuvent nourrir notre jugement. L'état des Sciences comme celui des Empires presente une chose dont on est également frappé, je veux dire ses révolutions successives ; & ce n'est point avec un plaisir vuide d'instruction qu'un lecteur attentif suit la décadence & les progrès des sciences par degrez, ou qu'il les contemple dans leur plus grand éclat ; mais disons quelque chose de plus particulier de ces Auteurs.

ORIBASE.

ORIBASE & Ætius dont les Ouvrages forment de grands volumes, compilent il est vrai ; mais c'est quantité de bons Auteurs tels que Galien. Oribase est plein d'une abondante varieté d'expressions d'où l'on tire cet avantage, que souvent un passage ou un Auteur en explique un autre ; il faut lui rendre cette justice que c'est à lui à qui nous devons principalement l'intelligence de plusieurs passages de Galien, lesquels regardent l'Anatomie & la Medecine. Ætius écrit d'une maniere plus claire ; il traite d'un plus grand nombre de maladies qu'Oribase n'a fait, ou dans son abregé, ou dans ses discours à Eunapius ; il est plus circonstancié dans la description des symptomes, & dans la méthode qu'il donne pour la Cure.

M. le Clerc dit que ces deux Auteurs fournissent tout ce

ORIBASE. qu'il y a d'essentiel dans la Theorie & dans la pratique, particulierement dans l'Anatomie & la Chirurgie. Mais je dois observer qu'Ætius dans son long Ouvrage ne parle de l'Anatomie, ni de l'usage des parties, & tout ce qui est purement Chirurgie en son Ouvrage, est répandu çà & là avec beaucoup de confusion, ce qu'il dit est très-imparfait en comparaison de ce qu'on trouve dans Paul sur le même sujet: raison pour laquelle je crois que *Fabricius ab Aquapendente* grand Maître en Chirurgie juge à propos de suivre presque par tout l'autorité de ce dernier Ecrivain préferablement à celle d'Ætius. Oribase à la verité (dans deux gros Livres qui sont les deux dernieres de ses collections qui nous restent,) a décrit toutes les parties du corps humain connues alors ; mais il n'a ajoûté que très-peu de chose à ce que Galien a dit dans ses Ouvrages Anatomiques ; & c'est sur ce Traité plûtôt que sur aucun autre de ses écrits, qu'il mérite le nom qu'on lui a donné, je veux dire le nom de Singe de Galien. On trouve en lui seulement une chose qui a été omise par Galien, ou peut-être qui a été perdue avec quelques autres Ouvrages de ce grand homme. C'est la description des glandes salivaires qui est telle.[a] » A chaque côté de la langue sont couchez les orifices des
» vaisseaux qui déchargent la salive, & dans lesquels on peut
» porter une sonde ; ces vaisseaux prennent leur origine des
» racines de la langue où les glandes sont situées. Ils sortent de
» ces glandes de même que les artéres & conduisent la liqueur
» de la salive qui humecte la langue & toutes les parties voisines.

[a] *Lib.* 24. 8.

Oribase est fort étendu dans ses explications anatomiques ; cependant dans ses trois differens Ouvrages à peine nous donne-t-il quelque chose qui ait du rapport à la Chirurgie, ou au moins qui concerne tant soit peu l'operation Manuelle ; excepté qu'on ne veuille pas compter parmi ses ouvrages deux petits Traitez qui sont copiez d'Heracles & d'Heliodore : & même fussent-ils à lui, qu'ils contiennent peu de Chirurgie ! Ætius étoit sans doute [b] Praticien en fait de Chirurgie ; il rend quelque raison presque de chaque operation, il est plus étendu même que Celse sur les operations qui se font aux yeux ; cependant il ne dit rien d'une des plus importantes parties de la Chirurgie, je veux dire des fractures & des luxations: partie sur laquelle Celse juge à propos de donner un Livre entier,

[b] 4. 3. 3. 4. 4. 39. &c.

DE LA MEDECINE. 7

Oribase & Ætius ont conservé plusieurs fragments de l'An- ORIBASE.
tiquité; quelques-uns sont d'un prix considerable, & ne se
trouvent nulle-part que chez eux. Parmi un grand nombre d'Auteurs, ne parlons que d'Archigenes & d'Herodote le chef de
la Secte *Pneumatique* dont ils nous ont ramassé plusieurs choses, aussi-bien que de Posidonius & d'Antyllus; tous ces Auteurs sont d'un merite assez considerable, quoique M. le Clerc
ne parle du second que fort legerement, & qu'il ne fasse pas
seulement mention des deux derniers, quoique louez tous les
deux par Galien, particulierement Posidonius. Antyllus, suivant Oribase [a], a écrit plusieurs Livres, où en differens   a *Collect.*
endroits il traite de l'Art Gymnastique. Dans ces restes que   6. 21.
nous ont conservé ces Auteurs, on voit quelques sortes d'exercices dont ni Galien ni aucun autre avant lui ne font mention:
& entr'autres on y trouve le [b] *Cricilasia*, comme l'appellent   b *Ib.* 26.
par méprise les Traducteurs, au lieu de *Cricoëlasia*. [c] Comme c 3. 8.
cet exercice n'avoit pas été en usage pendant plusieurs siécles,
Mercurialis lui-même qui est celui qui a fait les recherches
les plus judicieuses sur ce sujet, ne prétend point l'expliquer;
& je pense que quoiqu'on en trouve une description dans
Oribase, on aura bien de la peine à s'en former une idée.
Ætius nous a fourni quelques piéces du même Auteur, comme
aussi de quelques autres anciens Ecrivains, particulierement de
Soranus le Méthodiste & de Leonides *l'Episynthetique*; ce
dernier fut très-habile en Chirurgie: ajoûtez à cela qu'on
trouve dans ces deux Auteurs plusieurs remedes nouveaux, &
qui n'avoient pas été décrits par leurs prédecesseurs.

Oribase, ou de ce qu'il prend d'Apollonius, ou de ce qu'il
nous donne de lui-même, parle très-amplement des bons ef-
fets de la saignée par voye [d] de scarification; chose très-peu d *Collect.*
connue aux Auteurs qui l'ont précedé: & il nous assure par sa   7. 20.
propre experience, qu'elle est d'un grand usage dans la suppression des mois, dans les fluxions des yeux, dans le mal de
tête, dans la courte haleine, quand même les malades seroient
dans un âge très-avancé. Il nous rapporte ce qui lui arriva à
lui-même, lorsque la peste affligea l'Asie, il en fut attaqué, le
second jour il scarifia sa jambe, en tira deux livres de sang, ce
qui le remit entierement; plusieurs personnes suivirent sa
méthode, & s'en trouverent bien.

ORIBASE. Il faut obferver en paffant que cette maniere de fcarifier étoit differente de celle qu'on pratique par le moyen des ventoufes. Les Medecins Arabes femblent n'avoir connu que celle-ci : [a] & il eft clair ou par ce paffage ou par plufieurs de Galien que les Anciens faifoient de profondes incifions dans la peau avec un canif; ils croyoient que la grande quantité de fang qu'ils tiroient ainfi, étoit équivalente à la faignée qu'on fait en ouvrant la veine. Les Egyptiens fe fervent aujourd'hui même de cette méthode; Profper Alpin en décrit amplement l'appareil [b] : ils font une forte ligature fous le jarret, frottent la jambe, la mettent dans de l'eau tiede, la frappent avec des rofeaux pour la faire enfler & la fcarifier enfuite : procedé different en tout des ventouzes; auffi dans la cure des vertiges [c], Oribafe lui-même parle de ces méthodes comme de deux operations toutes differentes.

Nous trouvons dans cet Auteur l'hiftoire d'une maladie furprenante, & dont perfonne ne parle avant lui; c'eft une efpece de mélancolie ou de rage, qu'il appelle λυκανθρωπία ou λυκάνθρωπος, il en donne cette defcription. Les perfonnes affligées de cette maladie fortent la nuit de leurs maifons, & imitent en tout les loups, ils errent parmi les fepulchres jufqu'à la pointe du jour. [e] Vous pouvez les connoître à ces fymptômes : ils ont la mine pâle, les yeux chargez, creux, fecs, ils ne font point humectez de la liqueur qui forme les larmes; leur langue eft féche & brûlante, la falive tarit, la foif eft extrême, leurs jambes par les meurtriffures qui s'y font dans les chûtes aufquelles ils font expofez la nuit, fe couvrent d'ulcéres incurables. [f] Ætius fait la même defcription avec quelques petites variations; il appelle feulement cette maladie κυνανθρωπία, auffi bien que λυκανθρωπία; il obferve que c'eft au mois de Février [g] qu'elle domine : Ætius dit qu'il prend ce paffage de

a Albucas lib. 2.

b 3. 5.

c Synopf. 8, 5.

d 8. 10.

[e] Actuarius ajoûte qu'alors ils retournent chez eux, & reprennent leur bon fens. *Method. Med.* 1. 16.

[f] Parmi les pierres & les épines *Actuar.* & par des morfures de chiens. *Æt.* 6. 11.

[g] Ceci femble la vraye maniere de lire, quoique Lambecius voulût lire φίροντα au lieu de φαρμάκιον, le mois qui amene cette maladie; mais c'eft la certainement une conftruction forcée, & qui n'eft nullement Grecque; & quoiqu'il rapporte quelques hiftoires extraordinaires que C. Peucer homme qui avoit beaucoup de foy pour la magie & qui en faifoit négoce, rapporte des gens qu'il appelle Lycaones, qui fe trouvent dans les parties du Nord en Europe & dans l'Afie, lefquels font faifis de cette maladie dans l'efpace des douze jours qui fuivent Noël, je ne penfe pas qu'au moins cela puiffe renverfer l'autorité d'Ætius.

Marcellus

DE LA MEDECINE.

Marcellus Sidetes, Auteur qui a vécu sous Adrien & sous M. Antonin, & qui a écrit quarante-deux Livres en Vers heroïques sur les maladies, comme on le sçait non-seulement de Suidas, mais encore par un ancien Epigramme [a] qui s'est conservé jusqu'à present. Paul a donné la même relation de cette maladie mot pour mot, le titre du chapitre c'est περὶ λυκάονως ἢ, [b] & Lambecius semble [c] donner la veritable raison pour laquelle ce mot λυκάονως se trouve changé dans Suidas en celui de λυκάνε; c'est que dans ce mot l'abbréviation dont les manuscrits sont pleins, n'a pas été bien entendue. Mais je ne puis approuver sa remarque sur Ætius; les termes d'Ætius soit dans le manuscrit, soit dans l'Ouvrage imprimé, sont ᾗ μέχρις ἡμέρας τὰ μνήματα μάλιςα δ/ανοίγεσιν, ils ouvrent les Tombes. Gorrée a corrigé cet endroit, & veut qu'on lise περὶ τὰ μνήματα δ/άγεσιν, ils habitent ou vivent dans les Cimetieres; car Paul dit dans le même sens περὶ τὰ μνήματα δ/ατρίβεσι. Lambecius croit cette correction mauvaise, parce que les manuscrits y sont contraires; mais je crains que ce ne soit trop déférer aux Copistes: car le mot δ/αίεσι répond beaucoup mieux à la description de cette maladie telle qu'elle est donnée par tous ces Ecrivains. La traduction d'Oribase l'exprime par *vagantur*; & Actuarius employe ces expressions *courent autour* des sepulchres & des deserts, ὡδὲ κἀκεῖσε περιιέναι: expressions qu'il prend vraisemblablement d'Oribase. Cela est fort different de *ouvrir les Tombes*; circonstance qu'aucun de ces Auteurs ne nous donne à entendre en aucune façon. Je puis ajoûter comme une autre preuve de cette interpretation, que le Démoniaque dont parle la sainte Ecriture, & qui étoit affligé d'une maladie approchante de celle-ci, est representé comme [d] faisant sa demeure parmi des tombeaux; comme [e] habitant dans les Cimetieres, & se faisant des playes lui-même avec des pierres. D'ailleurs le terme μάλιςα prouve la justesse de la correction de Gorrée; car on ne sçauroit former de sens en lisant autrement: cependant [f] *Donat Hautemer* reçoit ou plûtôt confond les deux manieres de lire, & traduit ainsi le passage, *circa defunctorum monumenta plerumque versantur, eaque maximè aperiunt*. Je n'aurois pas fait cette digression critique, si je n'avois eu dessein de donner par là une preuve des méprises grossieres dans lesquelles tombent

ORIBASE.

a *Kuster in Suidam.*

b 3. 16.
c *Biblioth. Cæsar. lib.* 6. 149.

d *S. Mark.* s. 3.
e *S. Luc.* 8. 27.

f *Method. Med. c.* 9.

B

ORIBASE, les hommes les plus sçavans lorsqu'ils prononcent sur des sujets qui ont du rapport à la Medecine, sans avoir quelque connoissance de cette Profession, & des differens Auteurs qui en ont écrit. Pour ce qui est de la maladie elle-même, je remarquerai seulement, que si l'on peut ajoûter foi aux voyageurs, elle a été assez commune dans quelques Pays tels que la Livonie, l'Irlande, &c. & nous lisons dans nos Medecins Modernes des descriptions de semblables cas. Un Auteur que nous ne faisons que de citer, c'est-à-dire *Donat*, dit qu'il en a vû lui-même deux exemples: l'histoire que ª Forestus rapporte est très-remarquable, & s'accorde avec la description d'Oribase non-seulement par ce qui est rapporté *des ulcéres* des jambes, mais encore par la circonstance dont j'ai parlé, je veux dire *la frequentation des Cimetieres*. Le mot Grec employé pour exprimer cette maladie l'exprime très-bien; malgré cela Vanderlinden est un Ecrivain si peu attentif, qu'il en fait une expression synonime avec *la rage des loups* mêmes.

l. 10, 25.

Vous voyez qu'il se trouve dans *Oribase*, quoique Compilateur, quelque chose de nouveau par rapport aux maladies, ou du moins quelque chose qu'on ne trouvera dans aucun des Auteurs qui ont été avant lui, & qui nous restent. Il étoit non seulement au rapport de tous les Auteurs homme d'un grand génie, mais il avoit encore une grande experience; car il avoit été prodigieusement employé: si on le lit avec attention, ce que je croi qu'ont fait rarement ceux qui ont prétendu en donner le caractere, on trouvera en lui les plus sûres regles de pratique pour plusieurs cas. Je vais donner seulement une preuve de cela, je prens l'Epilepsie; ᵇ il décrit la cure de l'épilepsie aiguë & de la chronique; il marque ce qu'il faut faire durant l'accès & après l'accès; quand l'accès est passé, il ordonne la *saignée*, & après quatre ou cinq jours lorsque le corps a pris des forces, il prescrit la *purgation*: trois jours après il ordonne les *Ventouzes* & la *scarification*. Il repete ces évacuations, & quelquefois il employe les *Sinapismes* à des distances convenables; il donne dans les intervalles une bonne nourriture, des remedes chauds comme le *Castor*, la *Menthe*, la *Rue*, & le *jus Cyrenaïque*. Je ne sçaurois dire s'il y a quelque raison de soupçonner qu'il ait pris cela de *Posidonius*, ou de ce qu'a dit ᶜ Ætius sur le même sujet; mais il est sûr que

ᵇ *Syn.* 8. 3.

c 6. 11.

DE LA MEDECINE.

la méthode est bonne & conforme à une pratique fondée sur la raison. L'abregé de ce que Galien a dit sur le même sujet n'est pas à beaucoup près si plein ni si circonstancié ; & l'on peut remarquer que quoiqu'Oribase fasse mention de specifiques ; (car les Anciens en ont eu une aussi grande opinion que nous) & qu'il prescrive par exemple la racine de Pivoine en forme de *collier épileptique*, il est bien éloigné de se reposer sur cela uniquement ; il ne fait veritablement de fonds comme il le doit, que sur les évacuations. Je remarquerai même que Galien dans sa fameuse Epitre à Cecilianus, laquelle est le premier monument de cette espece dans l'Antiquité, ne donne pas une méthode si exacte pour la cure ; il a écrit à dessein sur ce sujet en particulier ; mais n'ayant pas de connoissance des particularitez de la maladie, il a été obligé de *supposer* chaque circonstance qui peut se presenter, aussi il donne à son écrit le titre de ὑποθήκη ; même dans cette lettre qui est écrite à Cecilianus, & qui n'est pas des plus courtes, il ne prescrit pas une méthode exacte pour la cure ; après avoir parlé legerement de la purgation, il propose deux ou trois Simples, la Squille, l'Absinthe, *&c.* comme de bons remedes dans cette maladie ; après cela il insiste principalement sur les regles de la diete qu'il décrit très-amplement. Qu'on ne se mette pas dans l'esprit sur ce que je viens de dire, que j'ai pour cela moins d'estime pour Galien, je reconnois qu'il a été un sçavant homme & un excellent Medecin, nullement inferieur sans doute à Oribase : mais je n'ai parlé ici qu'en Historien qui rapporte les faits tels qu'ils paroissent dans les Memoires qui nous restent des Anciens.

Remarquez que cette méthode d'Oribase consiste à faire des évacuations & à donner des remedes corroborants. Quelques personnes peu judicieuses ont cru ces choses non-seulement contradictoires en apparence, elles les ont jugées encore entierement incompatibles ; mais c'est une erreur populaire de croire que quand un Medecin ordonne un de ces remedes, il doit naturellement penser à condamner l'autre ; l'experience nous apprendra que bien loin qu'il soit contradictoire d'employer en même-tems les deux especes de remedes, c'est au contraire la méthode la plus raisonnable & souvent la plus necessaire, non seulement dans cette maladie, & dans d'autres qui attaquent la tête, mais encore dans plusieurs sortes

ORIBASE. de fiévres. Un Medecin intelligent peut déduire cette verité de sa propre pratique; & quiconque aura une idée claire de l'œconomie animale, sentira fort bien les raisons qui appuyent la méthode d'Oribase; il comprendra aisément la necessité qu'il y a souvent d'évacuer, ou de faire *révulsion*, pour dissiper les obstructions qui peuvent s'être formées de la surabondance ou de la viscosité des humeurs : il verra fort bien en même tems combien il sera salutaire d'employer successivement ces remedes, afin que le sang soit mis en mouvement; ou pour parler plus physiquement, afin que les fluides reprennent leur circulation naturelle, pour redonner aux solides leur premier ton.

Ce petit nombre d'exemples suffira pour montrer que même dans cet Auteur, (quoiqu'il ne soit proprement qu'un Compilateur) on y peut trouver quelques reflexions nouvelles & utiles dans la Medecine; & que qui le lit dans cette vûe, y verra quelques passages de la même nature qu'il ne sçauroit rencontrer dans les plus anciens Ecrivains.

Quoiqu'Oribase passe pour être de Sardes, il nâquit à Pergame, [a] & fut élevé avec *Magnus* & *Ionicus* à l'école de Zenon de Chypre, qui, je croi, enseignoit alors à Sardes; après cela il passa de Sardes à Alexandrie, où il devint un fameux Professeur. [b] Eunapius qui entendoit fort bien la Medecine, & qui est apparemment la même personne à qui les quatre Livres *de Euporistis*, &c. sont adressez, represente Oribase comme l'homme le plus sçavant de son tems, le plus habile en Medecine, & le plus aimable dans la conversation. Il le represente comme un homme aussi considerable par son crédit que par son grand sçavoir, il dit qu'il contribua beaucoup à élever Julien à l'Empire; en reconnoissance cet Empereur le fit Questeur de Constantinople; [c] il eut une une grande confiance en lui, comme cela paroît par une de ses lettres. [d] Sous l'Empereur suivant, Oribase par l'envie de ses ennemis tomba en disgrace, tout son bien fut confisqué, il fut banni, & livré aux mains des Barbares; en peu de tems il s'attira si bien leur amour & leur respect par son courage & son sçavoir, que voiant les grandes cures qu'il faisoit au milieu d'eux, ils l'adorerent comme un Dieu. Enfin il fut rappellé par l'Empereur Romain; il jouissoit d'une réputation & d'une fortune éclatante dans le tems qu'Eunapius écrivit cette histoire, c'est-à-dire, en-

[a] Eunap. in Oribasio.
[b] Julian. Epist. 47.
[c] Suidas.
[d] Epist. 17.

viron l'an quatre cent; car Eunapius étoit alors, comme on ORIBASE. le verra, au rang des premiers Medecins, & il n'avoit que douze ans à la mort de Julien en 363.

 Oribase écrivit, à la priere de l'Empereur Julien, soixante & dix Livres de collections selon Photius, & selon Suidas soixante & douze, Ouvrage qu'il compila non-seulement de Galien, mais encore de tous les autres Medecins précedens; il y ajoûta tout ce qu'il avoit appris de sa propre experience : il n'en reste que les quinze premiers, & deux autres qui traitent d'Anatomie; ils sont intitulez par le Traducteur Rosarius *le 24. & le 25. de la collection.* Il fit après cela un abregé de ce grand Ouvrage, & le réduisit en neuf Livres pour l'usage de son fils Eustathius. Il a écrit outre cela quatre Livres sur les Remedes & sur les Maladies; cet Ouvrage est adressé à Eunapius son ami, comme je l'ai déja dit. Outre cela Phocius parle de deux autres piéces qui subsistoient encore dans son tems; l'une consistoit en quatre, & l'autre en sept Livres qui étoient purement un abregé des Ouvrages de Galien, & dédiez à Julien.[a] Paul fait mention de cet abregé; mais il est perdu de même que quelques autres Traitez dont parle Suidas. Il y a plusieurs recettes d'Oribase citées par Ætius. Les Commentaires sur les Aphorismes d'Hipocrate mis au jour par Guinther comme étant d'Oribase, sont supposez. Il est surprenant que cet Editeur, qui étoit un homme de quelque sçavoir, ait pû les attribuer à cet Auteur; car outre que l'Ouvrage est une bagatelle qui ne contient rien qui soit digne d'Oribase, l'Auteur quel qu'il soit, prend si peu de précaution dans sa supercherie, qu'il fait écrire cette piéce par Oribase à la priere de Ptolomée Evergetes[b]; & bien loin d'être contemporains, il n'y a pas moins de six cens ans de distance entr'eux. C'est encore avec plus d'absurdité qu'il recommande tantôt les saintes Ecritures, tantôt Terence & Virgile[c] comme des Livres qui peuvent être consultez utilement en certains cas : & qu'il s'avise de citer cet émistiche d'Ovide[d]. *Timor addidit alas.* Tout cela prouve que ces Commentaires tels qu'ils sont, ont été écrits en Latin & par un Chrétien.

[a] 2. 1.
[b] *Præfat.*
[c] 2. 39.
[d] 2. 35.

 Barchusen a donné il n'y a pas long-tems une ébauche de la Theorie de cet Auteur sur les maladies; mais assurément il auroit pû s'en épargner la peine: car Oribase n'a pas

ORIBASE. sur ce Chapitre une syllabe de plus que Galien; il pouvoit donc ne dire rien sur cet article par la même raison qu'il donne lorsqu'il fait mention d'Ætius qui certainement parle plus au long des causes des maladies, non-seulement dans tout ce qu'il a tiré de Galien, mais encore dans ce qu'il a ramassé de plusieurs Auteurs dont Oribase n'a pas fait mention. J'ai quelquefois admiré le profond jugement de cet Ecrivain moderne qui a pû donner deux formes differentes à l'histoire de la Medecine: il a écrit ce long Ouvrage en dialogues ingenieux & en dissertations simples; mais il se renferme dans la Theorie de chaque Medecin, comme s'il étoit moins important d'examiner leur pratique & dans la Medecine & dans la Chirurgie, & de la comparer avec la méthode de ceux qui ont vêcu devant ou après eux.

ÆTIUS.

ÆTIUS. J'AI déja dit quelque chose d'Ætius, j'observerai que dans ses Ouvrages de Chirurgie il y a plusieurs choses qui méritent d'être remarquées; il fait mention de diverses méthodes qui sont même en assez grand nombre; méthodes qu'il a vû pratiquer de son tems en certaines operations: il a écrit ce qu'il a pratiqué & experimenté lui-même; il en parle non-
a 4. 1. 112. seulement au Chapitre de la ª Castration, mais encore en beaucoup d'autres endroits. Il a sur ce sujet beaucoup de choses qui ne sont ni dans Celse, ni dans Galien; & il a au moins une fois plus de differentes méthodes qui peuvent être pratiquées dans ces cas, que l'on n'en troùvera dans ces deux Medecins. Il a même certaines choses que Paul a omises. Une
b 3. 2. 30. ou deux preuves de cela: il rapporte très-exactement ᵇ d'*Asclepiades* la maniere de guérir l'*Anasarque* en faisant au côté interieur de la jambe quatre doigts au-dessus de la cheville du pied des incisions de la profondeur de celles qu'on fait communément par la saignée. D'abord il sort un peu de sang; ensuite ce n'est qu'un écoulement continuel d'eau sans aucune inflammation, en sorte que l'ouverture ne se peut refermer, que l'humeur ne soit tarie, & que l'enflure ne soit passée: & cet écoulement guérit la maladie sans aucun remede inte-

fieur. *Leonides d'Alexandrie*, Auteur qui a vêcu enfuite, mais près de Galien, & dont on voit des reftes principalement dans *Ætius*, dit de plus, que fi les incifions aux jambes ne donnent pas un affez prompt écoulement, il faut en faire en d'autres parties du corps, aux cuiffes, au bras, au *fcrotum*, fuppofé qu'il foit enflé, & par ce moyen il s'évacuera une grande quantité de matiere aqueufe. *Archigenes* ajoûte que par ces *fcarifications*, non-feulement l'enflure des cuiffes & des jambes, mais encore celle du ventre s'affaiffera. Il n'y a pas de doute que quand l'*Afcite* eft fuivie de l'*Anafarque*, cette méthode n'ait quelque fuccès, quoique dans une fimple *Afcite* il puiffe arriver qu'elle ne produife aucun effet. Hipocrate fait mention de cette operation, & elle a été faite depuis jufqu'à notre tems avec un grand fuccès. *Sylvius de le Boé* propofe une autre maniere de faire la ponction; il s'en attribue l'invention, quoiqu'il foit clair qu'il a pris cette méthode dans *Avicenne*. Mais ce n'eft pas ici la feule invention moderne dont on peut rencontrer la fource dans les anciens Auteurs de Medecine. Quoiqu'il en foit, il eft fenfible pour ceux qui ont vû quelque chofe en Chirurgie, qu'une lancette vaut mieux qu'aucune aiguille pour ouvrir une *Anafarque*.

On peut fe convaincre par plufieurs paffages de cet Auteur combien le *Cautere* actuel & le potentiel étoient alors en ufage; il dit après *Archigenes*, que dans le cas de Paralyfie, [a] il n'héfiteroit pas du tout de faire une efchare, & cela en plufieurs endroits; il ordonne qu'on en faffe une à la nuque du col, à l'endroit où commence la moële de l'épine; deux de chaque côté, trois ou quatre au haut de la tête, une au milieu, & les trois autres à l'entour. Il ajoûte que fi les ulcéres continuent à couler un certain tems, il n'y a pas à douter d'une parfaite guérifon. Il y a des perfonnes qui croyent que les cautéres font une nouvelle invention qui n'a pas été connue des Anciens; mais quiconque examinera la defcription qu'en donne Ætius, fe convaincra que les Anciens ont eu fur ce fujet des idées auffi claires que celles qu'on a à prefent; on en trouve plus d'une preuve dans Ætius. Il eft plus détaillé fur cette operation, quand il vient à en faire l'application dans un Afthme invereré, [b] lorfque tous les autres remedes ont été tentez en vain. Un cautére, dit-il, pourroit être appliqué de

a 2. 2. 28.

b 2. 4. 68.

ÆTIUS. chaque côté près du milieu de la jointure de la clavicule; mais en prenant des précautions pour ne pas toucher la Trachée-artére, deux autres pourroient être placez près des Carotides sous le menton, un de chaque côté, de maniere que le Caustique ne pénétrât pas plus loin que la peau ; il faudroit en appliquer deux autres sous les mammelles entre la troisiéme & la quatriéme côte, deux plus bas vers la cinquiéme ou sixiéme côte : on pourroit en porter un au milieu du *Thorax*, près du commencement du cartilage *Xiphoïde* au-dessus de l'orifice de l'estomach & une autre de la même maniere à chaque côté entre la huitiéme & la neuviéme côte : de plus Ætius veut qu'on en fasse trois dans le dos, un au milieu, & les deux autres positivement dessous, de chaque côté des vertébres; sous le col les cautéres doivent être assez larges, ni trop superficiels, ni trop profonds, & tous ces ulcéres doivent être entretenus pendant long-tems. Il conseille la même sorte d'operation dans un *Empyeme* & dans la Phtysie; & il faut observer dans ces deux cas que l'escharre doit être faite circulairement, ce qui empêche plus long-tems l'ulcére de se fermer; & c'est la maniere de faire les cautéres par le Caustique. Paul transcrit presque mot pour mot ce qui a été dit par rapport à l'Asthme ; & prescrit la même méthode pour la cure de l'*Empyeme* ; ajoûtant seulement que pour le cautére actuel, on doit se servir de la racine d'*Aristoloche* avec de l'huile mise sur le feu. Touchant la même maladie il rapporte, après Leonides, la maniere de passer un fer chaud rouge à travers la *Pleure* pour emporter la matiere purulente du Thorax. Il fait mention aussi de la maniere commune de faire la *Paracentese*; mais il observe que cette operation ou tue le malade, ou laisse une fistule incurable. *Albucasis* prend cela de *Paul*; mais la premiere observation n'est pas toûjours vraye, & dans un cas si dangereux, qui ne se résoudroit à passer sur un inconvenient tel que le dernier ? *Ætius* non-seulement en d'autres endroits,[a] mais particulierement dans la cure de la Sciatique, [b] décrit les differentes manieres d'appliquer le *Cautére Potentiel* dans les jambes & ailleurs, & dit comment l'ulcére doit être entretenu fluent, en quoi il est suivi entierement par Paul. [c] Par ce que je dis là d'Ætius, il est clair, je pense, que les Anciens ont fort bien compris l'effet des cautéres, & generalement parlant la

meilleure

a 4. 2. 24.
4. 2. 25.
b 3. 4. 3.

c 6. 2. 3.
73. 53.

DE LA MEDECINE.

meilleure maniere de les faire, qui est par les *Caustiques*, & on les trouvera aussi d'un grand usage, sur tout dans les maladies pour lesquelles il les recommande particulierement. Je remarquerai que les trois Chapitres touchant la *Paralysie*, *l'Emptyeme* & la *Sciatique* sont pris d'Archigenes, & sont par consequent une preuve que l'ancienneté de cette operation remonte au moins aussi haut que le tems de Domitien. C. Aurelianus fait mention de ces deux manieres de cautériser dans le mal de tête & dans la Sciatique; mais il ne l'approuve pas du tout dans le premier cas, & cependant conformément à lui, Themison qui étoit plus ancien que Celse la conseille dans la Phtysie. Il est certain que cet usage du cautere étoit bien connu d'Hipocrate, & il est décrit en termes très-clairs par Celse qui le recommande, & sur tout l'actuel dans l'Hydropisie ᵃ, l'Epilepsie ᵇ, la Sciatique ᶜ & la Phtysie ᵈ.

ÆTIUS.

a 3. 21.
b 3. 23.
c 4. 23.
d 3. 22.

Pour montrer la veritable idée qu'il avoit des avantages qui reviennent de l'évacuation produite par cette operation, il pose ce principe comme une regle constante dans tous ces cas, *que les ulcéres ne doivent point être gueris, qu'on doit les laisser fluer jusqu'à ce que l'humeur soit tarie, & la maladie guérie.* Ainsi Ætius dans la morsure d'un chien enragé conseille de tenir les ulcéres ouverts quarante ou soixante jours, & s'ils venoient à se fermer, il ordonne de les ouvrir de rechef; c'étoit là certainement la pratique des Anciens, équivalente sans doute à la nôtre; on a voulu mettre une difference entre les cautéres des Anciens & les cautéres des Modernes; mais cette difference n'est pas essentielle; on le peut voir par le détail abregé que j'ai donné là-dessus. Les Modernes ont poussé plus loin cette épreuve; ils ordonnent communément, (suivant l'avis de Rhazés) ᵉ que ces cautéres soient faits dans les parties les plus charnues du corps, ou plûtôt dans les interstices des muscles; au lieu que nous trouvons que les Anciens les faisoient faire quelquefois près d'un os, comme au *Sternum*, à la nuque du col, aux *Clavicules*, &c. parties dans lesquelles si l'on met quelque corps étranger pour les entretenir ouvertes, il s'ensuit que *le Perioste* sera pressé, ce qui causera de grandes douleurs; outre que dans de telles parties l'évacuation de laquelle dépend principalement la cure, ne peut jamais être aussi considerable. C'étoit là l'unique maniere parmi les Anciens de faire les cautéres; car les ouvertures avec la lancette sont une invention

e *De Cauteriis.*

C

ÆTIUS. beaucoup plus récente. Plusieurs préferent le cautére *Actuel* au *Potentiel*, parce que l'escharre se sepáre plus vîte; mais comme le premier semble beaucoup plus rude, on lui substitue communément le dernier pour s'accommoder à l'humeur craintive du malade; & pour cette raison il peut arriver qu'on fait le cautére plus profond. Cependant *Glandorp* qui a fort bien écrit sur ce sujet, dit qu'il croit la premiere sorte si bonne, qu'il aimeroit mieux qu'on fît six cautéres de cette maniere là, qu'un de l'autre; il ne s'est jamais servi du cautére potentiel que deux fois.

Peut-être qu'il ne sera pas hors de propos de dire ici quelque chose de differentes sortes de cautéres appellez *Setons*, a 3. 3. 18. lesquels ont été décrits nettement par Lanfranc [a] il y a quatre cens ans., comme le remarque M. Bernard, & si l'on feuillette les Ecrivains qui précedent Lanfranc, on trouvera cette pratique beaucoup plus ancienne encore: *Roland* qui a vêcu dans le treiziéme siécle, fait non seulement mention de la chose, mais employe le mot même, [b] & décrit comment l'aiguille avec le fil doit être conduite. *Camanuzali* Medecin de *Baldach* ou Bagdet, qui a vêcu au plus tard avant que cette Ville fût prise par les Tartares en l'an 1258. a écrit sur les maladies des yeux, a ramassé tout ce que les Arabes, les Chaldéens, les Juifs & les Indiens ont dit sur ce sujet; il fait mention deux fois du *Seton* dans la cure de la cataracte, [c] & dans ce qu'il appelle *Lunella* qui est un abcès entre la *cornée* & *l'uvée*. Je pense qu'*Albucasis* décrit nettement l'operation dans l'endroit où il traite du cautére qu'il faut faire à l'aisselle lorsque l'épaule est disloquée, & qu'il y a un trop grand flux d'humeurs; il fait le cautére avec un instrument qui a deux ou trois branches très-petites & pointues qu'il fait glisser dans la peau jusqu'à ce que les pointes ressortent de l'autre côté. [d] Il se sert de la même méthode pour les tumeurs de la rate, [e] & conseille d'entretenir long-tems l'ulcére fluent. *François de Piémont*, qui étoit Medecin de Robert Roy de Sicile vers l'an 310. transcrit les expressions d'Albucasis, en parlant de la dislocation au même endroit. [f] Ce ne sont pas là les seules autoritez qui prouvent que le Seton étoit en usage dans les tems reculez; mais le discours de *Rhazés* touchant les cautéres montre clairement que c'étoit une pratique très-usitée dans son tems. Il marque les dif-

b 1. 34.
3 6.

c 6. 3.

d 1. 26.
e 1. 31.

f *Ægritud. junctur.* 3.

ferentes places où il doit être appliqué au col, entre les côtes, ÆTIUS. au ventre, &c. Il marque les maladies auſquelles il convient. Le Traducteur appelle cela *Sectorium*; & ces ulcéres doivent être tenus ouverts *cum tentis & petiis*, ce qui eſt une deſcription très-claire du Seton. Pour le mal des yeux, des oreilles ou des dents, il conſeille de placer le cautére dans le milieu, c'eſt-à-dire, dans la partie charnue de l'oreille, & d'entretenir autant qu'il eſt poſſible le flux de la matiere. Cette operation comme beaucoup d'autres choſes, peut avoir été priſe d'abord d'une pratique très-commune parmi les Bergers. *Columelle* qui a écrit dans le tems de *Claudius*, décrit cette operation amplement & avec élegance dans ces mots. [a] *Præſens etiam remedium cognovimus radiculâ quam paſtores conſiliginem vocant. Ea in Marſis montibus plurimò naſcitur, omnique pecori maximè eſt ſalutaris. Lævâ manu effoditur ante ſolis ortum, ſic enim lecta majorem vim creditur habere. Uſus ejus traditur talis ; æneâ ſubulâ, pars auriculæ latiſſima circumſcribitur, ita ut manante ſanguine tanquam O litteræ ductus appareat orbiculus. Hoc & intrinſecus, & ex ſuperiore parte auriculæ cum factum eſt, media pars deſcripti orbiculi eâdem ſubulâ tranſuitur, & facto foramini prædicta radicula inſeritur ; quam cùm recens plaga comprehendit, ita continet ut elabi non poſſit : in eam deinde auriculam omnis vis morbi peſtilenſque virus elicitur, donec pars quæ ſubulâ circumſcripta eſt demortua excidat, & minimâ partis jacturâ corpus conſervatur.* Cette méthode eſt encore en vogue aujourd'hui parmi les gens de la Campagne, & ce que Columelle propoſe ſe pratique à preſent dans le cas de certaines peſtes ou maladies épidémiques qui naiſſent parmi les vaches : & de même on trouve que ce remede a été pratiqué en forme de cautére ſur le corps humain dans de ſemblables maladies par *J. Arculan* pour la premiere fois ; ce Medecin vêcut dans le quinziéme ſiécle ; pluſieurs Medecins du ſiécle ſuivant profitant de ſon exemple, ont recommandé ce remede comme un des plus puiſſants préſervatifs dans la peſte.

Pour ce qui eſt du Seton en particulier, on peut obſerver que du tems d'Albucaſis, & quelques centaines d'années après, on le faiſoit en forme de cautere. *Hollier* eſt le premier, ou du moins un des premiers qui l'a fait comme il eſt pratiqué aujourd'hui avec une aiguille non chauffée, ce qui doit faire voir

[a] De re ruſticâ. 6.5.

C ij

ÆTIUS. avec surprise que bien long-tems aprés Fabrice de Hildan le décrit comme une invention qui lui appartient. Peut-être encore que la maniere de faire le Seton par incision est beaucoup plus ancienne ; & il semble qu'il y ait quelque fondement à la remarque de Severin qui sur le mot de *Sectorium* qui est dans la traduction de Rhazés, prétend qu'il n'étoit point fait par *ustion*; il est clair aussi que Rhazés distingue deux manieres de faire cette operation, l'une par *l'ustion*, l'autre par *l'incision*, & quelquefois par les deux jointes ensemble. Et dans l'article où il ordonne que le Seton soit fait entre le nombril & la clavicule pour un asthme, une Phtysie, une Pleurésie, &c. il ajoûte que le cautére doit être fait en la même place pour le même sujet. Je dois observer là-dessus, que quiconque lira ce court Chapitre de Rhazés, & considerera les maladies pour lesquelles ces sortes de cautéres sont faits, sera convaincu d'abord que les Anciens ont connu le veritable usage de cette operation aussi-bien qu'aucun Moderne l'ait connu depuis. Qu'on me permette de finir sur ce sujet par une remarque que fait Severin sur le passage de Rhazés. *Nota, hoc generale esse in omni loco* fontium *cauterizandum est, per quem fluxus humorum transire videtur ad membrum aliquod sive deorsum, sive sursum, ad intercipiendum fluxum.* Il s'imagine que l'expression *Fonticulus* telle qu'elle est employée dans ce sens, a pris de là son origine. L'observation est ingenieuse & naturelle ; & comme cette expression est certainement moderne, il peut fort bien être que c'est là l'occasion par laquelle elle a été introduite.

Ætius est le premier qui d'après Leonides nous a dit quelque chose des *Dragoneaux* [a] qui sont une espece de vers, quelquefois petits, quelquefois grands, qui se nourrissent dans les jambes, & quelquefois dans les parties musculaires du bras & des côtez dans les enfans, suivant ce qu'ajoute Paul [b]. Cette maladie attaque principalement les enfans, & se voit très-souvent dans l'Ethiopie & dans les Indes. Galien ne l'a jamais vûe, il a seulement oui dire qu'elle arrivoit en Arabie [c] ; c'est pourquoi il ne prétend pas en donner la description. Ces vers se remuent sous la peau sans causer aucune douleur: au bout d'un certain tems il se fait une suppuration vers l'endroit où est l'extrémité du ver, la peau s'ouvre, & la tête de l'animal

[a] 4. 2. 85.
[b] 4. 59.
[c] Loc. affect. 6. 3.

paroit. Il faut toûjours laiſſer le ver ſortir entierement ÆTIUS. ou de lui-même, ou par le moyen d'un cordon ou par l'inciſion; car s'il vient à ſe rompre, & qu'il en reſte quelque partie en arriere, elle cauſe de vives douleurs. Paul propoſe une autre maniere de tirer ce ver; il veut qu'on y attache un morceau de plomb dont le poids l'entraîne: mais d'autres diſent que par cet expedient le ver ſeroit ſujet à ſe rompre. Le ver eſt quelquefois extrêmement long, il eſt de dix, quinze palmes. Albucaſis dit qu'il en a vû un de vingt; & Rhazés rapporte qu'une perſonne eut quarante de ces vers dans le corps, & fut guéri. On peut trouver dans des Auteurs plus Modernes nombre d'endroits qui traitent du même ſujet [a]. Comme cette maladie étoit fort commune à Medine, les Arabes l'ont appellée *Vena Medinenſis*, & ils lui donnerent ce nom de veine, parce que d'abord ils douterent, comme avoit fait auparavant Soranus, ſi au lieu d'un animal vivant, ce n'étoit point plûtôt quelque ſubſtance concrete telle qu'un nerf: auſſi Avicenne, oppoſé à Paul, ne met point cette maladie dans la catégorie des vers, mais dans celle des abcès; ils ſe trompoient certainement en cela. Leonides en propres termes appelle ce ver un *Animal*. Velſchius pour étaler ſon érudition Arabique dont il eſt très-riche à la verité, a écrit ſur ce ſujet un Livre entier qui eſt une eſpece de Commentaire ſur le Chapitre d'Avicenne qui en traite. Mais Avicenne n'ajoûte preſque rien à la deſcription qu'en donne Ætius; ainſi s'il falloit abſolument à Velſchius un Auteur Arabe pour Texte de ſon Commentaire, il auroit auſſi-bien pû choiſir Rhazés qui pluſieurs années devant Avicenne a écrit de cette maladie d'une maniere auſſi étendue. Cette maladie nommée *Vena Medinenſis*, eſt ſuppoſée par pluſieurs Auteurs, & même par M. le Clerc dans ſon ſupplément être la même choſe qu'une autre maladie décrite par les Arabes, & appellée *affectio bovina*; maladie qui vient d'un petit ver qu'on trouve ſouvent dans les Vaches. Mais Ætius en diſtingue nettement deux ſortes, une grande & une petite: & Albucaſis a deux [b] Chapitres ſeparez ſur ces deux differentes maladies, & les deſcriptions ſont differentes l'une de l'autre.

[a] Cleric. de vermibus, Kempfer, &c. Philoſophical.tranſact. n. 225.

[b] 2, 91. 92.

Cette maladie eſt ſouvent ſuivie de fiévre pendant deux ou trois jours, & quelquefois il y ſurvient de terribles ſymptomes

ÆTIUS.

a *Fascicul.* 524.

& des abcès qui demandent plusieurs mois pour être guéris. Elle est très-commune en Guinée, & sur tout parmi les Naturels du Pays; Kempfer [a] l'a trouvée de même à *Ormuz* sur le *Golfe Persique*; c'est pourquoi il l'appelle *Dracunculus Persarum*: cette maladie est aussi en *Tartarie*. Kempfer observe que cette maladie est plus commune dans les Pays les plus chauds, & particulierement dans l'été; & il attribue la production de ces vers à la *stagnation* des eaux de pluyes dont on a fait des amas dans ce Pays-là. Il est plus aisé, dit-il, d'être guéri de cette maladie dans le climat où elle est née; il a vû ce ver deux fois en vie, & il décrit amplement la maniere de le tirer; elle est la même que celle dont se servent nos Chirurgiens dans les Indes Occidentales auprès des Negres qui en sont attaquez.

b 4. 3.

Ætius s'étend partout fort au long sur les *applications exterieures*, & il a fait là-dessus presque un Livre entier; [b] il s'étend surtout sur les *emplâtres* en particulier, il ramasse non seulement tous ceux que Galien a décrit dans son Traité de la Composition des remedes; mais encore tout ce qu'il a pû trouver dans les Auteurs les plus modernes, Perses, Egyptiens, & Grecs. Il les arrange suivant leurs differentes vertus & les differens usages ausquels ils sont employez. Il est très-exact à expliquer les raisons pour lesquelles ils sont employez, & à décrire les formes de ceux qui sont destinez à dissoudre & faire suppurer les tumeurs. On trouvera qu'il parle fort sensément sur ce sujet.

» Quand quelque dureté se forme, & qu'il reste encore quelque
» sentiment dans la partie, il faut employer, dit-il, des remedes
» émollients qui soient en même-tems de legers discussifs, & il y
» en a plusieurs qui ont ces deux qualitez: car pour de violents
» discussifs qui évacuent sans ramollir, ils diminuent l'enflure
» il est vrai; mais ils laissent après un mal incurable: car les
» humeurs les moins grossieres étant exhalées, celles qui ont
» quelque chose de plus consistant & de plus terrestre restent
» en arriere & ne peuvent être dissipées par aucun Art; c'est
» pourquoi on doit faire des emplâtres qui contiennent un
» mélange des deux qualitez. Il faut commencer d'abord par
» les émollients, continuer par les discussifs, & par degrez les
» mêler ensemble. Il faut faire aussi attention à la constitution
» du corps aussi-bien qu'à la nature de l'enflure. De cette ma-
» niere on peut parvenir à sçavoir se conduire efficacement,

DE LA MEDECINE.

quoique par conjecture; en essayant deux ou trois jours l'ex- « ÆTIUS.
perience comme elle est décrite, on pourra discerner s'il «
convient de diminuer ou d'augmenter la force du remede. »
Ætius est encore plus dévelopé lorsqu'il parle de la diffe- «
rence qui est entre les *Discussifs* & les *Suppuratifs*. Ceux qui «
ont écrit des vertus des remedes composez, ont appellé «
quelques remedes *attractifs*, & d'autres *discussifs*; il y en «
a aussi qui tiennent de ces deux qualitez, lesquelles ont beau- «
coup d'affinité: car ceux qui attirent sont discussifs en mê- «
me-tems, & ceux qui sont discussifs attirent, & ils agissent en «
qualité de discussifs ou de suppuratifs avec plus d'efficace, à «
proportion qu'il y a dans le remede plus de l'un que de l'au- «
tre. C'est pourquoi quand on en forme l'emplâtre, il y faut «
mêler quelquefois de la poix, quelquefois de la cire, quel- «
quefois de l'huile ou de la résine, &c. matieres qui n'ont «
pas le plus de qualité ou attractive, ou discussive. «

Cependant lorsqu'Ætius vient au détail de ces emplâtres, il nous laisse dans l'embarras & dans l'incertitude à l'égard de leurs effets; souvent même il recommande fort le même emplâtre pour les deux vûes. Ce qu'il dit de quelques emplâtres discussifs est très extraordinaire, pour ne pas dire extravagant; il en appelle un [a] le très-merveilleux *Discussif* des abcès; c'est celui qu'il appelle *Helladicum*; [b] ils résolvent, dit-il, les abcès lorsqu'ils tournent en pus. Mais je crois pouvoir affirmer qu'il n'est pas dans la puissance d'aucun remede de produire un changement si miraculeux dans les abcès qui s'élevent sur une inflammation. Car comme il est certain que par remede on peut empêcher que certaines matieres ne s'amassent pour former une tumeur, il est certain aussi que lorsqu'une fois la tumeur est formée, aucun Art ne pourra la guérir qu'en donnant issue à la matiere; & comme ce sujet demande quelques éclaircissemens, je m'étendrai un peu davantage là-dessus, & au moins aussi loin que cet Auteur me conduira. On croiroit naturellement que la pratique des applications exterieures qui est si ancienne & qui a continué dans tous les siécles suivans, a été perfectionnée & fixée à une méthode exacte & assez parfaite. Il n'y a pas de maladies qui arrivent plus souvent que les tumeurs humorales; & cependant si nous lisons les Ecrivains qui ont traité de la Chirurgie, soit Anciens, soit Modernes,

[a] 14.
[b] *ibid.*

ÆTIUS. quoiqu'ils ayent été très-prolixes en diftinguant les tumeurs dans leurs propres efpeces nous trouverons que ce fujet a été traité avec tant de confufion qu'on ne fçaura à quoi fe fixer ni touchant les indications, ni touchant les remedes. Pour revenir fur les deux méthodes generales dont on a fait mention, & qui concernent le traitement des tumeurs; ces voyes, je veux dire la difcuffion & la fuppuration, font diftinctes & même contraires: fi nous voulions nous conduire fur ce que nous lifons, nous ferions fouvent embarraffez de fçavoir quelle eft celle des deux méthodes qu'il faut fuivre; ou s'il nous arrivoit de trouver quelle eft cette méthode, nous ferions arrêtez fur les remedes qu'il faut employer pour la faire réuffir. Un Auteur vante comme le plus excellent *Difcuffif* ce qu'un autre recommande comme le plus puiffant *Suppuratif*; cependant fi l'on fuivoit les lumieres que l'Anatomie donne fur le veritable tiffu des parties cutanées, rien ne feroit plus clair que la nature & la méchanique de ces operations. Pour donner donc une jufte idée de la difcuffion, il faut fuppofer d'abord que les differens fluides qui font ces tumeurs, font encore contenus dans leurs propres vaiffeaux; mais une obftruction fe formant dans les artéres capillaires, foit par quelque vice du fang, foit par quelque accident exterieur, les humeurs qui devroient circuler, viennent à croupir dans la partie affectée, & par une affluence continuelle diftendent les vaiffeaux, & les portent fi loin au-delà de leur état naturel, qu'elles caufent une enflure. Il fuit donc de cette explication de la veritable caufe d'une tumeur, qu'on peut connoître proprement quelles font les vûes fenfées qu'on fe propofe dans la difcuffion; il y en a deux: l'une que les pores foient affez ouverts pour que la matiere furabondante puiffe être déchargée par la tranfpiration; l'autre, que les humeurs foient tellement attenuées, (& cela non-feulement par des remedes exterieurs, mais auffi par les interieurs,) qu'elles puiffent reprendre leur cours naturel dans les vaiffeaux capillaires; & l'on doit proceder dans ces deux vûes tout enfemble, elles contribueront chacune certainement à faire affaiffer & évanouir la tumeur. Si l'on ne travailloit que dans la premiere vûe qui eft d'ouvrir les pores, il arriveroit, comme le remarque fort bien Ætius, que la matiere la plus déliée fe diffiperoit, & que le refte deviendroit

plus

plus dur, fixeroit l'obstruction, & épaissiroit les membranes. ÆTIUS. Il arrive par là si souvent, qu'après avoir employé de très-chauds discussifs, lesquels produisent une transpiration trop subite, il reste une dureté & un schirre incurable : de la même maniere que dans quelques fiévres, particulierement dans celles qui sont appellées lentes, le trop grand usage des Diaphorétiques, sans des évacuations convenables, rend le sang plus visqueux qu'il n'étoit auparavant, & plus sujet à croupir. Par cette méthode où il n'y a pas de sens, & qui est employée à rebours, non-seulement l'on ne guérit point le premier mal, mais encore l'on jette le principe de plusieurs maladies beaucoup plus difficiles à guérir. Si l'on examine ce sujet avec attention, on s'appercevra combien certains Auteurs d'institutions ont mal défini la Discussion, lorsqu'ils ont dit qu'elle n'est qu'une insensible évacuation ; & qu'ils n'ont fait nulle mention de l'atténuation des humeurs, laquelle est également necessaire. Pour faire donc une discussion utile, il faut, (& nous trouvons cela dans Ætius, & après lui dans Hildan) il faut prendre quelque partie d'ingrediens émollients qui serviront à modérer la force des autres qui causeroient une dissipation trop violente & trop précipitée à travers les pores cutanése. Dans la même vûe, certains Auteurs Praticiens recommandent beaucoup un mélange de remedes spiritueux & huileux, non-seulement pour dissiper l'enflure, mais encore pour adoucir la douleur. Notre experience nous apprend aussi combien dans ces cas l'huile de Terebenthine & toutes les huiles chimiques sont utiles ; elles ne sont autre chose que des esprits enfermez, & suivant le langage ordinaire, concentrez dans quelque substance oleagineuse, comme on peut le prouver par cette raréfaction si promte qu'y produit le feu, après des distillations réiterées ; ces huiles débarrassées des parties les plus visqueuses, sont converties en esprits & en reçoivent le nom.

Il est donc important d'atténuer en même-tems qu'on dissipe ; pour cet effet les applications dans lesquelles il y a un mélange de Mercure, sont les plus utiles discussifs. Le remede composé principalement de Cinnabre est celui qui est le plus recommandé par Alexandre pour dissoudre les concrétions causées par le rhumatisme ou la goutte dans les jointures.

D.

ÆTIUS. De même on ne manqueroit jamais de voir des effets pareils, si l'Opium ou le Camfre qui sont peut-être les deux substances les plus atténuantes que nous ayons, entroient davantage dans nos compositions pour les discussifs ; d'un autre côté il faut prendre garde en voulant atténuer, de ne se pas servir de choses qui bouchent ou obstruent les passages cutanées. Les huiles qui sont très-glutineuses sont de cette espece : c'est pourquoi Ætius, au sujet de l'application de l'emplâtre Persique [a] qu'il décrit & recommande extrémement, a grand soin d'observer qu'il ne faut pas verser d'huile sur la partie. Galien dit expressément que les huiles bouchent les pores, & en consequence il conseille l'onction après le bain, afin qu'on ne transpire pas trop ; & l'huile de Mastic [b] est un remede qu'il estime beaucoup contre les grandes sueurs, parce qu'il obstrue les pores. Sur le même principe C. Aurelianus s'oppose à l'application de l'huile de Roses dans un accès de phrenesie ; c'étoit plûtôt apparemment pour la même raison que les Athlétes parmi les Anciens avoient accoûtumé de s'oindre tout le corps d'huile, que pour la raison qu'on en donne communément, sçavoir qu'il étoit plus difficile de tenir prise bien ferme : la transpiration étant arrêtée, il y avoit une plus grande abondance de sang & d'esprits pour les muscles, ce qui donnoit à ces Athlétes plus de force & plus de vigueur durant ces exercices. Pour cette raison peut-être on attribue communément à Herodicus l'invention de l'onction, lui qui a été le premier qui a prescrit des remedes pour les Athlétes. Hippocrate & Galien défendent l'usage des huiles & des graisses dans les playes récentes & dans les ulcéres, par cette raison qu'elles retiennent au-dedans la matiere qui devroit sortir, ce qui occasionne souvent des chairs fongeuses. Aussi Fabrice de Hildan dans la composition de son onguent Egyptiac si fort loué par lui-même & par d'autres pour la cure des gangrénes, quoiqu'il ne soit plus si fort en vogue à present, n'y fait entrer ni huile ni graisse ; & ce n'est pas hors de propos qu'il recommande dans cette même vûe qu'on prenne garde que la farine de féves & de lentilles avec laquelle il le fait ne soit point trop bouillie, de peur qu'elle ne contracte de la viscosité & n'occasionne un arrêt de la transpiration. La raison en est claire à quiconque entend l'anatomie de ces parties ; car les feuilles de l'Epiderme sont

[a] Lib. 14.

[b] Lib. 1.

rangées l'une dessus l'autre de maniere qu'elles sont souvent at- ÆTIUS. tachées & collées ensemble par une substance aussi tenue que celle de la transpiration elle-même; ainsi dans les inflammations & les foulures les huiles glutineuses sont certainement préjudiciables, & au lieu de dissiper l'enflure, elles la tournent en pus; & si elle est près d'un os, il y a grand risque qu'il n'en soit carié. Les mêmes observations ont été faites au sujet des suppuratifs violens employez d'abord dans le Panarice quand la tumeur est profonde & près d'un os: & dans ce même cas vous trouverez qu'Ætius indique une toute autre pratique. Nos Chirurgiens fort sensément font l'incision le long de la tumeur sur un côté du tendon, ce qui épargne de grandes douleurs au malade, & le tire de danger. La cire est mise au nombre des suppuratifs par Celse, & il n'y a pas de doute qu'elle ne soit de ce genre: cependant combien peu est-elle employée aujourd'hui dans les applications discussives? Les gommes & les résines, quoiqu'elles soient de substance complexe, & qu'elles ayent un mélange de parties pénétrantes, cependant elles contiennent quelque chose de trop glutineux, comme Ætius lui-même le reconnoît; elles semblent plus propres à fermer les pores qu'à les nettoyer: c'est pourquoi Fallope qui a mieux sçû que bien des Ecrivains, distinguer les discussifs des suppuratifs, croit que les gommes ne conviennent pas pour dissiper. Hildan donne plusieurs preuves des mauvais effets de l'emplâtre stictique de Paracelse, lequel étoit si fort vanté dans son tems pour la cure des playes: & il attribue ces mauvais effets à la grande quantité de gomme qui y entre, & qui augmente, dit-il, l'affluence des humeurs à la partie à laquelle il est appliqué. Ainsi dans les phlegmons les emplâtres gommeux appliquez trop tôt augmentent l'enflure & la douleur: car quand on raréfie & qu'on attire les humeurs, & qu'en même-tems on bouche les pores, de sorte qu'on empêche une libre dissipation, on est si éloigné d'avancer la discussion, que l'on met la nature dans un travail entierement different qui est celui de la suppuration. Et si l'on examine la composition des emplâtres & des onguens discussifs qui sont à present en vogue, je crains que la plûpart ne méritent cette censure; la pratique des Anciens étoit sans doute plus simple & plus uniforme. Hippocrate a certainement bien entendu la Chirurgie; cepen-

ÆTIUS. dant on ne lit rien d'aucun emplâtre dans ses Ouvrages, il employe seulement quelquefois le Cerat, & cela fort rarement. Les onguents dont il fait mention n'avoient rien d'approchant de ce à quoi nous donnons ce nom à present, mais étoient ou de simples huiles, ou des infusions d'herbes faites dans de l'huile; nous trouvons que sa pratique pour dissiper rouloit toute entiere sur des fomentations, méthode qu'il a crû peut-être plus propre à extraire la vertu des plantes & à la faire passer dans les vaisseaux où est la tumeur. Dans le tems de Celse on avoit travaillé davantage sur la matiere Medicinale; & comme le principal mérite de cet Auteur consiste dans la partie chirurgique de ses écrits, l'on voit aussi que les applications exterieures sont le gros de son Livre: cependant si nous examinons les émollients qu'il décrit pour faire la discussion, nous trouverons qu'il y entre une moindre proportion d'huile, de graisse ou de cire que dans nos recettes modernes. La composition des remedes étoit encore poussée plus loin dans le tems d'Andromache, & plus perfectionnée dans celui de Galien, & même après l'on fit beaucoup d'additions à cette partie de la Pharmacie, comme on peut l'apprendre d'Ætius. Cependant quoique les ingrediens eussent été fort multipliez, ils n'étoient pas contradictoires; car ou il n'y avoit aucune des substances grasses mêlées avec les discussifs, (comme on peut le remarquer dans plusieurs qui sont décrits au cinquiéme Chapitre, lesquels étoient principalement des Cerats, & conseillez pour la cure des écrouelles par Leonides qui est un fort bon Juge:) ou si on y en mettoit, pour la forme, on les corrigeoit par une plus grande portion d'ingrediens chauds. On verra après avoir examiné cela, que ces regles n'ont pas été si bien observées dans les âges suivans, particulierement dans la composition des onguents. Peut-être que ce que Zwelfer remarque sur l'onguent d'Agrippa, sera appliqué avec justice à la plûpart des autres dont on se sert pour dissiper; les sucs, dit-il, ou les racines bouillies réussiront mieux sans cire ni huile. C'est pourquoi dans bien des cas où l'on employe à present des onguents discussifs ou fortifiants, Hippocrate ne se servoit que de fomentations d'herbes infusées dans de l'eau. Vous trouverez la

a *Lib. 9.* même simplicité dans l'emplâtre de a Nechepso dont Ætius fait mention: ce n'est que les feuilles de Cyprès broyées &

trempées dans du vin nouveau de la seconde cuvée ; il le recommande comme un admirable discussif dans les écrouelles, & il assure qu'il les guérira en sept jours. Il dit qu'il y a une telle proprieté dans ce remede, qu'il en fait une espece de spécifique pour ce cas ; & il ajoûte que si on veut y changer ou y mêler quelque chose, on fera plûtôt du mal que du bien. Certainement dans toutes les compositions discussives le mélange des matieres glutineuses semble contribuer moins à leur efficacité qu'à leur consistence. Ceci peut être dit particulierement des onguens & emplâtres Mercuriels qui répondroient mieux au but qu'on se propose de dissiper, si le Mercure étoit mêlé seulement avec un peu de lard, comme le mêloit Fallope, ou avec de la Therebentine ; au lieu que suivant la méthode commune il est enterré sans raison dans un amas de matieres glutineuses ou mucilagineuses, qui en bouchant les pores, ne servent qu'à empêcher que le Mercure n'opere, & l'éteignent, à proprement parler. A l'égard de l'usage des emplâtres pour dissiper, Galien en désapprouve la forme même qui est trop dure & ne lui permet pas de plier : c'est pourquoi dans les phlegmons qui ont besoin de discussion, il ne conseille que des linimens, comme moins capables d'obstruer les pores. Les emplâtres *ex succis*, décrits par Ætius sont d'une consistence convenable, lorsque les sucs des plantes sont bouillis dans de l'huile seulement. Cependant dans les enflures appellées οἰδήματα, les emplâtres sont convenables & peuvent être regardez en quelque sens comme une sorte de bandage ou de compresse qui repousse les humeurs dans leurs caneaux & leur rend leur cours accoûtumé.

Par là nous voyons les meilleures méthodes pour la discussion que nous indiquent & la nature & ses meilleurs Interpretes ; & sur tout ce qui vient d'être dit à ce sujet, on pourra aisément, je pense, se former une juste idée de la suppuration : pour la produire il faut boucher si fort les pores, qu'il ne puisse passer d'air à travers la peau, & qu'en même-tems les humeurs soient tellement rarefiées & attirées, que par la grande distension qu'elles causent, elles crevent le tissu des vaisseaux & paroissent ensuite en forme de pus, lorsqu'elles sont extravasées & parvenues à digestion. Il arrive de là que lorsqu'on ouvre une tumeur trop tôt, la matiere étant encore

D iij

crue, on l'empêche de meurir. C'est pourquoi tous ces remedes qui ont été regardez comme de mauvais discussifs, sont les meilleurs suppuratifs; Galien dit conformément à cela, qu'ils doivent essentiellement être composez de parties grossieres; & Celse croit que le *Tetrapharmacum* qui est composé de poix, de graisse, de résine & de cire, est le plus efficace de tous les suppuratifs; ainsi dans les playes la matiere est enfin amenée à digestion par l'application des remedes emplastiques; & comme on a observé à l'égard de la discussion, qu'on ne doit y employer aucune matiere bien visqueuse, de même pour la suppuration on ne doit mêler dans les remedes aucune chose qui soit trop discussive ou détersive, par la raison que donne Hollier, qu'on ouvre les pores qui devroient être tenus fermez. Et il n'y a eu que trop de malheureux exemples qui nous montrent que lorsque l'intention étoit de faire suppurer, on employoit des remedes vraiment discussifs; car lorsque la matiere tend d'elle-même à la suppuration, tout ce qu'on fait pour la discussion, la révulsion ou l'évacuation, ne sert qu'à la détourner de son issue naturelle, & ainsi ne fait que prolonger la cure, & quelquefois la fait manquer entierement. Il est clair au contraire que lorsque l'on travaille à la discussion, il faut en même-tems se servir de tous les remedes interieurs pour vuider les vaisseaux & dissiper les obstructions qui s'y sont formées, comme Ætius l'inculque à toute occasion; car autrement au lieu d'obtenir la discussion, on poussera la matiere à la suppuration. La nature est toûjours simple & uniforme, & l'Art pour réüssir doit toûjours tendre au même but; & certainement si cette partie de la Chirurgie étoit mise par les Maîtres de cet Art dans un meilleur jour, si les effets des applications exterieures étoient mieux éclaircis, rien ne pourroit nous donner plus de lumieres sur la vertu & les operations des remedes interieurs.

Plusieurs autres choses particulieres relatives à la Chirurgie, & qui se trouvent dans Ætius méritent notre attention; il y a aussi quelques passages qui pourroient nous fournir des pensées & des vûes dans notre propre Profession; je ne donnerai qu'un exemple de cela dans une regle qu'il pose sur la pratique, & qui est très-digne de notre imitation. Le chapitre, [a] ou au moins une partie est dans Herodote, & traite des exanthemes ou des éruptions cutanées de toutes les especes qui font ÆTIUS, suivies de fiévre, ou qui surviennnent après une fiévre, particulierement celles qui causent de la demangeaison & paroissent sur la peau comme des morsures de puces. Dans ce cas, dit-il, la nature est surchargée de sucs vitiez; s'ils ne sont poussez en dehors par quelques évacuations, comme le vomissement ou la selle, ils peuvent tomber très-dangereusement sur les parties vitales. C'est pourquoi au commencement si la fiévre est forte, la premiere chose qu'il conseille est la saignée. Je sçai que c'étoit une idée commune alors comme à present, qu'une éruption sur la peau défend une telle pratique, & la raison qu'on en donne ordinairement est la crainte que l'humeur ne revienne de la circonference affecter le centre.

Mais il seroit aisé de faire voir par les regles de l'œconomie animale, combien cette maniere de raisonner est fausse, & comment en plusieurs cas lorsque le sang est trop abondant ou qu'il est visqueux, on attenuera ses parties en diminuant la quantité, & on lui donnera plus de liberté pour circuler: & ainsi l'éruption au lieu d'être repoussée, s'avancera d'une maniere plus douce. C'est pourquoi dans l'érésipele, la petite vérole, la rougeole, la fiévre pourprée, &c. si les symptômes sont violents & affectent la tête, les poulmons ou quelque autre partie jusqu'à donner une grande douleur, on experimentera sans doute qu'il est très-raisonnable de saigner; & en effet, quoique j'aie fait très-souvent cette experience, je n'ai jamais observé qu'aucune éruption fût réprimée par la saignée, lorsque la maladie demandoit ce traitement. Dans les affections inflammatoires, & particulierement dans les érésipeles, on voit souvent par experience, qu'en faisant des scarifications sur la partie, lorsque les membranes sont chargées & épaissies, on enleve l'inflammation par un effet subit & surprenant.

Ætius étoit natif d'Amida en Mesopotamie, il avoit étudié à Alexandrie; il étoit probablement Chrétien, [a] & c'est peut-être pour cela que plusieurs l'ont confondu avec un autre de ce nom, & qui étoit un fameux Arrien qui vêcut dans le tems de Julien. Dans certains Manuscrits il a le Titre de Κόμης οψικίȣ, [b] *comes obsequii*, c'est-à-dire, le principal des

[a] *A Deo missum, Dei munus.* 4. 3. 14.

[b] *Biblioth. Cæsar.* 6. 101.

ÆTIUS. Officiers qui alloient devant l'Empereur, & faifoient les provifions, comme ceux qu'on appelle à prefent *Maréchaux de Logis*. On trouve en lui plufieurs particularitez qui ont du rapport à la *Pharmacie Egyptienne*; il a ramaffé une grande quantité de Recettes qui avoient été vantées ou mifes en ufage, comme le *Noftrums* par leurs Inventeurs. Il femble ne faire mention de quelques-unes que pour faire connoître à quel prix extravagant ils fe les faifoient payer: tel étoit, par exemple,

a 2. 3. 98. le Collyre de Danaus ª qui fe vendoit à Conftantinople à cent vingt numifmes, & qu'on ne pouvoit avoir qu'avec beaucoup

b 35. 32. de peine : tel étoit l'antidote de Nicoftratus ᵇ appellé fort audacieufement *Ifotheos*, lequel s'achetoit deux talents. Il femble, dis-je, que fon deffein ait été de faire voir combien peu de chofe font ces recettes, lorfqu'elles font devenues publiques, quelque grands noms qu'on leur ait donné, ou quelque grande qu'en ait été la vogue; c'eft pourquoi il ne les recommande pas lui-même comme les ayant experimentées, ni comme

c. Ibid. il loue avec juftice le Philonium ᶜ; il penfe que c'étoit affez d'en faire un fimple narré pour prouver la mauvaife foi de ceux qui les vendoient, & la folle credulité de ceux qui les achetoient. Un homme qui a la moindre connoiffance de la Medecine, doit fentir que tout remede univerfel doit être une impofture; quoique le remede fût le meilleur du monde en lui-même, il eft cependant impoffible qu'il puiffe être appliqué également à toutes perfonnes en tous cas, & en toutes circonftances; & ainfi c'eft à un habile Medecin de déterminer par la nature & les fymptomes de la maladie quand il faut l'ordonner, ou quand il faut le défendre. Il n'eft pas neceffaire de chercher une preuve de ceci plus loin que dans ce grand fpecifique, je veux dire le Quinquina; fi l'on s'en fert indifferemment & fans difcernement même dans des fiévres intermittentes, il fait fouvent plus de mal que de bien.

Il femble qu'Ætius eft parmi les Chrétiens le premier Ecrivain Grec qui ait écrit de la Medecine; du moins mes recherches ne m'en ont pas prefenté d'autre; il eft auffi le premier qui dife quelque chofe des remedes qui étoient fi fort en vogue parmi les vieux Egyptiens, & qui confiftoient en paroles ma-

d 2. 4. 50. giques, comme celui de faint Blaife ᵈ qui ôtoit du gofier un

e 4. 3. 14. os qui s'y arrête ; & un autre contre la fiftule. ᵉ

La

DE LA MEDECINE. 33

La division de seize Livres d'Ætius en quatre intitulez : ÆTIUS, τετραβίβλοι, n'a point certainement été faite par lui-même, comme le remarque Fabricius ; mais c'est une division moderne ; car la maniere dont il s'est cité non seulement lui-même, mais encore dont il est cité par Photius, est relative à la suite numerique des Livres. Je trouve cependant dans un endroit, que le Traducteur se sert du mot de *Quaternionibus* a, qui apparemment se sera glissé par inadvertance.

a 4. 1. 119.

Je quitterai cet Auteur en donnant encore l'échantillon d'un remede pour la goutte, à cause qu'il est & fort extraordinaire, & le premier dans son espece qu'on puisse rencontrer je pense dans l'histoire de la Medecine : il l'appelle le grand *Dessicatif* b, le malade doit s'en servir pendant une année entiere, & outre cela il faut qu'il observe cette diete chaque mois. Ætius donne aux mois les noms Alexandrins ou Egyptiens ; mais en François c'est ainsi que marche sa direction. Il faut en Septembre boire du lait ; en Octobre manger de l'ail ; en Novembre s'abstenir du bain ; en Decembre ne pas manger de choux ; en Janvier prendre un verre de vin pur le matin ; en Février ne pas manger de bête ; en Mars mêler des choses douces & dans la boisson & dans les aliments ; en Avril ne pas manger de Raiforts ; ni en Mai le poisson appellé *Polypus* ; en Juin boire de l'eau froide le matin ; en Juillet s'abstenir des femmes, & enfin dans Aoust ne pas manger de Mauves. C'en est assez pour nous donner une idée de la Charlatanerie de ces tems-là : on trouvera dans Alexandre c un Antidote encore plus extravagant pour la même maladie ; lequel doit être pris aussi pendant l'espace de douze mois, de la maniere suivante. Il doit être donné en Janvier, Février, Mars & Avril cinq jours dans chaque mois alternativement ; en May trois jours, & en Juin deux alternativement ; en Juillet, Aoust & Septembre un jour dans chacun ; dans Octobre & Novembre deux jours dans chacun, & dans Decembre quatre jours alternativement : il y a ainsi trente-six doses à prendre dans le courant de l'année ; le malade doit en même-tems s'abstenir de vin, de chair de porc, de bœuf, de liévre, de choux, de moutarde, de lait, &c. Alexandre a encore un autre remede consistant dans trois cens soixante-cinq potions, lesquelles doivent être prises de maniere que cela emporte deux ans de tems. Et j'ose dire que qui suivra aussi long-tems & étroitement un tel régi-

b 3. 4. 48.

c *Lib.* 11.

* E

me & des regles si severes, se plaindra de la goutte moins qu'on ne s'en plaint.

ALEXANDRE.

ALEXAN. ALEXANDRE dout j'ai tiré le remede extravagant que je viens de rapporter est cependant un Auteur d'un caractere tout different des autres, & a plus l'air d'un Auteur original, comme M. le Clerc lui-même le reconnoît, & certainement il est tel ; car outre sa méthode il a le plus souvent un langage, qui, si on le compare avec Galien, ou avec les Copistes que nous avons nommez, paroîtra lui être particulier. Lors même qu'il suit les Anciens dans la description des symptomes ou dans la cure des maladies, comme il fait sans doute, ou comme tout autre doit faire au moins lorsqu'il écrit un systême de Medecine, il le fait à sa maniere, & dans son propre style. En general son style est bon, il est concis, clair; & pour se servir de son propre terme, composé d'expressions communes : on y trouve quelquefois des mots étrangers, ses grands voyages en sont cause : ainsi il n'est pas toûjours fort élegant ; mais il est toûjours énergique & intelligible. Les autres rangent les maladies dans un ordre très-confus : il les prend suivant leur ordre naturel depuis la tête jusqu'aux pieds. Il est le seul Ecrivain Grec qui soit aussi méthodique, quoique dans une route differente, que l'est Aretæus : & ces deux Auteurs que je regarde comme les plus estimables qui ayent été depuis Hippocrate, s'accordent dans une chose, qu'ils traitent de peu de maladies, elles ne passent pas cinquante ou soixante ; & l'on peut supposer par consequent qu'elles peuvent souvent leur avoir passé devant les yeux. S'ils n'avoient fait simplement que piller les autres, pourquoi leurs ouvrages n'auroient-ils point été aussi nombreux que ceux d'Oribase & d'Ætius ? Je suis surpris d'une chose, c'est qu'Alexandre ne traite d'aucunes des maladies ausquelles les femmes sont sujettes. Il est assez exact dans l'explication des causes des maladies ; & les vûes qu'il propose pour la cure sont très-judicieuses. Il est excellent dans la partie *Diagnostique*, très-exact à distinguer les maladies qui ont une grande ressemblance ; comme la pleurésie & l'inflammation du foye[a] ; la pierre & la colique[b], les fiévres hectiques & les quotidiennes[c], &c.

[a] 6. 1.
[b] 9. 4.
[c] 12. 4.

DE LA MEDECINE.

On peut remarquer au premier coup d'œil combien Oribase ALEXAN. & Ætius sont défectueux sur ce point. Il donne l'histoire de deux cas avec la méthode qu'il garde dans la fièvre tierce & le schirre de la rate; si on excepte ce qu'on lit dans Hippocrate & Galien, qui ne sont pas descendu dans tant de particularitez, ce sont les seuls exemples de ce genre dans l'Antiquité.

Il est très-ponctuel à rapporter la composition des remedes, & à marquer le tems & la maniere de les donner; & parmi ces méthodes il y en a plusieurs de son invention. Et pour dire la verité, il fait choix de tant de remedes, qu'on peut se plaindre plûtôt de son abondance, que de toute autre chose; & il semble qu'il a beaucoup de foi dans l'efficace de ses drogues; il a aussi un autre foible qu'il ne faut pas oublier, c'est sa credulité pour les charmes & les amuletes; il la pousse au-delà de ce qu'on peut attendre d'un homme d'un aussi bon sens. Il s'efforce d'en donner quelques raisons [a], il a plusieurs choses qui prouvent son attachement à la Magie; & il est peut-être le seul Medecin qui ait cité *Ostanes* un des plus anciens Mages Perses. Mais ne peut-on pas lui passer cela par égard pour lui ou pour le goût de son tems, ou à cause de la foiblesse de son grand âge. Je remarquerai seulement qu'il ne parle de ces sortes de ressources qu'à l'égard de la fièvre, la pierre, la colique & la goutte, & je croi qu'on s'est servi depuis de ces applications magiques, principalement pour ces sortes de maladies. Ce vers d'Homere [b] en est une bonne preuve.

a 1. 15.
9. 4.

b 11.

Τετρήχει δ' ἀγορή, ὑπὸ δ' ἐστοναχίζετο γαῖα.
Ce qui coûte le moins n'est pas le plus mauvais.

En d'autres sujets quelque consideration qu'il ait pour les Anciens, il donne très-librement son opinion, & marque [c] en quoi il ne pense pas comme eux lorsqu'il croit avoir la raison de son côté: il est souvent opposé à Galien [d], & marque sa surprise sur ce qu'il a écrit des choses si confuses & si obscures [e]; il donne aussi d'autres méthodes pour la cure [f], non pas, dit-il, que ce soit par aucune envie de le contredire, mais uniquement pour donner les choses dans leur veritable point de vûe. En general je dois observer que non seulement il explique très-nettement la méthode entiere de la cure dans

c. 1. 17. 7.
13. 9. 3.

d 6. 1. 22.
1. 6.

e 12. 1. 6.
7. 8.

f 12. 6.

E ij

ALEXAN. chaque maladie, mais encore qu'il a l'attention d'avertir son
a 3. 7. 4. lecteur des choses qu'il doit éviter ᵃ. Si cette méthode eût
1. 3. 10. 13. été suivie exactement des autres Ecrivains, elle nous auroit
12. 7. été d'un plus grand usage que plusieurs de leurs préceptes
positifs.

 Une chose encore distingue Alexandre de tous les autres Ecrivains qui l'ont précédé, c'est qu'il s'applique à décrire les signes des maladies & la méthode de la cure sans y mêler ni Anatomie, ni matiere Médicale, ni Chirurgie, comme ont fait les autres. Nous trouvons cependant qu'il a écrit ou
b 1. 14. eu intention d'écrire un Livre sur les fractures ᵇ, & il a écrit
c 2. 1. aussi un autre ouvrage sur les maladies des yeux ᶜ.
d 11. Il employe un Livre entier ᵈ à traiter de la goutte, de laquelle Galien dit très peu de chose ou rien du tout : ce qui pourroit faire croire que c'étoit une maladie plus commune dans le tems d'Alexandre. La principale des méthodes qu'il employe pour la cure de cette maladie est la purgation; & l'*Hermodacte* dont il a grande opinion, & dont Oribase & Ætius font exactement mention, est le principal ingrédient qui y entre. Vous voyez combien il s'en faut que cette méthode pour la cure de la goutte par la purgation, ne soit une nouvelle invention comme on se l'imagine : je veux dire après tout qu'il seroit peut-être mieux de ne point trop tourmenter cette maladie malgré toutes les bonnes recettes d'Alexandre qui valent bien au moins celles que nos nouveaux Medecins prétendent avoir inventées.

 Je me suis un peu étendu pour faire voir qu'il y a assez de choses dans ce Livre qui méritent à l'Auteur le titre d'Original. Il nâquit à *Tralles*, Ville fameuse de Lydie, où l'on parloit
e lb. 4. parfaitement Grec à cause du voisinage de l'Ionie. Il eut le bonheur d'être élevé non seulement sous son pere Etienne ᵉ qui étoit Medecin, mais encore sous le pere de *Cosmas*; à la priere du fils il écrivit ce Livre par reconnoissance. C'étoit un homme d'une prodigieuse pratique, d'une longue experience & d'une grande réputation qu'il acquit non seulement à Rome, mais par tout où il voyagea en Espagne, en France, &c. ce qui le fit appeller comme par excellence *Alexandre le Medecin*. C'est pourquoi il est ordinairement plus étendu & plus exact sur la *Therapeutique*, que ceux qui l'ont précédé; parce qu'il a ramassé

principalement les remedes, qui par des observations repetées ALEXAN.
lui ont paru les plus efficaces, comme il le dit en plusieurs
endroits, & expressément dans sa Préface au douziéme Livre
qui traite d'abord des fiévres en general, & ensuite de plusieurs especes particulieres, & à la premiere lecture on sera
convaincu qu'il doit être placé devant les onze autres, puisqu'il dit lui-même à la fin du onziéme que c'est-là qu'il finira
son Ouvrage.

Ce que je viens de dire de cet Auteur pourra peut-être engager les Medecins à le lire. Que je touche encore quelques
passages remarquables relatifs à la pratique, & desquels on
n'a pas fait encore mention, ou qui n'ont pas été fort éclaircis
par d'autres. Je vais suivre Alexandre dans sa propre méthode.

Dans ce qu'il appelle [a] *fausse fiévre ardente* où la bile domi-   a 12. 3.
ne, où la matiere est propre à être évacuée, & où enfin la
fiévre n'est pas extrémement violente, il préfere la purgation
à la saignée, & il ajoûte cette remarque judicieuse. « Je me
souviens, dit-il, d'avoir ordonné la purgation, même dans
les fiévres aiguës; mais une telle pratique demande non
seulement beaucoup d'attention & de discernement, mais
encore un Medecin qui ait du courage & de la presence
d'esprit. » Ceux qui reflechissent sur tout ce qui se présente à
leur experience, sentiront la force de cette observation, &
avoueront, je pense, que dans certains cas cette méthode,
conduite avec jugement, sera suivie d'effets surprenants : car
souvent c'est-là la veritable voye à suivre pour aider la nature. Oribase a sur le même sujet un Chapitre [b] (pris de   b Collect.
Archigenes) ; & Galien observe fort bien qu'un des vrais   8. 46.
moyens d'amener cette maladie à une crise, est de lâcher le
ventre. [c] Ce qu'Alexandre observe de plus qu'il faut donner   c. De Crif.
des purgations douces dans la tierce & la quotidienne ; (car   3. 3.
il n'est nullement pour celles qui sont violentes) mérite fort
reflexion, & prouve qu'il a eu beaucoup de précaution aussi-
bien que de justesse dans sa pratique.

Dans cette même maladie, c'est-à-dire, dans la fiévre ardente, s'il arrive syncope par des humeurs cruës & surabon-
dantes, il recommande la saignée : ce que je remarque particulierement, parce qu'à peine y a-t-il d'Auteur précedent, de
qui il ait pû prendre cette méthode pour ce cas ; si ce n'est   d Cur. Acut.
qu'il l'ait prise d'Aretæus. [d]   2. 3.

ALEXAN. Pour ce qui est de la syncope en general, on peut dire presque universellement que les Auteurs Praticiens, même parmi les Modernes, ne parlent point de la saignée pour ce sujet, au moins si quelques-uns en font mention, c'est pour se declarer contre. A peine aucun la permet-il, excepté Sennert & son Copiste Riviere, ce dernier n'en parle qu'en passant & comme pouvant être mise en usage seulement dans ces deux cas, dans celui de plenitude & celui de frayeur. Nous serons peut-être moins surpris de cette précaution extraordinaire, si nous considerons ce que quelques Anciens ont dit sur ce sujet. Ætius [a] & Oribase [b] la craignent dans le cas même de plenitude; & C. Aurelianus avance ceci comme une regle generale. *Phlebotomiam nihil jugulatione differre ratio testatur* [c]. Mais si nous remontons plus haut à la source de la bonne Medecine, nous trouverons sur ce sujet un oracle tout different. Hippocrate ou quelqu'un de ses disciples dit expressément dans ses observations sur les maladies aiguës, que lorsqu'une personne a perdu la parole subitement, cela arrive par une obstruction ou interception dans les veines; ἢν ὑγιαίνοντι τόδε ξυμβῆ αὐδὶ προφάσιος [d]; si c'est en état de parfaite santé, sans aucune cause apparente, il prononce alors que la saignée au bras est de toute necessité. Galien qui a fort bien entendu Hippocrate, dit que le mot de αφωνον renferme non-seulement l'apoplexie, mais aussi la syncope; & il recommande si instamment la saignée dans ces deux cas, qu'il dit que plusieurs personnes ont été tuées par une méthode differente. [e] La circonstance marquée dans l'Aphorisme, quoiqu'aucun des Interpretes n'y ait fait attention, n'est pas mise sans dessein, & est fort expresse; la voye *si le cas arrive en état de parfaite santé & sans aucune cause apparente* : avec cette limitation on ne peut gueres supposer qu'une syncope arrive sinon par un défaut du sang qui occasionne de la difficulté dans son passage par le cœur, & à laquelle rien ne peut apporter un plus prompt remede que la saignée. Riolan [f] remarque que cette syncope qui procede de plenitude arrive souvent aux Allemands qui ont beaucoup de disposition à grossir; & il blâme leur négligence à n'y pas remedier par la saignée. Nous observons aussi frequemment dans la Pratique, que si l'on arrête quelque évacuation ordinaire, comme le saignement de nez, les hémorrhoides, &c.

[a] 2.1.96.
[b] Synops. 7.26.
[c] 2. Acut. 38.
[d] Vict. Acut. 4. 23.
[e] Method. Med. 12.

il survient une syncope. P. Salius [a] est le seul parmi les Modernes qui ait bien examiné ce cas, quoique ce ne soit pas encore avec les restrictions que pose Hippocrate;& il remarque avec raison que ce cas est un de ceux qui n'a pas été traité par les Auteurs Practiciens. Il rapporte deux ou trois exemples de ce cas qu'il a vû lui-même, qui méritent bien d'être lûs; il observe que cette sorte de syncope donne durant un jour ou deux des pressentimens par une espece de suffocation, ou par un pouls intermittent; il dit qu'il en a prévenu l'accès par la saignée, & & il recommande beaucoup aussi les frictions, ce qui est positivement la doctrine d'Alexandre; il a prédit le danger à d'autres personnes, qui ayant négligé son avis, sont mortes subitement; & il ajoûte qu'à l'ouverture de leur corps, le sang fut trouvé tellement coagulé, qu'on auroit pû le tirer des veines comme un corps solide. Dans ce cas la saignée est sans doute d'une nécessité absolue, & il est certain que si l'on n'est pas soulagé par ce remede, on ne le sera par aucun autre. C'étoit là la pratique d'Alexandre; les diagnostics qu'il a trouvez de cette maladie sont clairs & distincts, sçavoir un visage plus pâle & plus enflé qu'à l'ordinaire, le corps bouffi, avec un pouls petit, lent, & qui ne bat qu'à longs intervalles : indications bien fortes pour la méthode qu'il faut suivre dans la cure.

ALEXAN.
[a] De affect. partic. 4.

Dans les fiévres tierces [b], & plus encore dans les quartes [c], il recommande pardessus toute autre chose le vomissement devant l'accès, & il a guéri les plus inveterées de la derniere sorte par ce seul remede. Cette pratique sur laquelle les autres Anciens ont peu insisté, quoiqu'ils en ayent fait mention, est sûrement très-conforme avec la nature & d'une grande efficace non seulement dans ce cas, mais dans toutes les autres maladies chroniques. L'antidote qu'il décrit, auquel il donne le nom de très-merveilleux, a l'air d'une drogue de Charlatan; c'est une sorte de Catholicon, comme le Mithridat, lequel guérit, dit-il, non-seulement cette maladie, mais trente autres dont il fait l'énumeration. Le bon vieux homme dit que la personne qui le lui a donné, l'assura solemnellement qu'il n'y a pas de remede qui pût être comparé à celui-ci à cause de ses vertus excellentes. Non seulement il explique toutes ces vertus, mais il décrit amplement la maniere dont

[b] 12. 6.
[c] 12. 7.

ALEXAN. il se prépare, & comme il lui avoit été donné, il le donne aussi très-honnêtement à son tour au Public. On trouve plusieurs autres exemples de la generosité de son procedé. J'ai souvent admiré la bonne foi des Anciens, qui quoiqu'ils fussent credules quelquefois, & qu'ils s'imaginassent que leurs remedes qu'ils appelloient specifiques, & qu'ils élevoient au-delà de leur veritable valeur, renfermoient des vertus surnaturelles : cependant ils n'en ont jamais fait de secrets. Ils prenoient beaucoup de peine pour être foncierement instruits de leur Art, & ils étoient poussez par le motif du bien public. Etant ainsi au-dessus des petites vûes d'un interêt particulier, ils cherchoient tout ce qu'ils pouvoient apprendre ou par leur propre experience, ou par les observations d'autrui pour contribuer à soulager leurs semblables dans les maladies ausquelles la nature humaine est sujette ; ils rendoient ainsi avec beaucoup de generosité leurs découvertes publiques, modéles de vertu autant que de science pour leurs successeurs.

a l. 13.

Il décrit très-exactement la phrénesie, [a] & donne de bonnes raisons pourquoi elle ne vient point d'un désordre dans le Diaphragme, comme quelques-uns se le sont imaginé ; mais plûtôt dans la tête. Lorsqu'il ne pouvoit être aisément le maître de la veine du bras, il ouvroit celle du front ; pratique que Rhazés recommande après lui. Il conseille le Diacode dans les phrenesies obstinées, mais avec précaution ; si le malade est d'une constitution flegmatique, que la phrenesie ne soit pas bien violente, que le corps soit foible, il le défend ; car alors les opiates sont nuisibles & quelquefois mortels. Il rappelle les mêmes précautions dans le cas de la pleuresie & de la toux ; si l'on compare ce qu'il dit de la pleuresie & de la toux avec ce qu'en ont dit Oribase & Ætius, on trouvera combien il en parle mieux que ces deux Auteurs. Pour Paul, il en fait que transcrire notre Auteur en parlant de ces deux articles.

b l. 14.
c l. 15.
d ll.

Il employe les vessicatoires comme la Squille dans la léthargie [b], le Lepidium dans l'épilepsie [c], & nombre d'autres dans la goutte [d], particulierement des remedes tels que l'ail, l'euphorbe, la moutarde, &c. & parmi le reste des Cantharides, remede, dit-il, qui déchargeant une grande quantité de serositez, donne un promt soulagement ; mais il ajoûte avec raison qu'il ne faut pas trop se reposer sur ces applications topiques.

Il

Il recommande pour la cure de la paralyſie ᵃ une nouvelle ALEXAN.
ſorte de Hiera qu'il décrit, & qui eſt fort bonne ; il recomman- ᵃ 1. 16.
de après cela de n'y pas mettre davantage de *Scammonée*, & fait
cette obſervation que je n'ai trouvée dans aucun autre, & de
laquelle ſi on y fait bien attention, on peut faire un fort bon
uſage dans la pratique. « Quelques-uns, dit-il, mettent beaucoup
de ſcammonée, croiant augmenter la force de la Medecine, «
ne connoiſſant pas que par-là ils la rendent inutile : car l'in- «
tention ne ſeroit point que cette Médecine fût portée immé- «
diatement dans les inteſtins, mais qu'elle fût retenue dans le «
corps, & portée dans les parties les plus éloignées pour atte- «
nuer & corriger les humeurs, ouvrir les paſſages, ôter les «
obſtructions des nerfs, & frayer un chemin pour le cours des «
eſprits, & cela convient ſur tout dans une conſtitution phleg- «
matique. » Il ſeroit aiſé de faire voir combien il y a de ſens
dans cette doctrine, & de quelle étendue eſt l'uſage de la réflexion qu'il fait à l'égard des purgations lentes dans quelques
maladies chroniques. Une expérience journaliere nous convainc que c'eſt une regle admirable dans la pratique, particulierement lorſque nous ordonnons les eaux minerales (comme
celles de Bath) & le Calomel dans pluſieurs cas. Ainſi dans la
colique, dans la paſſion Iliaque, les purgatifs trop vifs ne font
qu'augmenter la maladie, & occaſionner peut-être une imflam-
mation, comme il le remarque lui-même ailleurs, excepté
qu'elles ne ſoient prudemment adoucies & embarraſſées dans
des opiates.

Les différentes ſortes de mélancolies ᵇ ſont fort bien décrites : ᵇ 1. 17.
la force de l'imagination eſt peinte en de vives couleurs; il y a divers exemples bien appliquez, Alexandre dépeint cette maladie
de la même maniere qu'Aretæus la repréſente. Il la guérit par
la diette, le bain, & quelques autres bagatelles plûtôt que par
beaucoup de remedes ; il déſaprouve les Anciens ſur ce qu'ils
ordonnoient ſi fréquemment les ventouzes, les ſangſues &
les ſinapiſmes. Et à l'égard des purgations il préfere auſſi à
l'Ellebore blanc, ſi fort vanté dans l'Antiquité, la Pierre Armenienne qui purge efficacement & ſans aucun danger; elle n'entraîne après elle aucun des accidens qui ne ſont que trop ſouvent occaſionnez par d'autres medecines violentes. L'opinion
qu'Alexandre marque au ſujet de l'Ellebore blanc, s'accorde

F *

ALEXAN.

a *Photii Biblioth. 562.*

b 3 7.

avec ce que nous apprend l'histoire de ces tems-là, que ce purgatif si fameux parmi les Anciens étoit tombé dans un entier oubli jusqu'à Asclepiodotus a, homme également habile dans la Médecine, la Musique & les Mathematiques : vers l'an 500. il la remit en usage, & fit plusieurs cures suprenantes dans les maladies les plus obstinées. On voit cependant, que notre Auteur, qui a vécu peu de tems après lui, n'en approuve point l'usage.

Il donne une fort bonne regle par rapport aux Parotides b, qui est de saigner d'abord avant de faire des applications discussives ou attractives ; il dit que ceux qui se sont pressez à le faire sans avoir saigné, ont étranglé leurs malades. Sur le même principe il rejette l'usage des violens répulsifs & des astringens, tels que le solanum, l'alun, &c. Il décrit des remedes qui sont propres à dissiper les Parotides ; la résolution doit toûjours être essayée lorsque le cas est tel que la cure peut être faite par-là plûtôt que par la suppuration : mais après cela si la tumeur ne s'affaisse pas du tout, & que la douleur s'obstine, il faut faire tous ses efforts, dit-il, pour amener la suppuration ; si n'y aiant pas eu d'abord des frissons ni de fievre, & que la douleur augmente, il en survient tout d'un coup, c'est une marque que la matiere se forme. En ceci il s'accorde dans les principales choses avec Celse qui donne sur ce sujet des distinctions très-propres à regler notre pratique : quand l'enflure, dit-il, n'est causée par aucune autre maladie, il est bon de tenter d'abord des repercussifs moderez avec des discussifs ; mais si l'enflure est accompagnée ou suivie de quelqu'autre maladie, ce qui est très-frequent, alors il faut pousser la tumeur à maturation, & l'ouvrir aussi-tôt que cela est possible ; car en ce cas l'enflure est une crise par laquelle la maladie se fait une issue. Hippocrate déclare que toutes ces Parotides qui surviennent après de longues fievres sont mortelles, à moins qu'elles ne suppurent. Lorsqu'elles sont rebelles, & qu'elles ne peuvent être mûries par les applications externes, il y a plusieurs exemples qui nous font voir qu'elles ont été amenées à suppuration par le feu. Severinus, & avant lui Valesius, nous ont instruit avec quel succès ils se sont servis de cette pratique dans les Parotides malignes.

La méthode prescrite pour l'Esquinancie est très-juste ; il per-

DE LA MEDECINE. 43

met les répulsifs seulement au commencement, il défend ab- ALEXAN.
solument tout ce qui relâche. Il recommande beaucoup,
comme le fait aussi Aretæus l'Antidote διαβνοαιοῦ, ainsi appellé à cause de la Rue sauvage, l'un des principaux ingrediens
dont il est composé ; il en décrit la composition. Il croit la saignée necessaire plus que toute autre chose, & à trois ou quatre reprises suivant le besoin; on doit seulement prendre garde de ne pas tirer du sang jusqu'à la défaillance ; si cela ne
produit rien, il faut ouvrir les veines de dessous la langue :
(C. Aurelianus condamne cette méthode comme superfti-
tieuse) ; il ne faut pas renvoyer au jour suivant, (comme
Ætius le conseille) mais le faire le jour même. « Souvent, «
dit-il, lorsque le cas étoit pressant, j'ai ouvert la veine le ma- «
tin ; le soir j'ai ouvert la ranine, & la nuit j'ai donné une pur- «
gation ; & malgré tout cela j'avois beaucoup de peine à em- «
porter l'obstruction. Après la saignée aux deux bras, j'ai ordon- «
né immediatement la purgation, sans attendre le jour suivant. «
Ceci doit être fait lorsque le danger est pressant & ne peut «
souffrir de délai. J'ai ouvert les jugulaires avec beaucoup de «
succès : de même que le saphene dans les femmes, lorsque les «
mois étoient supprimez ; ce qui les faisoit couler, & dissipoit «
en même-tems l'enflure de la gorge. Vous voyez qu'il parle «
là comme il fait presque par tout, en vrai Maître dans la Pratique : & ce n'est que lui rendre justice, d'observer que sa méthode est très-raisonnable & très-juste ; à peine y pourrions-
nous ajoûter quelque chose, après toutes nos découvertes &
nos progrez dans la Medecine.

Il fait mention d'un tubercule dans les poulmons [a], lequel [a] 6. 3.
occasionne une difficulté de respirer, mais qui n'est suivie
ni de crachement, ni de fiévre : maladie qui a été connue de
Galien [b], & qui est de l'espece de celles que nous appellons [b] Loc. affect.
consomptions parmi nous, particulierement dans des corps 4. 6. 7.
scrophuleux : & quoiqu'elle soit plus lente dans ses progrez,
qu'une veritable Phtysie, ou une consomption hectique qui est
causée par un ulcére aux poulmons, cependant après avoir
tourné en enroueure & en atrophie, elle se trouve enfin mortelle comme l'autre.

Il rapporte un cas qui lui semble prodigieux & inouï ; c'est le
cas d'une personne qui a craché une pierre [c], une pierre réelle, [c] 5. 4.

F ij

ALEXAN. & non une concrétion visqueuse; une pierre unie & dure faisant du bruit si on la laissoit tomber à terre. J'ai vû plusieurs de ces pierres qui ont été crachées & quelques-unes aussi grosses qu'une noisette, & cela dans une toux inveterée, sans qu'il parût aucun signe de consomption. Je connois une personne, dit-il encore, qui en a rendu ainsi quatre ou cinq, à de longs intervalles; & cette personne dont il fait mention, fut tourmentée long-tems d'une toux, & n'eut de soulagement que quand la pierre fut sortie. Cette personne étoit d'une constitution fort frêle & très amaigrie par la maladie; & probablement elle seroit morte, dit-il, insensiblement, si on ne l'avoit traitée par des humectans & des rafraîchissans pour amener au dehors cette substance dure. Et à cette occasion il fait une reflexion severe, mais fort juste sur la pratique de Galien qui observant qu'une matiere grossiere comme de la grêle, mais non comme une veritable pierre [a], sortoit en crachats, conseille seulement des remedes chauds & desséchans, tels que le Mithridat, la Theriaque, &c. il remarque, dis-je, qu'aucun n'en revenoit. Alexandre ne craint point de dire que la méthode étoit absolument mauvaise, & qu'il n'auroit pas voulu dire si librement sa pensée sur un si habile homme, s'il n'y étoit forcé par l'amour de la verité, & s'il ne croyoit que ce seroit un peché de garder le silence dans un tel cas, & il finit par ce mot d'Aristote: Platon est mon ami, la verité l'est davantage. Bien different par sa franchise de quelques admirateurs de Galien, qui comme Massarias un fameux Professeur Italien, aimeroient mieux errer avec lui, que d'avoir raison avec tout autre.

[a] *Loc. affect.* 4. 6.

L'observation qu'il fait en traitant de la Pleuresie [b] est digne d'être remarquée; il paroît qu'elle a été faite par un homme qui entendoit fort bien & la nature des fluides animaux & la force des remedes. » Les humectans, dit-il, d'après Hippo-
» crate, sont le vehicule de l'aliment. C'est pourquoi ne man-
» quez pas de donner εὐκρατιν, c'est-à-dire, de l'eau &
» du lait tiede avec d'autres liqueurs & alimens; car aucun
» remede sec destitué d'humidité ne pourra pénétrer un peu
» avant, mais restera à la surface dans un état d'inaction;
» lorsque l'on y joint quelque chose d'humide, il s'insinuera
» par ce mêlange de frais & de chaud. C'est pourquoi quoique

[b] 6. 1.

l'eau ne soit pas regardée par quelques personnes comme une veritable nourriture, parce qu'elle est un corps simple ; elle est pourtant l'unique principe qui nourrit toutes choses, qui porte les alimens dans tout le corps & unit les parties divisées ; car si ce principe unit les particules de terre qui de leur nature sont separées, & leur donne une continuité, de maniere qu'on en peut former divers vases; si c'est l'eau qui fait le pain que nous mangeons, & si elle est le principal instrument de la generation dans le monde & vegetal & animal, il est très-raisonnable de penser qu'elle produit les mêmes effets dans le corps humain. Cette observation bien appliquée est d'une grande consequence & d'une grande étendue dans la pratique, particulierement dans les maladies aigues : & quiconque lira avec attention les Livres d'Hippocrate touchant la diete dans les maladies aigues, (l'un des plus estimables restes de l'Antiquité, & duquel plusieurs longs Traitez sur les fiévres ont été copiez,) jugera combien les dilayans seuls peuvent agir salutairement dans les plus dangereuses maladies sans le secours d'aucun autre remede. En consequence on trouve que le premier principe d'Alexandre dans la cure des fiévres, [a] *est de faire tout ce qu'on peut pour augmenter l'humidité* ; c'est pourquoi dans tous ces cas aigus sa pratique consiste en rafraichissans & delayans tels que la ptisanne ou l'hidromel, &c. de telle façon que quoique les attenuans aillent au même but, il est très-circonspect à en donner, parce qu'ils sont chauds, & aussi il blâme Galien sur cette méthode. Je dois remarquer encore une chose de lui qui est que lorsqu'il juge convenable de donner de ces simples chauds, il veut qu'on en fasse une décoction dans de l'eau; pratique qui n'est pas fondée uniquement sur ses idées particulieres, mais encore sur de très bonnes raisons.

Dans le crachement de sang [b], il dit que quelquefois il faut saigner du pied, il s'en est mieux trouvé que de la saignée du bras, & il en donne cette raison, qu'en attirant la matiere aux parties les plus éloignées, cette saignée fait une révulsion plus forte, raison aussi nettement exprimée & aussi bonne que celle que nous pourrions donner à present que nous connoissons la circulation du sang.

L'observation qu'il fait sur le βύλιμος [c], qui est une faim

a 12. 1.

b 7. 1.

c 7. 4.

ALEXAN. excessive, est entierement neuve & de lui; on ne trouve rien d'approchant dans aucun autre Auteur; c'est qu'elle est causée quelquefois par des vers. Il rapporte le cas d'une femme qui étoit affligée de cette maladie, elle avoit un appetit dévorant, un sentiment perpetuel de tiraillement à son estomach & une douleur violente à la tête : après avoir pris de l'Hiera, elle rendit un ver long de douze coudées, & fut par là soulagée de tous ses maux. Nous rencontrons souvent ce cas dans la pratique.

Il fait une remarque touchant le hoquet, quoique ce soit une bagatelle, qui est en usage parmi nous; il y a quelque chose de neuf, c'est que le hoquet peut être arrêté par quelque surprise, ou par l'attention de l'esprit à quelque objet, comme en comptant de l'argent, ou quelqu'autre chose pareille, &c.

2.7.14. Dans quelques occasions il recommande du vin pur [a] pour le χόλερα; il est remarquable que dans plusieurs maladies il a un article separé touchant le vin, & il est fort attentif à en choisir la sorte qui suivant ses propres qualitez peut convenir au cas de la personne malade.

Dans une foiblesse de foye & dans la dysenterie, il conseille la rhubarbe, & il est le premier, si je ne me trompe, qui a fait mention de cette plante, quoique M. le Clerc nous dise que l'usage en a été introduit par les Arabes. Il est vrai que les Arabes en traduisant Dioscorides & les Medecins Grecs ont confondu cette racine avec le *Rhapontic*, en attribuant à celle qui est proprement appellée *Rhabarbarum*, les vertus que les Anciens ont observé dans l'autre : ce qui paroîtra évident à quiconque examinera la description qu'en donne Rhazés. Et je croi qu'Alexandre lui-même, quoiqu'il soit clair que la rhubarbe étoit comme de son tems, est dans la même erreur; il n'en fait mention que comme d'un astringent tel que les plus anciens Grecs décrivent le Rhapontic sans rien dire de sa vertu purgative. Paul semble le premier qui parle de faculté pur-

b 1. 43. gative [b] qui est dans le *Rheum*, (il l'appelle simplement ainsi :) & il dit comment on peut donner plus de force à des remedes laxatifs en l'y ajoûtant. P. Alpin dit que quelques-uns ont

c *Plant.* observé que le Rhapontic purge même quelquefois, quoique
Exot. 2. 5. dans un moindre degré que la rhubarbe [c]; les Grecs moder-

nes ont donné à cette racine le nom de *Barbaricum*, non à
cause du Pays où il croît, mais à cause de celui où il étoit
transporté; car la haute Ethiopie étoit appellée *Barbaria*, parce
que comme le remarque fort bien Saumaise [a], elle est située
le long du Golfe de Barbarie, pays où étoient nombre de
grands Marchez, particulierement à Rhapta qui en étoit la
Métropole ; à l'Est ce Golphe joint l'Ocean Indien, c'est
pourquoi Actuarius, & après lui Myrepsus appelle cette plante ρέον ἰνδικόν. Il n'y a pas de doute que dans ces tems-là il ne
fût porté par Alexandrie; & c'est ainsi qu'il a pû être connu
de ces derniers Medecins Grecs. Je dois cependant observer
que Saumaise ne dit point qu'Alexandre ait fait mention de
la rhubarbe ; mais il cite là-dessus Paul, lequel n'en a parlé
qu'en termes generaux ; il décrit le Rha. *Garcias ab Horto* Medecin du Viceroi d'Espagne, nous dit qu'il avoit appris dans
l'Inde que la rhubarbe qui étoit portée là & en Perse croissoit
à la Chine : qu'elle étoit transportée par mer & par terre ;
mais que le transport qui s'en fait par la Tartarie à Ormuz
est le plus favorable, parce qu'elle est sujette à se corrompre
par le trajet de mer.

Dans la dysenterie [b] qu'il appelle *Rheumatique*, il ordonne de
tirer deux Hemines de sang. Il condamne avec beaucoup de raison la pratique temeraire de quelques-uns qui sans aucun discernement font avaler immediatement des opiates; par là
ils ne font qu'amortir les humeurs pour quelque tems, lesquelles affectent la tête, & occasionnent ensuite un retour de
flux plus violent; c'est pourquoi il croit qu'on ne doit se servir
d'opiate qu'en cas de necessité. Il remarque que dans une
veritable dysenterie où il y a exulcération, on prend souvent
la matiere pour de la glaire; je croi aussi que souvent nous
prenons pour de la matiere ce qui n'est que pure glaire.

Dans le schirre de la rate [c] il parle beaucoup des vertus de
l'acier; il le recommande en infusion aussi-bien qu'en substance : & ceci qui semble être le premier exemple de cette pratique peut servir de réponse à ceux qui prétendent que les
qualitez medicinales de ce métal ont été découvertes par des
préparations de chymie. Il est vrai qu'Hippocrate n'en fait
pas la moindre mention, quoiqu'il ait la plûpart des remedes
simples dont nous nous servons aujourd'hui. Mais Pline en

ALEXAN.

a *Plin.*
Exercit.
798.

b 8. 8.

c 8. 13.

ALEXAN. rapportant toutes les qualitez medicinales de l'acier, ne fait mention que d'une maniere de s'en servir interieurement, & c'est de tremper un fer chaud dans l'eau pour la dysenterie : Dioscorides le trempe dans du vin pour le même but. On lit dans Celse la même maniere de s'en servir pour empêcher la rate de grossir trop. Ætius & Oribase font mention de l'acier proprement dit στόμωμα, ferri, uniquement comme d'un remede exterieur pour la cure des ulcéres malins. Si nous consultons les Ecrivains des tems suivans, nous trouverons qu'on s'est servi rarement de ce métal; & quand on s'en servoit ou interieurement, ou exterieurement, ce n'étoit que comme d'un astringent. Avicenne même craint si fort qu'il ne soit pernicieux si l'on s'en sert en substance, qu'il conseille de prendre de la pierre d'aiman après pour prévenir toute mauvaise suite; cependant Rhazés qui est de son pays recommande souvent cette maniere de s'en servir, & rapporte les différentes formes dans lesquelles il le donne. Depuis lui je ne sçai personne qui en parle comme d'un désobstruant interieur, avant Monardes, lequel a écrit vers le tems que l'Anatomie est venue en vogue; laquelle ayant répandu une plus grande lumiere & plus de certitude dans la veritable cause des maladies, a aussi donné occasion à quelques méthodes plus efficaces pour la cure. Et on ne peut mieux se convaincre que dans le cas present, combien l'Anatomie est utile pour la pratique de la Medecine; car par quel autre principe peut-on avoir pensé à donner de l'acier dans le schirre de la rate ou du foye, si ce n'est que les dissections ont montré à l'œil que la cause de ces maladies est une obstruction? d'où l'on a inferé aisément que tout ce qui pouvoit emporter avec le plus de force la matiere de l'obstruction, seroit l'instrument le plus propre pour la cure. Tel est le remede dont nous venons de parler, qui outre sa vertu attenuante, a de plus dans ce cas une grande force par la pesanteur de ses parties, lesquelles étant sept fois plus pesantes de leur nature que celles d'aucun corps vegetal, agissent proportionnellement avec une impulsion plus forte, & par cette raison l'acier est le plus puissant désobstruent. Quiconque lit les Ouvrages des Medecins modernes, ou qui pratique soi-même, sera convaincu qu'on peut faire de très-grandes cures dans plusieurs maladies chroniques non seulement

par

DE LA MEDECINE.

par les eaux chalybées, mais auſſi par une ſuite de remedes chalybés. Celui qui voudroit nous perſuader que ce métal n'a pas de vertu alterative, a eu le malheur ſans doute d'apprendre auſſi peu de l'experience des autres, que de la ſienne propre.

La ſaignée n'eſt nulle part recommandée autant qu'ici dans un cas preſſant de la pierre[a], la pratique en eſt certainement très-judicieuſe, particulierement s'il y a, comme cela arrive preſque toûjours, ſuppreſſion d'urine. Notre experience nous apprend que quelquefois la ſaignée appaiſe tout ce malheureux déſordre, non ſeulement lorſque tout autre remede y eſt ſans effet, mais encore ſans le ſecours d'aucun remede.

J'ai fait mention de ce qu'il a dit auparavant de la goutte; ſeulement j'ajoûterai qu'il obſerve qu'elle eſt generalement regardée comme une maladie incurable. Et il ne penſe pas que cela ſoit ainſi ſi l'on ſe ſert d'une méthode convenable: celle qu'il preſcrit ſemble très-raiſonnable, & les regles pour la diete & pour les remedes en ſont fort exactes & bien choiſies. Rien ne ſemble pouvoir mieux promettre la guériſon à qui aura la patience de s'y ſoumettre.

Outre ces douze Livres d'Alexandre, il reſte encore une lettre qu'il a écrite à Theodorus ſur les vers; elle eſt écrite comme celle de Galien à Cecilianus en maniere d'avis touchant l'enfant de Theodorus. Il dit & c'eſt une reflexion très-juſte qu'il eſt très-difficile de donner un bon conſeil ſur un cas qui n'eſt décrit qu'en termes generaux; c'eſt pourquoi, dit-il, comme je n'ai pas vû le malade, je ne peux connoître chaque circonſtance particuliere; je ſuis donc obligé de penſer & de faire attention à plus de choſes; ainſi ma lettre eſt plus longue qu'elle ne l'auroit été ſans cela. Il commence par décrire trois ſortes de vers; 1°. de petits & déliez appellez *Aſcarides*; 2°. de ronds, 3°. de larges qui ſont le *Tania*. Il en a vû un de la troiſiéme ſorte long d'environ ſeize pieds. Il en traite pour le cas où ils ſont accompagnez de fiévres, & où ils ne le ſont point; il décrit les remedes qui ſont propres dans ces differens cas, & dont les Anciens ſe ſont ſervis; il y en a beaucoup qui ſont les mêmes que ceux que nous employons à preſent excepté les Mercuriels.

ALEXAN.

[a] 9. 4.

ALEXAN.   Qu'on m'excufe fi j'ai été. fi long fur cet Auteur, il me femble qu'il eft un des meilleurs Ecrivains Praticiens parmi les Anciens, & trés-digne d'être lû par quelque Moderne que ce foit. On croiroit par quelques recettes qui font à la fin de fon Livre, qu'il a été ou Chrétien ou Juif : car fûrement un Payen n'auroit pas vanté autant qu'il paroît le faire quelques recettes qui femblent faire allufion à quelques paffages de la Bible. Je fçai que les Payens fe font fervis de charmes qui confiftoient en paroles prifes des Ecritures ; mais c'étoit principalement, fi l'on le peut dire, uniquement dans le cas des Démoniaques ; rarement s'en font-ils fervis dans d'autres maladies. Les Chrétiens ont introduit cette coûtume, comme nous en avons infinué quelque chofe en parlant d'Ætius, ce qui paroîtra plus clair encore fi l'on confulte Marcellus Empiricus qui eft rempli de ce jargon, & qui fans doute étoit Chrétien.

Fabrice s'imagine qu'il a découvert la fecte d'Alexandre qui étoit, à ce qu'il croit, la Méthodique ; & il s'étonne que P. Alpin qui eft entré dans un fi grand détail fur les Méthodiftes & leur doctrine, n'ait pas dit un mot de cet Auteur. Fabrice fonde fa conjecture fur ce qu'Alexandre fait mention de la méthode dans l'Art de la Medecine : il eft vrai qu'il en parle ; mais il n'entend pas une méthode telle qu'étoit celle des Méthodiftes, mais une méthode comme celle que Hippocrate a fuivi ; & il le fait entendre clairement dans un autre endroit : le caractere de cet Auteur eft auffi très-different de celui d'un Méthodifte, qui comme tel confidere feulement les caufes évidentes, & ce qu'une chofe a de commun avec une autre, fi la maladie vient de contraction ou de relaxation fans aucun égard aux caufes ou aux fymptomes, à l'âge, au climat, à la conftitution. Alexandre fuit toute une autre méthode dans ce qu'il écrit des maladies, & cela paroît à chaque page. Outre qu'il ne nomme nulle-part la grande diftinction que les Méthodiftes ont faite des maladies ; & qu'il ne fait pas une feule fois allufion au cercle réfomptif ou *metafyncritical* au diatriton, &c. dont ils font fi pleins ; fa méthode conftante de purger dans nombre de maladies & particulierement dans la goutte eft entierement contraire à leur Pratique averée. Et pour ce qui eft des Sectes, je dois obferver que je n'en

DE LA MÉCECINE. 51

trouve aucunes traces après le tems de Galien, non pas même à Alexandrie qui a continué encore durant quelques siécles à être la grande Ecole de la Medecine, si l'on ne veut excepter Vindicianus & Théodore Priscian, deux Méthodistes qui ont vêcu vers le tems de Valentinien Second, & dont les Ouvrages semblent seulement être transcrits des plus anciens Ecrivains de cette classe. A la verité Galien a si bien établi la Secte Dogmatique, qu'elle a prévalu ensuite sur toutes les autres, & les a comme englouties : & à parler proprement, c'étoit moins une Secte fondée sur des idées particulieres, qu'un amas des meilleures opinions que chaque Secte avoit embrassé & enseigné; c'est pourquoi en plusieurs choses les Dogmatiques s'accordent avec les Méthodistes, & particulierement dans la méthode de la cure.

ALEXAN.

JACQUES PSYCRESTUS.

Alexandre fait mention de plusieurs Medecins, & de quelques-uns qui ont vêcu vers son tems ; il loue beaucoup entr'autres Jacques Psychrestus [a] homme d'un mérite éminent pour sa grande pénétration dans la Philosophie & la Medecine qu'il apprit de son pere Hesychius, qui avoit voyagé dans un grand nombre de Pays pour y acquerir des lumieres ; Il fut fait Comte & premier Medecin de Leon le Grand ou le Thracien, & étoit si chéri & de cet Empereur & du peuple, que le Senat lui fit ériger une statue dans le bain de Zeuxippe bâti par Severe [b]. Isidore de Gaze appellé par d'autres le Pelusiote, lequel a fleuri dans le tems de Justinian, a vû encore une statue élevée en son honneur à Athenes [c]. Cet Auteur dit de plus d'Alexandre qu'il étoit d'Alexandrie, quoique sa famille fût originaire de Damas ; qu'il eut une très grande experience dans la Medecine ; qu'il fit plusieurs cures merveilleuses ; qu'il entroit dans sa pratique beaucoup de clysteres & de suppositoires ; qu'il fit rarement usage du fer ou de la lancette dans la Chirurgie, & qu'il n'étoit point ami de la saignée. Il a été préferé à tous les Medecins Modernes par son disciple Asclepiodotus qui s'est rendu fameux pour avoir remis en usage l'hellebore blanc qui dans ce tems-là étoit tombé dans un entier ou-

PSYCHR.

a 5. 4.

b *Malel. in Vit. Leon.*

c *Photius*, 559.

PSYCHR. bli, & n'étoit pas seulement connu de Jacques lui même. Suidas s'étend beaucoup sur les louanges de ce Jacques, il dit qu'il étoit parvenu à une connoissance parfaite soit de la theorie, soit de la pratique; qu'il surpassoit tous ses contemporains; qu'il peut être comparé aux Anciens, & qu'il est superieur à plusieurs d'entr'eux; qu'il étoit aimé & adoré de ses malades, qui le regardoient comme un homme inspiré du Ciel; qu'ils avoient une foi aveugle en lui, parce qu'ils n'avoient jamais vû manquer aucun de ses pronostics. Il eut tant d'ardeur à se rendre habile dans son Art, qu'ils croyoient que l'ame d'Esculape lui avoit été transmise. Kuster dit qu'il a retrouvé son veritable nom ψύχειτος dans Malelas : dans les précédentes éditions de Suidas le nom étoit ψυχόχειτος, quoique dans la traduction d'Ætius on lise Psychristus. Mais j'ai raison de croire que ces deux manieres de lire sont mauvaises; si l'on consulte Alexandre, on découvrira nettement qu'il faut lire ψυχόχρηστος ou ψυχεόχρηστος (car le nom peut être different) de même que φιλόχρηστος; il dit en termes exprès que ce nom lui étoit appliqué ὅτι ὑςραινύση τροφῇ ΕΚΕΧΡΗΤΟ. Alexandre lui donne l'Epithete de Θεοφιλέςατος, & Suidas l'appelle d'après lui Θεοφιλὴς; c'est pourquoi il doit y avoir une erreur dans le texte de Photius, où lui & son pere est dit ἀσεβὲς ἤσθην : quiconque fera attention à ce qui suit dans Photius, s'appercevra qu'il faut lire εὐσεβέε.

URANIUS

URANIUS a Lib. 2.

URanius a étoit contemporain d'Alexandre, il pratiqua la Medecine à Constantinople : son caractere a quelque chose de si singulier & de si remarquable, qu'Agathias a crû que c'étoit bien la peine de l'inserer dans son histoire ; j'en dirai donc quelque chose ici suivant ce qu'en rapporte cet Auteur. Uranius étoit Syrien de naissance, Medecin de profession; lequel n'ayant pas la moindre connoissance d'Aristote ni de la Philosophie ancienne, avoit cependant une très-haute opinion de son sçavoir qui ne consistoit que dans un grand flux de bouche, & une assurance présomptueuse à soutenir quelque paradoxe qu'il avançât. On le trouvoit ordinairement dans des boutiques de Libraire, ou dans des places publiques URANIUS voisines de la Cour, où il disputoit avec differentes personnes qui avoient aussi peu de sçavoir que de Religion ; il entroit dans des questions très-élevées sur lesquelles il raisonnoit avec beaucoup de temerité & de présomption ; il parloit des attributs de l'essence de la Divinité, speculations qui passent de beaucoup la portée de nos foibles esprits ; mais les disputans ne s'en embarrassoient pas. La societé s'assembloit ordinairement le soir après la débauche du jour, & discouroit d'une maniere très-libertine sur les questions les plus sublimes & les plus épineuses, sans que l'un pût jamais être convaincu d'une chose par l'autre, de maniere qu'ils se quittoient chacun avec l'opinion qu'il avoit apportée, & terminoient souvent leur dispute, comme font les joueurs par des reproches amers & des paroles hautes : d'où il ne pouvoit résulter qu'une aversion réciproque. Uranius tenoit le premier rang parmi ces gens-là, & y faisoit un aussi grand fracas que Thersites dans Homere ; mais destitué d'un sçavoir solide, il n'étoit pas capable de proposer en bonne forme aucun argument ; ce qui le rendoit très-promt à répondre aux objections avant qu'on les formât ; & quelquefois au lieu d'y répondre, il demandoit pour quelle raison on les proposoit. En un mot il renversoit toutes les regles qui doivent s'observer dans les Conferences, ce qui ne pouvoit que mettre de perpetuels obstacles à la découverte de la verité. En toute chose il affectoit le scepticisme, & formoit ses réponses sur le modéle de Pyrrhon ou de Sextus Empiricus. Il s'imaginoit que son opinion (sçavoir qu'il n'y a pas de certitude sur aucune chose) lui donneroit une entiere liberté, & le délivreroit de tout remords ou trouble d'esprit. Sa capacité étant fort bornée, il ne pouvoit en imposer qu'aux simples & aux esprits credules ; mais s'il étoit en arriere du côté des sciences, il étoit d'autant plus habile dans le sçavoir du monde ; vivant avec les grands il buvoit & mangeoit avec tant d'excez, qu'il se rendoit la risée de la compagnie : s'abandonnant à toute sorte de licence dans ses discours, souvent il étoit insulté, raillé, même battu ; & il étoit devenu aussi necessaire dans les parties de plaisir, que le sont les fols & les boufons. Uranius tel que je viens de le décrire, fut avec Arebindus envoyé Ambassadeur en Perse ; il se contrefit si bien que cachant tous ses dé-

URANIUS fauts, toutes ses actions étoient colorées de quelque apparence de vertu. Il avoit pris la contenance & l'habit de Philosophe; la premiere fois qu'il parut devant Chosroës, ce fut avec un air si serieux & si grave, qu'il en imposa, & se procura par là une reception favorable. Chosroës assembla aussitôt ses Mages pour conferer avec lui; on éleva plusieurs questions de Philosophie naturelle, comme si le monde a été de toute éternité, s'il y a une cause ou un principe de toutes choses. Uranius quoique fort ignorant sur ces matieres, soutint sa réputation par son assurance, & eut cet avantage sur ses Adversaires, comme le dit Socrates dans le Gorgias, *Que s'il sçavoit peu de chose, ses Adversaires en ignoroient encore davantage.* Cet Empirique sçut si bien faire sa cour, que le Roy le fit mettre à sa table, but à sa santé, & lui presenta la coupe pour qu'il lui fît raison, honneur qu'il n'avoit daigné faire à personne; mais il disoit qu'il avoit vû nombre de Philosophes fameux qui étoient venus de Grece à dessein de voir sa Cour, & qu'Uranius étoit le plus subtil & le plus accompli.

Il est certain que quelque tems auparavant Damascius le Syrien, Simplicius de Cilicie, Diogenes de Phœnicie & Isidore de Gaze, &c. les plus grands & les plus sçavans Philosophes du siécle ayant de l'aversion pour la Religion établie, se retirerent en Perse, ils avoient oui vanter & le gouvernement & le peuple; on leur avoit dit que la justice & l'équité étoient en Perse les seuls ornemens du Trône; qu'une parfaite soumission & une entiere obéissance faisoit le bonheur du peuple; que les voleurs ou sangsues publiques étoient en horreur; qu'on ne voyoit regner que la verité & la fidelité. Ils ne furent pas plûtôt arrivez là, qu'à leur grand regret ils trouverent tout le contraire; la violence & l'injustice étoient sans frein,& aussitôt qu'ils eurent approché le Prince, ils s'apperçurent combien ils s'étoient trompez; quoiqu'il eût la vanité de discourir de Philosophie, il ne sçavoit ce qu'il disoit; Chosroës étoit convaincu de leur mérite, cependant il conserva une haute opinion d'Uranius. Il me semble que la raison en est claire & naturelle, nous avons de l'inclination pour ce qui nous ressemble, & de l'aversion pour ce qui est au-dessus de nous. Uranius après son retour de ses voyages reçut plusieurs lettres très-civiles de Chosroës; ce Prince l'appelloit souvent son maître. Uranius devint par là insupportable; l'amitié de URANIUS Chosroës poussa si loin son arrogance, qu'il ne regardoit plus personne que d'un air de mépris. Il ne se trouvoit jamais à table en compagnie qu'il ne recitât les faveurs qu'il avoit reçû de ce Prince, & les conferences qu'ils avoient-eues ensemble; il ne rapporta donc de ces Pays éloignez qu'un excès d'orgueil & de vanité, qualitez dont il étoit déja assez fourni avant ses voyages. Les éloges qu'il donnoit à ce Prince faisoient quelque impression sur les esprits credules, & persuadoient à quelques-uns qu'il étoit fort sçavant. Ceux qui se plaisoient à des récits nouveaux & merveilleux ne connoissant ni la personne qui louoit, ni celle qui étoit louée, se laissoient aisément surprendre par les couleurs séduisantes dont cet Imposteur ornoit son discours. Il faut avouer que Chosroës avoit toutes les qualitez propres à faire un grand Capitaine, il est juste d'admirer son courage qui ne put être abattu ni par l'âge ni par les fatigues de la guerre; mais à l'égard des sciences, il faut dire qu'il n'a pû s'élever plus haut qu'un Ecolier d'Uranius.

De cette description d'Agathias on peut se former le vrai caractere & de Chosroës & d'Uranius. On prendra aussi dans le Traité sur la sagesse des Indiens, la même idée de ce Prince qui fut encore prévenu à la folie pour un autre Medecin nommé Perroës.

PROCOPE.

BLondus, Sabellicus & Tiraqueau croyent que Procope PROCOPE cet excellent Historien qui écrivit au tems de Julien, étoit Medecin; ils ne donnent pas de raisons pour prouver leur opinion, d'autres aussi la regardent comme un songe: cependant si nous reflechissons sur quelques passages de ses Ouvrages, il semblera qu'il y a quelque fondement à cette opinion : car dans plusieurs choses qui ont du rapport à la Medecine, il est beaucoup plus détaillé qu'aucun autre Historien; sans même en excepter Agathias son grand admirateur & imitateur, qui ayant été élevé au barreau, est plein de reflexions qui sentent les Loix [a]. Voici quelques exemples qui prouvent ce qui vient d'être dit de Procope. Il remarque que les eaux du Pô [b] avoient si fort affoibli l'estomach des soldats & dérangé la digestion, que cela leur avoit causé de dangereux dévoiements & des dysenteries : il dit aussi en décrivant la terrible famine [c] dont toute l'Æmilie fut affligée, que toute la chaleur de l'estomach étoit entierement éteinte : en sorte que si l'on n'avoit pas soin de donner à ceux qui avoient été exposez à ce fleau la nourriture comme à des enfans, c'està-dire, peu à la fois & plus souvent, ce qu'ils mangeoient les surchargeoit & les faisoit périr ; la bile qui dominoit dans leurs constitutions teignoit tout leur corps. Il remarque que par tout où le souffre du Vesuve est porté [d], la campagne est fertile ; que l'air qui environne cette montagne est très subtil & très-sain ; & c'est pour cette raison qu'il croit que depuis plusieurs siécles les Medecins ont recommandé ce climat aux personnes attaquées de consomption. On ne croira pas, j'espere, que je veuille trop rafiner si je dis encore qu'il ne laisse échaper aucune occasion de donner des louanges à notre Profession. Selon lui Elpidius premier Medecin de Theodoric [e] est la personne à qui ce grand Monarque ouvrit son cœur à l'approche de la mort, & confessa l'injustice dont il s'étoit rendu coupable en faisant mourir Symmachus & Boethius. Et lorsque, durant le siege d'Edesse des Ambassadeurs furent envoyez à Chosroës [f], Etienne fameux Medecin, natif de cette Ville & qui avoit été Précepteur de ce Prince, & avoit guéri son pere Cavades de quelque maladie, fut non seulement nommé pour être un des Ambassadeurs, mais il fut encore choisi pour haranguer le Prince, lorsqu'ils lui seroient presentez. Le même Chosroës quelque tems après, négociant un Traité de paix avec Justinien [g], ne vouloit pas seulement consentir à faire une tréve sans cette condition, sçavoir que Tribunus dont il connoissoit la capacité en Medecine lui fut envoyé : & l'Historien marque qu'aussitôt que cela fut fait, la tréve fut conclue pour cinq ans. Dans un autre endroit [h] il dit de plus que ce Medecin étoit né en Palestine ; qu'il étoit son Compatriote & homme sage, moderé & pieux. Il avoit guéri auparavant Chosroës de quelque maladie, sur quoi il reçut des presens considerables

PROCOPE
[a] *Lib. 2. Berytus & Alexandria. lib. 4. Cour de Justice tenue par Anastase.*
[b] *Bell. Goth. lib. 2.*
[c] *Ibid.*

[d] *Ibid.*

[e] *Ibid.*

[f] *Bellum Persic. 2.*

[g] *Ibid.*

[h] *Bellum Goth. lib. 4.*

DE LA MEDECINE. 57

considerables avec lesquels il s'en retourna dans son Pays. PROCOPE
Après la tréve dont on vient de parler, il resta une année entiere avec Chosroës; le Roy lui offrit de lui accorder tout ce qu'il lui demanderoit ; mais au lieu de lui demander de l'argent, il témoigna seulement qu'il desiroit que quelques Romains qui étoient captifs en Perse, fussent mis en liberté. A sa demande Chosroës relâcha non seulement ceux que le Medecin demandoit, mais encore trois mille de plus, ce qui rendit le nom de Tribunus fameux dans toute l'étendue de l'Empire. On conviendra au moins avec moi que Procope represente les personnes de cette Profession comme ne faisant pas une petite figure ; & par la consideration qu'on avoit pour eux, il paroît qu'on les croyoit appliquez à differentes sciences, & particulierement à celles qui ont du rapport à leur Art. Procope a encore plusieurs choses touchant les playes, ce qui peut faire juger qu'il a été instruit de la Medecine: en parlant de la playe dont Artabazés mourut, il est si circonstancié, qu'il dit qu'une artére [a] du col avoit été coupée, en sorte qu'on ne put arrêter le sang. Trajan fut blessé au-dessus de l'œil droit près du nez [b], le fer dont la fléche étoit armée, étoit large & long, cependant il pénétra si avant, qu'on ne pouvoit l'appercevoir; Procope dit expressément qu'il ne comprenoit pas bien où elle étoit entrée, & s'étoit logée de façon qu'elle ne causât pas de douleur à Trajan: cinq ans après la pointe de la fléche commença à paroître sur le visage: cet Auteur ajoûte qu'au tems qu'il écrivit ceci, cette fléche avoit été trois ans dans la route qu'elle se faisoit pour sortir ; & que suivant toute apparence dans quelque tems elle sortiroit entierement sans causer beaucoup de douleur ; car alors elle n'en donnoit aucune. De même il donne un détail circonstancié de la playe que Arsés [c] reçut au visage, & rapporte comment les Chirurgiens qui avoient envie de tirer la fléche, étoient dans un grand embarras non seulement à-cause de l'œil qu'ils n'esperoient pas de pouvoir sauver, mais encore à cause des nerfs & des membranes qu'ils craignoient de blesser, de sorte que dans l'operation la vie du malade étoit en danger. Un de ses Medecins nommé Theoclistus en lui pressant le col, lui demanda s'il sentoit beaucoup de douleur ; sur quoi Arsés ayant dit que oui, il répondit : Hé bien vous serez guéri, & vous ne

a *Béllum Goth.* 3.

b *Bell. Goth.* 2.

c *Ibid.*

H

PROCOPE perdrez point votre œil; il jugea que la fléche n'avoit pas pénétré avant dans la peau: ainsi il coupa la partie du bois de la fléche qui paroissoit au dehors, & fit ensuite une incision dans le corps des muscles où la douleur étoit la plus violente; il emporta sans aucune difficulté le reste de la fléche dont la pointe étoit tricuspidale, & réussit si bien dans la cure, qu'il ne resta pas de grandes marques de cicatrice au visage. La même operation fut faite à Cutilas à qui il fallut arracher la fléche avec plus de violence; il s'évanouit à diverses reprises & les membranes de la tête s'étant enflammées, il mourut subitement en phrenesie. Bucas perdit beaucoup de sang & faillit à expirer sur le champ, ce que les Medecins attribuerent aux muscles coupez transversalement & non selon la longueur; quoiqu'il en soit, il mourut au bout de trois jours. Tous ces passages donc montrent assez suffisamment que cet Auteur eut au moins une teinture de la Medecine pendant sa jeunesse & avant qu'il fût employé dans les affaires civiles, & suivant la description des cas qui est donnée ici, on peut observer qu'il se sert d'expressions toutes semblables à celles dont se servent ordinairement les Ecrivains en Medecine. Quoique je ne veuille pas pousser la chose si loin que de décider s'il a été de la Profession, ou non; j'ose dire qu'il a décrit une maladie avec autant d'art que d'exactitude, dans le propre langage de la Medecine, & aussi-bien que s'il avoit été Medecin de profession: cette maladie est la peste qui défola Constantinople en 643. & parce que non seulement cette relation est écrite de main de maître; mais encore parce qu'elle peut nous fournir plusieurs reflexions touchant cette maladie; je vais la transcrire ici telle qu'elle est dans le Docteur Howel, & j'y ajoûterai quelques remarques.

» Cette peste consuma presque tout le genre humain, d'où
» Procope conclud qu'elle ne pouvoit être causée que par une
» vengeance de Dieu lui-même: car elle n'affligea pas une seule
» partie du monde, & ce ne fut pas dans une saison particuliere
» de l'année, comme l'auroient pû prétendre, dit-il, certains
» esprits subtils: elle défola le monde entier, n'épargnant per-
» sonne dans aucune condition ni dans aucun âge, quoiqu'il y
» ait une si grande diversité dans les temperamens & dans les
» dispositions. La differente situation des lieux, la difference de

DE LA MEDECINE.

la demeure, la diete, les complexions, les inclinations, rien ne put soulager dans cette maladie. Quelques-uns en furent attaquez dans l'été, quelques autres dans l'hyver, & d'autres dans d'autres saisons. Elle commença parmi les Egyptiens de Peluse, se répandit à Alexandrie dans le reste de l'Egypte d'un côté, & de l'autre dans ces parties de la Palestine qui confinent à l'Egypte : ainsi elle parcourut l'univers jusqu'à ses limites les plus reculées, comme si elle eût eu seulement en vûe de travailler par journée à tout détruire; les Isles, les cavernes, les sommets de montagne, tous les lieux où il pouvoit y avoir des hommes en furent infectez : car si la maladie sautoit pardessus un Pays, on n'avoit pas long-tems sujet de se feliciter, elle retournoit en arriere pour ne rien épargner. Elle commença sur les côtes de la mer, & s'étendit de là dans les terres. A la seconde année elle arriva environ au milieu du printems, à Constantinople (où Procope faisoit alors sa résidence :) rien de plus commun alors que des apparitions d'esprits que plusieurs personnes croyoient voir en toute sorte de formes humaines, ils s'imaginoient que les hommes qui se trouvoient à leur rencontre les frapoient en quelque partie de leur corps ; & aussitôt que ces pauvres malheureux avoient vû l'esprit, ils étoient saisis de la maladie. Lorsqu'ils croyoient voir des esprits, ils proferoient & repetoient sans cesse les noms de la Divinité, ils couroient dans les Eglises. En d'autres moments, effrayez d'entendre leurs amis les appeller, ils s'enfermoient dans leurs chambres, se bouchant les oreilles. Les uns croyoient qu'ils avoient eu certaines visions, d'autres qu'ils avoient entendu une voix qui leur disoit qu'ils étoient marquez dans la liste de ceux qui devoient mourir. Quelques autres personnes sans aucun indice précurseur de maladie, tomboient subitement en fiévre; leur corps ne changeoit pas de couleur; il n'y survenoit pas de chaleur, la fiévre étant si foible jusqu'au soir, que ni le malade, ni le Medecin ne pouvoit par le pous soupçonner aucun danger. Cependant il se formoit un bubon & à l'aîne & à l'aisselle, sous l'oreille, en d'autres parties; à quelques-uns le premier jour, à d'autres personnes le second, ou même quelques jours après : tels étoient les symptomes generaux qu'éprouvoient presque de même toutes les personnes frappées de cette maladie.

PROCOPE

PROCOPE. On remarqua en certaines occasions quelques autres symptomes differens; s'ils naissoient de la diversité des temperamens ou de la volonté de celui qui envoyoit la maladie, notre Auteur ne peut le dire. Quelques-uns tomboient dans un appesantissement où ils sommeilloient; d'autres étoient agitez d'une rage violente: ceux qui dormoient oublioient toutes choses; lorsqu'on alloit les visiter, quelques-uns demandoient à manger, d'autres qui avoient été négligez mouroient de faim; ceux qui étoient enragez étoient tourmentez d'apparitions; croyant qu'ils voyoient des hommes prêts à les tuer, ils s'enfuyoient de toutes leurs forces; ils étoient si extravagants & si inquiets, que ceux qui les gardoient étoient aussi à plaindre qu'eux-mêmes. Ni Medecin, ni autre personne ne gagnoit la maladie en touchant les malades ou les morts; plusieurs continuoient à jouir d'une santé merveilleuse, quoiqu'ils soignassent & ensevelissent les personnes infectées, & d'autres gagnant la maladie sans sçavoir comment, mouroient à l'instant. Plusieurs sans être cependant alterez, se jettoient dans l'eau, & quelquefois dans la mer. Quelques-uns sans être tombez ni en assoupissement, ni en fureur, avoient leur bubon gangrené, & mouroient dans d'extrêmes douleurs; ce qui arrivoit aussi sans doute à ceux qui étoient en phrénesie, quoique n'étant plus à eux-mêmes ils ne se sentissent pas. Quelques Medecins comprenant que le venin & le principe de la maladie consistoit dans ces ulcéres pestilentiels, ouvrirent les corps morts, & fouillant dans les ulcéres, trouverent un charbon énorme croissant au dedans. Ceux dont le corps étoit taché de petits boutons noirs de la grosseur d'une lentille, ne vivoient pas un jour. Plusieurs mouroient d'un vomissement de sang. Quelques-uns qui étoient abandonnez entierement des Medecins étoient rétablis inopinément; d'autres qui se croyoient assûrez de leur guérison, périssoient soudainement: aucun homme ne pouvoit rendre raison de cette maladie. Le bain fit du bien à quelques-uns, il nuisit à d'autres; en un mot il n'étoit pas possible de trouver aucune méthode pour conserver la vie des hommes, soit en prévenant la maladie, soit en la domptant, n'y ayant aucune cause apparente pour laquelle on en fût attaqué, ni pour laquelle on en fût guéri.

DE LA MEDECINE.

Les femmes enceintes qui en étoient frappées, mouroient certainement, les unes faisant de fausses couches, d'autres délivrées heureusement périssoient également avec leurs enfans; trois seulement eurent un heureux accouchement & recouvrerent une bonne santé, mais leurs enfans moururent; une au contraire mourut, & l'enfant eut le bonheur de vivre. Les malades dont les ulcéres étoient fort ouverts & couloient abondamment, réchapoient, la violence du charbon étant adoucie par là; c'étoit aussi l'indice le plus certain de guérison: ceux dont les ulcéres restoient dans le même état qu'ils avoient paru d'abord, étoient exposez au miserable accident dont nous avons fait mention. Quelques-uns avoient les cuisses desséchées, lorsque des ulcéres y paroissoient sans fluer. Quelques autres sortirent de la maladie avec la langue mutilée, & furent begues, ne pouvant plus de leurs jours prononcer que des sons confus. Cette peste dura quatre mois à Constantinople, & y fit un extrême ravage pendant trois mois. Au commencement il n'en mourut pas extrêmement; mais ensuite la peste ravagea tout avec plus de fureur, le nombre des morts monta de cinq à dix mille chaque jour. Au commencement les morts étoient ensevelis, mais enfin tout tomba en confusion, & un grand nombre de morts resterent fort long-tems sans être enterrez. Les domestiques n'avoient pas de maîtres, ni les personnes riches de gens pour les servir. Dans cette Ville affligée on ne voyoit que maisons où il ne restoit plus personne, que magazins & boutiques qu'on ne venoit plus ouvrir, tout commerce étoit entierement mort. L'Empereur avec raison se donna beaucoup de soins à ce sujet, il chargea de l'inspection des pauvres Theodorus, l'un des Referendaires qui écrivoient les réponses de l'Empereur sur les Requêtes, & lequel distribua de l'argent des coffres de la Tréforerie à ceux qui étoient dans le besoin. Procope ajoûte que plusieurs frappez de crainte, quitterent leur mauvaise vie, & se consacrerent à Dieu; que plusieurs aussi retournerent à leur vie libertine & injurieuse à la Divinité, aussitôt que le danger fut passé, & par là Procope finit la description de cette peste. Le Docteur Howell continue & dit, que quoiqu'elle ne dura que quatre mois à Constantinople, cependant Evagrius qui en fut frappé avec sa famille, dit qu'elle dura l'espace de cinquante-

PROCOPE
«
«
«
«
«
«
«
«
«
«
«
«
«
«
«
«
«
«
«
«
«
«
«
«
«
«
«
«
«
«
«
«
«
«
«
«
«
«

H iij

PROCOPE » deux ans; elle monta à un tel point, qu'elle détruisit presque
» le monde entier. Ainsi cette peste ayant duré long-tems après
» la mort de Procope, il n'est pas étonnant si pendant un si long
» tems, en passant dans des climats si differens, elle a changé de
» symptomes, & varié les accidens qu'elle produisoit d'abord:
» cependant la description d'Evagrius differe très-peu de celle
» de Procope. Il dit que dans certaines choses cette peste res-
» sembloit à la peste d'Athenes décrite par Thucidides, & étoit
» très-differente à quelques égards; qu'elle commença en Ethio-
» pie comme celle-là, mais elle surpassa toutes celles dont le
» monde avoit éprouvé les calamitez; & faisant attention au
» long tems qu'elle avoit erré en ravageant la terre, il est surpris
» que Philostrate témoigne de l'étonnement au sujet de la peste
» qui arriva dans son tems, sur ce qu'elle dura quinze ans de
» suite. Comme l'histoire de Procope est assez connue de tout
» le monde; particulierement d'Evagrius qui, comme tous les
» sçavans ne lignorent pas, en a pris beaucoup de choses, il est
» très-surprenant qu'il ait pû dire que l'histoire de cette maladie
» n'avoit pas été couchée par écrit jusqu'au tems qu'il l'entreprit;
» car on ne peut s'imaginer que ce ne fut point positivement la
» même peste dont tous les deux ont parlé.

    Comme le remarque le Docteur Howel, c'étoit sans doute la même peste dont ils ont parlé tous les deux, c'est-à-dire, la peste qui dura cinquante-deux ans, & qui au rapport d'Agathias commença à l'Est à la cinquiéme année de Justinien : quoiqu'afin que son récit se rapportât avec celui de Procope, il faudroit lire, je croi, la quinziéme année au lieu de la cinquiéme : on peut observer de plus qu'il la décrit seulement telle qu'elle parut à Constantinople la seconde année; & que Evagrius en parle conformément à ce qu'elle étoit plusieurs années après suivant ses propres observations : au tems que cette maladie commença, suivant la relation de Procope, Evagrius n'étoit encore qu'un enfant qui apprenoit la Grammai-

a Lib. 4. re [a], quoiqu'il eût la peste dans ce tems-là; ainsi l'on peut voir la veritable raison pour laquelle ces Auteurs different en quelques points. Le dernier par exemple rapporte une circonstance très-surprenante, sçavoir qu'aucune personne native des Villes infectées, quoiqu'elle fût dans des pays bien éloignez de l'infection, n'échappoit à la fureur de cette maladie qui

DE LA MEDECINE.

sembloit les chercher dans quelques lieux qu'ils puſſent être, pour les enlever de même que tous leurs autres compatriotes: fait qui auroit pû paro'tre ſuſpect, s'il n'y en avoit de ſemblables exemples dans des tems moins éloignez; j'en parlerai dans ſon lieu, lorſque je viendrai aux maladies qui viennent de ſueur. Le même Evagrius dit que cette peſte avoit à certains égards du rapport avec celles d'Athenes, & qu'à d'autres elle n'en avoit pas, mais il n'en dit aucunes particularitez, quoiqu'elles ſoient en grand nombre. La maniere dont elle ſe répandoit étoit differente; dans celle-ci quelques-uns mouroient à l'inſtant ou le premier jour comme ceux qui étoient marquez de petits boutons noirs, ou au moins ils périſſoient en peu de jours. Et Agathias qui décrivit cette même maladie à ſon retour à Conſtantinople en 558[a], dit expreſſément que la plûpart mouroient dans le moment comme dans un violent accès d'apoplexie, & que ceux qui ſe trouvoient du temperament le plus vigoureux, ne paſſoient pas le cinquiéme jour. Dans celle d'Athenes la maladie alloit juſqu'au ſeptiéme ou neuviéme jour qui étoient le terme commun de la mortalité; dans celle-là ceux qui approchoient des malades en étoient infectez; dans celle-ci il eſt poſitivement remarqué que ce n'étoit pas la même choſe. On ne trouve dans Thucidide rien qui fût ſemblable, ni à l'aſſoupiſſement dont ils étoient ſaiſis d'abord, ni à la rage de ceux qui ſe rouloient par terre, ni à ce qui a été dit des femmes enceintes. Galien en comparant les deſcriptions qui ſont données de la maladie ou par Hippocrate ou par Thucidide, remarque que ce dernier ne la décrit que comme un Obſervateur ordinaire, car il fait l'énumeration de toutes les circonſtances qu'il avoit remarquées ſans diſtinction, & non comme un Medecin. Pour Procope je croi qu'on peut dire qu'il a décrit cette peſte & comme Obſervateur & comme Medecin; cela paroît dans ſes obſervations dont on vient de parler au ſujet des femmes enceintes, parmi leſquelles il n'y en eut que trois qui purent réchapper; & à l'égard du bubon ſur lequel il eſt le premier qui ait obſervé que l'écoulement de la matiere eſt le ſigne le plus aſſûré de guériſon dans ce cas, l'experience a prouvé la même choſe juſqu'ici. Il parle comme Medecin lorſqu'il rapporte les differentes méthodes qu'on avoit tentées, comme le bain, &c. les cas où elles avoient

PROCOPE

[a] 5. 5.

PROCOPE manqué, les differents symptomes pour lesquels on s'en servoit ; il remarque particulierement que dans la fiévre les corps ne changeoient pas de couleur, & qu'il n'y survenoit pas de chaleur ; que la fiévre étoit si petite jusqu'au soir, que pas même le Medecin ne pouvoit soupçonner par le pous que le malade fût dans aucun danger. On peut remarquer en lisant Thucidide & Lucrece qu'on n'avoit pas alors d'autre moyen pour juger de la fiévre que de toucher le corps ; l'art d'en juger par le tâtement du pous est d'une datte posterieure. Il nous fait voir combien peu les Medecins connoissoient les veritables causes de cette maladie, aussi ouvroient-ils pour acquerir plus de lumiere, les corps de ceux qui étoient morts d'ulcéres pestilentiels, & ils trouverent un charbon croissant interieurement. On peut conclure de là en passant que les Medecins de ce siécle-là ne négligeoient aucune partie qui pût contribuer à la perfection de leur pratique, & que particulierement ils s'appliquoient à l'Anatomie, dont il est clair par cet endroit qu'ils faisoient un bon usage pour découvrir les causes des maladies & leurs differens symptomes. Il y a une chose au sujet de la contagion, qui mérite d'être observée dans cette histoire. Procope nous apprend qu'aucun Medecin ni aucune autre personne ne gagna la maladie en touchant les corps malades ou morts ; (je suppose qu'il entend pour cette raison seulement) plusieurs conserverent une santé merveilleuse, quoiqu'ils soignassent & ensevelissent les personnes infectées ; Evagrius ajoute que quoique cette maladie se communiquât pour le plus souvent, cependant quelques personnes lasses de vivre apparemment, vivoient continuellement parmi les malades, & ne pouvoient gagner ni la maladie, ni la mort, & dans toutes les maladies épidemiques quoique jamais aussi contagieuse, certainement on trouvera des exemples où l'infection ne s'est pas communiquée generalement de l'un à l'autre ; mais ce que Procope crut, je veux dire que la maladie s'étoit étendue par contagion, quelle qu'en pût être la premiere cause, est clair par ce qu'il ajoûte que constamment elle commença sur les côtes de la mer, & de là s'étendit dans les terres : matiere de fait qui est une preuve meilleure qu'aucun raisonnement, combien loin cette maladie peut être portée & répandue par le commerce & la communication : ce qui a

été

été l'opinion generale dans les tems les plus reculez. Je ne pousserai point plus loin la digression, s'il est vrai que ç'en soit une. Je reviens à present au quatriéme & dernier de ces vieux Ecrivains Grecs, comme je me le suis proposé.

PAUL.

PAUL, quoique placé par M. le Clerc au quatriéme siécle, n'a pourtant vêcu que dans le septiéme, & quoique Compilateur, il est fort different d'Oribase, (tel que nous l'avons à present de même que d'Ætius) : il a transcrit beaucoup de choses d'Aléxandre, & non seulement le sens, mais même les propres paroles. Il nâquit dans l'Isle d'Ægine, il fut un grand voyageur, & eut beaucoup d'occasions de voir pratiquer bien des choses differentes. Il mérite cette louange, que ses descriptions des maladies sont completes & courtes : & quoiqu'il fût un grand Compilateur, il y a en lui une chose remarquable, qu'il traite particulierement des maladies des femmes, & qu'il semble être le premier Accoucheur de profession dont l'histoire nous donne connoissance. Il fut appellé de ce nom par les Arabes, & commence aussi son Livre par les accidens auxquels les femmes sont sujettes dans la grossesse.

Nous devons à Paul quelques fragmens de Medecins anciens, particulierement la Lettre de Dioclés à Antigonus touchant la conservation de la santé.

Mais arrêtons-nous davantage sur cet Auteur, quoique quelques-uns l'ayent representé comme si méprisable qu'il n'y ait rien d'interessant dans ses Ecrits. Je me fixerai à ses six Livres, dans lesquels j'ose dire qu'il est certainement quelque chose de plus qu'un simple Compilateur ; ce Livre est plein d'operations de Chirurgie seulement ; on pourroit le regarder comme le corps le plus complet qui ait été en ce genre, au moins avant la restauration des sciences. J'entens d'abord les operations manuelles ; car pour les applications exterieures aux playes & aux ulcéres, &c. il en traite au long dans le quatriéme Livre. Il est clair par ce Traité, qu'il faisoit les operations de Chirurgie lui-même ; il décrit les differentes méthodes dont se servoient les Anciens, celles de ses contempo-

PAUL. rains, & les siennes propres: il rapporte le bon ou le mauvais succés de plusieurs; & dans ce qu'il écrit sur ce sujet, il est si éloigné de n'être qu'un simple Copiste, que quelquefois il ne
a 87. veut pas entrer dans l'opinion de Galien [a], & en préfere de
b 37. plus modernes. Ainsi dans le Chapitre sur l'*Aneurysme* [b], après avoir rapporté ce que dit Galien à ce sujet, il donne sa propre opinion sur la méthode de la cure. Il en use de même à l'égard de Leonides, (Auteur souvent cité par lui & par Ætius) dans le traitement de l'*Hernie Variqueuse*. Il est même si éloigné de suivre aveuglément les Anciens, qu'il témoigne n'être pas satisfait de ce que dit Hippocrate lui-même pour remettre un
c 91. nez rompu [c], & il ajoûte une pratique moderne qu'il semble préferer.

On trouvera par experience que cet Auteur nous apprend plus de choses differentes sur la Chirurgie qu'aucun des plus anciens Ecrivains, particulierement si on le compare avec Celse qui nous a donné le Traité le plus complet de la Chirurgie telle qu'elle avoit été pratiquée du tems des Anciens & du sien, & à laquelle on avoit fait très-peu d'additions du tems de Galien. Dans plusieurs articles Paul est plus ample & plus exact, comme dans la cure de l'hydrocephale, dans l'article de la Paracentese faite ou dans le thorax ou à l'abdomen, &c. enfin en traitant de l'extraction de la pierre de la vessie. Et Celse ne veut pas que cette derniere operation soit faite à aucune personne au-dessous de neuf ans ou au-dessus de quatorze; notre Auteur cependant la permet dans un âge moyen, quelquefois même dans un âge avancé, quoiqu'il avoue qu'elle réussit mieux dans de jeunes gens. Il fait encore cette remarque sur cette operation, que l'incision doit être faite non pas exactement au milieu du perinée, mais plûtôt obliquement sur un côté (il choisit le gauche) vers la fesse ; qu'elle doit être plus large exterieurement qu'en dedans, ou c'est assez qu'il y ait de la place pour donner issue à la pierre. Il y a quelques autres choses particulieres dans ce Traité qui semblent être
d 100. entierement neuves; il traite de la fracture de la rotule [d], cas qui arrive, dit-il, très-rarement, mais que nos Chirurgiens rencontrent souvent. Celse n'en fait pas mention. Paul ouvre
e 40. les veines jugulaires [e] dans une fluxion obstinée sur les yeux ; épreuve qui n'a jamais été faite par aucun autre Ecrivain plus

ancien, excepté Alexandre qui a ordonné cette sorte de sai- PAUL. gnées dans l'Esquinancie ª. Paul décrit la maniere d'ouvrir les a 4. 1. arteres derriere les oreilles, comme dans une ophtalmie invéterée & un vertige; contraire en cela à l'aphorisme de Celse, qui dit qu'une artére une fois ouverte ne peut plus se fermer. On sçait cependant qu'Aretæus, & quelquefois Galien, ont ordonné que l'artére fût ouverte ; ainsi que nous le verrons plus amplement. Comme il s'est servi souvent des ventouzes, il semble avoir inventé un instrument pour scarifier, il étoit à trois pointes ou flames pour faire trois incisions à la fois ᵇ. b 41.

Le Chapitre touchant l'extraction des dards & des fléches ᶜ, c 86. &c. est très-remarquable, & contient plusieurs regles excellentes : la description qu'il donne de cette sorte d'arme, dont se servoient les Anciens, & particulierement les Egyptiens, est très-curieuse, claire & concise.

Il est très-étendu & très-exact à décrire les différentes sortes d'Hernie, sur-tout l'intestinale ᵈ; il en donne les différentes d 6. 65. causes & les symptomes, comme lorsqu'elle procede ou d'une rupture ou d'une distension du péritoine : dans ce cas le boyau (c'est-à-dire une partie de l'Ileon) qui est couché sur les allongemens de cette membrane, peut aisément tomber ou dans l'aîne, ou dans le scrotum. C'est pourquoi dans certains cas il est nécessaire de faire une incision pour replacer le boyau ; l'operation entiere est ici expliquée, très-circonstanciée & très-exacte, & beaucoup mieux qu'elle ne l'est même dans Celse : les Anciens connoissent fort bien cette méthode de pratique; elle est recommandée par Rosset, Paré & Hildan, & elle a été remise en usage par quelques habiles Praticiens parmi nous. Celse dit, il est vrai, que c'est une opération *quam puerilis ætas & malum modicum solùm recipit*: & les deux derniers Auteurs qui viennent d'être citez ne la conseillent que comme une ressource dans la derniere calamité ; il est certain que dans leur tems cette pratique étoit presqu'entierement hors d'usage : quoique l'exemple que donne Hildan ᵉ d'une e *Cent. 6.* personne âgée de plus de soixante & dix ans qu'il guérit par 73. cette opération, prouve que non-seulement on peut s'en servir sûrement, mais encore qu'elle réussiroit mieux si on y avoit d'abord recours avant qu'il y eût aucun danger de mortification. Barbette propose dans une passion Iliaque d'ouvrir

PAUL. l'abdomen dans l'endroit où s'est faite l'introsusception du boyau, si cette méthode est praticable en ce cas, on peut penser qu'elle doit être plûtôt tentée au défaut d'autres remedes dans des cas où la maladie procede de l'une ou de l'autre Hernie décrite, sur-tout puisqu'il paroît qu'il y a aussi peu de danger à faire l'incision à travers l'épigastre, qu'il y en a à la faire sur les prolongemens du peritoine. Rosset donne trois exemples où l'operation fut réellement faite, l'une par un Charlatan, & les autres par des Chirurgiens de réputation dans ces tems-là. Une hernie inguinale, suivant l'opinion commune des Auteurs, n'est que le commencement de l'intestinale : il faut, disent ils, que le boyau descende dans l'aîne avant qu'il puisse passer au scrotum ; & c'est pour cette raison que Paul dit que le bubonocele précede toûjours l'enterocele. Conséquemment tous les Anatomistes & les Chirurgiens conviennent que dans le bubonocele le boyau tombe dans les anneaux ou les perforations des muscles abdominaux. Cependant quoiqu'il n'y ait pas de doute que cela n'arrive souvent ainsi ; si l'on examine la chose de plus près, on trouvera que le boyau peut se faire un autre chemin, qui jusqu'ici n'avoit pas été observé, & produire le bubonocele. La cavité dans la cuisse entre les muscles pectinée & le couturier, où les vaisseaux cruraux descendent, est très-remarquable ; & les tendons des muscles abdominaux sont si lâches, qu'il n'y a là qu'un peu de graisse & quelques fibres membraneuses qui séparent cette cavité de l'abdomen : l'on voit ainsi combien il est aisé que le peritoine soit forcé en bas par quelque compression, au travers de cet interstice & poussé dans la cavité que nous avons décrit, sur-tout quand on est débout : cette cavité est en une ligne plus directe que les anneaux mêmes de ces tendons. Si nous comparons ce que disent ces Auteurs mêmes qui pensent que le bubonocele se forme dans les allongemens du peritoine, on trouvera qu'ils s'accordent souvent, à cet endroit près. Aquapendente remarque que le bubonocele & les varices des veines crurales ont souvent passé pour un bubon, & dans ce cas il arrivoit que par l'incision on perceroit ou la veine ou le boyau au grand danger de la vie du malade.

Nous sçavons tous que les bubons sont toûjours dans ces glandes qui sont situées sur les vaisseaux cruraux : c'est pourquoi il croit qu'il est clair dans plusieurs occasions que le bubon & le bubonocele sont dans la même place qui est celle que nous avons déja marquée; c'est pour cela qu'il semble que Celse appelle un bubonocele *Varix Inguinis*. Feu M. Bernard se trouva dans un cas où le boyau coula sous la peau jusqu'au milieu de la cuisse; cas dans lequel il a fallu necessairement que le boyau ait descendu à travers l'interstice sous les tendons des muscles abdominaux; car s'il avoit passé à travers les anneaux, il auroit dû aller droit au scrotum, & il ne se seroit pas détourné en bas vers la cuisse. Barbette semble avoir connu ce sentier, quoiqu'il s'exprime aussi obscurément que les autres Ecrivains quand il dit: *Experimur etiam processum peritonæi ita posse disrumpi, ut intestina non in scrotum sed inter cutim & musculos, versus femur sese urgeant*. Si par ces mots *processum peritonæi*, il entend les productions qui forment l'enveloppe vaginale, nous avons vû que le boyau ne peut pas prendre la route que Barbette désigne. Peut-être recevrons-nous quelque lumiere de plus sur cette matiere, si nous considerons l'hernie inguinale dans les femmes. Fallope la déduit des ligaments ronds de la matrice qui font les mêmes perforations dans les tendons abdominaux dans ce sexe, que les vaisseaux spermatiques font dans les hommes. Il est vrai qu'ils ne les font point dans le même endroit; car dans les femmes ces anneaux sont placez juste dessus l'os pubis, & les ligamens, aussitôt qu'ils ont une fois passé au travers, ils ont comme une forte insertion avec les tendons dans l'os; ainsi le passage étant fort étroit, il ne semble pas qu'il y ait là de place pour une hernie; & s'il y en avoit, le boyau doit se jetter en avant sur l'os pubis: on trouve aussi quelquefois qu'il le fait, il avance autant même que les lévres du *Pudendum*; mais je crois qu'en de telles hernies on trouvera generalement que l'intestin sort plus lateralement vers l'os Ilium. C'est pourquoi Celse dit expressément que l'hernie dans les femmes *fit præcipuè circa Ilia*. Il est clair que le peritoine peut être distendu en cette place par la relation que Nuck donne d'une hydropisie en cette membrane qui se répand elle-même, dit-il, & forme un sac dans la cuisse par *vacua musculorum spatia*. Et Hildan en donnant la raison de l'hernie uterine, croit que l'extension du peritoine se fait *circa foramina illa, circa quæ bubonocele fit in mulieribus*; & si nous comparons ces mots

PAUL. qui font affez ambigus, & peut-être mis à deffein avec la defcription de la fituation qui eft attribuée à la tumeur, on trouvera qu'ils ne peuvent être appliquez qu'à l'interftice dont nous parlons. Un fimple Afcite nous fera voir fuffifamment combien le peritoine eft capable d'une grande diftenfion ; & nous trouverons des preuves fuffifantes dans les Ecrivains qui ont traité de Chirurgie, que ce n'eft pas feulement dans les productions de l'aîne ou au nombril qu'une diftenfion peut arriver fans rupture, comme dans l'Afcite. Barbette donne des exemples de telles hernies au dos, au-deffus & au-deffous du nombril, *longè supra Ilia*, qui ont été, dit-il ; ouvertes par méprife pour un abcès. Paul diftingue l'hernie inteftinale fuivant qu'elle procede ou de rupture ou de diftenfion du peritoine, & dit expreffément qu'on ne doit tenter l'operation par la lancette que dans le dernier cas ; mais qui confidere avec attention la fituation de ces parties, fera d'une opinion toute contraire ; car fi dans une rupture du peritoine cette operation eft faite & le boyau réduit, on conçoit comment toutes ces parties du peritoine, auffi-bien que le refte, peuvent être réunies & fi bien guéries, qu'il n'y aura plus de nouvelle defcente à craindre pour l'avenir. Mais dans le cas de diftenfion, fi après l'operation le peritoine demeure diftendu, comme il le doit, par quel moyen prévenir le retour de l'hernie ? Pour fe former une jufte idée d'une telle diftenfion, on peut voir les préparations curieufes du Docteur Douglas très-appliqué & très-exact Anatomifte qui eft le premier qui nous a donné une idée vraye du peritoine ; partie fort intereffée non feulement dans cette operation, mais encore dont on ne fçauroit examiner trop foigneufement la ftructure pour bien réuffir à faire le haut appareil. Il eft auffi le premier qui a montré clairement que l'allongement de la lame exterieure du peritoine ne forme point l'enveloppe vaginale des tefticules, comme des Auteurs le difent, mais une enveloppe particuliere pour les vaiffeaux de la femence ; il l'appelle la tunique des vaiffeaux fpermatiques, *Tunica vaforum fpermaticorum propria*. Il obferve après cela au fujet de Paul, que cette enveloppe étoit connue & décrite par lui fous le nom de ἑλικοειδής, à caufe des nombreux contours de ces vaiffeaux qu'elle couvre. Cornarius & les autres expofiteurs n'ayant pas de connoiffance d'une telle enveloppe, corrigent ce mot, & voudroient qu'on lût ἐρυθροειδής, & ainsi la confondent avec la vaginale.

 Paul décrit une autre operation qui est la maniere d'ouvrir les artéres derriere les oreilles * dans les fluxions & autres maladies de la tête : la pratique en general étoit aussi ancienne qu'Hippocrate, & observée par Galien ; mais la maniere de la faire est specifiée ici avec plus de précision, elle se fait par une section transverse, en appliquant après le cautére, ou par excision. Les expressions de Paul [a] font connoître nettement la premiere méthode, & il parle de la seconde dans le Chapitre suivant, l'on peut supposer quelle étoit la plus commune des deux ; car Aretæus qui est toûjours très-exact dans ses expressions, ne fait pas mention d'autre arteriotomie que de cette derniere [b]. Telles étoient les deux méthodes d'ouvrir les arbres, qui furent pratiquées non seulement dans l'Ecole Grecque, mais encore dans celle d'Arabie. Il est donc étonnant que quelques Modernes ayent pû s'imaginer que les Anciens saignoient aux artéres en la même maniere qu'aux veines, c'est-à-dire, en faisant l'incision avec une lancette. Il y a un exemple, & le seul que je puisse trouver dans l'histoire, lequel pourroit faire voir que l'arteriotomie a été faite de cette maniere, & cet exemple est dans Galien [c] : ce Medecin, autant que je peux comprendre sa pensée, dans son Traité de la cure des maladies par l'ouverture du vaisseau du sang, semble être le premier qui la hazarda, & fit l'experience sur lui-même. Il étoit dangereusement malade d'une douleur qui le saisit vers le diaphragme, & il fut averti deux fois en songe de tenter cette pratique ; en consequence il le fit en ouvrant l'artére entre le pouce & le premier doigt, d'où il laissa sortir environ une pinte de sang ; il fut par là soulagé de sa douleur, & sa vie fut conservée. Il donne un exemple semblable d'un Prêtre qui fut guéri d'une pleurésie desesperée, par l'ouverture de l'artére dans la main : ceci, dit-il, le mit dans la pratique d'ouvrir les artéres à la main & à la tête dans toutes les douleurs violentes fixes qui procedent de chaud, & particulierement dans les douleurs des membranes. Il dit au même endroit qu'il avoit vû l'artére de la cheville du pied après une blessure qui y avoit été faite, elle fut cicatrisée si bien, qu'il n'y resta pas d'aneurisme. Il rapporte dans un autre en-

PAUL.

* 6. 4. 5.

a διατέμνειν διαιρεῖν.

b ἐκτέμνειν. 1. 2. 3.

c Rhaz. ad Almanz. 9. 1.

PAUL. droit [a] un cas pareil où une piqueure ayant été faite par mé-
a *Method.* garde à l'artére du *Cubitus*, elle fut fermée en quatre jours:
Med. 5. 7. il remarque, il est vrai, que la piqueure avoit été très-petite, &
c'est apparemment la raison pour laquelle l'artére fut si-tôt
fermée : car dans tous les autres accidens de cette nature il a
toûjours vû succeder un aneurysme. Il ajoûte une observation
touchant les playes aux artéres, qui est qu'elles sont moins
dangereuses dans les femmes & dans les enfans, dans lesquelles il suppose que les enveloppes de ces vaisseaux sont
moins dures & plus aisées à être réunies. Les deux méthodes
dont on a parlé d'abord étoient fort rudes & fort douloureuses, cependant on s'en servoit frequemment; mais celle qui
se fait par la lancette est si aisée, qu'on sera surpris qu'elle ait
été pratiquée depuis si rarement parmi les derniers Grecs; on
b *Meth* peut voir clairement dans cet Auteur & dans Actuarius [b],
Med. 3. 4. qu'elle n'étoit point en usage; & ce qui augmentera la surprise, est que lorsque l'artére est superficielle & près d'un os,
il ne semble pas qu'il y ait de la difficulté, & moins encore
de danger dans cette pratique. Telle est l'artére temporale;
c'est pourquoi plusieurs Modernes se sont hazardez à l'ouvrir
dans presque toutes les maladies de la tête, & particuliere-
c 16. 4. ment dans les migraines. Paré [c], qui sans doute fut un bon
Praticien, nous dit combien il la trouve utile dans ce cas non
seulement pour ces malades, mais pour lui-même, après avoir
éprouvé en vain tous les autres remedes : & il fait cette remarque, qu'il a trouvé par une longue experience que l'ouverture de l'artére avec une lancette, n'étoit point une chose
aussi dangereuse qu'on se l'imaginoit; & que l'artére se renfer-
meroit aussi-bien que la veine dans un peu plus de tems à la
verité; & il n'en a jamais vû ressortir du sang quand on a gar-
dé, comme on le doit, la compresse pendant quatre jours.
d 3. 96. Gesner, [d] Auteur d'une grande réputation, rapporte dans ses
Epitres une histoire fort extraordinaire d'un Chirurgien de
Zurich, qui avoit été annuellement affligé d'une violente mi-
graine, Gesner lui conseilla de se faire ouvrir l'artére temporale; mais étant impatient dans sa douleur, il voulut se faire
l'operation lui-même, il coupa l'artére transversalement, & en
laissa sortir trois pintes de sang; la douleur revenant, il re-
commença hardiment la même manœuvre, & fut guéri parfaitement.

faitement. Et l'on pourra être aisément convaincu que l'incision dans cette artére est praticable, parce que Meckeren [a] rapporte, que dans une douzaine de fois qu'il fit cette operation, il ne lui arriva qu'un seul accident, qui fut causé par la négligence du malade, & non par aucune faute de l'Operateur. Pour prévenir qu'il n'en arrive, il donne la description d'un bandage très-convenable dont il se servoit ; & l'on peut remarquer une fois pour toutes que Prosper Alpin [b] a vû ouvrir par les Egyptiens dans plusieurs maladies chroniques non seulement les artéres temporales, mais encore celles qui sont derriere les oreilles, au front, à la cheville du pied, &c. il les a vû ouvrir aussi communément que les veines : pour toutes les inflammations interieures les Egyptiens ouvroient la même artére que Galien ouvrit dans un tel cas entre le pouce & le premier doigt. Il rapporte leur maniere de faire cette operation, soit à l'égard de l'incision, soit à l'égard du bandage ; & il observe que parmi tous les exemples, dont il a été témoin oculaire, il n'a pas vû une seule arteriotomie échouer, ni même être suivie d'un aneurisme. On peut trouver plusieurs exemples du même genre dans Severin [c].

Les vûes qu'on a en ouvrant une artére, se réduisent à deux, c'est la dérivation & la révulsion, quoique suivant ce que je puis voir dans tous les exemples, l'unique vûe qu'on se propose est la révulsion. Par exemple, lorsque la douleur est au front ou à la suture coronale, l'ouverture des artéres occipitales, ou de celles qui sont près des oreilles (comme celles qu'Oribase d'après Antyllus conseille de choisir) n'opere point évidemment une révulsion : quoique Severin affirme qu'elle fait dérivation, pendant qu'en même-tems, peu d'accord avec lui-même, il dit que lorsque la douleur est derriere, l'ouverture de l'artére anterieure fait révulsion. J'observerai seulement au sujet de la révulsion, que son effet consiste beaucoup dans la soudaineté : il est évident que la révulsion doit être plus forte & plus prompte lorsqu'on fait l'ouverture à l'artére plûtôt qu'à la veine, & par consequent combien plus de liberté ne donne-t-on pas aux vaisseaux d'où la révulsion est faite, pour reprendre leur force elastique & chasser la matiere dont ils étoient obstruez, n'ayant plus alors l'effort d'une si grande masse de sang à combattre. La révulsion est encore plus forte lorsque le sang est intercepté,

PAULI
[a] *Observ. Chirurg.* 38.

[b] *Med. Æg.* p. 2. 12.

[c] *Chirurg. Effic.* 42. 45.

PAUL. comme dans le cas où l'artére qui conduit à la partie affectée eft ouverte; & cette révulfion eft telle qu'il n'y a pas d'exemple où l'ouverture de la veine ait pû en faire une femblable, cependant quelque raifonnable que foit cette operation, le danger de perdre fa réputation par les contradictions, empêchera apparemment que les Medecins ne la mettent jamais en vogue; cependant il eft bien fâcheux qu'un Chirurgien foit bridé dans fon Art par des confiderations étrangeres aux malades.

Le fujet me mene naturellement à cet accident qui arrive quelquefois par quelque ouverture ou quelque playe, ou par une legere piqueure à l'artére, c'eft l'aneurifme; vous trouverez que notre Auteur a là-deffus certaines chofes particulieres [a], qui ont été obmifes par ceux qui ont écrit avant lui. Après qu'il a repeté ce que Galien a dit fur le même fujet, il ajoûte quelques obfervations nouvelles & qui font de lui; il fait une diftinction très-exacte entre celles qui viennent d'une anaftomofe, & celles qui fuivent une rupture à l'artére. Ceux de la premiere forte font oblongs & plus profonds, & font fous la preffion du doigt, une forte de bruit. Les autres font generalement plus fuperficiels & plus ronds; on y remarque ce craquement que font les autres au toucher; Paul fuppofe que dans les deux cas le fang eft extravafé. Ætius declare [b] que les aneurifmes qui font à la tête & à la gorge font defefperez, & il ne confeille pas d'effayer aucun remede, mais feulement d'appliquer l'emplâtre de Cyprès. Il ne confeille d'operation manuelle que pour les aneurifmes du bras; mais Paul quoiqu'il juge qu'il eft dangereux de faire aucune incifion à ceux de l'aiffelle, de l'aîne ou du col, ou par tout ailleurs, s'ils font grands, par la raifon que les vaiffeaux font confiderables: cependant il eft fi éloigné des fentimens d'Ætius, qu'il penfe que les aneurifmes qui fe trouvent aux extrêmitez, aux jointures, & particulierement à la tête font de veritables fujets foumis à la Chirurgie. Il décrit l'operation très-exactement touchant les deux fortes dont il a parlé: après que les ligatures font faites, il ordonne l'incifion; après cela il faut, dit-il expreffément, lier l'artére non feulement au-deffus de l'ouverture, mais encore au-deffous, comme nos Chirurgiens le pratiquent à prefent. La pratique des Chirurgiens Hollandois est notoirement défectueuse sur ces deux points, comme on peut le recueillir dans Barbette [a], & le voir encore plus amplement dans deux cas rappottez l'un par Ruisch dans sa seconde observation, & l'autre par Nuck dans sa 29e. experience.

PAUL.
[a] Chirurg. 144.

Puisque j'ai déja parlé long-tems d'aneurisme, qu'on me permette d'en dire quelque chose de plus : cette recherche paroîtra peut-être moins hors de propos si l'on réfléchit sur toutes les disputes qui se sont élevées à ce sujet & sur toutes les descriptions précaires & incertaines qui nous ont été données de l'aneurisme jusqu'à present. L'aneurisme est décrit par Galien, & ici par Paul, comme une tumeur qui vient d'un sang arteriel extravasé ; & c'étoit l'opinion de tous les Ecrivains Grecs & Arabes, qu'il procedoit d'une rupture des enveloppes des artéres. Fernel a été le premier qui a avancé que dans l'aneurisme la membrane artérielle n'est que dilatée, & non pas crevée. Vesale semble être de la même opinion; car Adolphe Occo donne la relation du cas d'un malade qu'il voyoit, avec Achilles Gasser ; le mal étoit une tumeur au dos; cet excellent Anatomiste étant appellé, découvrit aussitôt ce que c'étoit par la pulsation, & prononça que c'étoit un aneurisme causé par une dilatation de la grande artére. Il dit en même-tems que le sang étoit arrêté dans les parties interieures des membranes mêmes de l'artére, comme cela arrive à celles des veines dans une *varice* ; qu'il a trouvé quelquefois dans ces tumeurs une humeur concrete telle que de la glace ou du crystal, quelquefois telle que du sang grumelé comme une mole. Après la dissection la cavité de l'aorte fut trouvée prodigieusement distendue & pleine de sang caillé, comme l'avoit prédit Vesale, ce qui lui acquit une grande réputation. Que les artéres soient capables de distension, on en trouve souvent la preuve dans des personnes qui sont empoisonnées & dans des cas d'infection. Vidus Vidius * rapporte un exemple remarquable, & dit en même-tems qu'il est fort rare ; c'est une prodigieuse distension des artéres presque tout autour de la tête, de maniere que cela ressemble à de grandes varices. Il ajoûte que Fallope ayant en-

* Professeur au College Royal de France qui entr'autres choses a donné une figure exacte des os palatins posterieurs.

trepris de l'ouvrir, comme il alloit commencer son opération, il fut découragé par la grosseur de la tumeur, & changeant de sentiment, ne voulut pas y toucher. Mais une distension telle que celle-ci qui se répand elle-même également dans plusieurs branches peut à peine, je pense, être appellée un aneurisme, étant une tumeur d'une nature bien differente & plus étroitement renfermée.

Sennert encherissant sur l'idée de Fernel, & n'étant pas satisfait d'une simple dilatation, fait consister la nature des aneurismes dans une rupture musculaire, c'est-à-dire, une rupture de la partie interieure de l'enveloppe de l'artére pendant que la partie exterieure demeure continuë & dans son entier. Il me semble qu'il est clair que quoiqu'il ne nomme pas Hildan, il a cependant pris cette idée de lui qui a dit la même chose en termes exprès. Le cas que décrit Hildan est celui d'un aneurisme survenu après une piqueure, & il peut fort bien arriver dans ce cas que la partie exterieure de l'enveloppe se réunisse par compression, étant composée de parties membraneuses & fort glutineuses, comme cela paroit par toute la glu qu'on extrait de ces parties : mais les fibres interieures de l'enveloppe étant musculaires, lorsqu'elles viennent à être rompuës, elles se contractent, se rétrécissent, & s'étant écartées, ne peuvent être ramenées à la réunion qu'avec plus de peine A peine pensé-je qu'il soit concevable qu'aucun aneurisme puisse être formé de cette maniere, excepté seulement, & même pas toûjours, celui qui se forme d'une piqueure : car il ne semble pas probable que lorsque la cause est intrinseque, la force qui est supposée capable de briser la partie interieure de l'enveloppe, pût trouver aucune résistance en venant à l'exterieure qu'on reconnoit être sept fois au moins plus foible. Cependant l'idée que nous avons rapportée (quoiqu'à peine plausible seulement) étoit embrassée par Willis, Barbette & d'autres, & devint pour plusieurs années la définition commune de l'aneurisme ; & depuis que l'opinion que le sang n'étoit point extravasé commença à se répandre, on peut observer que tous les faiseurs de systêmes ou de Medecine, ou d'Anatomie, ont tous saisi cette hypothese sans connoître beaucoup le sujet sur lequel ils écrivoient, ou sans sçavoir trop ce qu'ils écrivoient sur le sujet. Un exemple de cela : Forestus prétend fortement que tous les aneurismes viennent de dilatation dans l'artére : & cependant dans l'exemple qu'il rapporte d'un aneurisme, & qui est le seul qu'on trouve dans ses ouvrages, la tumeur venoit d'une rupture, & le sang avoit été extravasé. Diemerbroek se conforme à la doctrine qui étoit alors à la mode, & définit l'aneurisme d'une maniere opposée à M. Regi qui étoit pour la rupture dans l'artére ; ensuite il rapporte un cas d'un aneurisme où il y avoit rupture, mais il a assez d'esprit pour dire à la fin que ce n'étoit pas un aneurisme : il n'en donne pas d'autre raison, si ce n'est qu'il y avoit rupture, & cela ne quadroit pas avec sa définition.

Les principaux arguments que proposent ceux qui soutiennent la dilatation, & ausquels ceux qui sont pour la rupture ont de la peine à répondre, sont uniquement ces deux-ci : d'où vient que si le sang n'est pas renfermé entre les membranes des vaisseaux, il y a pulsation dans un aneurisme ? comment se peut-il que le sang s'il est extravasé, ne tourne pas en pus ? Pour ce qui est de la pulsation, je croi qu'on peut aisément concevoir comment l'impulsion constante du sang dans les artéres peut communiquer un mouvement à celui qui en est proche, quoiqu'il soit extravasé. La force de la percussion est fort grande ; on éprouve dans une vessie pleine d'air, que le moindre nouveau coup de piston de la seringue mettra en mouvement tout l'air qui est contenu dans la vessie & distendra ses parois. Si l'artére est grande, qu'elle soit superficielle & près du centre de la tumeur, & que l'aneurisme ne soit pas étendu trop en long, la pulsation sera forte, quoique l'enveloppe de l'artére soit crevée ; & ceci peut être prouvé non seulement par raisonnement, mais encore par fait. On trouve un cas dans Severin où à l'occasion d'une blessure à la grande artére, il y eut une effusion de six livres de sang dans les interstices des muscles ; il y avoit à l'enflure une si violente pulsation, que si on mettoit la main dessus, elle étoit repoussée. Lorsque l'aneurisme est situé profondément parmi les muscles, très-souvent la pulsation n'est pas sensible. On peut ajoûter à ceci qu'elle peut devenir moins sensible & s'éteindre à la fin tout-à-fait, selon que la coagulation du sang s'augmente ; & nous avons des exemples de cela

PAUL. dans Severin & M. Littre, où la pulsation ayant été d'abord fort violente, s'évanouit ensuite entierement. C'est pourquoi on ne doit pas la regarder comme une suite nécessaire de l'aneurisme. Dans la plûpart des enflures on doit pancher pour la négative, & si l'on n'est pas assuré qu'il y ait du pus, on doit toûjours soupçonner un aneurisme; plusieurs qui n'avoient pas cette crainte prudente se sont mépris & ont fatalement coupé l'artére, croyant ouvrir un abcès. Ce qui a été dit sur la pulsation peut nous conduire à la solution de la seconde objection; car si nous pouvons concevoir comme le mouvement du pouls peut être communiqué à la tumeur, il est aisé de comprendre comment le même mouvement peut préserver le sang de putrefaction, aussi-bien que s'il étoit contenu dans le canal de l'artére qui n'est qu'élargie par la distension; un très-petit degré d'impulsion est suffisant pour empêcher une masse considerable des fluides de croupir entierement. Consequemment dans un Ecchymose on voit que le sang extravasé ne suppure jamais, ou quand il le fait, on en trouve une partie en coagulum rouge distincte & separée du reste sans aucun mêlange de pus. Le cas dont nous avons déja parlé qui est dans Severin vient fort bien à ce propos: la tumeur s'étant accruë quarante jours, on en tira six livres de pur sang extravasé entre les interstices des muscles, lequel ne sembloit pas tendre du tout à se tourner en pus. Je croi outre cela que la maxime de ces Ecrivains, que tout sang extravasé tourne en pus, peut fort bien être mise en question: quelle qualité ou quelles parties du sang le disposent à la suppuration, c'est un problème, je l'avoue, très-difficile à résoudre; mais je suis sûr qu'il y a quelque chose dans le sang artériel qui l'empêche, quoiqu'extravasé, de se changer en pus.

Ainsi l'on voit combien ces argumens sont incapables de renverser l'opinion des Anciens, & nous trouverons que l'experience elle-même par les dissections qu'on a faites dans ces cas décide generalement la contrroverse en leur faveur. Pour revenir au cas même où nous avons cité ci-devant Vesale, (cas qui est certainement rapporté dans l'histoire d'un aneurisme disséqué) il y avoit outre la dilatation de l'artére une grande rupture, comme le remarqua Achilles Gasser, l'un des Medecins appellez. Saporta contemporain de Fernel & qui semble l'avoir en vûe quoiqu'il ne le nomme point, rapporte trois cas avec toutes les particularitez d'une artére crevée. Le premier est choisi & repeté au long par Sennert qui prononce que ce n'étoit point un aneurisme. Je ne puis m'imaginer cependant pourquoi il choisit celui-là qui de tous les trois étoit le plus clair & le moins susceptible de difficulté ; car par la dissection on emporta une grande quantité de sang pur, & l'artére étoit dilatée & crevée ; cependant lorsque le malade étoit en vie, la tumeur avoit une grande pulsation & cedoit à l'impression du doigt. Si ce n'étoit pas là un vrai aneurisme, je ne sçai plus avec quelles expressions on pourra définir l'aneurisme. Bartolin donne l'histoire de plusieurs aneurismes dissequez, & particulierement d'un qui fut ouvert à Naples, & dont il a fait le sujet d'un Livre écrit à la verité en style Romanesque, mais où le fait est couché assez clairement. Cet aneurisme étoit au bras & avoit été occasionné par une piqueure ; le bras fut coupé, mais le malade mourut. L'artére axillaire fut considerablement dilatée à l'aisselle ; elle étoit entiere seulement à l'endroit où la piqueure avoit été faite ; de l'autre côté toutes les membranes de l'enveloppe étoient crevées, & les branches qui en sortent ne pouvoient être distinguées. Comme elle est située superficiellement, il y avoit aussi du sang grumelé croupissant tout le long des muscles. Vanhorne dans son Epitre qui est imprimée avec le Traité de Bartolin, a un autre cas très-remarquable ; je vais en rapporter les particularitez, parce qu'elles peuvent nous fournir plusieurs reflexions pour la pratique. C'est une tumeur au gras de la jambe ; Antoine Vacca a declaré que c'étoit un aneurisme ; d'autres furent d'une opinion differente ; l'ayant emporté ils traiterent l'aneurisme comme un abcès. Ils firent si bien que l'enflure s'étendit jusqu'aux orteils, & qu'il survint une gangréne : ainsi ils furent obligez de couper le pied au-dessus de la cheville, de peur que la mortification ne tombât à la cuisse. Le troisiéme jour après ils essayerent d'ouvrir la tumeur, & le malade mourut au milieu de l'operation. Quoique l'artére fût dilatée à tel point qu'elle étoit devenue six fois plus grosse qu'elle n'est naturellement, le côté qui regardoit la peau étoit entierement rongé & crevé, & entre les

PAUL. jumeaux il y avoit du sang grumelé, solide & approchant de la consistence de la chair. J'ai été moi-même témoin oculaire d'un cas à peu près semblable avec les Chirurgiens de l'Hôpital de saint Barthelemi, la personne étoit âgée & d'une mauvaise constitution. L'aneurisme avoit été douze ans dans son accroissement, & enfin il étoit devenu d'une grosseur prodigieuse; il environnoit tout le gras de la jambe en montant presque jusqu'au genouil: la pulsation étoit très-forte non seulement le long de la peau, mais aussi sur les muscles dans la partie la plus épaisse du gras. Les valvules des veines, (plusieurs au moins) étoient si fort rompues, qu'il y avoit des varices au-dessus & au-dessous du genouil, elles étoient d'une grosseur prodigieuse, qui cependant s'affaissoit lorsqu'on tenoit la jambe élevée. A l'amputation, quoique les ligatures fussent très-fortes, & que l'operation fût faite promptement, il sortit des vaisseaux plus d'une pinte de sang, tant le diamétre des artéres & des veines étoit aggrandi. A une dissection on a trouvé dans l'aneurisme, outre le sang fluide, deux ou trois livres de grumeaux qui étoient posez comme par couches l'un sur l'autre: l'artére crurale étoit extrêmement dilatée dans toute sa longueur, & nombre de ses petites branches étoient déchirées à un quart de pouce près de leur origine; & de là le sang s'étoit jetté dans les interstices des muscles jumeaux, & il n'y avoit pas là de communication avec le tronc de l'artére. Les os étoient si cariez, qu'il y avoit un grand trou dans le Tibia, & qu'il en manquoit au moins quatre doigts au peroné. Cette circonstance de la carie des os se trouve souvent à la suite des aneurismes: Ruisch a deux cas où toutes les vrayes côtes & le sternum étoient presque consumez, & le peu qui restoit étoit tout pourri. On conçoit aisément comment une telle tumeur par une pression continuelle peut affecter le perioste & causer là une obstruction, & endommager par degrez l'os même. On peut apprendre une autre chose par cette circonstance, c'est que puisqu'une substance solide telle que l'os ne peut résister à la pression d'un aneurisme, on peut bien penser comment les enveloppes des artéres doivent ceder à cette force & en être emportées. Lancisi rapporte le cas d'un aneurisme dans le tronc ascendant de l'aorte, dans lequel le malade se plaignant de palpitation, de foiblesse, de

douleur

douleur d'oppression, & le battement dans le thorax, il mourut subitement. La partie supérieure du sternum étoit poussée un peu en dehors d'un côté. La dissection aiant été faite, on trouva dans toute la courbure de l'aorte une substance telle que du lard enfermée dans une kiste ; il y avoit un trou dans le pericarde même, où l'on trouva conséquemment deux livres de sang. Lancisi est d'avis que tous les aneurismes viennent de dilatation de l'artére ; probablement c'est ainsi que la plûpart commencent : cependant dans cet exemple il parle de fibres corrodées, & conclut de là pour leur dilorication comme il parle, & en cela consiste, dit-il, la nature de l'aneurisme : je crois que par ce terme il entend la desunion ou le déchirement des membranes artérielles. On trouve un cas semblable dans du Laurent au sujet de Guicciardin, non seulement la veine cave & toutes ses valvules étoient crevées, mais l'orifice de l'aorte étoit devenue de la grosseur d'un bras. Il en arriva autant dans un cas que Paré[a] rapporte, la partie intérieure de la membrane de l'artére, quoique ossifiée, s'étoit en même tems crevée. Il est certain que l'aorte avant sa courbure, est plus aisément dilatée par la raison de la résistance que le sang trouve dans cette courbure ; & c'est pour cette raison que les aneurismes se forment souvent dans cette partie de l'artére ; & s'ils ne consistent qu'en dilatation, on voit aisément qu'il n'y a pas d'endroit dans l'artére qui en soit plus capable.

M. de Littre dans les Mémoires de l'Académie des Sciences de Paris, donne un détail long & particulier de deux aneurismes formez dans la crosse, où l'artére étoit tellement dilatée, qu'elle formoit une espece de sac qui atteignoit du thorax jusqu'au col, & qui dans un des cas gagna si avant le long du col, qu'il montoit jusqu'à la machoire inférieure. Dans ces deux cas les malades se plaignoient d'abord d'un battement qui répondoit à celui des artéres, & d'un embarras dans le thorax, qui à la fin fut suivie d'une grande oppression, d'une difficulté de respirer, & d'une langueur universelle quelque tems avant qu'on s'apperçût d'aucun signe extérieur au dessus des clavicules : après cela il parut d'autres symptomes tels que je les ai observez moi-même dans un cas pareil, comme la douleur non seulement dans la poitrine, mais encore aux épaules, aux bras & à la tête ; à la fin une frequente pulsation ; un sommeil leger, souvent interrompu ; une peine à se coucher horisontale-

[a] *Lib.* 6. 28.

PAUL ment dans le lit, où le malade étoit toûjours plus commodément dans une posture panchée en avant; la respiration étoit quelquefois si embarrassée, qu'il sembloit qu'il allât mourir d'une suffocation soudaine. Dans le premier de ces exemples quelques-unes des côtes, le sternum & les clavicules ont été trouvées cariées. Un Charlatan par des remedes suppuratifs en fit crever une partie, la gangréne survint, & la mort suivit en trois jours de tems. Chacun de ces trois aneurismes, dit M. Littre, n'étoit qu'une dilatation de l'artére; mais j'avouerai que quoique sa description soit fort détaillée & fort exacte, j'ai de la peine à croire que dans ces cas ce ne fût qu'une simple dilatation des membranes artérielles: car outre qu'il dit lui-même qu'il n'y avoit pas par tout une ferme adhésion de cette poche aneurismale aux côtes, au sternum, aux clavicules, aux muscles, mais une corrosion des membranes dans tous ces endroits où elle étoit adhérente: ces membranes qu'il attribue à cette poche pourroient bien être des portions du mediastin & de la pleure, ou des expansions appartenantes aux muscles. Nous ne dirons rien d'absurde, si nous avançons outre cela que les humeurs extravasées se forment une nouvelle membrane pour elles-mêmes, laquelle ne fait pas partie des vaisseaux d'où les humeurs sont déchargées, ce qu'on observe chaque jour dans le sarcocele & dans les schirres, consistans dans un grand nombre de kystes, chacun desquels a sa membrane particuliere & est plein souvent de différentes sortes de substance; cette observation, dis-je, appuie si fortement cette opinion, qu'elle vaut au moins la peine d'être examinée avant de décider sur cette question. La relation que Ruisch donne d'un aneurisme dans le thorax qui en emplît la cavité entiere sans qu'il parût aucune enflure extérieure, semble quadrer assez bien avec cette idée; car cet aneurisme consistoit, dit-il, dans un grand nombre d'enveloppes épaisses qui étoient placées comme par couches l'une sur l'autre, & entre lesquelles s'étoit insinué beaucoup de sang coagulé: ainsi la matiere du sang reste couchée comme une feuille sur une autre, de maniere qu'elle forme la sorte de Polipe qu'on voioit dans le cas rapporté par M. Littre.[a] Il est certain qu'on trouvera des exemples de cette sorte dans Severin, Marchetti & d'autres. Wissemant, notre Compatriote, dit qu'il a toûjours trouvé les deux enveloppes de l'artére ouvertes. En un mot,

[a] Mémoires de l'Académie 1712.

comme ici le fait est le meilleur argument, je ne puis m'empêcher d'obferver que parmi toutes les relations que nous donnent les Anatomiftes de diffections d'aneurifmes, à peine s'y trouve-t-il un exemple où il n'y ait pas eu rupture dans l'artére, conformément à la doctrine de Paul. Ce qui a été dit jufqu'ici eft fuffifant, je penfe, pour montrer combien eft mal fondée la divifion que font certains Modernes * des aneurifmes en vrais & en faux pendant que toute la différence confifte dans la forme de la tumeur ; & fi l'on confidere ce qu'ils ont avancé fur ce Chapitre, on trouvera que comme leur diftinction eft mauvaife dans la theorie, elle l'eft encore davantage dans la pratique.

PAUL.

* Croiffant Garengeot.

On voit combien Paul étoit experimenté dans les operarions les plus difficiles de Chirurgie ; comme il paroît fort bien entendre les cas qu'il traite, on trouvera qu'il n'eft pas moins fçavant dans la meilleure méthode pour la cure. J'obferverai de plus encore, qu'il y a quelques operations dont il fait mention, & qui n'ont été ni décrites, ni recommandées avant lui par aucun autre Auteur qui nous refte. L'une eft la bronchotomie qui eft l'ouverture de la trachée-artére dans une violente efquinancie. Il prend la méthode d'Antyllus ; comme elle eft neuve, qu'on me permette de la tranfcrire ici ª. « Nos meilleurs Chirurgiens ont décrit cette operation, particulierement Antyllus ; ainfi nous croyons cette pratique inutile, elle ne doit pas être tentée lorfque toutes les artéres (je fuppofe qu'il entend les branches de la trachée-artére) & les poulmons font affectez ; mais lorfque l'inflammation eft principalement autour de la gorge, du menton, des amigdales qui couvrent le haut de la trachée-artére, & que l'artére n'eft pas affectée, cette épreuve eft très-raifonnable pour prévenir le danger de fuffocation. Quand on vient à faire l'operation, il faut faire l'incifion à travers une partie de la trachée-artére fous le larynx vers le troifiéme ou quatriéme anneau : car il feroit dangereux de couper tout. Cet endroit eft le plus convenable, parce qu'il n'eft couvert d'aucune chair, & qu'il n'y a pas de vaiffeaux auprès. C'eft pourquoi tournant la tête du malade en arriere, de maniere que la trachée-artére puiffe paroître plus en avant, nous faifons une fection tranfverfe entre deux des anneaux : ainfi ce n'eft point le cartilage, mais la membrane qui unit &

a 33.

enferme les cartilages, qui eſt diviſée. Si l'Operateur eſt craintif, il peut d'abord diviſer la peau bien tendue, & en allant à la trachée, ſeparer les vaiſſeaux s'il en trouve en ſon chemin, & faire alors l'inciſion; juſques-là c'eſt Antyllus qui parle. Paul ajoûte qu'Antyllus croyoit que dans cette inciſion l'air s'échapoit au travers, & qu'il y avoit une interruption de voix. Lorſque le danger de la ſuffocation eſt paſſé, les lévres des playes doivent être réunies par ſuture, c'eſt-à dire, en couſant la peau & non le cartilage, & alors on doit appliquer les remedes vulneraires. S'ils n'operent pas d'agglutination, il faut ſe ſervir des incarnans. On doit ſe ſervir de la même méthode dans ceux qui en ſe coupant la gorge ont attenté ſur leur vie. L'operation eſt, comme on voit, fort clairement décrite, & les obſervations qui ſont faites ſur l'operation ſont fort juſtes.

[a] *Acut.* 3. 4. C. Aurelianus [a] ridiculiſe cette operation comme fabuleuſe & comme ſi elle n'avoit jamais été pratiquée par les Anciens; & c'eſt, dit-il, une temeraire invention d'Aſclepiades. Aretæus en fait mention, mais il croit qu'elle n'a pas été ſoutenue de l'experience [b] « Que la playe pourroit occaſionner une inflammation, une toux & un étranglement; & ſuppoſé même qu'on pût éviter dans cette méthode le danger de quelque accident, malgré cela les parties ne pourroient pas ſe guérir, parce qu'elles ſont cartilagineuſes. » Mais Paul répond, je penſe, à ces objections; & il eſt certain que quelques-uns parmi les Modernes ont tenté cette pratique avec ſuccès, quoiqu'on reconnoiſſe en general que c'eſt une dangereuſe entrepriſe. *

[b] *Acut.* 1. 7.

* Garengoet.

Purman nous dit qu'il a fait cette operation dans une perſonne qui avoit une violente inflammation & une enflure à la gorge, de ſorte qu'elle étoit en danger d'être étouffée. Le malade qui avoit perdu & la parole & l'entendement, les recouvra auſſitôt après. Un Chirurgien d'une grande expérience & d'une grande probité m'a dit qu'il a tenté cette épreuve luimême; il la fit ſans aucun appareil préliminaire, ni ſans diviſer auparavant la peau; il fit ſimplement l'inciſion avec un biſtouri, & introduiſit une petite ſpatule, après quoi il ſe ſervit d'une tente creuſe, & le malade qu'on croyoit alors à l'extrêmité, fut bientôt guéri & vêcut encore pluſieurs années.

Albucaſis Chirurgien Arabe & experimenté, comme vous le verrez enſuite, tranſcrit de Paul, ſans faire mention de lui, la maniere de faire cette operation; il croit qu'elle pouvoit être faite sans aucun péril, quoiqu'il ne l'eût jamais vû executer. Ce qui lui avoit donné le plus d'occasion de penser ainsi, étoit le cas d'une femme qui s'étant coupée la gorge, fit un bruit & un mugiffement comme fi elle avoit été à l'agonie; il trouva que l'air fortoit de la playe, & qu'elle n'avoit pas ouvert les veines jugulaires, ainsi il la guérit très-promtement, & il n'en refta à cette femme d'autre incommodité qu'une enroueure. Guillaume Salicet, Auteur qui n'eft pas méprifable pour fon tems, confirme cette pratique par fa propre experience, & rapporte quatre cas qui approchent beaucoup de l'efpece de celui-ci. Il y en a aussi un exemple remarquable dans les Tranfactions Philofophiques.

Une autre operation qui n'a jamais été décrite auparavant, c'eft l'operation par laquelle on emporte les mammelles des hommes lorfqu'elles viennent d'une groffeur exceffive, comme cela arrive quelquefois [a]. En ce cas, dit Paul, il s'accumule au-deffous beaucoup de graiffe, ce qui rend la mammelle femblable à celle d'une femme, & demande par conféquent la main du Chirurgien pour y remedier. Tel eft le procedé. « On doit faire une fection lunaire à la partie la plus baffe de la mammelle, & après que la graiffe eft emportée, il faut recoudre la peau. Si elle eft fort faillante, & qu'elle pende comme dans les femmes, alors il faut faire deux fections lunaires qui fe rencontrent à leur extrêmité; & lorfque la graiffe & la peau fuperflue font coupées, il faut recoudre l'ouverture de la playe. Si on laiffe quelque chofe en arriere, il faudra repeter l'operation une troifiéme fois. » Fabrice d'Aquapendente [b] appelle cette méthode cruelle & barbare, & il voudroit trouver quelque remede pour ces excroiffances qui n'arrivent, dit-il, qu'à ceux qui n'ont point de poil fur l'eftomach, & qui font peut-être neceffaires pour entretenir le cœur dans une chaleur convenable. Je ne dirai pas que l'operation ne foit rude; cependant c'eft le feul remede dans ce cas, & je croi qu'on peut hazarder de dire que la maniere de traiter cette maladie avec une leffive de chaux, n'aura que peu ou point de force pour diffiper l'excroiffance.

Je me flatte qu'on ne trouvera pas mauvais que je me fois étendu à obferver certaines particularitez de ces vieux Auteurs

PAUL.

a 6. 46.

b *Operat. Chirurg.* p. 1. 50.

PAUL. dont ne parlent pas nos Medecins Memorialiſtes, ce qui ſemble prouver ou qu'ils n'ont jamais lû leurs écrits, ou qu'ils l'ont fait ſi négligemment qu'ils n'en ont tiré aucun profit. Et pour ce qui eſt de la Chirurgie de Paul dont je parlois, elle a fait le fondement de tous les Traitez qui ont été faits ſur cet Art depuis lui juſqu'à nous : pluſieurs Ecrivains même n'ont fait que le tranſcrire, & quelques autres que le déguiſer. Je n'ajoûterai plus que cette remarque que Fabrice d'Aquapendente, Chirurgien d'une longue experience, & très-celebre, & qui a mieux décrit qu'aucun Moderne le procedé des operations manuelles, prend preſque par tout la doctrine de Celſe & de Paul pour ſon Texte; ſes obſervations & ſes reflexions conſiſtent principalement dans des explications de ces deux Auteurs. Il y a cependant pluſieurs perſonnes qui croyent qu'il n'y a dans Paul rien qui ſoit digne d'attention, & qui ne ſoit très-commun, & que Celſe lui-même n'a jamais pratiqué aucune operation de Chirurgie. Saumaiſe donne au dernier le dur épithete de ἀνιατρολόγητος homme ignorant en Medecine; mais j'eſpere qu'on nous permettra d'être d'une opinion differente de ce grand Critique en fait de Medecine. Pour ce qui eſt de Paul, je crois en avoir aſſez dit pour former ſon veritable caractere. Si Celſe n'avoit pas été Praticien, ſûrement il ne ſe ſeroit jamais ſervi de cette expreſſion en rapportant la maniere dont Heraclides traitoit le ἀγκυλοβλέ-

l 7. 42. φαρον ᵃ; *Ego ſic reſtitutum eſſe neminem memini* : il y a d'autres paſſages encore qui vont au même but. Auroit-il écrit ainſi à Rome où l'on ſçavoit bien s'il étoit Praticien, ou non? Peut-on ſuppoſer d'ailleurs qu'aucun homme ait été capable d'écrire ſur un ſujet, & particulierement ſur un ſujet auſſi délicat & auſſi rempli de difficultez que l'eſt celui de la Chirurgie, ſans avoir été verſé dans la pratique de cet Art ? Au moins quand même on voudroit le regarder comme un Copiſte, doit-il être inſtruit à un certain point : car autrement il auroit pillé mot pour mot tout ce qu'il auroit pris des autres.

A la ſeule lecture du Chapitre de la fracture du crâne, on verra qu'il a fait des remarques fines ſur les contrecoups, & cela d'après ſa propre experience. Et quoique ce ſoit une choſe diſputée, s'il peut y avoir de contrecoup, je ne vois pas de raiſon qui rende la choſe improbable, ſi les ſutures ſont ſer-

rées ou effacées, comme c'est là souvent le cas, particuliere- PAUL.
ment dans les vieillards. C'est une objection singuliere de dire
qu'il a fort bien écrit sur d'autres sujets tels que la Rhetorique, &c. & qu'il y a fait entrer la Medecine seulement comme
une partie qui demande plus de travail : n'est-il pas plus probable qu'un Medecin pourra écrire bien en fait de Rhetorique
ou en quelqu'autre Art, qu'il ne l'est, qu'un simple Rhetori-
cien écrive avec jugement & avec solidité sur la Medecine?

 Je pourrois montrer plus amplement à quel point de perfection la Chirurgie avoit été poussée dans ces tems reculez,
telle qu'elle paroît dans les ouvrages de ces anciens Ecrivains.
Mais pour finir ce Chapitre, je choisirai les expressions d'un
des meilleurs Juges qu'il y ait eu sur ce sujet, & qui [a] par son   [a] M. C.
grand sçavoir & sa grande experience a été l'ornement de sa   Bernard.
Faculté & l'honneur de sa Patrie. Si nous pénétrons, dit-il, dans «
les progrez qu'ont fait les Anciens sur la Chirurgie, nous se- «
rons obligez d'avouer que nous avons si peu de raison de nous «
élever au-dessus d'eux, ou d'avoir quelque envie de les «
méprifer, comme c'est la mode parmi tous ceux qui sçavent «
peu de chose & qui n'ont rien lû; que nous ne sçaurions par «
là fournir une meilleure preuve de notre ignorance & de notre «
présomption. Je ne prétends pas dire que les Modernes n'ont «
pas contribué du tout à la perfection de la Chirurgie, cela se- «
roit absurde & injurieux, & me couvriroit du même blâme «
que je donne aux autres; mais ce que je veux soutenir, c'est «
que le mérite des Modernes consiste à avoir raffiné sur les in- «
ventions des Anciens, à les avoir développées & mises dans un «
meilleur jour; mais on n'a ajouté rien d'important par des dé- «
couvertes propres. Soit que cet Art de guérir les blessures «
exterieures étant principalement l'objet des sens, ait été étu- «
dié plûtôt, & amené par consequent à une plus grande per- «
fection que les autres branches de la Medecine; ou que dans «
la suite le plus grand nombre de ceux qui ont été Chirur- «
giens, soit tombé dans l'ignorance & l'empirisme, cet Art n'a «
pas été cultivé & avancé comme il auroit pû l'être si ceux qui «
l'ont professé avoient été de plus dignes sujets : reproche qui «
porte encore aujourd'hui sur la plûpart de nos Chirurgiens. «
Le peu de bons Ecrivains en Chirurgie, comparé avec le «
grand nombre qu'il y a sur chaque Art ou science, en est une «

PAUL. „ preuve suffisante ; cependant s'il y en avoit moins encore, ce
„ ne seroit pas, au jugement de ces demi-Sçavants, une grande
„ perte pour l'art. La meilleure excuse qu'il puisse y avoir pour
„ une proposition si absurde, est que soit en Medecine, soit en
„ Chirurgie, il y a plusieurs méthodes qui sont incommunica-
„ bles, & dans lesquelles chaque homme doit être guidé par son
„ propre jugement & par une sagacité naturelle ; ces méthodes
„ ne se trouvent point dans les Auteurs sur lesquels nos vains
„ Praticiens seront tombez par hazard ; ils se portent & dès-lors
„ à mépriser toute lecture comme inutile & vuide de toute
„ instruction, particulierement celle des Anciens qui à la verité
„ n'ont pas écrit pour des novices, pour des sots, ou pour des
„ gens qui veulent rester tels toute leur vie.

„ Mais quiconque sera versé dans leurs écrits, & qui aura les
„ occasions & la capacité necessaire pour les comparer avec ce
„ qu'il rencontre dans sa propre experience, il avouera bien
„ vîte, qu'une chose qui doit engager à les lire preferablement
„ aux Modernes, c'est qu'ils ont été plus exacts dans la descrip-
„ tion des signes pathognomoniques, plus soigneux & plus pré-
„ cis dans la distinction des especes de tumeurs & d'ulcéres, que
„ ne le sont nos Modernes les plus raffinez.

„ Si notre âge a rejetté quelques méthodes grossieres ou su-
„ perflues, comme il est certain qu'il l'a fait, on ne sçauroit prou-
„ ver qu'elles nous viennent des Anciens, elles ont plûtôt été
„ introduites la plûpart par des Praticiens ignorans & grossiers,
„ dans des tems plus proches de nous.

„ Il n'y a pas de doute que les progrez les plus considerables
„ en Chirurgie qui ont été faits dans ces derniers tems, ne
„ soient principalement dûs aux découvertes d'Anatomie par les-
„ quelles on est devenu plus capable de résoudre quantité de
„ phenomenes qui auparavant étoient inexplicables, & sur les-
„ quels on n'avoit fait que begayer. La partie la plus importan-
„ te cependant (j'entends l'art de la cure auquel tous les au-
„ tres sont soumis) n'est pas dans un état plus parfait que
„ celui-ci où les Anciens l'ont laissé. Mais l'on peut dire pour la
„ défense des Modernes, que l'art de copier n'est pas de leur in-
„ vention, quoiqu'il soit de leur usage : car Ætius & Æginete
„ n'ont pas peu pillé de Galien : & Marcellus Empiricus a copié
„ encore plus effrontément Scribonius Largus, sans lui faire

même

DE LA MEDECINE.

même l'honneur de le citer parmi le reste d'autres Auteurs à qui il étoit moins redevable.

Parmi les Ecrivains systematiques, je croi qu'il y en a peu qui refusent la préference à Jerôme Fabrice d'Aquapendente, c'est un homme d'un sçavoir & d'un jugement generalement reconnu ; il n'a point honte cependant d'apprendre à ses lecteurs que Celse parmi les Latins (Celse qu'il appelle *Mirabilis in omnibus*, & sur lequel il donne le conseil d'Horace: *Nocturnâ versare manu, versare diurnâ*) que Paul Eginete parmi les Grecs, que parmi les Arabes Albucasis que nous ne placerons point parmi les Modernes, parce qu'il est un de ceux que nos Juges rejettent, peut-être ou parce qu'ils ne l'ont point lû, ou parce qu'il a eu le malheur de vivre il y a six cens ans ;) Fabrice, dis-je, n'a pas honte de nous apprendre que ces trois Auteurs font le Triumvirat auquel il doit le plus de secours dans la composition de son Livre, qui est si excellent.

Mais combien d'operations avons-nous à present qui ayent été inconnues aux Anciens ? Je crains qu'après une recherche un peu exacte, on ne trouve que nous en avons plus laissé perdre que nous n'en avons inventé.

J'ai ici donné quelque détail, (car on pourroit s'étendre beaucoup plus) sur ces quatre Auteurs Grecs: & l'on remarquera par le peu que j'en ai dit, que M. le le Clerc auroit pû trouver dans ces Auteurs des choses que personne n'a touchées, & qui sont aussi importantes que plusieurs de celles sur lesquelles il a fait de longs Commentaires, & qu'il a trouvées principalement dans les Auteurs qui ont écrit au tems qui s'est écoulé depuis Hippocrate jusqu'à Galien.

Et c'est ici que finit le période des Medecins Grecs Classiques: je dois leur donner ce nom; car qu'on prenne celui qu'on voudra des Auteurs Grecs de notre profession, depuis Hippocrate le premier de tous, jusqu'au dernier qui a vêcu dans le tems dont nous parlons ; qu'on le compare avec leurs Contemporains les plus habiles en quelqu'art ou quelque profession que ce soit, on trouvera que dans leurs ouvrages ils ne leur cedent en rien, ni pour la disposition du sujet, ni pour la clarté des raisonnemens, ni pour la justesse des expressions ; quelques-uns même d'entr'eux sont sortis avec éclat des téné-

M

PAUL. bres de la barbarie qui regnoit dans leur siécle. Aretæus en
est un exemple incontestable. Les Sophistes mêmes qui avant
& après le regne d'Adrien se répandirent non seulement dans
Rome, mais encore le long des côtes d'Asie; eux dont l'étude
n'avoit d'autre objet que l'élegance, ou au moins la diction des
vieux Ecrivains Grecs, ils n'ont point surpassé Galien, ni quelques-uns de ses successeurs par la beauté du style. Galien étoit
non seulement le meilleur Medecin, mais encore l'homme le
plus lettré & le Critique le plus sensé de son tems. Aussi ces Auteurs faisoient beaucoup d'honneur à leur profession, les autres
sciences leur étoient aussi familieres que la Medecine. Le grand
saint Basile qu'une mauvaise santé rendit Medecin, & qui a
répandu dans ses Ouvrages beaucoup d'allusions qui regardent
la Medecine, il étoit, j'ose le dire, (en me servant des termes
de Photius) soit pour la beauté, la justesse, la clarté & la facilité du style, un des meilleurs Ecrivains d'entre les Peres.
Saint Luc qui étoit Grec, a plus approché du style des anciens
de sa nation, que les autres Evangelistes; car quoique saint
Luc ait quelques Hellenismes ou quelques phrases Syriaques,
ce qui n'est pas étonnant dans un homme qui étoit Syrien de
naissance, & qui probablement avoit été converti par les Hel-
lenistes [a], cependant la lecture qu'il avoit faite des Auteurs
Grecs dans ses études de Medecine, avoit rendu son langage
plus exact; son style est quelquefois coulant & fleuri, comme
lorsqu'il décrit le voyage de saint Paul. Saint Luc étant sans
doute Medecin, fait choix, lorsqu'il a occasion de parler des
maladies, d'expressions plus propres que les autres Evangelistes; on pourroit en donner plusieurs preuves; je me contenterai d'en rapporter une ou deux. Il appelle le Paralytique
παραλελυμένος [b], & cette expression est très-propre. Saint
Matthieu [c] & saint Marc [d] l'appellent παραλυτικός; expression
qui n'est point usitée dans les anciens Ecrivains Grecs. La
femme qui étoit affligée d'une perte de sang, est représentée
par saint Marc [e] comme παθοῦσα ὑπὸ πολλῶν ἰατρῶν ᾗ δαπανήσασα τὰ παρ' ἑαυτῆς, ᾗ μηδὲν ὠφεληθεῖσα ἀλλὰ μᾶλλον εἰς τὸ
χεῖρον ἐλθοῦσα. Saint Matthieu [f] omet toutes ces particularitez;
mais saint Luc, quoiqu'il en fasse mention, y donne tout un
autre tour, & il adoucit les termes sur ce qui regarde les Medecins; & au lieu de rapporter ce que cette personne souffrit

[a] Voyez Grotius *in Titui.*
[b] 5. 18.
[c] 9. 2.
[d] 2. 3.
[e] 5. 26.
[f] 9. 20.

de differens Medecins, ou comment fa maladie augmenta PAUL.
après qu'elle eut pris tous leurs remedes; il dit seulement que
sa maladie passoit leur pouvoir, & qu'ils ne purent y apporter
de remede οὐκ ἴσχυσεν ἀπ᾽ οὐδενὸς θεραπευθῆναι ᵃ. L'on peut ob-   a 8. 43.
server que quand il vient à parler des dépenses qu'elle avoit
faites, il se sert d'une expression très-juste, προσαναλώσασα ; au
lieu que le mot δαπανήσασα, dont se sert saint Marc, signifie
proprement une dépense de luxe ; expression que saint Luc
employe lorsqu'il parle de l'enfant prodigue ᵇ. En rapportant   b 15. 14.
la cure de la même femme, saint Matthieu dit seulement
ἐσώθη. Saint Marc imitant la phrase Hébraïque, l'exprime par
ἐξηράνθη ἡ πηγὴ τοῦ αἵματος : le langage de saint Luc est plus
simple, plus correct, c'est le langage d'un Medecin, ἔστη ἡ
ῥύσις. Lorsque notre Seigneur guérit de leurs maladies ceux
qui lui étoient amenez, l'expression de saint Matthieu est
διεσώθησαν ᶜ, & celle de saint Marc est ἐσώζοντο ᵈ ; mais saint   c 14. 36.
Luc employe le terme propre pour la guérison ᵉ, ἰᾶτο πάντας.   d 6. 56.
De même lorsque saint Matthieu dit que le serviteur du Cen-   e 6. 19.
turion fut guéri ᶠ, saint Luc dit qu'il fut trouvé non seule-   f 8. 13.
ment rétabli, mais encore ὑγιαίνοντα ᵍ, en parfaite santé ; ce   g 7. 10.
qui indique mieux que la cure avoit été très-efficace. De même en parlant de la jeune fille à qui la vie avoit été rendue
par une seule parole de Notre-Seigneur, il dit ʰ, ἐπέστρεψε τὸ   h 8. 55.
πνεῦμα ; expression par laquelle il veut marquer sans doute
le premier signe du retour à la vie. On peut remarquer la
justesse de ses expressions dans ce qu'il dit sur le boiteux. ⁱ.   i Act. 3. 7.
Il est visible que saint Luc est plus circonstancié dans le récit
des miracles de Notre-Seigneur, qui ont du rapport à quelque
guérison, qu'aucun des autres Evangelistes : il rapporte ᵏ l'his-   k 7. 11.
toire de la resurrection du fils de la veuve de Naim, dont les
autres Evangelistes ne parlent point.

Le caractere qu'on donne ici est juste, on ne donne aux
Medecins Grecs rien de plus que ce qui leur est dû. Les Ecri-
vains Latins les ont mal copiez, il en faut excepter Celse &
Pline ; ce dernier a touché quelque chose de la Medecine.
Quel autre y a-t-il qu'on puisse lire avec quelque patience ?
Scribonius Largus, qui ne peut être regardé que comme un
Empyrique, quoiqu'il ait écrit dans le tems du premier Clau-
dius, quand le langage Romain étoit encore dans un degré de

PAUL. pureté tolerable; il a besoin, je puis le dire, d'être traduit en Latin même, pour être entendu par ceux qui ne sont versez que dans les Auteurs Classiques de cet âge là.

 Leonard de Capouë dans les discours fantastiques qu'il appelle raisonnemens, insinue plus d'une fois que les Grecs avoient fait très-peu de progrès dans la Medecine, & ne l'ont gueres enrichie que des ornemens du langage; mais on peut prouver très-clairement qu'ils ont été les premiers qui ont réduit la Medecine en Art, & qui en ont fait une science; depuis leur tems jusqu'à ce jour l'on ne trouvera qu'empyrisme pour la cure des maladies dans toutes les parties du monde où la Medecine Grecque est ignorée: on auroit pû aussi-bien leur disputer la gloire d'avoir porté la Poësie, l'Eloquence, la Sculpture, la Peinture à leur perfection. Ce Traité de Leonard est un des plus extraordinaires que j'aye jamais lû; l'Auteur y fait voir qu'il est chargé d'érudition, & qu'il ne manque pas de talens pour en abuser, en donnant un mauvais tour à chaque chose qu'il a lûë. M. le Clerc a fait fort bien voir combien l'art de la Medecine avoit été étendu & perfectionné par les Grecs. Je ne perdrai pas mon tems ni celui de mes Lecteurs à disputer avec un homme tel que Leonard, qui semble connoître si peu ce que cette profession a de solide, qu'il ne veut pas seulement reconnoître qu'il y ait de l'art. Il est même assez ridicule pour citer Sextus Empiricus le fameux Sceptique, pour un des Auteurs [a] qui avoit bien découvert l'incertitude de la Medecine; ne sçait-on pas que son principe étoit de ne reconnoître de certitude en aucune chose, pas même aux démonstrations mathematiques.

p. 454.

NEMESIUS.

NEMES. JE ne sçaurois m'empêcher de dire encore quelque chose d'un Auteur qu'on peut regarder comme un des anciens, quoique ce ne soit pas proprement un Ecrivain en Medecine, c'est NEMESIUS, Evêque d'Emisse, qui a écrit vers la fin du quatriéme siécle un Traité sur la nature de l'homme: l'édition d'Oxford attribue à cet Auteur deux découvertes dont l'une est des plus considerables qui ait jamais été faite dans la

Medecine. La premiere est touchant la bile a, « qui, comme dit Nemesius, n'a pas été faite seulement pour elle-même, mais pour d'autres usages ; elle aide à la digestion & à l'expulsion des excrémens, c'est pourquoi elle est en quelque maniere une des facultez nutritives : outre cela comme faculté vitale, elle donne au corps une sorte de chaleur, & elle purge le sang. » Le système de la bile est nettement & exactement exposé, dit l'Editeur ; système dont Sylvius de le Boé a osé se dire l'Inventeur. Il est très-vrai que tout le raisonnement de Sylvius est pris d'ici ; & que si cette Theorie peut être de quelque usage dans la Medecine, Nemesius a un juste droit à la découverte ; mais voici un autre point encore plus considerable. L'Editeur prétend que la circulation du sang, découverte dont le dernier siecle a tiré tant de gloire, étoit connue à Nemesius, & qu'il l'a décrite en termes simples & expressifs, qui sont tels : « Le mouvement du pous b prend son principe du cœur, & principalement du ventricule gauche ; l'artére est dilatée & contractée avec beaucoup de violence, dans une sorte d'harmonie & d'ordre constant. Pendant qu'il est dilaté il pompe des veines contigues la partie la plus fine du sang, l'exhalation ou la vapeur de ce sang devient l'aliment des esprits vitaux : pendant qu'il est contracté, il exhale ce qu'il a de fumeux dans tout le corps par de secrets passages ; ainsi le cœur chasse tout ce qu'il a de fuligineux au dehors par l'expiration qui se fait à la bouche & au nez. »

NEMES.
« a 28.

b Cap. 24.

C'est sur cette seule & legere preuve qu'on attribue à Nemesius la découverte de la circulation du sang ; ceux qui ont prétendu qu'elle a été connue & à Hippocrate & à Galien, ont bien des argumens aussi forts. Et je dirai seulement que par la description même, & par celle qu'il donne aussi du foye dans le même chapitre, où il dit qu'il fournit de la nourriture au corps par les veines, on peut en conclure démonstrativement qu'il n'a pas eu d'idée sur la maniere dont se fait la circulation du sang.

Je ne disputerai pas sur ce sujet : j'observerai seulement que la circulation du sang n'a pas été exactement entendue par un Auteur beaucoup plus récent, je veux dire, l'exact & l'elegant Columbus ; comme il étoit un excellent Anatomiste (il y a cent cinquante ans,) il a expliqué avec beaucoup de justesse non-seu-

NEMES. lement la structure, mais encore les usage de chaque partie appartenante au cœur, à une petite méprise près sur quelques valvules : il a montré d'une maniere aussi claire qu'il est possible, comment par la contractation & la dilatation du cœur & le méchanisme de ses vaisseaux, le sang circule à travers les poulmons de la veine cave dans l'aorte, & de là dans tout le reste du corps ; (personne, dit-il lui-même, n'a encore rien observé ou écrit de semblable.) Suivant ce langage qui pour le sens est le même que celui de Servet son Contemporain, quoique plus amplement développé, les poulmons sont destinez à engendrer les esprits vitaux, ce qu'il décrit par les termes suivans : » ^a La trachée-artére répand l'air dans
a *Lib. 7.*
» toutes les parties des poulmons ; les poulmons mêlent cet air
» avec le sang qui vient du ventricule droit du cœur dans
» l'artére pulmonaire. Le sang par le mouvement continuel des
» poulmons est agité, attenué & mêlé avec l'air, lequel air par
» cette collision & raréfaction est préparé, de sorte que le sang
» & l'air mêlez ensemble sont pris par les branches de la veine
» pulmonaire, & portez à travers son tronc au ventricule gauche
» du cœur, & ils y sont portez si bien mêlez & attenuez, qu'il
» ne reste plus pour le cœur que très peu à faire : c'est pourquoi après une nouvelle élaboration qui semble mettre la
» derniere main à la formation des esprits vitaux, il ne reste
» plus sinon que le cœur, par le secours de l'aorte, chasse & distribue le sang dans toutes les parties du corps. C'est là exactement ce qu'a pensé cet Auteur curieux & pénétrant, & l'on voit combien sa doctrine est conforme à la vérité : seulement il s'arrête ici & n'explique pas comment le sang passe des artéres dans les veines. Il est même évident par ce qu'il dit de ces vaisseaux dans différens autres endroits, qu'il n'a pas connu la moindre communication entre ces vaisseaux ; car outre qu'il attribue seulement aux artéres le transport des esprits vitaux, il dit dans un autre discours que les veines portent le sang du foye dans toutes les autres parties du corps. Et dans ce qui regarde le passage du sang des artéres dans les veines, sa doctrine est défectueuse ; ce point a été peu entendu
b *Quæstion. Perip.*
c *De Trinitat. 5.*
aussi par ceux qui ont écrit pour ou contre Harvé. Cæsalpin, il est vrai, lâche le mot de *Anastomosis* ^b (copiant peut-être Servet à qui ce mot ^c appartient) il suppose que la chaleur naturelle

DE LA MEDECINE.

peut passer des artéres dans les veines, mais cela seulement dans le tems du sommeil, & il est clair par ce qui suit, qu'il n'a point connu le mouvement circulaire du sang; car il le fait mouvoir comme un Euripe, qui est le mot même qu'il employe; il lui attribue un mouvement d'ondulation depuis une extrêmité du vaisseau jusqu'à l'autre: Aquapendente en propres termes décrit le sang comme circulant en maniere de flux & de reflux dans les artéres. Si nous raisonnions sur ce que ces Ecrivains disoient touchant la circulation du sang & à travers le cœur & à travers les poulmons dans l'aorte, nous conclurions probablement que le sang qui va dans l'aorte doit revenir dans la veine cave; autrement comment se maintiendroit le courant constant, qui suivant leur propre aveu, se porte dans le cœur & dans les poulmons? Mais il peut être démontré qu'ils n'ont pas apperçû cette consequence qui couloit si naturellement de leurs principes. Et l'on ne doit pas si fort s'en étonner: Columbus & Cæsalpin pouvoient atteindre, sans passer plus loin, à ce qui a été découvert & décrit des valvules par Aquapendente, lequel en même-tems n'a pas compris le vrai usage de ces valvules, [a] comme il est clair qu'il l'a ignoré par la description même qu'il en donne.

[a] *De venarum ostiolis.*

Comme cette grande découverte appartient veritablement à * notre Compatriote, aussi l'a-t-il expliquée avec toute la clarté imaginable : & quoiqu'on ait beaucoup écrit depuis sur ce sujet, j'ose dire que son Livre est le plus court, le plus net & le plus convaincant de tous; on en sera persuadé si l'on jette les yeux sur plusieurs apologies écrites pour la défense de la circulation du sang, ou si l'on a la patience de lire l'ennuyeux & peu instructif Traité de Raimond Vieussens [b].

[b] *De sanguine & corde.*

Cette nouvelle doctrine de la circulation, quoiqu'elle fût soutenue par des preuves démonstratives, trouva de grandes oppositions, & l'Inventeur fut obligé d'essuyer les attaques d'un nombre infini d'adversaires qui dans leurs réponses faisoient paroître generalement plus d'esprit de contradiction que de solidité de raisonnement. Le sçavant Gassendi agit tout differemment, & fit paroître cette ingenuité qui sied

---

* Quelques-uns ont attribué la découverte à Frapaolo, d'autres assurent que Fabri Jésuite a publié la doctrine de la circulation deux ans avant Harvée; mais qu'on produise des preuves qui confirment à ces Auteurs la découverte?

NEMES. si bien à un vrai sçavant; & quoiqu'auparavant il eût été un de ceux qui avoient nié fortement la circulation & la communication du chyle avec le sang; cependant il fut convaincu à la fin de son erreur par Pecquet qui découvrit le receptacle du chyle & sa route par le canal thorachique dans le corps humain; aussitôt qu'il connut ces découvertes, il témoigna une grande joye de ce que prêt à finir sa carriere, il étoit parvenu à la connoissance de ces deux points importans, il ajoûta qu'il regardoit ces deux veritez qui se confirment l'une l'autre, comme les deux poles sur lesquels devoit tourner dorénavant toute la Medecine.

Cette découverte de notre celebre Compatriote a dû occasionner de grands progrez dans la cure des maladies; il a eu dessein lui-même de composer un Ouvrage pour montrer les influences de cette doctrine dans la pratique; mais une maladie & la mort ne lui en ont pas laissé le tems: le dessein de l'Architecte étoit fort noble; il seroit à souhaiter que quelques-uns de ses successeurs l'executassent. Je marquerai deux ou trois particularitez seulement par lesquelles on sera convaincu de quel usage peut être dans la pratique une parfaite connoissance de la circulation, si elle est appliquée à propos.

Par exemple, cette doctrine fait voir combien il est raisonnable de lier les artéres dans les amputations, comme nos Chirurgiens à present le pratiquent; & combien cette pratique est préférable à la douloureuse méthode d'arrêter le sang par les cautéres, les caustiques ou les escharotiques; car outre que par cette méthode on évite de grandes douleurs dans ce cas, nous connoissons que le sang par les loix de son mouvement doit continuellement frapper avec une telle force contre l'eschare du vaisseau coupé, que rien ne peut y résister comme une ligature. On est redevable de l'invention de cette méthode à Paré [a], qui, comme il le dit lui-même, n'avoit jamais appris ou vû qu'elle eût été pratiquée auparavant. Il en prit la premiere idée dans un passage de Galien touchant les blessures, & il en fit l'experience avec tant de succès qu'il crut que cette pensée lui étoit venue par inspiration. Il n'y a pas de doute que sans aucune inspiration, si nous voulions bien repasser dans notre esprit ce que les anciens Medecins ont

[a] Lib. 10. 24.

ont écrit fur chaque fujet particulier, il ne nous vînt de nouvelles idées fur d'autres fujets, comme cela arriva à Paré.

NEMES.

Ce fut fans doute avant la découverte de la circulation, que Paré fe fervoit de cette méthode; mais je doute qu'elle eût été fi fort en vogue, fi la connoiffance de la circulation n'avoit enfuite convaincu évidemment les Medecins de l'utilité de cette pratique; nous pouvons conclure cela de ce qu'elle n'avoit été que très-peu reçûe dans plufieurs pays, & même en France, comme on peut en juger par ce qu'en dit Vigierius [a]; & qu'elle n'a été remife en ufage, ou pour mieux dire, qu'elle n'a été introduite parmi nous, que dans les dernieres années. Cette ligature eft encore peu familiere aux Allemands; Hildan [b] lui-même en parle très-legerement; & Nuck [c] nous apprend que les Hollandois la rejettent entierement.

[a] *Chirurg.* p. 39.

[b] *De Gangræn.* 8. 4.
[c] *Experiment. Chirurg.* 49.

Cette doctrine nous fait voir auffi comment après une amputation, fi le tronc de l'artére eft coupé, le cours du fang peut être néanmoins confervé: les branches artérielles quoique moindres fuppléent à ce défaut dans ce cas, & arrivant graduellement à une plus grande dimenfion, elles font capables de fournir aux parties ce qui eft neceffaire pour leur mouvement & leur nutrition : problème qui ne peut être réfolu par d'autres principes que ceux de la circulation, & qui bien loin qu'elle offre une objection, comme l'ont voulu prouver quelques Ecrivains ignorans, n'eft pas une des preuves les moins démonftratives de la verité de cette doctrine.

Encore une fois cette doctrine montre du premier coup d'œil la vraye méthode, (telle qu'elle eft pratiquée par nos propres Chirurgiens qui ne le cedent à perfonne dans la fcience, foit de l'Anatomie, foit de l'ancienne Chirurgie :) la méthode, dis-je, de traiter les aneurifmes qui viennent d'une piqueure, au lieu d'ufer de compreffion qui arrête fouvent le courant du fang dans l'artére, on doit après avoir fait les ligatures convenables, ouvrir le vaiffeau, & lier l'artére non feulement au-deffus, mais encore au-deffous de la piqueure, comme dans le cas d'une varice, afin d'empêcher le concours du fang de quelques autres branches qui communiquent prefque par tout les unes avec les autres. On a remarqué ci-devant que la pratique d'une autre Nation eft très-défectueufe fur ce point.

N

NEMES. Galien & tous ceux qui le suivent ordonnent que la révulsion soit faite du même côté, parce qu'elle doit être plus grande : & la raison qu'ils en donnent, c'est qu'il y a plus de rapport entre les parties du côté droit avec les veines du côté droit, & entre les parties du côté gauche & les veines du côté gauche. Conséquemment presque pendant deux siécles il y a eu en Medecine une dispute aussi chaude qu'il y en ait jamais eu : on demandoit si dans la pleurésie la saignée doit être faite du même côté ou du côté opposé. Je n'observe cela que pour montrer qu'ils n'avoient pas une veritable idée de la révulsion avant que la circulation eût été démontrée, quoiqu'ayent voulu dire quelques Partisans peu judicieux des Anciens ; & aussi est-il impossible d'entendre rien en cela sans une connoissance de la circulation. Elle nous fera connoître dans le moment où peut être faite la plus forte révulsion ; & pour ce qui est de la maniere de faire la saignée dans la pleurésie, elle nous fait voir que saigner du même côté, c'est ce semble, faire la révulsion plus immédiatement, mais avec une difference si petite, qu'il est étonnant qu'il y ait eu sur cela une si grande dispute. J'ajouterai touchant la saignée en general que la connoissance de la circulation a confondu & renversé toutes ces regles qui avoient été données auparavant avec tant de peine & tant de formalités pour ouvrir dans certains cas telle ou telle veine : & si les ignorans ont perdu par là les occasions de faire une sorte de trafic dans la Medecine, & de faire de grands mysteres où il n'y en avoit point : sûrement ceux qui entendent leur profession reconnoîtront que la circulation leur a procuré au moins l'avantage de connoître exactement combien il est indifferent souvent de choisir telle ou telle veine ; ou bien quand il y a quelque préference à faire, de voir sans hésiter quelle est celle qu'il faut choisir.

 Mais pour reprendre le fil de mon histoire, je dois venir à quelques autres Ecrivains Grecs qui ont traité de la Medecine, ils sont d'un rang inferieur & d'une datte plus récente ; mais comme la plus grande partie d'entr'eux n'a rien écrit de nouveau, je me contenterai de donner un extrait très-brief de leurs Ouvrages, & d'être aussi exact qu'il me sera possible à ajuster les tems où ils ont vécu, sur quoi je pense que tous nos

Auteurs nous ont laiſſé dans une grande confuſion; l'on ne doit pas en être fort ſurpris ſi on conſidere que depuis le tems d'Agathias, qui a vêcu il y a cinq cens ſoixante ans, dans le regne d'Iſaac Comnene en l'an mil ſoixante, il y a un vuide de cinq cens ans dans l'Hiſtoire Grecque; de maniere que nous ſçavons très-peu ce qui s'eſt paſſé dans cet intervalle; ce que nous en ſçavons nous l'apprenons par de legers récits des regnes de quelques Empereurs, particulierement de Maurice & d'Heraclius.

PALLADIUS.

PAlladius appellé *Sophiſte* ou *Jatroſophiſte*, fut élevé, comme il ſemble l'inſinuer lui-même, à Alexandrie. Je le place le premier parmi les Grecs les plus modernes; mais je ne puis m'accorder avec un ſçavant Auteur qui compte qu'il a fleuri vers l'an cent vingt ſix.* Saint Albin devine mieux le tems de Palladius en le plaçant après Galien, c'eſt-à-dire, après l'an deux cens: quoique cet Auteur ſoit tombé dans une grande bévûe en cette matiere; car dans ſa Préface de la traduction qu'il nous donne des Commentaires de Palladius ſur le Livre d'Hippocrate touchant les fractures, il dit qu'il croit probable que cet Auteur a vêcu après Galien, puiſque Galien ne fait pas mention de lui; il auroit pû connoître par ſa propre traduction que cela eſt certain; car Palladius y cite Galien: & il le fait non ſeulement là, mais encore très-ſouvent dans d'autres de ſes Ouvrages, & l'on peut prouver qu'il a vêcu non ſeulement après Galien, mais encore après Ætius, & même Alexandre dont il prend les paroles, comme on verra.

Les Commentaires ſur les fractures ſont imparfaits, & il en reſte aſſez pour nous faire juger qu'en les perdant on n'a pas perdu grand-choſe; le texte eſt auſſi clair & auſſi inſtructif que les annotations. Ceux qu'il a fait ſurs le ſixiéme Livre des Epidémies ne vont pas plus loin que la ſeptiéme ſection; le reſte qui comprend la huitiéme, s'eſt perdu. Dans ces Commentaires il éclaircit non ſeulement quelques paſſages d'Hippocrate, mais encore pluſieurs de Galien; il y répand beau-

Biblioth. Litterar. n. 2.

100 HISTOIRE

PALLAD. coup de clarté, & montre une grande exactitude. Il obſerve particulierement que la pierre devenoit commune dans ſon tems, & étoit moins curable, ce qu'il attribue au luxe du ſiécle, aux excez de la table, & au défaut d'exercice [a].

a 162.

Le Traité des fiévres eſt clair & ſuccinct; mais il eſt pris d'Ætius pour la plus grande partie: le Chapitre *de Epiala* [b] eſt pris mot pour mot de cet Auteur; & dans celui qui regarde la fiévre hectique [c], la comparaiſon remarquable tirée de l'eau qu'on verſe ſur de la chaux, eſt non ſeulement marquée dans Galien, mais encore dans Ætius & dans Alexandre.

b *Cap.* 27.

c *Cap.* 17.

Le Chapitre ſuivant traite du Maraſme; & l'on me permettra de relever une grande faute qu'a faite M. Chartier qui a donné une édition élegante de cette piéce. Il eſt dit dans la deſcription de cette maladie, Βλέφαρα ωςαπλησίως μυςαζόντων, & voici la traduction, *Palpebræ ſacrificantium ſimiles*. Outre qu'il n'y a pas dans le Grec un tel mot que μυςάζω, le ſens demande qu'on liſe νυςαζόντων, *dormitantium*. Cette même circonſtance des paupieres eſt dans Galien, & exprimée par le même mot, ωςαπλησίως νυςάζωσι δγακείμβροι. L'expreſſion d'Ætius eſt ὑπνώττοντες, & celle d'Alexandre eſt εἰς ὕπνον ἕλκονται.

Il y a pluſieurs Manuſcrits de cette piéce dans la Bibliotheque de Vienne, quoiqu'aucun ne porte le nom de Palladius; mais ils ſont donnez quelquefois à Theophile, quelquefois à Etienne, quelquefois à tous les deux. Le titre d'un Manuſcrit porte que Theophile l'a dicté, comme Lambecius le rapporte au long [d]; cependant ſi l'on conſulte Palladius lui-même, on ſera convaincu qu'il eſt le veritable Auteur de ce Livre; car il y renvoye dans ſes Commentaires ſur les maladies épidemiques [e]. On voit ici une preuve du peu de fonds qu'on doit faire ſur les titres tels qu'ils ſont ſouvent aux manuſcrits; ils portent le nom tantôt d'un Auteur, tantôt d'un autre ſuivant le ſentiment peu ſenſé, la fantaiſie, ou quelquefois les vûes cachées de ceux qui les ont tranſcrits.

d *Lib.* 6. 38.

e *Sect.* 6. 6.

THEOPHILE.

IL est certain qu'il y a plusieurs Traitez sous le nom de THEOPH. Theophile, lesquels paroissent sous differens Titres, tels que *Jatrosophista, Protospatharius,* & *Monachus*, les deux derniers desquels semblent être contradictoires l'un à l'autre. Lambecius place ce Theophile dans le regne d'Heraclius, par cette seule raison que dans un Manuscrit [a] le Livre sur les fiévres est dit, comme nous l'avons remarqué tout à l'heure, avoir été écrit en sortant de la bouche même de Theophile; c'est pourquoi puisque le même Livre est attribué à Etienne qui a écrit pendant ce regne-là, il croit qu'il s'ensuit que cet Etienne étoit un de ses Auditeurs. Mais l'autorité & le raisonnement paroissent également mal fondez, & je crois que ce qui a été dit ci-devant de ce Traité est suffisant pour réfuter cette opinion. J'aurois plus de penchant à croire par quelques mots barbares dont ses écrits sont semez, qu'il a vêcu plus tard.

[a] 26.

Il est le premier Auteur qui nous reste à present qui ait traité *ex professo* des urines, & il a fort bien expliqué les causes de leur couleur & de leur consistence; quelles maladies elles indiquent respectivement, & quels pronostics on en peut tirer. Il y a ici plusieurs passages qui sont les mêmes, & exprimez dans les mêmes termes que ce qu'on peut lire dans un Livre écrit sur le même sujet, & attribué faussement à Galien, comme cela paroîtra à quiconque voudra les comparer. Il transcrit beaucoup d'Ætius. Il a écrit d'une maniere fort approchante au sujet des matieres fécales. On a encore à present deux Ouvrages de ce Theophile, la structure du corps humain, & les Commentaires sur les Aphorismes d'Hippocrate: le dernier est court & net, & fait voir qu'il a été instruit des idées d'Aristote, & qu'il a bien entendu le sens d'Hippocrate. Mais dans ces deux Ouvrages, & particulierement dans le premier la plus grande partie est prise de Galien, dont il copie si souvent & si religieusement les Livres qui regardent l'usage des parties, que dans la description de la Trachée-artére, il cite le même vers d'Homere qu'a cité Galien.

Κλαγγηδόνδε πέτον) ἐπ᾽ ὠκεάνοιο ῥοάων.

THEOPH. Mais nous allons mieux fçavoir en quoi cet Auteur differe de Galien, & ce qu'il ajoûte par une nouvelle édition de cet Ouvrage & de quelques autres piéces d'Anatomie des Anciens, qu'une perfonne d'efprit va donner, édition dont on a grand befoin.

Les Aphorifmes dont j'ai fait mention, font imprimez fous le nom de *Philotheus*, & dans les manufcrits de Vienne ils font attribuez à Etienne.

Le Traité touchant le pous, dont nous avons une Traduction fous le nom d'*Aretæus*, eft, fuivant le manufcrit dont nous avons fait mention, écrit par Theophile, cela n'eft pas peut-être fans quelque raifon; car la ftructure du corps humain eft décrite de la même maniere: il dit que d'autres avoient écrit fur ce fujet ou trop imparfaitement, ou avec trop de prolixité: il femble par la derniere expreffion défigner Galien duquel il nous donne ici un abregé tiré de fes livres de pronoftics faits fur le pous.

ETIENNE L'ATHENIEN.

ETIENNE   ETIENNE l'Athenien ou l'Alexandrien; car il eft appellé tantôt d'un de ces noms, tantôt d'un autre, noms fans doute que fa naiffance ou le lieu de fa réfidence lui ont fait donner, a écrit un Commentaire fur le premier Livre de Galien à Glaucon; ce Livre eft écrit avec tant de clarté, qu'il ne femble pas avoir befoin d'aucun Commentaire. Mais il y a quelque raifon de croire que dans ce tems-là le fçavoir des Medecins confiftoit à avoir étudié Galien: *Abi Osbeia* le *Biographe* Arabe, en parlant de fept Medecins d'Alexandrie, parmi lefquels il place Etienne, lequel partagea les ouvrages de Galien en feize livres qui furent derechef divifez en fept claffes fuivant les differentes matieres, dit que ces livres-là étoient les feuls que ces Medecins étudioient, & qu'à leur tour ils ne travailloient qu'à les commenter & à les expliquer à leurs Auditeurs. C'eft pourquoi il n'eft nullement probable qu'il ait vêcu dans le troifiéme fiécle, comme le fuppofe M. le Clerc fans aucune autorité; & il eft clair par ce Commentaire même qu'il a vêcu beaucoup plus tard: il parle lui-même d'an-

DE LA MEDECINE. 103

ciens Expositeurs ᵃ de ce Livre de Galien en particulier : & ETIENNE
considerant ce qu'il dit dans la section cent quarantiéme sur a S. 98.
la fiévre quarte, il me semble qu'il fait allusion à une mauvaise
interprétation, qu'il represente comme telle,& qu'Aléxandre ᵇ ᵇ Lib. 11.
a faite du sens de Galien dans cet endroit. Si cet Auteur est le 8.
même qu'Etienne le Chymiste, (comme il est appellé) le
tems où il a vêcu est aisé à connoître : car cet Auteur dédie
son ouvrage de *Chrysopæia* à Heraclius ; & suivant cela il aura
vêcu au tems que nous l'avons supposé. On lit quelque chose
d'un Etienne qui fut aussi d'Alexandrie, & qui pendant le
regne de ce même Empereur, se montra un grand Astrologue
en prédisant la puissance prodigieuse à laquelle les Sarrazins
devoient arriver, & à laquelle, comme on sçait, ils parvinrent
quelques années après. Vanderlinden appelle Etienne le dernier des Auteurs Grecs, quoique si ce calcul du tems où il a
vêcu est vrai, on verra que plusieurs autres ont écrit en Grec
depuis.

NONUS.

Après ces Ecrivains, Nonus est celui qui se presente le premier : il a composé un Manuel de Medecine, lequel contient une exposition de la plûpart des maladies & de leur cure. Il l'adresse à Constantin Porphirogenete, qui selon Lambecius est le septiéme Empereur de ce nom ; il étoit fils de Leon,
& mourut en 959. Comme il avoit lui-même quelque teinture des Sciences, il les favorisoit beaucoup. Mais Jer. Mar-
tius qui a publié une édition de cet Auteur en Grec & en Latin, croit que le Constantin dont il est question ici, se nommoit à la verité Porphirogenete, de même que celui dont
nous venons de parler, mais qu'il étoit fils de Constantin Ducas qui mourut en 1067. sa raison est que le pere Ducas,
quoique assez peu lettré lui-même, admiroit beaucoup les
sciences, & en étoit le promoteur ; il avoit souvent ce mot
à la bouche, *Qu'il auroit été plûtôt annobli par le sçavoir, que
par la souveraineté*. On voit aussi que les Psellus firent quelque
figure dans la République des lettres environ ce tems-là.

Auquel de ces Constantins que Nonus ait dédié son Ouvrage, cela n'importe bas beaucoup. J'obferverai feulement qu'on peut inferer d'un paffage de l'hiftoire d'Anne Comnene, que dans l'intervalle qui a été entre ces deux Empereurs, les fciences étoient en grande décadence, fi elles n'étoient entierement tombées & éteintes [a].

Cet abregé n'a prefque rien qui ne foit pris d'Ætius, d'Alexandre & de Paul. Par exemple, dans le Chapitre fur le Carus, ce qu'il dit [b] de la partie anterieure du cerveau eft pris d'Alexandre [c] & de Paul [d]. Il confeille de faigner dans un accès de Pierre [e], mais cela eft évidemment pris de ce dernier [f]; & l'obfervation & la diftinction qu'il fait touchant la faignée & la purgation dans la pleuréfie [g] eft prife du premier [h], quoique Moreau qui cite fes propres paroles [i], ne le remarque point. La plûpart des remedes qu'il recommande font dans Ætius, par exemple, le collyre d'Erafiftrate; ceux qui font faits d'encens franc & de la plante appellée *Glaucium* [k]; les applications qu'on fait au vifage dans un Elephantiafis, &c. l'antidote d'Efdras & autres. Nonus eft affez modefte pour ne citer aucun Auteur: ce qui à la verité convenoit fort à un homme qui étoit fi peu riche de fon propre fond. Il ufe même fi librement du travail de fes prédéceffeurs, qu'il s'en attribue à lui-même jufqu'aux experiences: il donne une defcription particuliere de la mélancolie [l], & il s'étend beaucoup, en fe donnant un air de grand Praticien, fur les bons effets qu'il a vû lui-même produire à la Pierre Armenienne, qu'il préfere auffi à l'hellebore blanc: il parle fort bien fur la morfure d'un chien enragé [m], & il remarque que quand une fois l'hydrophobie paroît, il n'a pas obfervé dans le cours de toute fon experience, qu'il en réchapât un feul; mais le premier cas eft pris mot pour mot d'Alexandre [n], & l'autre de Paul [o]. Barchuyfen, comme on peut le remarquer, le traite comme un Auteur original, & employe un paragraphe entier à expliquer fes notions, dont il eft clair qu'il n'y en a pas une qui ne foit empruntée.

En quelques manufcrits de Vienne cette piéce eft divifée en Chapitres, comme elle eft dans l'impreffion; dans d'autres elle eft en Livres; mais dans tous ces manufcrits elle porte le nom de *Theophanes*, fans qu'il y foit fait la moindre mention de Nonus; & il eft dit dans le titre qu'elle eft prife principalement

NONUS.

a *Lib.* 5.

b 28.
c 1. 4.
d 3. 9.
e 174.
f 3. 45.
g 129.
h 6. 1.
i 49. 45.

k 205.
205. n. 13.

l 33.

m 270.

n l. 17.
o 5. 3.

lement d'Oribase, quoique par tout ce qu'on vient de dire il est très-clair que le Compilateur, quel qu'il soit, est plus redevable à d'autres Auteurs.

ETIENNE

MICHEL PSELLUS.

Michel Psellus a vécu peu de tems après Nonus, & a dédié à l'Empereur Constantin un ouvrage où il traite des qualitez & des vertus des alimens. Lambecius [a] croit que ce Constantin est celui qui est appellé *Monomache*, & qui a regné depuis 1043. jusqu'à 1055. mais suivant son compte si Psellus est mort en 1078. il est au moins probable que ce Constantin pourroit être Constantin Ducas : ce qui fortifie cette probabilité, est qu'il étoit précepteur de Ducas, fils de l'Empereur, comme cela paroît dans Zonare [b]. Ce Psellus n'étoit nullement propre à avoir soin de l'éducation d'un Prince, suivant le caractere d'homme sans lettres que lui donne Zonare. Au contraire Anne Comnene [c] qui a vécu peu d'années après lui l'éleve comme un parfait Maître de Philosophie, comme un homme qui a eu de grandes parties, & qui étoit profondément docte dans les sciences des Grecs & des Chaldéens. Il est surchargé des mêmes éloges par LeonAllatius qui (dans sa dissertation *de Psellis*) semble être fou de ce nom seul ; il dépeint ce Psellus non seulement comme πολυη εϱφώ-τατως, mais comme étant du premier rang entre les Ecrivains. Il n'y a cependant rien dans son Traité qui pût donner quelque réputation à qui que ce soit : ce n'est qu'une pure collection des livres des Medecins Grecs les plus anciens, qui ont ramassé eux-mêmes cette partie de science, principalement dans Galien, qui a aussi puisé lui-même dans Dioscorides. Psellus fut persecuté & dépouillé de tout par Nicephore Botoniate ; il se fit Moine, & mourut peu après très-âgé. Il y a plusieurs autres Traitez écrits par cet Auteur : on en peut voir un ample exposé dans Leon Allatius.

MICHEL PSELLUS.

a *Biblioth. Cæsar.* 6. 208.

b *Lib.* 18.

c *Lib.* 5.

Quoique Psellus ait été un Compilateur tel qu'on l'a dit, Simeon d'Antioche écrivant sur le même sujet, mais dans un mauvais style à la verité, n'a fait que le copier ; ce qu'il y a de bien extraordinaire, c'est que le livre qu'il pilloit étoit récent

PSELLUS.

dans la memoire de tout le monde : car Simeon doit avoir été contemporain de Pſellus, quoique plus jeune ſans doute, puiſqu'il a dédié ſon Traité à Michel Ducas appellé *Parapinaceus*, lequel réſigna l'Empire en 1078. l'année même qu'on nous apprend qu'il eſt mort. Il y a pluſieurs autres Ouvrages de ce Simeon ; nous lui devons particulierement la traduction d'Arabe en Grec d'un Livre très-bizarre ſur la ſageſſe des Indiens, que Perzoës Medecin compila à la priere de Choſroës Roy de Perſe.

Il nous reſte auſſi de même un petit Traité ſur la Goutte, écrit par Demetrius Pepagomenus, dédié à Michel Palæologue vers l'an 1260. ſi c'eſt au premier Empereur de ce nom ; & vers l'an 1310. ſi c'eſt au ſecond. Ce diſcours quoique ne contenant rien de bien extraordinaire, ni qui ne ſoit pris d'autres Auteurs, & principalement d'Alexandre, ne mérite pourtant pas le nom que M. Muſurus donne à l'Auteur qu'il a traduit de *infans & elinguis*, comme s'il étoit incapable d'exprimer ce qu'il penſe. Fabrice paroît s'imaginer que le Traité touchant la cure de la pierre, fauſſement attribué à Galien, pourroit bien avoir été écrit par ce Demetrius ; mais je ne puis deviner ce qui lui a donné cette penſée, à moins que l'affinité de ces deux maladies ne lui ait donné lieu de ſoupçonner que les deux Traitez partoient de la même main.

ACTUARIUS.

ACTUAR.
a *Cod. in Lib.* 2.

ACTUARIUS, le fils de Zacharie, ainſi appellé ſans doute à cauſe de ſon emploi de premier Medecin[a] de l'Empereur, eſt un Auteur d'un meilleur caractere que tous ceux dont je viens de parler. Il a écrit divers Traitez où nous trouverons pluſieurs choſes dignes d'être lûes. Il a pratiqué à Conſtantinople, & il paroît que ç'a été avec quelque réputation ; ſes ſix Livres ſur la méthode de la cure avoient été compilez pour l'uſage d'un des principaux Officiers de la Cour, c'étoit le Chambellan qui étoit envoyé en Ambaſſade dans le Nord. Fabrice par mépriſe fait Actuarius même Ambaſſadeur. Dans ces Livres, quoiqu'il ſuive principalement Galien, & très-souvent Ætius & Paul sans les ACTUAR. nommer, il fait encore usage de tout ce qu'il trouve convenable à son sujet, soit dans les Livres des Barbares, soit dans ceux des Grecs; & pour lui rendre justice, il faut dire qu'il a bien des choses qu'on ne sçauroit trouver nulle-part que chez lui.

 Il appelle cette piéce un petit Livre écrit *extempore*, & il dit en plusieurs endroits qu'il n'étoit destiné qu'à l'usage particulier de cet Ambassadeur, qui ayant lui-même quelques connoissances de la Medecine, pouvoit le consulter à chaque occasion : on remarquera aussi qu'il n'y a rien de relatif à la Chirurgie ou aux maladies des femmes. Il faut avouer cependant que l'Auteur s'oublie quelquefois lui-même, & sort de son dessein; il ne feroit pas mention sans cela des maladies des enfans, & particulierement des aphtes. Il traite dans les deux premiers Livres des causes & des signes des maladies; dans les deux suivans de la cure en general & en particulier; & dans les deux derniers, il décrit tous les remedes interieurs & exterieurs, dont les uns, dit-il, sont pris des Grecs, quelques-uns sont de son invention, & d'autres ne sont que ceux dont il a oui parler; mais il ajoûte rarement le nom de l'Auteur, de peur que cela n'occasionnât de la prévention en faveur du remede.

 Il parle beaucoup de son experience propre dans le troisiéme & quatriéme Livre : il dit en parlant de la morsure d'un chien enragé, qu'il a vû une hydrophobie survenir après l'espace de douze mois : quelques-uns disent qu'elle peut paroître au bout de sept années; & ici, quoique Paul n'y soit point nommé, ce sont ses propres paroles qui sont inserées. L'Auteur a quelques remarques nouvelles & justes dans l'endroit où il traite de la colique [a] & des inflammations du foye [b] : la distinction qu'il fait dans les causes de palpitation semble être de lui [c], & je n'en trouve aucune trace nulle-part; Oribase, Ætius & Paul ne font que transcrire de Galien le peu qu'ils ont sur ce sujet. L'Auteur nous dit que ce désordre, c'est-à-dire la palpitation, vient souvent d'une trop grande chaleur dans le sang ou d'une trop grande plenitude, mais que ce n'est pas là toûjours la vraye cause; il est produit quelquefois

a 4. 6.
b 4. 7.
c 4. 3.

ACTUAR. par des vapeurs qui élevent des fumées; ce qu'on peut distinguer particulierement par un signe; car s'il procede de la premiere cause, il y aura sûrement inégalité dans le pouls; au lieu qu'au second cas cela peut n'être point ainsi. Il donne certainement d'aussi bonnes raisons sur ce qui cause ce mouvement violent dans le cœur, qu'aucun Auteur qui ait écrit depuis. Si nous lisons les Auteurs Arabes qui ont écrit avant lui, ou dans son tems, nous trouverons qu'ils attribuent cette maladie à une cause froide; Paracelse l'attribue à la dissolution de son tartre; Vanhelmont à l'acidité naturelle du Gas, & Sylvius de le Boé aux vapeurs corrosives qui sortent du Pancreas. Il seroit trop long de répeter toutes les hypotheses qu'ont imaginé les Auteurs pour expliquer le principe de ce désordre. J'en donnerai seulement un échantillon que je prendrai par exemple dans Dolæus Allemand qui a écrit, comme le porte le titre de son Livre, une Encyclopædie de toute la Medecine, pour nous donner de justes notions sur chaque maladie. » La palpitation, dit-il, est un désordre ou *cardimeleck*; le Roy qui semble faire sa résidence dans le ferment du cœur, se trouvant attaqué & pressé par une guerre civile qu'a élevé un parti de mal-intentionnez parmi ses sujets, fait tous ses efforts pour chasser l'ennemi; & appellant à son secours son ancien & bon allié *Microscometor* gouverneur des esprits animaux, il livre bataille aux perturbateurs de son repos. Mais pour passer sur ce vain jargon & entrer dans une plus serieuse Pathologie de la palpitation, nous trouvons souvent par experience, que ce qu'a dit Actuarius d'un pouls inégal dans le cas de plenitude, est très-vrai. Et cette inégalité du pouls est souvent un avant-coureur non seulement de palpitation, mais encore de syncope & de mort subite; ce qui indique quelque obstruction autour du cœur: Galien [a] a prédit cela dans le cas du Medecin Antipater qui mourut aussitôt de mort subite. Dans ces violentes commotions le pouls est non seulement inégal, mais encore très-souvent intermittent: car le sang rencontre de la résistance de la part du sang, ou à l'artére pulmonaire, ou à l'aorte; & ne pouvant pas vaincre d'abord cette résistance, par exemple, si cela arrive durant sa contraction, il est en suspens jusqu'à ce qu'il soit renforcé par un

[a] Loc. affect. 4. 11.

supplément d'esprits suffisants pour pousser le sang dans ses ca- ACTUAR.
naux accoûtumez. C'est pourquoi on peut observer que dans
l'accès d'une plus forte palpitation, l'intervale entre les pulsa-
tions est plus grande; & plus il est long, & plus elles sont violentes. C'est là le cas dans la plenitude de sang: Galien observe
sur cela que les personnes en qui les hémorroïdes ou les mois
sont supprimez, sont sujettes aux palpitations. Ce mal peut
venir non seulement de plenitude, mais encore ou d'une excessive raréfaction, ou d'une trop grande cohésion & tenacité
des parties du sang, ou d'une trop grande quantité d'air qui
oppresse ou distend la cuisse ou le bas-ventre. Pour les unes
ou les autres de ces raisons on voit que la palpitation de
cœur est un symptome très-ordinaire dans les maladies hy-
pocondriaques & hysteriques, comme l'observe Actuarius.
Hollier décrit un cas qui a du rapport à cette maladie; dans
ce cas le pericarde fut prodigieusement dilaté par l'air seulement: il ne paroissoit pas de marque d'aucune autre chose qui
eût occasionné ce désordre.

 Actuarius dit plus de la cure de la palpitation qu'aucun autre
des Medecins Grecs; qu'il faut donner les alterants selon lui,
suivant les causes du mal & la constitution du malade, mais
il compte principalement sur la saignée & la purgation; & il
est le premier, je croi, qui ait parlé de la purgation dans ce
cas. Et certainement, comme lorsque la maladie vient d'un
certain état des esprits ou du sang, l'intention pour la cure doit
être ou de diminuer l'affluence des esprits dans les nerfs, ou
d'emporter la résistance dans les vaisseaux du cœur; de douces
évacuations semblent répondre à ces deux vûes; la saignée
& la purgation semblent d'autant plus convenables, qu'en
évacuant elles font aussi révulsion. Je croi qu'il n'y a pas de
palpitation idiopathique & qui vienne d'une mauvaise qualité
dans le sang, où ces deux sortes d'indications ne soient raisonnables, quoiqu'en dise Sennert. J'ai souvent été surpris
que Willis notre Compatriote ne fasse mention d'aucune des
deux dans sa méthode pour guérir cette maladie. Pison qui
n'a pas été un mauvais Praticien, recommande les deux méthodes [a], de même que plusieurs Auteurs; mais ils sont si   a Sect. 3.
pleins d'exceptions & de précautions, qu'il est fort difficile de   2.
déterminer quand il est convenable d'appliquer ces remedes

ACTUAR. ou non. Il est certain que Galien a conseillé universellement
a Loc af- la saignée; & il rapporte un cas remarquable *a* d'une person-
fect. 5, 2. ne qui étoit saisie d'une violente palpitation tous les printems. La saignée à chaque printems, repetée trois ans de
suite, l'emporta; ce que le malade ayant observé, il prévint
l'accès la quatriéme année, en se faisant saigner plûtôt: ce
qu'il pratiqua avec succès plusieurs années après. Tous con-
b Curat. viennent de la saignée dans le cas de plenitude; mais Salius *b*
particul. semble avoir raison en la prescrivant toûjours, qu'il y ait
affect. plenitude ou non: car si l'on regarde cette palpitation comme procedant ou d'un trop grand mouvement dans les esprits, ou d'une trop grande raréfaction ou cohésion dans les
parties du sang, qui peuvent par là produire une résistance
trop forte dans les issües du cœur: à tous égards la diminution de la quantité du sang doit apporter du soulagement.
C'est pourquoi l'on voit dans les palpitations symptomatiques,
qui viennent, par exemple, de la suppression des mois ou des
hémorrhoïdes; que ce désordre dans le cœur cesse aussitôt que
la nature reprend son cours ordinaire; même l'éruption soudaine des hémorrhoïdes, lorsqu'elles n'ont pas été habituel-
les, ne manque guéres d'emporter ce mal. C'est sans doute
une regle fort sage que donne Sennert, qu'il ne faut jamais
saigner ni purger dans le cas où la palpitation est causée par
un excès d'eau dans le pericarde; & si on l'a fait, on aura
bien vû que ç'a été sans succès, la cause de la maladie étant
au-dessus de la portée de ces sortes de remedes. Mais ce qu'il
propose d'un électuaire chaud, d'un pain chaud, d'un sac
aromatique pour dissiper cette eau, est aussi incomprehensible
que le vesicatoire au sternum recommandé par quelques-uns,
& dont l'effet paroît à lui-même inconcevable. Je crains que
le cas qu'il décrit ne soit sans ressource, c'est pourquoi il est
inutile de disputer si la saignée y est propre ou non. Je dois
ajoûter ici une remarque, sçavoir que la cure d'une palpitation
idiopathique a été omise par la plûpart de nos Ecrivains en Medecine, qui generalement ont dirigé toutes leurs regles de pra-
c Vid. Ri- tique à la palpitation sympathique *c* uniquement, quoique cer-
ver. tainement il y ait des palpitations qui ne viennent d'aucune
autre maladie précedente, ni par aucun défaut ni du cœur,
ni du pericarde, & qui peuvent pourtant être guéries, comme Actuarius le propose ici.

DE LA MEDECINE. 111

Actuarius est le premier Auteur Grec qui ait fait mention ACTUAR. ou décrit les purgatifs doux comme la casse, la manne, le senné, les myrobolans, les deux derniers desquels furent apportez des pays étrangers, c'est-à-dire, de Syrie & d'Egypte. Il décrit le senné comme un fruit, par où il entend sans doute la même chose que Serapion par le *Vagina*, & Mesue par les *Follecules*, qui contiennent la graine : car aucun de ces Auteurs, pas même Actuarius ne disent rien des feuilles. Et quoiqu'elles soient principalement en usage à present, on ne laisse pas de se servir aussi quelquefois de la cosse, qui suivant ce qu'on peut recueillir de ces Ecrivains, étoit probablement la seule partie du senné qu'on employoit en Medecine. Il ajoûte que ce Simple purge très-efficacement le phlegme aussi-bien que la bile : la premiere qualité est celle que remarquent les Auteurs Arabes. Ce qu'il dit, sçavoir qu'il vient de Syrie & d'Egypte, s'accorde avec les meilleures relations que nous ayions touchant cette plante : & le senné qui nous est apporté du Levant est le plus estimé. Pour ce qui est de ces differentes sortes de purgatifs dont il parle, il fait connoître qu'il les prend des Arabes qu'il appelle Barbares ; ce sont eux sans doute qui ont été les premiers qui ont introduit ces Simples dans la Medecine. Il fait mention comme eux des trois sortes de myrobolans, & marque le nom des Embliques & Belliriques dans le propre langage des Arabes ; mais il distingue ces deux derniers des myrobolans, comme tous les Arabes les ont distinguez, quoique leurs qualitez ayent beaucoup d'affinité. Myrepsus semble être le premier qui les a confondus avec les myrobolans, & il en nomme à cause de cela cinq sortes, comme le font generalement d'après lui les Modernes. Ce que dit Actuarius de la composition de toutes ces sortes de myrobolans [a], qui est appellée *Triphala* ou plûtôt *Tryphera parva*, (car Triphylos comme Gesner [b] voudroit qu'on lût, semble trop recherché) est exactement la même chose que nous rencontrons dans Serapion [c] & Mesue [d] qu'il appelle le Philosophe barbare, & qu'ils recommandent dans les mêmes cas. Il employe un Chapitre entier à traiter des Syrops & Juleps [e], & le sucre est un ingredient qui entre generalement dans tous les deux ; & sans doute il les a pris de même des Arabes : pour cela aussi quelques-uns

a *Meth. Med.* 5. 8.
b *Epist.* 22.
c *Simp.* 95.
d 5. 9.
e 5. 4.

ACTUAR. l'ont fuppofé habile dans la Langue Arabe. Mais quelque connoiffance qu'il ait eue de certains remedes Arabes, on peut remarquer qu'il n'a traité d'aucune maladie, que de celles qu'on trouvera dans les autres Auteurs Grecs, & il ne parle pas du tout de ces maladies qui ont été fi fort connues des Arabes, pas même de la petite vérole. Les Sarrazins ont porté cette maladie par tous les pays que leurs victoires leur ont foumis, & l'ont répandue avec la même furie en Afrique, en Europe & au travers de la plus grande partie de l'Afie, & fur tout dans la Partie Orientale : & il eft fort furprenant que pendant un fi grand nombre de fiécles cette maladie n'ait pas paru dans l'Empire Grec, comme on en fera perfuadé, fi l'on confulte non feulement les Medecins, mais encore les Hiftoriens de ce tems-là, qui ne manquent jamais de faire mention ou d'un tremblement de terre, ou d'une maladie épidémique.

On trouve dans Actuarius une chofe dont aucun Auteur ne parle avant lui, ce font des liqueurs diftillées, telles que le Rhodoftagma & l'Intyboftagma [a], que le Traducteur appelle *Stillatitius liquor Rosarum, & aqua quam Intybus stillavit* : l'Auteur l'a fait entrer dans le Julep. Gefner prétend [b] que ces liqueurs ne font point préparées par aucun procedé Chirurgique, & ne font rien de plus que les fyrops de ces plantes, de même que le Rhodoftacton décrit dans Paul [c]. M. le Clerc, qui fuit l'opinion de Langius [d] penfe autrement, & il a montré d'une maniere très-claire, que *ftillatitius liquor Rosarum* dont Actuarius fait mention, eft très-different du Rhodoftacton de Paul qui eft fait uniquement avec du jus de rofes & du miel bouillis enfemble. Il femble avoir bien jugé fur cette matiere; & pour plus grande preuve de cela, je remarquerai un paffage ou deux dans Nic. Myrepfus un des derniers Grecs, lequel copie fouvent notre Auteur. Il décrit le Rhodoftacton [e] de Paul, avec cette feule difference qu'il dit, qu'il peut auffi-bien être fait avec le fucre qu'avec le miel; il décrit après l'Hydrorofatum tel qu'il eft donné par Ætius & Paul, remede fort femblable au précedent, à cette difference près, que l'eau eft ajoûtée aux rofes ; après cela il vient à donner la recette de ce même Julep qui eft dans Actuarius ; ce qui prouve au moins qu'il l'a regardé comme une préparation très-diftincte des deux autres ; & il paroîtra évident à quiconque examinera

[a] *Method. medend.* 5. 4.
[b] *Præf. Euonym.*
[c] *Lib.* 7.
[d] *Epift. lib.* 1. 53.
[e] *Sect.* 39.

la

la composition elle-même, qu'elle seroit très-absurde, si ce ACTUAR. n'étoit l'eau distillée de roses qu'il a en vûe ; car autrement ce seroit une double peine, & faire deux fois le remede avec les mêmes ingrédiens, sans sçavoir pour quel dessein.

M. le Clerc suppose qu'Actuarius fut élevé à l'Ecole des Arabes, & qu'il apprit d'eux quelque chose de la Chymie ; mais cela ne semble qu'une pure conjecture qui n'est fondée sur aucune autorité. Car quoique sans contredit Actuarius ait connu, comme on l'a remarqué, quelques-uns des remedes des Arabes, ce qu'il peut avoir appris par le commerce qui étoit dans ce tems-là entre les Grecs & les Arabes, il ne paroît pas cependant qu'il ait été versé dans leurs écrits de Medecine, de même qu'il peut arriver qu'une personne connoisse quelque Drogue venant des Isles ou Orientales ou Occidentales, sans connoître pour cela la theorie ou la pratique de Medecine de ces pays-là.

Pour ce qui est de la distillation ou de l'introduction de la Chymie dans la Medecine, M. le Clerc en fixe l'époque au tems d'Avicenne, qui, comme il suppose, appliqua cette sorte de science à la Medecine. Je n'entrerai ici dans aucune discussion sur l'origine de la Chymie Medicinale ; j'obſerverai seulement que si, comme cela peut être, elle est venue des Arabes, il en faut rendre l'honneur à Rhazés ; car pour ne rien dire du Mercure éteint & sublimé dont il parle a, a *Ad Almanz.* 8. 42. comme de l'huile d'œufs, le seul remede chymique que je puisse trouver dans Avicenne, est décrit par cet Auteur ; outre cela Rhazés parle le premier de l'*Oleum benedictum* ou *Philosophorum*, & il est très-exact à expliquer la maniere de la faire dans une retorte qui pourra supporter le feu, & qui sera bien lutée (*luto sapientiæ*, dit l'Interprete) on augmente le feu doucement & par degrez, jusqu'à ce qu'il sorte par distillation une huile rouge. Je croi que cet Auteur est le premier qui donne quelque idée des remedes Chymiques ; car tout ce qu'on trouve dans les anciens Chymistes Grecs, comme ils sont appellez, n'a de rapport qu'à la fusion ou transmutation des métaux. M. le Clerc marque Avicenne pour le premier introducteur de la Chymie dans la Medecine, parce qu'il est le premier, dit-il, qui fasse mention d'un remede Chymique, quoique ce ne soit que d'un seul qui est l'eau de roses distillée, &

P

ACTUAR.

a *De viribus cordis & Pleurit.*

il cite à ce sujet deux endroits de cet Auteur [a]. Mais s'il avoit examiné ces endroits plus attentivement, il auroit trouvé qu'il n'y a pas là d'ombre de distillation; mais que c'est purement une méthode de faire bouillir dans de l'eau les roses, telle que celle des Grecs, en faisant le Rhodostacton ou l'Hydrorosaton : & ce que dit Gesner des anciens Arabes, est vrai, je pense, que par tout où l'on trouve dans leurs écrits l'eau de quelque plante, il ne s'agit là uniquement que de décoction. Et il est certain que de tous les Ecrivains Arabes, Jean Damascene, appellé Mesue, qui a vêcu à la fin du douziéme siécle, dans le Regne de Frederic Barberousse, est le premier qui a décrit la maniere de faire cette eau par le procedé chymique.

Il y a cependant lieu de penser que l'eau de roses distillée étoit en usage parmi les Grecs avant ce tems-là. Il y a dans l'histoire écrite par Anne Comnene un passage très-particulier, & qui vient à ce sujet : sçavoir, qu'un jour l'Empereur s'évanouissant, on lui versa dans la gorge de cette liqueur, qui le fit revenir; les [b] termes sont τȣ τ̃ ῥόδων σαλάγματος. Cette expression ne peut être employée, je pense, avec quelque justesse de langage, pour exprimer aucun syrop, décoction, ou jus exprimé de roses; & lorsqu'il est appliqué à quelque plante de liqueur, ce n'est jamais que quand après une incision faite à la plante, le suc en sort par gouttes, comme dans les vegetaux d'où suintent de la gomme ou du baume. Outre cela, au cas rapporté dans cette histoire, on peut s'imaginer aisément si un simple suc de roses eût pû jamais être pris pour un cordial dans une telle extrêmité. La mort de cet Empereur Alexius arriva en 1118. c'est pourquoi supposant que dans ces endroits c'est de l'eau de roses distillée qu'il est fait mention, il paroît qu'elle a été connue des Grecs peu après le tems d'Avicenne.

b *Lib.* 15. *sub fine,*

Nous pouvons remarquer en passant que la Princesse, laquelle a écrit cette histoire, passoit pour très-sçavante en plusieurs Arts & Sciences, & avoit quelque teinture de Medecine : elle fut aussi fort empressée à tâter le pous de son pere & à donner son opinion suivant sa portée : elle donne une relation trés-circonstanciée de cette maladie, & raconte combien fut vrai dans son pronostic à cette occasion le Medecin Nicolas Caliclés qui avoit alors beaucoup de réputation : les autres Medecins étoient contraires à la purgation après que la matiere goutteuse se fût fixée à l'épaule, & lui il prédit que puisqu'elle avoit quitté les extrêmitez, elle tomberoit, si on ne l'emportoit par cette méthode, sur les parties nobles, ce qui arriva, causa un asthme, & peu après la mort.

Il y a outre cela dans cette histoire une longue & élegante description d'un magnifique Hôpital érigé par Alexius pour les pauvres. Et comme il semble que ce soit ici une des premieres fondations de cette sorte parmi les Grecs, nous pouvons bien lui donner une place dans l'histoire de la Medecine. Je croi qu'on ne trouvera pas que je m'écarte trop en entrant dans quelque détail là-dessus. Alexius bâtit une Ville quadrangulaire près de l'embouchure du Pont Euxin; & parmi ces nouveaux bâtimens il y avoit des Hôpitaux qu'il fonda touché de l'infirmité humaine, pour la subsistance & le soulagement des Estropiez & des Invalides. On pouvoit voir là l'aveugle & le boiteux comme au portique du temple de Salomon, qui étoit rempli de toute sorte de malades. Le bâtiment étoit double & de deux étages de hauteur. Il étoit d'une si grande étendue que l'espace de tout un jour n'auroit pas été suffisant pour le visiter tout entier. Quoique les habitans de cette Ville ni ceux qui étoient mis dans l'Hôpital n'eussent ni terres ni possessions, & qu'ils fussent réduits à une pauvreté égale à celle de Job, ce Prince ne les laissa jamais manquer d'aucune chose necessaire & à leur subsistance & à leur soulagement. Et ce qu'il y a de plus surprenant, c'est que ces gens-là, qui ne possédoient rien, ne laissoient pas d'avoir leurs Receveurs & leurs Maîtres d'Hôtel ou Intendans, si bien que les personnes du premier rang se piquoient de prendre soin de leurs affaires, & ainsi par plusieurs acquisitions & par des bienfaits cet ouvrage fut tellement avancé que la Princesse qui a écrit cette histoire, vécut assez pour le voir achevé. Mais Alexius en fit le premier établissement, y destina des revenus fixes à prendre sur ses revenus par mer & par terre, & ordonna qu'un de ses premiers Ministres en auroit toûjours l'inspection. Quoiqu'il entrât là des soldats invalides ou des vieillards incapables d'aucun travail, cet endroit étoit appellé *l'Hôpital des Orphelins*, parce que generalement il y en avoit un beaucoup plus grand nombre que d'autres personnes. On expedioit des Pa-

ACTUAR. tentes scellées du Taureau doré pour assurer les fonds annuels à cet Hôpital. Les Receveurs étoient obligez de tenir des comptes exacts pour justifier qu'ils n'avoient pas diverti ces fonds destinez pour les pauvres. Procope dit à la verité que Justinien fonda plusieurs Hôpitaux semblables; mais il n'en dit rien de particulier comme il fait de tous les autres édifices élevez par l'Empereur : & qui lira non seulement l'Histoire Grecque, mais encore celle d'autres pays, sera surpris de trouver combien peu il y est parlé de tels établissemens.

Mais pour revenir à Actuarius & pour conclure ce que j'ai à dire sur son Traité de la méthode de la cure; cet Auteur semble fort curieux dans le choix & dans la description de ses remedes : cet Ouvrage peut fort bien passer pour un bon corps de Medecine pratique.

Les deux Livres concernans les esprits, sont écrits phisiologiquement, & tous ses raisonnemens dans ce discours semblent fondez sur les principes qu'ont donné Galien & Aristote, &c. sur les mêmes sujets. Mais comme cela est rarement d'usage dans la distinction ou la cure des maladies, je n'en dirai rien de plus, on en trouvera un extrait dans Barchuisen. J'observerai seulement que le style de ce Livre n'est pas mauvais, & qu'il y a un grand mélange de l'ancien Attique, dont on trouvera rarement quelque chose dans les derniers Ecrivains Grecs.

Cet Auteur a encore sept discours sur l'urine, il a traité le sujet amplement & nettement; & quoiqu'il suivît le plan que Theophile a donné, il a cependant ajoûté beaucoup sur ce sujet, si bien qu'il n'a rien laissé de nouveau à dire pour aucun Moderne, quoique plusieurs ayent transcrit presque mot pour mot cette piéce d'Actuarius sans lui faire seulement la faveur de le nommer. Il finit ce Traité par un Chapitre qui mérite d'être lû de tout le monde, & ajoûte une remarque très-juste touchant les pronostics dans les maladies, sçavoir, que rien ne contribue mieux à en former de vrais, que l'examen du pous & de l'urine conjointement ; c'est pourquoi en ce qui regarde la méthode de la cure dans ses Livres, il traite fort judicieusement de ces deux indications en même-tems ; comme il a connu quelques drogues des Arabes, quelquesuns ont soupçonné qu'il a traduit ces Livres d'Avicenne ; mais leur maniere d'écrire est si differente qu'il ne paroît pas y avoir le moindre fondement à une telle conjecture; il est plus probable que la copie Arabe conservée en manuscrit a été traduite du Grec.

ACTUAR.

Nous n'avons pas de preuves assez claires pour fixer précisément le tems où a vêcu cet Auteur. Quelques-uns comptent qu'il a vêcu au onziéme siécle, d'autres au douziéme, & tous sans aucune autorité. Lambecius le place beaucoup plus bas, c'est-à-dire, au commencement du quatorziéme; la raison qu'il en donne est que dans les manuscrits de Vienne les Livres touchant la méthode de la cure sont dédiez à Apocauchus qui selon lui est la même personne qui a fait une grande figure dans le Regne d'Andronic & Cantacuzene vers l'an 1330. ou 1340. Toute la force de cette preuve porte sur cette seule circonstance; & parce que les raisonnemens dont il se sert pour appuyer son opinion, ont quelque chose d'extraordinaire, permettez-moi d'en sonder la force. Il tâche de prouver qu'Apocauchus étoit la personne décrite par Actuarius (quoique sans aucun nom) comme allant en Ambassade dans le Nord, & étant son compagnon d'étude [a] sous Joseph Rachendyt à qui les Livres touchant les esprits sont dédiez; il le represente comme un homme sçavant en Philosophie & en Medecine; & pour le prouver il a recours à l'histoire de J. Cantacuzene, où, dit-il, Apocauchus est appellé ironiquement ὁ διδάσκαλος τῆς οἰκουμένης καὶ μαθητὴς τοῦ πράου καὶ φιλανθρώπου [b], id est, Magister orbis, & discipulus mitis illius ac benigni præceptoris nempe Josephi Rachendyta, cujus nomen ibi subaudiendum est. Après il continue ainsi: Huc etiam pertinet quod J. Cantacuzenus refert Apocauchum metaphoricis loquendi modis à medicinâ desumptis uti consuevisse, & J. Cantacuzenum suum appellasse medicum [c] utpote cujus operâ multis implicatus periculis, & miseris affectus modis, ereptus atque curatus fuisset. Ce sont ses propres termes, qui quoique citez & reçûs implicitement par Fabrice, paroîtront surprenants à ceux qui voudront se donner la peine de consulter l'Historien même; car dans le premier paragraphe allegué, Cantacuzene est si éloigné d'avoir Apocauchus en vûe, qu'il parle du Patriarche Jean, qu'il represente, comme un homme fier & d'un mauvais naturel, qui prétendoit être le pedagogue de l'Univers, & d'un de ses disciples qui étoit d'un

[a] *Præf. in l. And. 1. Meth. Med.*

[b] *Lib. 3. 36.*

[c] *3. 10.*

ACTUAR. caractere doux & humain : par ce caractere il est clair qu'il ne désigne point Rachendyt, mais notre Sauveur : il se sert dans un autre endroit de la même expression & dans le même sens [a].

a *Lib.* 3. 74.

Il fait presque une aussi grande bévûe dans ce qui suit touchant les métaphores prises de la Medecine ausquelles il dit qu'Apocauchus se plaisoit si fort : l'Historien ne dit pas un mot à ce sujet ; il dit seulement qu'Apocauchus étoit accoutumé à l'appeller son Medecin, non dans un sens litteral, mais parce qu'il l'avoit retiré de plusieurs troubles & dangers : & surement il s'en faut bien que ceci ne signifie qu'Apocauchus eût quelque connoissance de la Medecine ou quelque goût pour cette science. Et même Apocauchus est si peu représenté dans toute cette histoire comme un homme de lettres, qu'il est dépeint sous le caractere d'un homme dont les commencemens furent très-obscurs, & qui étant né dans la misere, de sous-Commis dans les Finances, ou par un naturel rusé, ou par beaucoup d'avidité & de dexterité pour amasser de l'argent, fut d'abord fait Fermier de quelques-uns des revenus, & de là il fut mis à la tête des Publicains dans le tems de l'Empereur Andronic ; changeant après cela de parti, il se joignit à Andronic le petit-fils, (car n'ayant aucun sentiment d'honneur, il ne rougissoit de rien) peu à peu il s'insinua si bien par là, qu'il fut fait Questeur, Gouverneur de la Cour & de l'Empire, & enfin grand Duc, & tout ce qu'il pouvoit être, comme le dit Cantacuzene. Ce qu'il y a de plus surprenant est qu'il conserva tout ce pouvoir contre l'inclination du Prince [b],

b 3. 14.

qui quoiqu'il l'eût revêtu de si grands emplois, le regardoit comme un insigne fripon [c]. Enfin sa conduite insolente qui

c 2. 38.

est si naturelle aux gens sans honneur, étant parvenue à un point insupportable ; cet Apocauchus regardé avec justice comme l'Auteur de la calamité publique, eut le sort qu'il méritoit, il fut tué par les prisonniers en 1345. *

Mais pour revenir à notre sujet : supposé que le caractere de cet Apocauchus pût convenir à la personne décrite par Actuarius, il n'est pas possible qu'il soit le même homme qui est désigné ici ; car on peut aisément prouver que non seulement Actuarius, mais encore un autre Auteur qui le cite, &

* Dans cette histoire d'Apocauchus il y a, je croi, quelque allusion au Gouvernement & à un Ministre d'un certain Royaume.

le transcrit souvent, doit avoir vécu avant ce tems-là ; c'est ACTUAR. Nic. Myrepsus le dernier des Ecrivains Grecs : (si l'on peut appeller Grec un aussi mauvais style que celui dans lequel il a écrit :) il a pris la peine de ramasser en maniere de Dispensaire, les differents remedes composez qu'on trouve çà & là dans les Ecrivains Grecs & Arabes. Il est très-certain que Myrepsus a compilé cet Ouvrage avant l'an 1300. car non seulement Pierre de Abano le fameux Conciliateur qui est mort en 1316. mais encore M. Sylvaticus & F. de Piémont tous deux Medecins de Robert Roy de Sicile, lesquels ont écrit tout au commencement de son Regne qui fut en 1310. rapportent nommément toutes les differentes recettes qu'on trouve en lui. On ne sçait pas de combien il étoit plus ancien ; il semble probable cependant qu'il a vécu peu avant la fin du treiziéme siécle ; car pour ne rien dire de l'Antidote de Michel-Ange qui pourroit être le premier Empereur des Paleologues vers l'an 1250. & dont la femme étoit fille de Alex. Ange ; il en décrit un autre dont se servoit le Pape Nicolas. Ce Pape peut avoir été, je pense, le troisiéme de ce nom qui mourut en 1280. & fut contemporain de Myrepsus, parce que c'étoit, suivant la portée du tems, un homme de sçavoir, & grand Promoteur de toutes sortes de sciences ; c'est là au moins une preuve suffisante, qu'Actuarius a vécu plûtot que ne le marque Lambecius. J'ai dit ci-devant quelque chose du style d'Actuarius, & je pense qu'on peut tirer de là un argument, qu'il étoit plus ancien ; car si on le compare ou avec Psellus, ou avec Simeon, on lui trouvera plus de pureté dans la diction ; & il est sûr qu'après l'an 1200. on rencontrera peu d'Ecrivains qui n'ayent un mélange de Grec moderne & de barbarismes pris des autres langages.

Si l'on continuoit d'objecter l'autorité du manuscrit par laquelle il paroît que la dédicace est faite à Apocauchus, il est aisé de répondre, ou que ce peut être un autre Apocauchus, ou que le titre a été forgé, pratique très-ordinaire à ceux qui transcrivoient les manuscrits, & aussi ancienne que l'établissement de la Bibliotheque Philadelphienne.

On peut trouver dans Athenée, Phocius, Lambecius, Fabrice, &c. quelques autres Auteurs Grecs & quelques autres piéces de peu de consequence dont on a déja parlé. Mais

ACTUAR. comme elles ne contribuent pas beaucoup ou à l'ornement de l'Histoire, ou à l'avancement de la Medecine, je ne m'y arrêterai pas. Je ne dirai rien non plus des Ecrivains Latins qui ont vêcu après le tems de Galien, puisque M. le Clerc a donné d'eux tous un extrait ample & net dans la premiere édition de son histoire: exceptons-en Marcellus Empiricus qui a pillé & transcrit très-impudemment Scribonius Largus, & n'a rien mis du sien dans tout cet Ouvrage que quelques mauvaises recettes qu'on pourroit appeller de vrayes legendes.

 Voilà donc une histoire abregée du petit nombre de Medecins Grecs qui ont été depuis Galien; je l'ai appuyée sur de bonnes autoritez autant qu'il m'a été possible; j'ai extrait de leurs Livres certaines choses qui ont du rapport à la perfection de la Medecine, & je les ai inférées ici. On a crû si generalement qu'excepté ce que contiennent les Ouvrages immenses de Galien, les autres anciens n'ont presque rien fait pour l'avancement de cet Art; voici apparemment le principe de cette prévention. Il semble au premier coup d'œil que les successeurs de Galien ont beaucoup transcrit de lui; ainsi sans se donner beaucoup la peine d'examiner & de comparer leurs écrits, plusieurs se sont mis dans l'esprit qu'ils n'avoient fait que copier; & aucun Editeur de ces Ecrivains n'a encore jugé à propos de faire connoître la fausseté de cette prévention: les Commentaires qui nous ont été donnez n'étant remplis que de remarques grammaticales & critiques, sans la moindre vûe d'éclaircir ce qui a du rapport à l'histoire ou à la pratique de la Medecine dans le tems relatif à chaque Auteur; je n'ai pas besoin de donner une plus grande preuve de cela que les Dolabelles de Cornarius sur Paul. Une autre circonstance peut avoir contribué à cette erreur, c'est l'extinction ou plûtôt la réunion de toutes les Sectes après le tems de Galien, comme je l'ai observé, & d'où apparemment la Secte Episynthetique a pris son nom. Si quelqu'un débitoit une nouvelle doctrine sur-tout si elle étoit singuliere & extravagante, il faisoit, comme cela arrivera toûjours, plus de bruit dans le monde, qu'un autre qui donne quelque production utile pour la pratique soit en remedes, soit en operations; & comme trois ou quatre siécles de suite après Galien, les Auteurs se sont appliquez à cette derniere sorte d'étude sensée, c'est là encore une raison peut-être

être pourquoi on a fait peu d'attention à eux; mais malgré ACTUAR. toute déference pour les hypotheses qui distinguoient principalement une Secte de l'autre, & qui faisoient le sujet de toutes leurs recherches, je m'imaginerois que l'invention de quelque nouveau remede ou de quelque nouvelle méthode de cure, mériteroit aussi-bien au moins d'être rapportée dans les Annales de la Medecine.

J'ai donné plusieurs preuves, on pourroit en donner encore davantage pour faire voir que les Medecins dont j'ai parlé ont décrit des maladies dont leurs Prédecesseurs n'ont point traité; qu'ils nous ont enseigné de nouvelles méthodes pour traiter des vieilles maladies; qu'ils nous ont donné de nouveaux remedes soit simples, soit composez, & qu'ils ont fait des additions considerables à la pratique de la Chirurgie; & si ce sont là des progrès réels de cet Art, je croi qu'on ne sçauroit nier que la Medecine en a fait jusques vers l'an 600.

Ceci paroîtra plus évident à ceux qui voudront refléchir sur les relations que nous avons des maladies dans ces differens tems. M. le Clerc nous a donné une liste des maladies qu'Hippocrate décrit ou dont il a fait mention; liste plus longue que celle qu'on trouve dans Celse. Je souhaiterois qu'il eût de même pris une liste de celles qui sont dans Galien, il auroit vû par là que le catalogue des maladies n'étoit pas si étendu qu'on se l'imagineroit par la grosseur des volumes qu'il a écrits; mais si l'on examine dans cette vûe les Ouvrages d'Ætius, & qu'on compare ses descriptions avec celles de Galien, on trouvera que le nombre des maladies dont il fait mention, se monte à un tiers de plus. Ce seroit donner de l'ennui sans aucune instruction que d'entrer dans le détail sur ce sujet; je ne parlerai que d'un seul article qui regarde les yeux. Les maladies qui arrivent à cet organe, selon qu'elles sont rapportées dans Celse, sont les mêmes dans Hippocrate, & se montent au nombre de trente: Galien donne les noms de quelques autres; mais comme elles n'ont pas de differences essentielles, il n'en donne pas de description. Dans Ætius on trouvera un Livre[a] entier sur ces maladies, le nombre y en est a 2. 3. & 4. double, les symptômes sont amplement marquez, & la méthode de la cure y est bien développée. Parmi ces maladies, Celse n'en décrit que treize qui demandent d'operation manuelle, & Galien presque aucune ; mais Ætius en a trente où il conseille les applications chirurgicales ; & dans une de ces maladies qui est une grande fluxion d'humeurs, il expose ª trois differentes manieres de la guérir par le moien de la Chirurgie. J'observerai encore que dans ce Livre, qui est un des plus longs, Ætius cite beaucoup moins d'Auteurs qu'il ne fait ordinairement dans les autres ; ce qui doit faire penser qu'il a écrit sur ce sujet en partie au moins d'après sa propre experience. Il est évident que cela est ainsi en plusieurs endroits ; & les deux principaux Auteurs ausquels il s'en rapporte sont Severe & Demosthenes, deux Ecrivains vraiment intelligens, comme cela paroît par ces fragmens mêmes. Le dernier fut disciple d'Alexandre l'Herophiléen, & eut comme son Maître le surnom de Philalethes : il écrivit trois livres sur les yeux : Galien dit qu'ils étoient fort estimez de son tems.

Pour ce qui est de la Chirurgie en particulier, je croi pouvoir affirmer, sans faire aucun tort aux Ecrivans plus anciens, que quiconque lira attentivement Ætius & Paul, se convaincra que dans cette branche de Medecine on a ajoûté beaucoup de choses qui ne sont rapportées ni dans Galien, ni nulle-part ailleurs. Et en general on peut remarquer une fois pour toutes que les Ecrivains que j'ai renfermez dans cet espace de tems jusqu'au commencement du septiéme siecle, & ceux dont ils nous ont conservé des fragmens, n'étoient pas des Compilateurs qui ignorassent, comme il est ordinaire, la nature du sujet dont ils traitoient : ils étoient chacun au contraire gens d'experience & de pratique : & si les derniers Ecrivains Grecs qui les ont suivis ont été d'un caractere inferieur, & qu'ils aient peu perfectionné l'art qu'ils professoient, on ne doit pas s'en étonner si fort, puisqu'alors l'ignorance se répandit dans tout l'univers, & ne fut dissipée qu'après plusieurs siecles. Toutes les autres sciences étant presque entierement éteintes, pourquoi & comment la Medecine auroit-elle pû être exemte de la calamité generale de ces tems malheureux ?

Je n'éleve pas trop cette classe inferieure d'Ecrivains : malgré cela je ne regrette ni le tems ni la peine que m'a coûté la lecture de leurs ouvrages ; les avantages qu'on en peut tirer ne sont pas fort considerables, mais ils ne sont cependant pas tout-à-fait à mépriser. Par leurs ouvrages & par ceux des Au-

DE LA MEDECINE.

teurs qui les ont précedez, je conçois les avantages qu'on pourroit tirer des livres de nos prédecesseurs; & je suis convaincu qu'une parfaite connoissance des Auteurs de Medecine & sur-tout des anciens, est la voie la plus sûre pour devenir habile dans la Pratique. Mais si ce que je dis là paroît trop fort à ceux qui ne goûtent que leurs propres reflexions sur leur pratique, je souhaite qu'on observe qu'il y a quelques cas au moins qui n'arrivent que très-rarement; & lorsqu'ils surviennent, ils étonneront moins sans doute un homme versé dans la lecture des bons Auteurs de Medecine; il les saisira même plus promtement, & les distinguera plus clairement que le plus grand genie qui méprise ces secours.

Chaque Medecin fera, ou doit faire, ses observations sur sa propre experience; mais il sera plus capable de porter un jugement plus juste, en comparant ce qu'il voit avec ce qu'il a lû. Lire, chercher, examiner les opinions & les méthodes de ceux qui ont vécu avant nous, bien loin de marquer aucune foiblesse dans notre génie, semble l'élever & le rendre juge d'autrui, puisque d'un côté personne n'est obligé de suivre les opinions d'aucun Auteur, qu'autant qu'il les trouve conformes à la raison, & propres à être réduites en pratique; & que de l'autre par cet examen même on devient capable d'en porter un bon jugement. Ainsi on ne doit pas craindre de voir la sagacité & le jugement s'embarrasser dans la lecture, l'esprit s'y développe à chaque moment, on a occasion de comparer & de distinguer ce qu'on lit de deux differens Auteurs, ou même de differens passages d'un même Auteur; la lecture fait parcourir à l'esprit un champ plus vaste & aussi fertile que la pratique la plus étendue & la plus variée. Je regarde même comme de vrais présomptueux les gens qui avec la plus longue experience ne daignent pas consulter les Anciens comme gens incapables de leur presenter rien de nouveau ou d'interressant. Pour moi, je ne vois pas qu'un honnête homme puisse se contenter soi-même avec une connoissance aussi superficielle que celle qu'on peut ramasser de quelques systêmes nouveaux, & se croire en état de décider sur la vie ou sur la mort (car c'est-là le cas) en consultant deux ou trois Dispensaires, où quelques crochets d'Apotiquaires, ou, ce qui est un peu mieux, en passant quelques mois dans un Hôpital. C'est une

Q ij

ACTUAR. arrogance particuliere à quelques personnes de notre tems & de notre Nation de mépriser les Ecrivains les plus sçavans & les plus célebres dans leur profession : cette liberté effrenée de penser dont on est si jaloux a fait autant de mal dans la Medecine que dans la Religion. Personne, il est vrai, ne doit embrasser sans les examiner, les opinions d'autrui ou sur le nom ou sur l'antiquité de leur Auteur ; mais aussi une longue réputation & toûjours soûtenue doit être une raison suffisante pour nous porter à écouter & examiner les Anciens avant que de les condamner. Et je croi qu'après une recherche impartiale on verra que ç'a été sur des raisons très-solides qu'Hippocrate, Galien & leurs successeurs ont toûjours été reconnus comme les grandes lumieres & les peres de la Medecine, & leurs écrits honorez d'une estime universelle pendant un si grand nombre de siecles, espace dans lequel il s'est trouvé apparemment quelques hommes nez avec des talens aussi heureux & perfectionnez par une aussi grande experience que celle de tous les habiles gens que notre siecle si vanté a pû produire. Se croire assez sage pour n'avoir besoin d'aucune instruction, ce n'est pas une grande marque de sagesse ; il semble pourtant que ce soit-là le cas de ceux qui s'appuiant uniquement sur leur propre experience, méprisent tous les Maîtres, excepté eux-mêmes.

N'est-ce donc pas la peine pour un Medecin de comparer les cas & les symptômes, les raisonnemens & les remedes tels qu'ils sont dans les anciens Ecrivains & dans les modernes, en les comparant & en observant les endroits où ils s'accordent & ceux où ils different, ceux où ils ont réussi, ceux où ils ont échoué ? On pourra mieux juger si les modernes doivent être preferez ou non ; le jugement qu'on portera de ces Ecrivains, après un tel examen, sera plus sûr que si l'on ne connoissoit ni les uns ni les autres, ou si on n'étoit familier qu'avec un des deux partis.

On dit, & on croit communément, que la matiere médicinale loin d'avoir été perfectionnée, a été resserrée en des bornes plus étroites depuis les Anciens ; de dire à quel point & à combien d'égards cela est vrai, ce seroit élever une grande querelle, & il n'en est pas question à present ; que cela soit vrai ou non, n'importe à la science dont nous parlons, à moins qu'on ne pût dire que la nature des maladies a changé & que leur nombre a aussi diminué, ce que je n'imagine pas.

DE LA MEDECINE.

Cependant si nous voulions souscrire à la méthode abregée que suivent dans leurs études quelques-uns de nos Confreres, nous devrions contredire ce divin vieillard Hippocrate, & raier d'abord son premier aphorisme; mais si la nature de la Medecine étoit telle qu'il ne fallût qu'une legere étude pour pénétrer dans ses mysteres, pourquoi ferions-nous difficulté de donner la main au premier Empirique qui demanderoit l'association? Car où est une difference si grande en fait de science, entre regler toutes nos idées sur un ou deux Auteurs particuliers, & borner toutes nos prescriptions à tel ou tel remede particulier. L'experience offre de grands secours sans doute à la science, aucun homme de bon sens ne le niera; mais on devroit ne pas nier non plus que le mot est souvent substitué à la réalité de la chose. Un homme peut pratiquer durant toute sa vie & n'en devenir pas meilleur juge, s'il néglige de faire les observations que l'experience doit lui presenter; mais il n'y a pas d'apparence qu'un homme qui va toûjours son même train, & qui ne voit d'autres objets que ceux que lui offre sa propre vûe, qui est fort bornée, devienne fort délicat dans ses observations: un homme au contraire qui lit, étend & fortifie sa vûe par les lumieres qu'il trouve dans les Auteurs; la lecture joint à notre experience celle des autres, & c'est du concours de ces deux sortes d'experiences qu'on peut attendre quelque progrès de nos connoissances. Si cela n'étoit pas, le plus ancien Praticien seroit toûjours le meilleur Medecin, & il y auroit peu de difference entre une vieille femme qui soigne les malades, & un Professeur même le plus éclairé.

Après tout, j'avoue que lire tous les Livres de la Medecine sans discernement & sans s'attacher aux observations, ce n'est pas mettre en sa tête la science qui fait le vrai Medecin. *Lire beaucoup*, dit un grand Auteur, *& manger beaucoup, c'est la même chose, on est également incommodé par la difficulté de la digestion.* Je ne croi pas non plus qu'un homme qui se renfermera tout entier dans les écrits des Anciens pût acquerir par là des qualitez suffisantes pour la pratique. Tout ce que je prétens, c'est que pour soûtenir l'honneur de la Medecine, il n'y devroit entrer que des personnes d'une science convenable, science qu'on n'obtiendra jamais au degré qu'il faut

ACTUAR.

ACTUAR. fans lire les anciens & les modernes pour pouvoir les comparer & choisir les opinions ou des uns ou des autres suivant que les differens cas qui surviennent peuvent l'exiger ; & c'est cette application qui rend un Medecin superieur à un autre. On voit combien d'Auteurs ont mal réussi pour n'avoir pas connu les meilleurs Ecrivains. Ils ont beau se donner la gloire d'une longue pratique, lorsqu'ils viennent à traiter des maladies, plusieurs d'entr'eux écrivent si mal, qu'ils ne méritent pas d'être lûs ; & loin de connoître & de pouvoir imiter le bon sens qui brille dans les ouvrages de leurs prédecesseurs, ils ne sçavent pas seulement en quelle langue ils ont écrit.

On devroit s'attacher davantage à la connoissance des Auteurs qui ont excellé dans cette profession : elle est utile ; mais ce Traité a si fort grossi sous ma plume, qu'une longue digression seroit inexcusable. Mettons donc fin à ma peine & à celle du Lecteur ; qu'on me permette seulement de rappeller une chose à laquelle j'avois d'abord pensé en adressant ce discours à un grand homme, & laquelle m'est encore très-presente ; ce sont les sentimens dont m'ont rempli son amitié & la bonté de tous Messieurs de la Faculté dans le tems que l'on m'a crû en danger. Je m'en ressouviendrai toûjours avec plaisir, & je me croi obligé de le reconnoître de la maniere la plus publique.

HISTOIRE
DE
LA MEDECINE
DEPUIS GALIEN.

SECONDE PARTIE.

'AI fait voir dans la premiere Partie de ce Traité en quel état a été la Medecine parmi les Grecs, & quels ont été les principaux Ecrivains de cette Nation qui ont traité de cette science. Je dois à present porter ma vûe ailleurs, & examiner les progrès de la Medecine parmi les Arabes, peuple barbare, quoique grand; peuple qui par la force & par l'esprit d'enthousiasme qui lui est naturel, a porté ses armes & ses connoissances presque dans tout le monde; cette Nation a donné un spectacle éclatant à tous les autres peuples par les sciences & par les conquêtes pendant plusieurs siécles; on ne trouvera cependant que très-peu de chose qui ait rapport à l'histoire Arabe dans les Ecrivains Grecs & Romains. Aussi entrai-je à present dans un vrai labyrinthe où l'on est plus assuré de se lasser, que de trouver enfin le chemin.

Dans la nécessité désagréable où l'on est de reprendre souvent même sentier, tout fatigue & le décourage; l'on n'y trouve point comme dans d'autres histoires une suite agréable d'objets qui s'offrent à l'esprit comme dans une perspective variée; je tâcherai cependant de débrouiller la Medecine Arabe le plus exactement que je pourrai; mais je prévois bien que quand même je réussirai dans la peinture que j'en ferai, je ne donnerai jamais que le tableau d'un desert.

Avant d'entrer en aucun détail sur ces Ecrivains qui ont traité de la Medecine, il sera nécessaire, je crois, de dire auparavant quelque chose en general sur la maniere dont les sciences des Grecs ont pénétré parmi ces peuples-là.

L'état des Sciences parmi les Arabes.

J'Ai déja fait mention de la prise d'Alexandrie par les Sarrazins, & de la destruction de la fameuse Bibliotheque qui y étoit; il n'y a pas de doute qu'ils n'aient trouvé d'abord les ouvrages des vieux Ecrivains Grecs dans cette Ville qui fut une de leurs premieres conquêtes, & qui avoit été la grande école dépositaire pendant tant de siécles de toutes les sciences, & particulierement de la Medecine; cela paroit non seulement par tout ce qu'on trouve dans les Ecrivains Grecs dont j'ai parlé, mais encore par l'éloge remarquable que Ammien Marcellin dans le tems de l'Empereur Valens fait de cette Ville; il dit qu'avoir étudié à Alexandrie étoit un titre pour s'établir & pratiquer la Medecine. L'histoire rapporte que la fameuse Bibliotheque fut détruite: & en cela les Arabes ne firent rien qui ne leur fût très-ordinaire en de semblables occasions; car à leur conquête de Perse non seulement tous les Livres qui traitoient de la Philosophie naturelle & de la Religion idolâtre de ce Pays-là furent brûlez par l'ordre du Calife Mahometan; mais les caracteres même particuliers aux Perses furent abolis. Ils éteignirent les restes de toutes les sciences en Afrique, lorsqu'ils en devinrent les maîtres, comme firent les Goths lorsqu'ils subjuguerent l'Italie. Dans ces ravages ordinaires à ces Barbares, il est pourtant probable que les écrits des vieux Medecins Grecs furent épargnez, uniquement parce qu'ils

DE LA MEDECINE.

qu'ils traitoient de Medecine ; le defir naturel à tous les peuples de conferver leur fanté, préferva fans doute ces Livres de l'incendie ; ils n'avoient d'ailleurs aucun rapport avec la Loi de Mahomet. Abulpharage femble fortifier cette conjecture par quelques particularitez qu'il nous a laiffées dans l'hiftoire d'Almamon : on trouve encore des preuves qui la favorifent dans ce qui eft contenu dans la Medecine Prophetique ; (Traité manufcrit qui eft dans la Bibliotheque de Bodlei) mais peut-on y ajoûter quelque foi ? C'eft ce dont le fçavant M. Gagnier nous inftruira bientôt. On apprend dans ce Traité que Mahomet étoit très-verfé dans la Medecine, & particulierement dans la partie experimentale, laquelle eft appellée Empirique, & a toûjours été en vogue parmi les Indiens & les Arabes, & qu'il compila un Livre d'aphorifmes contenant les principaux préceptes de cet Art. S'il y a donc eu une tradition que le Prophete faifoit un fi grand cas de la Medecine, il n'y a pas de doute que fes difciples & fes fucceffeurs ne l'aient fuivi dans ceci comme dans fes autres opinions.

Ajoûtez à cela que dans cette malheureufe deftruction de la Bibliotheque d'Alexandrie, on ne fçauroit croire que plufieurs manufcrits n'aient été confervez par Jean le Grammairien & par d'autres Sçavans qui alors faifoient leur réfidence dans cette Ville ; ces manufcrits confervez ont été fans doute tranfcrits & ont paffé en plus grand nombre de mains, comme il arriva à Conftantinople, lorfque cette Ville fut faccagée : alors (quoique tard) les Grecs introduifirent leur fcience & leur langue dans les Parties Occidentales de l'Europe. Leurs Livres furent immédiatement traduits en Latin & firent prefque tout le fçavoir du quinziéme fiécle. Malgré le dégât que les Turcs firent dans cette Ville, Bufbequius, plus de cent ans après, ramaffa un grand nombre de manufcrits précieux, fur-tout des manufcrits qui traitoient de la Medecine ; il les recherca avec le plus de foin, & les marqua de fa propre main, comme l'obferve Lambecius, & à prefent ils font l'ornement de la Bibliotheque Imperiale à Vienne.

Mais à quelque caufe qu'on doive l'attribuer, la fcience des Grecs fe foutint & fur-tout en fait de Medecine jufqu'à un certain point : toute l'Egypte fe fervoit encore de l'Ere d'Alexandre ; & ce ne fut que vers l'an de J. C. 718. durant le

R

regne d'Alwalid qu'il fut ordonné aux Ecrivains Chrétiens de se servir du calcul Arabe pour les années & pour l'Arithmétique; les Ecoles de Medecine furent entretenues à Alexandrie pour quelque tems, (quoique M. Renaudaut n'en veuille pas convenir) car Abulpharage parle de Theodunus & Theodocus fameux Medecins & Professeurs qui vivoient vers la fin du septiéme siécle, & qui, autant que nous en pouvons juger par toutes les circonstances, étoient d'Alexandrie; nous trouvons que les disciples du dernier vivoient au moins en 754. lorsque la maison des Abbas fut élevée à l'Empire. Abi-Osbaia qui a écrit les Vies de plusieurs Medecins, & qui jusqu'ici n'ont pas été imprimées, est encore plus circonstancié : & parlant d'Elkenani, il dit qu'il étoit Chrétien, & qu'il fut nommé Professeur de Medecine dans cette Ville-là, & qu'ensuite sur les insinuations du Calife Abdil-Aziz, il se fit Mahometan : alors dans l'année 721. ces écoles publiques furent transportées à Antioche & à Harran, & c'est de là que l'étude de la Medecine fut portée dans les autres parties de l'Empire Sarrasin. Cependant l'histoire de ces tems-là nous apprend que cette science fut cultivée plus tard à Alexandrie, de maniere que vers l'an 800. le Patriarche de cette Ville devint si fameux pour son sçavoir en Medecine [a], que le Calife Rashid, le cinquiéme de la ligne des Abbas, envoia à lui pour guérir une de ses maîtresses favorites.

[a] Elmacen. Sarracen histor. pag. 123.

Il n'y a pas de doute que les premieres versions des Auteurs Grecs n'aient été faites en Langue Syriaque; car les Syriens étoient généralement lettrez & Chrétiens. Nous trouvons aussi qu'Aaron le Prêtre [b], qui étoit d'Alexandrie, & vécut dans le tems de Mahomet vers l'an 622. écrivit en cette Langue trente Livres qu'il compila principalement des Grecs, & qu'il appella les Pandectes de Medecine. Par le secours de ces versions Syriaques, les Arabes commencerent à connoître les écrits des Grecs. Le premier Traducteur dont il y ait quelque trace, & [c] qui tenta quelque chose dans la Langue Arabe, fut le Medecin Maserjawaihus Syrien & Juif, lequel vers l'an 683. donna une interprétation de ces Pandectes : la plûpart des Interpretes suivans imiterent son exemple, firent des traductions sur le Syriaque, & non sur le Grec. Quelque tems après, Almanzor second Calife de la maison des Abbas, avança beaucoup les

[b] Albu-pharag. 99.

[c] Id. 117.

DE LA MEDECINE.

sciences, & particulierement l'Astronomie; il bâtit dans l'an- a *Id.* 141.
née 767. la Ville de Bagdad [a], lieu qu'il choisit par le conseil
des Astrologues [b] ; & cette Ville étoit si belle, qu'elle devint b Elmacen.
immédiatement la résidence des Califes. Almanzor étant fort   124.
malade appella George Bactishua [c] Medecin Indien Chrétien, c Abulph.
très-estimé pour son sçavoir dans la Langue Persienne & l'Ara- 143.
be ; à la priere d'Almanzor il traduisit plusieurs Livres de Medecine. Il avoit été élevé & il vêcut à Jondisabur ou Nisabur
Capitale de Chorasan, qui fut bâtie vers l'an de J. C. 272.
par Sapor Roi de Perse pour la Reine son épouse fille d'Aurelien [d] Empereur Romain. Il n'est pas hors de vraisemblance d Abulph.
que la Medecine ait fleuri dans cette Ville depuis ce tems-là   82.
jusqu'à celui dont nous parlons ; car Aurelien pour faire plaisir
à sa fille y envoia plusieurs Medecins Grecs qui firent revivre
la Medecine Hippocratique dans l'Orient où ils la répandirent.
C'est pour cela peut-être que les Professeurs de Medecine célébres parmi les Arabes, comme Rhazés, Haly-Abbas, &
Avicenne, furent élevez dans ces parties les plus Orientales de
l'Asie. Almanzor traita George avec beaucoup de civilité &
de bonté ; & sur ce que George ne se trouvant pas lui-même
en bonne santé, parut souhaiter de s'en retourner dans son
pays natal, Almanzor le fit conduire chez lui avec de grands
honneurs, & lui fit present de dix mille écus d'or. Il semble
que cet Art étoit enseigné alors comme au tems d'Hippocrate
dans des familles particulieres ; car ce George eut un fils élevé dans la même profession, & peu après il y eut trois ou
quatre generations des Bactishua tous fameux pour leur experience en Medecine : quelques-uns d'eux traduisirent plusieurs
Traitez de ce genre en Syriaque & en Arabe.

On dit que sous le regne du successeur d'Almanzor, je veux
dire Almohdi, Theophile d'Edesse, Maronite & fameux Astronome [e], traduisit très-élegamment l'Iliade d'Homere en Sy- e *Id.* 147.
riaque.

Rashid dont le regne commença en 792. embellit Bagdad,
en y faisant élever plusieurs Mosquées, & en y établissant plusieurs Ecoles publiques, & ç'a toûjours été depuis une Coûtume parmi les Mahometans que par tout où ils ont bâti une
Mosquée, ils ont en même-tems fondé un Hôpital & un College, comme ils l'ont fait à Grenade & à Cordoue lorsqu'ils

R ij

se sont établis en Espagne. Dans cette Ville nouvellement bâtie, je veux dire Bagdad, la langue naturelle étoit la Syriaque, & Mesue Syrien y fut un grand Professeur, qui fit nombre de disciples : il fut aussi employé par ce Calife & ses successeurs pendant plus de quarante ans à interpréter & expliquer les vieux Medecins. On peut juger de l'état de la Medecine par une chose que rapporte Elmacen [a] ; le Calife Rashid fut attaqué d'apoplexie, l'An de l'Hegire 180. Les Medecins furent appellez pour consulter sur le cas ; le fils de Bactishua (qui est probablement le fils de George dont on vient de faire mention) jeune Medecin fort ingenieux, proposa la saignée. Mahomet Alamin, fils aîné de Rashid, s'y opposa ; mais Almamon le plus jeune dit que puisque le Calife étoit abandonné de tous les Medecins, & qu'il falloit certainement qu'il mourût, on ne couroit aucun risque en le faisant saigner, & que peut-être elle pourroit faire du bien. Il fut saigné en consequence, & fut guéri immédiatement. Il eut depuis une grande amitié pour Almamon, & fit Bactishua son premier Medecin avec une pension annuelle de cent mille drachmes. On voit combien ces Medecins étoient ignorans dans la science des Grecs, puisque leur opinion generale étoit si contraire à la saignée dans ce cas ; mais comme le conseil de ce jeune Medecin dans cette occasion pressante fut très-sensé, cela nous doit faire penser comment nous devons être attentifs à ne pas négliger dans certaines extrêmitez le seul remede qui peut être d'usage & sans lequel tous les autres seront sans effet.

[a] *Hist. Sarrac.* p. 122.

On peut remarquer en passant que dans ces tems-là la doctrine de la Prédestination n'avoit pas fait sur ces peuples des impressions si profondes, qu'elle en a fait sur les Turcs modernes. La suite de cette histoire fera voir que bien loin de regarder la fin de la vie comme fixée, ils n'ont négligé aucuns des moiens humains propres à prévenir ou à guérir les maladies, & ils ont encouragé autant qu'aucune autre Nation les Professeurs de la Medecine.

Le deuxiéme Calife qui regna après celui-ci, & qui fut son fils, c'est-à-dire Almamon, vêcut A. C. 840. & travailla plus qu'aucun de ses prédecesseurs pour l'avancement de toute sorte de sciences. Abulpharage [b] en fait une relation circonstanciée qui est telle : Les Arabes au commencement du Ma-

[b] 160.

DE LA MEDECINE. 133

hometifme s'appliquerent à peine à d'autre étude qu'à celle de leur propre Langue & de leur propre Loi : si l'on en excepte la Medecine, si elle n'étoit connue qu'à un petit nombre, le general au moins en faisoit un grand cas par les avantages publics qui en reviennent ; mais ce ne fut qu'Empyrisme jusqu'à ce que les Auteurs Grecs furent connus. Tel fut l'état des sciences sous les Omniades qui avoient regné environ quatre-vingt-onze ans ; mais lorsque Dieu eut placé sur le trône en 754. la race des Abbas, ces peuples furent réveillez de leur assoupissement & retirez de cette négligence paresseuse dans laquelle ils avoient langui si long-tems. Le premier Empereur qui parut s'interesser pour les sciences, fut Almanzor, comme nous l'avons remarqué ci-devant, lequel eut non seulement de grandes connoissances dans la Loi, mais qui s'attacha aussi à l'étude de la Philosophie naturelle, & particulierement à l'Astronomie ; mais Almamon septiéme Calife de cette race, perfectionna ce que son aieul Almanzor avoit commencé ; & donnant tous ses soins pour tirer les ouvrages des Sçavans de leurs propres pays, il pria les Empereurs Grecs de lui envoier tous les Livres de Philosophie qu'ils avoient ; ce qu'ils voulurent bien faire. Il fit traduire tous ces Ouvrages par les meilleurs Interpretes qu'il put avoir, & fit tout ce qu'il put pour qu'on s'appliquât à les lire & à les étudier : il se plaisoit à entendre lui-même & les lectures & les disputes : il avoit une telle passion pour acquerir les sciences naturelles, qu'il n'en resta pas à la simple étude des Arts méchaniques, comme les Chinois & les Turcs ont fait. Il fit faire des instrumens pour observer les étoiles ; les Astronomes les firent dans la Province de Bagdad & au mont Casius près de Damas. Plusieurs de ces Astronomes écrivirent, & particulierement Alfraganius Auteur d'une introduction à l'Astronomie qui renfermoit tous les principes établis par Ptolomée, & qui étoit écrite en fort bon langage, avec des explications très claires. Il s'en faut donc bien que la Religion Mahometane favorisât alors l'ignorance, ou défendît l'étude des lettres, comme elle le fait à present.

Malgré ce progrès dans les sciences, qui est dû entierement aux Grecs, il ne paroît pas que la Langue Grecque fût fort bien entendue que vers le tems de Honain, dans le regne d'Almamon, environ l'an 840. Honain étoit Chrétien, né à Hira: aiant été traité avec dureté par Mesue, il quitta Bagdad, se retira en Grece, & y fit un séjour de deux années, au bout desquelles il fut parfaitement maître de la Langue: aiant fait une collection considerable de tous les Livres de Philosophie qu'il put trouver écrits en Grec, il revint après cela à Bagdad; après peu de séjour il en partit pour aller en Perse, & y apprit à Basora la Langue Arabe en perfection: enfin il revint s'établir à Bagdad où il fut extrêmement estimé: habile dans les deux Langues, il s'occupa à traduire les Ecrits des Grecs; il travailla entr'autres à rendre les sept Livres de Paul. Il entendoit fort bien outre cela le Syriaque: il traduisit dans cette Langue plusieurs choses, & particulierement des Livres de Medecine. Par toutes ces raisons on l'appelloit par excellence l'*Interprete*, & il étoit aussi renommé dans ce genre, que le fameux Sergius, si loué par Agathias, le fut au tems de Justinien. Abi-Osbaia raconte qu'Almamon vit en songe un vieillard qui l'appella Aristote: s'éveillant il demanda qui étoit Aristote; on lui dit que c'étoit un des plus célébres Philosophes Grecs: là-dessus il souhaita qu'Honain en traduisît les Ouvrages en Langue Arabe; sa coûtume étoit de lui donner pour chaque piece qu'il traduisoit autant d'or pesant que le Livre. Suivant cet Auteur, Honain a vêcu cent ans; car il nâquit A. H. 164. & il mourut en 264. Le même Ecrivain a un chapitre particulier où il ne traite que des Traducteurs: il donne les noms de quarante-six qui ont traduit les Medecins Grecs en Arabe; mais il préfere à tout le reste Honain dont les traductions ont soûtenu leur réputation dans la suite. Son fils Isaac & son neveu Hobaish s'appliquerent aux mêmes études, & c'est particulierement à sa famille qu'on est redevable des versions d'Hippocrate, d'Aristote, d'Euclide, de Ptolomée & de Galien.

Mais M. Renaudaut montre amplement dans deux Epîtres que Fabrice [a] a publiées, combien sont mauvaises ces Traductions & toutes les autres qui ont été faites en Arabe, & combien peu de secours elles nous fournissent pour expliquer ou rétablir le Texte Grec. Je crois même qu'on peut risquer d'avancer que le sçavoir des Arabes quoique fort vanté par eux-mêmes, & par quelques Européens modernes, étoit entierement

[a] *Biblioth. Græc.* 2. 24. 6. 6.

emprunté des Grecs : & cette race d'hommes a été si éloignée de faire par elle-même de grands progrez dans les sciences, qu'elle a même défiguré & gâté ce qu'elle a copié ou imité des autres.

Et puisque cette matiere a élevé des disputes parmi les Sçavans, il ne sera pas hors de propos de considerer un moment jusqu'où cette Nation a porté ses recherches dans l'Astronomie, les Mathematiques, la Philosophie naturelle & la Medecine. Pour ce qui est de l'Astrologie, nous pouvons bien leur accorder un aussi grand sçavoir que tout celui dont se vantent nos Modernes, puisqu'il ne leur est pas plus possible aux uns qu'aux autres de pénétrer dans l'avenir : cet art ou plûtôt cette imposture a toûjours été & est encore fort en vogue dans toute l'Asie, particulierement parmi les Arabes qui ont prétendu parvenir à une grande connoissance sur les influences secretes des Etoiles, de la conjonction & de l'opposition des Planetes, quoiqu'ils n'aient presque rien sçû touchant leurs causes ou leurs effets. Et cette manie a si fort prévalu parmi ces peuples, que quelquefois les Astrologues étoient appellez avec les Medecins pour consulter dans les maladies. Mais pour venir à leur Astronomie, il est vrai qu'ils ont traduit l'Almageste de Ptolomée ; mais ils n'y ont ajoûté que peu ou point d'observations nouvelles : & leur sçavoir si vanté ressemble assez à celui des anciens Chaldéens si fameux dans les histoires des Orientaux pour leurs exactes observations sur les Eclipses & le cours des Planetes : il ne paroit pas qu'ils aient fait autant de progrès sur cette science, qu'en ont fait après eux les Astronomies Grecs. Cent trente ans avant J. C. Hipparche calcula les Eclipses du Soleil & celles de la Lune pour l'espace de 600. ans, & c'est sur ses observations que Ptolomée a fondé la célebre construction de ses tables. Hipparche observa 1022. Etoiles & leur assigna à chacune leur propre longitude & latitude. Le catalogue de Ptolomée en contient 1026. les Arabes, comme nous l'avons vû, ont traduit ses ouvrages ; s'ils avoient poussé leurs observations dans ce genre à un point de perfection proportionné aux grands encouragemens qu'ils recevoient des Califes, & à la dépense considerable que faisoient ces Princes pour l'Astronomie, ils auroient dû faire des progrez dans cette science & donner de nouvelles découvertes touchant le nombre ou la situation des Etoiles ; mais on ne trouve rien de tel dans ce qu'ils ont laissé ; l'on voit seulement dans une table du fameux Calife Vlugh-Begh, qui a été conservée, une liste de 1017. Etoiles fixes ; & qu'est-ce que cela en comparaison des observations de nos Modernes, & particulierement de feu M. Flamstead où l'on trouve qu'il en compte prés de trois mille ? On a parlé beaucoup des Annales des Chaldéens & des Assyriens ; mais combien peu de chose nous reste-t-il d'eux en fait d'Antiquité ? Leur célébre Ere de Nabonassar est de datte plus récente que n'est celle des Olympiades, & même que celle de l'origine de Rome ; elle est encore beaucoup plus récente que celle de la fondation de Carthage, qui est certainement de toutes ces Epoques la plus ancienne.

A l'égard des Mathematiques, on trouvera aussi que les Arabes ont si peu ajoûté à ce qu'ils ont reçû des Grecs, que les versions même qu'ils en ont donné sont tout autant d'alterations du Texte qu'ils ont traduit. Un Euclide en Arabe a été publié à Rome par l'ordre du Pape Sixte-Quint ; l'ordre même & la méthode qui fait le caractere particulier de cet Auteur, est entierement renversé dans cette version, les propositions y étant par tout déplacées, & leur enchaînement rompu. La sphere de Theodose a été aussi publiée dans cette Langue, & J. de Pæna observe dans sa Préface sur ce Livre, que quiconque comparera la version Arabe avec l'original, y trouvera une très-grande difference : où l'Auteur ne donne que six définitions, l'Arabe les fait monter jusqu'à quatorze, & l'Ouvrage entier, qui n'est composé que de soixante propositions, se trouve porté au nombre de quatre-vingt dans l'Arabe. Le Planisphere de Ptolomée n'a pas eu un meilleur sort : l'on peut juger par ce petit nombre d'exemples quel fonds l'on doit faire sur les Arabes pour l'exactitude de leurs Traductions, qui non seulement sont libres & diffuses, mais encore très-peu fideles en general. Je dis en general, car je dois excepter la version d'Apollonius faite par Thabe-Ben-Corah vers l'an 900. & revûe par Nasireddin vers l'an 1280. de laquelle le Docteur Halley notre célébre Compatriote dit qu'elle lui a extrêmement servi dans la belle édition qu'il nous a donnée de cet Auteur. Bien loin de rendre précisément le sens des Auteurs Grecs, on voit assez combien ils les ont falsifiez par

plusieurs

plusieurs Traitez de Galien qu'on lui attribue au moins, qui sont traduits de l'Arabe, & qui n'éxistent pas dans l'Original Grec. La liberté qu'ils se sont donnée dans leurs Traductions n'a rien épargné dans tout ce qui leur est tombé sous la main; ils ont alteré, ajoûté, supprimé à leur fantaisie. Ils en ont usé de même à l'égard des Auteurs Latins: on a là-dessus en particulier le témoignage de J. Leon qui les blâme sur ce que prétendant traduire les Historiens Romains, ils s'en écartent si fort qu'ils n'observent pas l'arrangement & la suite des faits telle qu'elle est couchée dans l'original, mais en donnent simplement les chefs en maniere d'abregé, & ajustent toutes les choses qui ont du rapport à la Chronologie, aux Annales Persiennes, ou à l'Hegire.

La Philosophie naturelle a de même souffert par leurs versions, mais sur-tout la Botanique; car quoiqu'on croie qu'ils aient rendu plus de justice à Dioscorides qu'à aucun autre Auteur, ils ont fait tant de bévûes en voulant rendre sa pensée, que souvent on ne peut soupçonner que ce qu'on y lit soit de l'Auteur qui a écrit en Grec. Non seulement les noms des plantes sont confondus avec d'autres qui sont très differens en Arabe, mais encore il y en a beaucoup que les Arabes même d'aujourd'hui n'entendent pas. Surian, le Traducteur de Rhazés, se plaint de cette confusion qui a été occasionnée, à ce qu'il croit, par des méprises sur les lettres Persiques ou Arabes.[a] Parmi ces méprises il remarque entr'autres le mot de Talback qui en Persan signifie une datte; cependant Kempfer qui a fait des recherches fort curieuses dans son Livre appellé *Amœnitates Exoticæ*, donnant une ample description de ce fruit & de ses differentes dénominations, ne rapporte pas ce terme dont Surian fait mention. Je croi aussi que si quelque voiageur bien versé dans les Langues Orientales, vouloit se donner la peine de comparer les catalogues de plantes de Rhazés, de Haly-Abbas & d'Avicenne, il remarqueroit d'abord cette difference de dénominations non seulement parmi les anciens Arabes, mais encore parmi les modernes: car les noms mêmes de ces Simples, tels qu'ils sont écrits dans l'Arabe, sont inusitez & inintelligibles aux habitans de l'Arabie & de la Perse, quoiqu'il soit difficile de comprendre comment dans une Langue vivante les dénominations communes des plantes ont pû se

[a] *Continent.* p. 83.

perdre; cela paroîtra d'autant plus étonnant, que plusieurs centaines de noms de Simples ont été confervez dans notre Langue Angloife, & font à préfent les mêmes que ceux dont fe fervoient les Saxons nos Ancêtres, il y a plus de mille ans.

A l'égard des autres branches de la Philofophie naturelle, ils n'ont rien de plus que ce qu'ils ont pris dans les Grecs : Averrhoës même ce célébre Commentateur, fi renommé dans fa patrie pour fon profond fçavoir, qui a écrit tant de gros volumes fur Ariftote, n'a rien ajoûté à la doctrine de ce grand Philofophe, mais a feulement, comme un fimple Commentateur, éclairci quelques paffages de ces Ouvrages par d'autres paffages. Il l'a fuivi même fi fervilement dans toutes fes idées, qu'il a crû avec lui que le monde eft éternel. On peut encore remarquer que les Medecins dans toute leur theorie des maladies ont embraffé toutes les maximes & toutes les opinions d'Hippocrates & de Galien, & les ont fait paffer à leur pofterité, non telles qu'elles étoient dans leur premiere fimplicité, mais très-fouvent défigurées par leurs vaines fictions, & mêlées quelquefois par leurs fubtiles & inutiles fpeculations. Au fond les principes de leur Phyfiologie font les mêmes que ceux des Grecs leurs maîtres: ainfi Barchuifen auroit pû s'épargner la peine qu'il a prife à nous reprefenter leurs differentes hypothefes, puifqu'ils n'ont ni varié entr'eux, ni differé réellement des Grecs.

Pour en venir à prefent à la partie pratique de la Medecine, quoique cet Art femble avoir établi fa réfidence chez eux à la chûte de l'Empire Grec, & au tems du *Minuit* de l'Eglife, pour me fervir de l'expreffion Angloife, tems auquel la lumiere de toutes les fciences étoit entierement éteinte, cet art n'a pas fait des progrez réels parmi eux à proportion de tout l'honneur qu'ils s'en font fait. On voit bien par l'hiftoire de ces tems-là qu'ils ont pris beaucoup de peine à donner des leçons & à écrire fur la Medecine, érigeant dans toute l'étendue de leurs Etats des Ecoles publiques à ce deffein; mais quand même ils fe feroient rendus maîtres de toutes les richeffes des Ecrivains Grecs, ils n'ont été, à dire vrai, que de vrais Copiftes qui ont pillé tout ce qu'ils ont pû; & leur principal foin a été de fe parer des dépouilles des Grecs, aufquels en les traduifant, ils n'ont rien ajoûté d'effentiel, quoique leurs écrits aient prodigieusement grossi sous leur plume inutilement fertile. Il y a même une chose qui fait peine, c'est qu'on ne peut rien trouver des anciens Ecrivains Grecs dans ces Traductions Arabes, que ce qui nous en est parvenu dans les manuscrits mêmes Grecs, excepté les cinq derniers Livres de Galien *de Administr. Anatom.* D'où l'on peut inferer que ou les Arabes ont supprimé tout ce qu'ils n'ont pas traduit, ou, ce qu'il est plus raisonnable de penser, que tout ce qui nous manque des anciens Grecs étoit perdu avant que les Arabes s'attachassent à les connoître, ou au moins que cela avoit été détruit dans la rage de leurs premieres incursions, qui fut, comme on l'a remarqué, environ cent cinquante ans avant qu'il leur vînt à l'esprit de s'attacher à cette sorte d'étude.

Je ne suis entré dans ce petit détail sur l'introduction des Sciences parmi les Arabes, qu'autant qu'il a été nécessaire pour nous donner une idée generale de l'état de la Medecine dans ces tems-là. Si ces Auteurs n'ont été principalement, comme je l'ai remarqué, que des Copistes des Grecs, il pourra sembler inutile que je prenne de la peine à les parcourir ; mais comme je me suis proposé d'écrire une histoire suivie de la Medecine depuis le tems de Galien, il y auroit un grand vuide, si je ne rendois pas compte de ces Auteurs dans leur place. Le Lecteur peut-être attend cela avec d'autant plus de raison, que jusqu'ici on n'a tenté de donner rien là-dessus qui approche tant soit peu de l'exactitude. D'ailleurs, quoique j'avoue qu'ils ne puissent être mis que dans la classe de Copistes des Medecins Grecs, il n'est pas cependant qu'on ne puisse rencontrer en eux certaines choses qui ne se trouveront pas dans les Ecrivains Grecs. Je croi, par exemple, qu'on pourra recueillir quelque chose de cette classe d'Auteurs, de même que je l'ai remarqué auparavant en parlant d'Oribase, d'Ætius & de Paul, qui quoiqu'ils soient reconnus sur-tout pour Compilateurs, ne laissent pas de nous fournir certaines choses nouvelles qu'on ne peut trouver nulle-part ailleurs ; ils méritent sans doute pour cette raison d'être lûs & consultez. On m'accordera, je croi, qu'un Livre qui fournit quelque nouvelle observation de pratique, qui décrit quelque nouvelle maladie, ou quelque nouvelle méthode de cure, doit être regardé comme digne d'être consulté par tout homme qui a à cœur de profiter de l'experience d'autrui. Je ne croi pas même avancer un paradoxe, si je dis que d'assez mauvais Traitez de Medecine méritent qu'un Medecin y jette quelquefois les yeux ; cela lui donne occasion de réfléchir lui-même sur des matieres de son métier ; à mesure qu'il lit, il doit lui naître des idées ou touchant la theorie, ou sur la maniere dont on pourroit se servir utilement de telle ou telle méthode dans la Pratique ; quelquefois même cela peut mettre un Medecin dans la voie d'inventer lui-même quelque chose d'utile, & qui n'a point été pratiqué. Mais pour revenir aux Arabes, leur caractere a été exposé à nos yeux sur des portraits bien differens dans differens tems ; pendant plusieurs siécles ils ont été en possession des Ecoles de Medecine ; ils ont été élevez sans mesure & au-dessus de leur mérite, non seulement en Asie, mais aussi en Europe, pendant que le sçavoir Grec a été enseveli : grande révolution, les Originaux Grecs n'ont pas été plûtôt produits après la prise de Constantinople, que les Arabes ont été décriez à l'excès & sans raison. Depuis ç'a été la mode de les condamner sans prendre la peine de comparer leurs écrits avec ceux des Grecs. Gui-Patin, par exemple, en parle si mal dans toutes ses Epîtres selon sa franchise toûjours crûe, qu'il ne veut pas reconnoître le moindre mérite dans aucun Ecrivain Arabe. Mais je croi que lui & tous les autres qui se plaisent à prononcer si décisivement sur ce point, auroient dû au moins lire les Arabes avec plus d'attention avant que de s'arroger le droit de donner si severement leur avis. Pour moi j'en userai à leur égard suivant ma méthode ordinaire, je ferai connoître ce qu'ils ont emprunté d'autrui ; mais je ne leur refuserai pas les louanges qui leur sont dûes sur leurs propres productions.

Pour entrer dans le détail, j'exposerai aux yeux du Lecteur autant qu'il me sera possible les plus considerables Auteurs Arabes qui ont écrit de la Medecine, j'entens ceux qui ont été connus en Europe ; car ce seroit un travail infini de vouloir traiter du reste. Quelques Sçavans ont crû qu'on pourroit tirer beaucoup de lumiere sur ce sujet de Abi-Osbaia, qui dans un style diffus & enthousiaste naturel à ces peuples, a écrit les Vies de plus de trois cens Medecins Arabes, Syriens, Persans, Egyptiens, & autres de differens pays sujets de l'Empire

DE LA MEDECINE. 141

Turc. Eſperant qu'un tel Ouvrage pourroit répondre à une telle attente, & être utile au Public, M. Mead m'a procuré genereuſement, à ſes frais, une copie de l'Original Arabe, & une Traduction de pluſieurs de ces Vies. Mais ſur la lecture de cette piéce on conviendra avec moi, que n'étant qu'un abſurde rapſodie de miſerables contes, elle eſt d'un très-petit ſecours pour la veritable Hiſtoire de la Medecine ; elle ne ſert qu'à nous faire voir quels honneurs & quelles penſées extravagantes, & au-delà de toute croiance, les Medecins recevoient alors des Califes. Il eſt aſſez extraordinaire que parmi tant d'Ecrivains dont il a écrit la Vie, il n'y en a pas un dont on puiſſe trouver les Ecrits, excepté ceux de Mezue, Rhazés & Avicenne.

HALY-ABBAS.

LE plus ancien, le plus ample, & le meilleur Memoire qui nous ait été laiſſé touchant l'état de la Medecine parmi les Arabes, & ſur les Ecrivains Medecins de cette Nation, eſt de Haly-Abbas, homme qui étoit en réputation dans ces tems-là ; ſon grand ſçavoir étoit fort vanté, & il lui a mérité le nom de *Magus*. Vers l'an 980. il écrivit ſon *Almaleci*, ou Ouvrage Roial, dont le deſſein étoit un ſyſtême complet de Medecine, il le dédia au Calife Adadodaula, & l'écrivit en langage ampoulé, à la maniere des Peuples Orientaux. En 1127. Etienne d'Antioche traduiſit Haly-Abbas en Latin, & c'eſt cette Traduction qui nous reſte. Quelques-uns donnent cet Ouvrage ſous le titre de *Pantechni*, ou *Complementum Medicinæ* à Iſaac Iſraëlite ; il eſt vrai qu'il ſe trouve pluſieurs paſſages dans Haly-Abbas qui ſont exactement les mêmes que ceux qui ſont citez dans Rhazés comme tirez du même Iſaac ; mais il n'y a pas de doute que ce Haly n'ait pû emprunter quelque choſe d'Iſaac, comme nous verrons qu'il l'a fait de Rhazés.

Cependant Haly-Abbas en donnant les raiſons pour leſquelles il a travaillé à cet Ouvrage, dont il a compté faire un corps de Medecine, dit ſur tout que juſqu'alors il n'avoit rien paru que de fort imparfait ſur ce ſujet. Il ſpecifie les endroits

HALY-ABBAS. où s'étoient trompez Hippocrate, Galien, Oribase & Paul. Il ne fait pas mention d'Ætius. Il vient ensuite aux Modernes dont Aaron est le premier, je pense qu'il l'appelle ainsi, à cause qu'il a écrit en Syriaque; car pour le tems où il a vêcu, nous sçavons que c'est vers l'an 622. qu'il étoit Contemporain de Paul. Il est, dit-il, trop abregé dans ce qu'il dit sur les choses naturelles & non naturelles; il n'a presque rien sur la conservation de la santé, ni sur la Chirurgie; d'ailleurs il est par tout imparfait & obscur; on en conviendra, si on le compare avec Jean, je croi qu'Haly entend Serapion.

MESUE.

MESUE. MESUE suit Aaron, quoique à la distance au moins de deux cens ans, car il est mort en 846. (ou suivant Abi-Osbaia en 865.) Il le croit coupable des mêmes fautes: il est sans méthode dans l'ordre qu'il suit; il traite au neuviéme Livre de la composition des remedes, & il parle ensuite des choses naturelles, mettant ainsi constamment chaque chose hors de sa propre place. Haly s'arrête là. On peut remarquer par ce récit que les Ouvrages originaux de Mesue sur la Pratique sont perdus; car ce qui nous reste de lui à present ne répond pas à ce caractere. On trouvera d'ailleurs que Rhazés qui a vêcu long-tems après Mesue est cité dans ces piéces qu'on attribue à Mesue. Abi-Osbaia compte trente-sept Livres écrits par cet Auteur: il y en a un sur les Remedes purgatifs, & un autre sur les décoctions; ces deux Traitez pourroient bien être vraiment de lui, & le reste pourroit venir d'une autre main.

Mesue étoit de Nisabour, fils d'un Apotiquaire élevé sous Gabriel fils de Backtishua, & fait par lui Inspecteur de l'Hôpital: il étoit Chrétien de la Secte de Nestorius, & étoit regardé comme l'homme le plus lettré de son tems & le meilleur Medecin: il fut en grande faveur auprès de plusieurs Califes successivement. Il fut particulierement emploié par Rashid à ramasser & traduire les Livres Grecs qu'on pourroit trouver à Ancyre & dans les autres Villes de cette partie de l'Asie.

JEAN, Fils de Serapion.

HALY continue & nous dit que Jean fils de Serapion n'écrit que de la cure des maladies autant qu'elle peut dépendre de la diete & de quelques remedes : il ne dit rien fur la fanté, ni fur la Chirurgie, & il omet nombre de maladies telles que le Cancer aux yeux, le Chalazium, l'Hordeolum, le collement des paupieres, & la chûte des foucis, les verrues, les *Fungus*, l'*Elephantiafis*, l'Aneuryfme, les Varices, les maladies de la poitrine & du Penis. Il marque plufieurs autres particularitez où la méthode de Serapion eft mauvaife & défectueufe, comme lorfqu'il met la Gonorrhée & un écoulement fœtide du nez & de la bouche parmi les affections fuperficielles & cutanées. Il le blâme encore particulierement fur ce qu'il n'explique pas bien la cure de la petite vérole, & qu'il en parle dans le chapitre des abcès. Cependant fi l'on confulte ce même Haly, on trouvera qu'il fait cette même faute lui-même. Malgré cela nous trouvons que ce qu'il dit de Serapion eft vrai, & c'eft une preuve que les ouvrages de Pratique, qui font fous fon nom, font bien de lui ; ils peuvent être regardez comme le premier Livre de Medecine écrit en Arabe. Pour Mefue il a probablement écrit en Syriaque fa langue naturelle : je dis fa langue naturelle ; car Abulpharage & Abi Ofbaia le regardent & lui & Backtishua comme Syriens, quoiqu'ils foient nez l'un & l'autre à Nifabour ; la raifon, je penfe, eft qu'ils fe font fervis de la Dialecte Syriaque qui a été en ufage long-tems devant & après eux dans cette partie de l'Orient ; car pour la Province où Nifabour eft fituée, on fçait qu'elle eft fort éloignée de la Syrie. C'eft peut-être la raifon pour laquelle la Langue Syriaque eft frequemment appellée Perfienne par les Auteurs qui ont écrit de ces tems. Mais une autre chofe qui prouve que ce Livre n'eft pas fuppofé, c'eft qu'il eft cité par Rhazés dans le Continent mot pour mot tel que nous l'avons à prefent imprimé : par exemple, on peut comparer avec ce qu'on trouve dans Rhazés [a] ce qu'il dit de cette efpece de *Soda* ou mal de tête [b] qu'il appelle *Ovum* ou *Galea*, (lequel eft principalement décrit d'après Galien.) Je parle des Traitez de Pra-

[a] l. 14.
[b] l. 21.

JEAN, fils de Serapion.

tique de Serapion ; car pour les Livres touchant les Simples & les remedes appellez *Antidotes*, il eſt clair qu'ils ſont d'une main beaucoup plus moderne, comme chacun peut s'en convaincre aiſément en faiſant attention aux Auteurs qui y ſont citez. Serapion eſt placé ici par Haly après Meſue, à cauſe du tems apparemment dans lequel chacun d'eux a vêcu ; il paroît par là combien ſe ſont mépris ceux qui diſent que Serapion a fleuri ſous le regne de Leon l'Iſaurien vers l'an 730. c'eſt-à-dire, cent ans au moins avant ſon veritable tems ; car ſuivant ceci il doit avoir vêcu entre Meſue & Rhazés vers la fin du neuviéme ſiécle. Si nous conſultons Serapion lui-même, nous verrons qu'il n'a pas vêcu plûtôt ; car il rapporte quelques remedes dont faiſoient uſage Gabriel, Honain, & Meſue ; il fait mention d'un Dentifrice appellé Almamon [a], & l'hiſtoire qui a été donnée de ces Medecins, nous apprend qu'ils n'ont pas vêcu avant ce tems. Il y a une choſe remarquable dans Serapion, c'eſt qu'il tranſcrit ſouvent bien des choſes d'Alexandre de Tralles, Auteur qui ſemble être peu connu des autres Arabes ; ce qu'il dit de l'Hellebore & de la Pierre d'Armenie dans la cure de la mélancolie eſt pris mot pour mot de cet Ecrivain, quoiqu'il ne le nomme pas, il en a ces expreſſions-ci : *Les Medecins de notre tems préferent de donner le dernier.*

[a] *Tract.* 2. *Cap.* 16.

RHAZÉS.

RHAZE'S.

L'Auteur qui ſuit, & qui eſt le dernier dont Haly fait mention, eſt Rhazés : il a compilé, dit-il, ſon Continent, où il a ramaſſé tout ce qui a eu du rapport à la Medecine depuis le tems d'Hippocrate juſqu'à celui d'Iſaac ; mais il eſt écrit dans un ſtyle ſi dur & ſi concis, qu'il n'explique aucune choſe comme elle devroit l'être. Il ne dit rien des choſes naturelles & des temperamens. Quoique Haly lui reconnoiſſe du mérite, toûjours le blâme-t-il ſur ſa méthode. Il imagine deux raiſons pour leſquelles Rhazés a écrit ce Livre de cette maniere : c'eſt qu'il n'a eu deſſein de l'écrire que comme un Mémoire auquel il pourroit avoir recours ou en cas de vieilleſſe & d'oubli, ou en cas qu'il arrivât quelque accident à ſes autres Livres, afin que celui-ci ſeul pût lui ſuffire. C'eſt pourquoi, dit-il, il ne fit pas beaucoup d'attention à l'arrangement ou à l'élegance

DE LA MEDECINE. 145

l'élégance de l'Ouvrage: s'il a jamais eu le deſſein de lui don- RHAZES.
ner une autre forme, il eſt pourtant reſté imparfait & obſcur,
tel que nous l'avons aujourd'hui; & pour cette raiſon-là, on
n'a pas voulu le traduire, de ſorte que du tems de Haly, à ce
qu'il dit lui-même, cet Ouvrage étoit fort rare. Cependant ce
Livre contient tout ce qui eſt eſſentiel en Medecine; il ſeroit
à ſouhaiter pour le bien public qu'il fût dans un meilleur jour
& dans un meilleur arrangement; il ſemble que ç'a été le principal deſſein de Haly-Abbas, en compilant ſon grand Ouvrage
qui eſt preſque auſſi gros que le Continent.

Voici le jugement que fait Haly-Abbas du Continent de
Rhazés: & il faut avoüer qu'il eſt aſſez juſte. Les Hiſtoriens
Arabes élevent un Auteur au ſuprême degré, & le repreſentent
comme un homme d'un profond ſçavoir en tout genre, en Philoſophie, en Aſtronomie, en Muſique, auſſi-bien qu'en Medecine. Il eſt né à Rej, Ville de l'Irack Perſien, ou plûtôt dans la
Province de Choraſan où il avoit la Surintendance de l'Hôpital.
Agé de trente ans, il s'en fut à Bagdad, & n'étudia la Medecine que tard; cependant comme il vécut long-tems, il pratiqua long-tems, d'où il eut le nom d'*Experimentator*. Arrivé
enfin à l'âge de quatre-vingt ans, il perdit la vûe, & mourut en
932. Les Hiſtoriens diſent que c'étoit un homme d'une application infatigable, qu'il étoit continuellement à lire & à écrire,
de maniere qu'il étoit regardé par les Arabes comme le Galien
de ſon Pays. Il fut choiſi ſur une centaine des plus habiles Medecins qui étoient alors à Bagdad pour prendre le ſoin du fameux Hôpital de cette Ville. Il voiagea beaucoup pour acquerir de nouvelles connoiſſances, & fit pour cela pluſieurs cour-
ſes en Perſe, ſon Pays natal; comme Medecin il prit ſoin de
pluſieurs Princes, & particulierement d'Almanzor Seigneur de
Choraſan, avec lequel il a été ſouvent en correſpondance, &
auquel il dédia pluſieurs de ſes Ecrits. Il frequenta beaucoup
les Botaniſtes, les Oculiſtes & les Chirurgiens; il paſſa auſſi
pour un profond Alchimiſte. Abi Oſbaia compte deux cens
vingt ſix Traitez écrits par Rhazés, & entr'autres les dix Livres adreſſez à Almanzor. Ces derniers ſont de lui ſans contredit; il eſt ſurprenant que Haly-Abbas n'en faſſe nulle
mention: d'autant plus qu'ils doivent avoir eu un grand
cours dans ce tems là. Rhazés ſe propoſoit dans cet Ouvrage

T

RHAZE'S. de faire un corps complet, ou plûtôt un abregé de Medecine, dans lequel ce qui n'étoit que confusément dans le Continent, seroit rangé avec méthode sous des chefs, & réduit en système régulier. Comme ce Livre est celui qui suit immédiatement après ce qui a été écrit par Serapion, & qu'il est le grand magasin de la Medecine Arabe, qu'on me permette d'en parler plus amplement. Cette piéce est réellement très-bonne en son genre. Le neuviéme Livre particulierement qui traite de la cure des maladies, eut une telle vogue pendant quelques siécles, qu'on le lisoit publiquement dans les Ecoles, & que les plus sçavans Professeurs s'occuperent à le commenter. Cependant si on l'examine d'un peu plus près, on verra sur quels legers fondemens cet Arabe étoit si extraordinairement admiré; & combien peu de raison on eut, de le préferer aux Grecs mêmes. Pour mettre cette matiere dans un plus grand jour, cette Table abregée fera voir comment Rhazés a suivi assiduement les pas des Anciens, & a pris d'eux ses principaux materiaux.

TABLE

des dix Livres de Rhazés à Almanzor.

1. De Anatome.	*Ex* HIPPOCRATE *&* GALENO *passim.* ORIBASII *Collect.* 24. 25.
2. De Significationibus Temperaturarum.	HIPPOCR. *De humoribus.* GALEN. *De temperamentis.* ORIBAS. *Collect.* 5. ÆTII, 4. PAULI, 1.
3. De Alimentis & Simplicibus.	HIPPOCR. *De Diæta.* GALEN. *De Alimentis & Facult. Simpl.* ÆTII, 1. 2. 3. *Syn.* ORIBASII, 2. 4. *Collect.* 1. 2. 3. 4. 5. 11. 12. 13. 15. PAULI, 1.
4. De Sanitatis tuendæ ratione.	GALEN. & PAULI, 1. *De tuendà Sanitate.* ÆTII, 3.

DE LA MEDECINE.

5. De Morbis Cutis, & de Cosmeticis.
6. De Victu Peregrinantium.
{ GALEN. *De compositione medicamentorum. secundùm loca & cæteris Græcis.*

7. De Chirurgia.
8. De Venenis.
9. De Curatione omnium Partium.
{ HIPPOCR. *passim.* PAULI, 6. *Syn.* ORIBASII, 7. ÆTII, 14. 15. *& passim* PAULI, 5.
HIPPOCR. *De Morbis.* GALEN. *De locis affect. method. medend. & secundùm locos.* ÆTII, 6. 7. 8. 9. 10. 11. 12. *Syn.* ORIBASII, 8. 9. PAULI, 3. 4.

10. De Febribus.
{ HIPPOCR. *&* GALEN. *De Crisibus.* GALEN. *De Febrium differentiis.* 7. *posterior de methodo medendi lib.* 1. *ad Glauconem.* ORIBASII, *Syn.* 6. ÆTII, 5. PAULI, 2.

On peut voir par ce petit échantillon combien ce fameux Arabe copie les Grecs dans toutes les branches de la Medecine, dans l'Anatomie, dans l'Ætiologie, dans la Patologie, de même que dans la méthode pour la cure des maladies. Je ne dis pas ceci pour faire aucun tort à cet Auteur, car quels autres Auteurs pouvoit-il suivre s'il vouloit écrire un systême raisonnable de Medecine, & qui pût être utile à lui ou au Public ? Quiconque examinera le Continent, trouvera qu'on en peut dire la même chose: & Serapion suit la méthode du Continent, laquelle est principalement prise d'Ætius & de Paul, qui commençant par les maladies de la tête, passe méthodiquement à celles de toutes les autres parties du corps, & a rangé sous des chefs convenables ce qu'on trouve épars çà & là dans Hippocrate & Galien. Haly-Abbas même, si l'on en excepte sa méthode qui est differente de celle de Serapion & de Rhazés, n'a presque rien que ce qu'on trouve dans ces deux autres Ecrivains de son Païs, ou au moins que ce qui est dans les ouvrages des Grecs que j'ai marquez.

Je dois demander encore un peu de patience pour dire quelque chose de plus de Rhazés, parce qu'il est un des plus anciens Auteurs Arabes qui nous restent ; & la source où tous

T ij

RHAZES, les autres, & Avicenne même, ont puifé pour la compilation de leurs Ouvrages. Quoique pour la plûpart du tems il ne foit lui-même qu'un Copifte, on le trouve fouvent qui parle d'après fa propre experience, & il rapporte plufieurs cas parmi lefquels il y en a de confiderables qui ne lui étoient pas étrangers, & cela non feulement dans la petite piéce feparée qui fait le troifiéme Livre de fes Aphorifmes, mais auffi dans mille autres endroits de fes Ouvrages. Vous trouverez particulierement dans fon Traité fur quelques cas furprenans qu'il a rencontrez dans le cours de fa pratique, qu'il parle comme un homme de fens, & qui a fort bien fçû pronoftiquer dans les cas difficiles, tels que font ceux qu'il rapporte des Paroxifmes irréguliers dans des fiévres qui fe terminent par un abcès aux reins, par une hydropifie à la matrice, & un dépôt au foie. Son Livre fur les maladies des jointures mérite d'être lû, & il décrit dans le troifiéme chapitre plufieurs cures confiderables & peu communes faites principalement par la faignée. Il y a quelque chofe d'extraordinaire dans la méthode dont il fe fervit à l'occafion d'une femme d'un temperament robufte, qui avoit une grande douleur avec une tumeur dure & enflammée au poignet droit : il ouvrit dans la même heure la Bafilique & la Saphene, & tira de chacune demi pinte de fang ; demie heure après il délia la ligature, & en tira la même quantité ; & après avoir donné une nourriture convenable, il ouvrit encore au bout de trois heures la Saphene une troifiéme fois, & en tira de même une demie pinte, fur quoi la douleur & les élancemens cefferent entierement. Il donne amplement fes raifons fur ce qu'il fe détermina à faire la révulfion dans les parties inferieures.

a *Cap.* 19. Il a raifonné de même à l'égard de la Sciatique^a, & il l'a traitée, fuivant ce qu'il paroît, par cette même méthode avec beaucoup de fuccès. Il fuit dans la cure de cette maladie la méthode prefcrite par Archigenes^b, & ordonne des clyfteres très-
b *Ætius* 2.
4. 1.
c *Cap.* 10. violens^c faits avec la Coloquinte & le Nitre, ce que d'autres ont auffi pratiqué ; ces remedes font fi violents, qu'ils font aller jufqu'au fang, raifon pour laquelle le Medecin Grec les jugeoit d'autant plus efficaces. Rhazés dit que fur mille perfonnes fur qui il a vû faire l'effai de cette pratique, il n'y en pas une qu'elle n'ait guéri, excepté que le mal ne fût inveteré

DE LA MEDECINE.

au point de demander le Cauſtique. Il penſe de même qu'Archigenes à l'égard des vomitifs,[a] qui font la plus forte révulſion dans ces douleurs obſtinées, & il ajoûte une remarque de lui, laquelle eſt fort juſte, qu'il faut toûjours être bien attentif à ne pas donner de purgatif avant le vomitif.

RHAZE'S.
a *Cap.* 18.

Il décrit fort bien les ſymptomes d'une hydrophobie [b]. Ce qu'il dit d'une perſonne qui fut mordue par un chien enragé, & qui étoit à l'Hôpital quand cet accident lui arriva, eſt très-ſingulier : cet homme japoit, ſe plaignoit beaucoup de la ſoif; & loin d'être effraié de l'eau, comme c'eſt l'ordinaire dans ce cas là, il étoit ſans ceſſe à en demander. Cependant quand on lui en offroit, il la refuſoit toûjours, diſant qu'il y avoit quelque choſe de ſale; ſi on lui demandoit quelle ſorte de ſaleté, il répondoit qu'il y avoit des tripes de chats & de chiens : & il ſouhaitoit qu'on lui apportât d'autre eau : on lui en apportoit, mais il n'en vouloit pas boire non plus, il faiſoit la même réponſe, & ſe mettoit dans une colere furieuſe.

b *Ad Admanz.* 8. 10.

Cet Auteur donne un fort bon conſeil à l'occaſion d'u cancer [c] ; il eſt bien digne d'être lû par quelques Praticiens modernes. Ceux, dit il, qui par une inciſion ouvrent le cancer, ne font que cauſer l'ulcération de la tumeur, excepté que le cancer ne ſoit dans un tel endroit qu'il puiſſe être entierement deraciné & détruit ou par le ſcalpel ou par le cautere.

c 15. 9. 7.

Rhazés a emploié un Livre entier ſur les maladies des enfans; c'eſt le premier Traité de cette ſorte que nous aions des Anciens. Il a écrit auſſi de pluſieurs maladies plus ou moins particulieres aux Orientaux, telles que le *Ignis Perſicus*, le ver appellé *Vena Medinenſis*, &c. & il eſt le premier qui ait parlé d'une autre nouvelle maladie qui eſt parmi les Arabes, & qui eſt appellée *Spina ventoſa* [d]. J'appelle cette maladie nouvelle malgré Merklin [e] qui prétend que toutes les maladies que nous appellons nouvelles, même la groſſe vérole auſſi-bien que la petite, ont été connues des Anciens, quoiqu'ils n'en donnent pas de ſi exactes deſcriptions. Mais il eſt inutile de vouloir diſputer avec gens qui par prévention en faveur de l'Antiquité, ſont entêtez de telles opinions, & voudroient peut-être encore nous faire croire que la circulation du ſang n'eſt pas une découverte moderne.

d *Continent. lib.* 28.
e *Vid. Pand. fin. de ſp. n. ventoſ.*

Rhazés, dis-je, a décrit le premier la *Spina ventoſa*, qui

T iij

RHAZES. consiste, comme il l'explique lui-même, dans une corrosion & une corruption de l'os, suivie d'une douleur piquante & d'une enflure: la description qu'il en donne est très-juste: car la maladie commence originairement dans la substance medullaire de l'os, l'affecte par degrez & disjoint les lames exterieures de l'os au point de produire une tumeur, qui pressant & distendant le Perioste, fait naître la douleur. C'est donc ici une maladie très-differente du τηρηδών des Grecs où il n'y a qu'une carie & corruption de l'os. La *Spina ventosa* est une sorte de carie, il est vrai; mais il peut y avoir carie à un os sans qu'il y ait enflure & douleur qui sont les symptomes essentiels de ce cas-ci. Cette maladie ressemble aussi peu à ce que quelques-uns appellent *Pædarthrocace*; car cette sorte de tumeur est generalement dans les Epiphises des jointures, & très-souvent sans aucune douleur: c'est pourquoi Rhazés fait une distinction judicieuse & dit que dans cette affection la matiere morbifique git dans la chair & dans les muscles; au lieu que dans le cas dont nous parlons, elle git dans l'os même. D'ailleurs communément cette maladie ne paroît pas aux jointures, mais dans le milieu de l'os, *in internodiis*. Ajoûtez à cela que quoiqu'elle affecte plus frequemment les enfans, les personnes adultes ne laissent pas d'en être souvent attaquées; on en trouve des preuves dans Severinus & Marchetti, & l'experience de nos meilleurs Chirurgiens confirme la verité de cette observation. On peut aussi remarquer que Rhazés sans assigner cette maladie à un âge particulier, en traite comme d'une maladie generale. De plus, cette maladie differe aussi du *Nodus*, car dans le dernier cas les lames exterieures sont affectées les premieres, & font une excrescence superficielle avant que la partie interieure soit endommagée. Cet Auteur montre aussi comment cette maladie doit être traitée; si la tumeur est une fois ouverte, il dit nettement qu'il ne peut pas y avoir de cure jusques à ce que tout ce qui est carié dans l'os ne soit emporté ou par l'incision ou par le cautere. Marchetti [a] donne nettement la maniere de faire l'operation; mais quelques-uns désapprouvent une partie de son conseil qui est de faire une ouverture à la partie si la douleur est grande, quoiqu'il ne paroisse pas de tumeur; je crois cependant que cette pratique peut convenir dans plu-

[a] *Observ. Med. Chir.* 2.

fieurs cas ; car quelquefois il peut y avoir entre l'os & le pe- riofte quelque fluide arrêté qui cause une douleur très-vive ; on ne peut guérir ce défordre qu'en donnant iffue à la matiere qui le cause, ce que font d'habiles Praticiens par le trépan.

Une chose est remarquable ; c'est que quoique Rhazés ait décrit, comme on l'a vû, cette maladie d'une maniere si ample, de même qu'Avicenne l'a fait après lui ; cependant à peine voit-on qu'un feul des Commentateurs diffus du dernier en fasse mention : & P. de Argillata, environ le milieu du quinziéme siécle, semble être le premier des Modernes qui a pratiqué cette operation, ou travaillé à la cure de cette maladie par la Chirurgie.

On a obfervé auparavant que Rhazés avoit une grande réputation sur l'Alchimie. Abi-Osbaia dit aussi qu'il écrivit diverses chofes dans ce genre. Il se peut qu'il avoit pris cette sorte de science des Grecs, & en particulier de quelques-uns d'entr'eux qui en avoient traité quelques siécles avant son tems. Pour l'art de la Chimie proprement ainsi appellée autant qu'elle a du rapport à la Medecine, on en est sans contredit redevable aux Arabes : & quoique M. le Clerc attribue à Avicenne l'introduction des préparations chimiques dans la Medecine, j'ai fait voir assez clairement dans la premiere Partie de cet Ouvrage, que Rhazés est le premier qui en ait dit quelque chose.

Le peu que j'ai dit de cet Auteur suffit pour faire voir qu'il y a au moins en lui des choses qui fournissent matiere à un Historien. Mais je ne laisserai point cet Auteur sans donner une idée de son goût sur la maniere dont on doit étudier la Medecine, & sur les qualitez que devroient avoir les Professeurs qui l'enseignent ; & comme ses pensées sur ce sujet sont neuves & proprement de lui, je m'imagine que tout au moins ce sera faire quelque plaisir que de les donner telles qu'il les a exprimées lui-même. Il l'a fait, je pense, avec assez d'art dans les deux caracteres suivans.

Quelles qualitez doit avoir le Medecin qu'on veut choisir, & lequel merite d'être estimé. [a]

[a] Ad Almanz. 4. 32.

D'Abord il est extrêmement nécessaire de considerer comment le Medecin que vous avez dessein de choisir a passé son tems, & de quelle maniere il l'a emploié dans ses études particulieres. On peut concevoir une bonne idée de lui, s'il a lû & examiné avec application les Livres des Anciens, & qu'il les ait comparé les uns avec les autres. Au contraire on ne doit pas avoir grande opinion de lui, s'il a passé son tems à quelqu'autre occupation differente de celle-ci quelle qu'elle soit, comme s'il paroît adonné à la musique, au vin, ou à d'autres mauvaises inclinations. S'il est donc certain qu'il a toûjours été fort studieux, le second point qu'il faut considerer est le genie & la sagacité; il faut observer s'il a beaucoup frequenté d'habiles gens qui lui aient fait des objections & ausquels il ait répondu, & sur quels fondemens raisonnables, on peut esperer qu'il acquerera la connoissance des maladies & l'art de les guérir; on doit sçavoir ensuite combien de tems il a cultivé la connoissance de ces personnes dont on vient de parler, & s'il a déja acquis par ces moiens la faculté de juger des maladies & d'y apporter du soulagement. De plus il est très important d'observer s'il entend bien ou non, ce qu'il prétend avoir étudié; si l'on trouve qu'il l'entend, l'attention qu'il faut faire ensuite est de sçavoir s'il a vû des malades & s'il a réussi dans ses cures. On doit sçavoir s'il a pratiqué dans de grandes Villes où il y a nécessairement grand nombre de malades & de Medecins; & si cela est, on peut l'appeller sûrement un Medecin capable & faire choix de lui préferablement à beaucoup d'autres. Mais si l'on trouvoit qu'il lui manquât quelqu'une de ces qualitez, il seroit à souhaiter que ce fût la partie pratique; (je n'entends pourtant pas qu'il y fût absolument un ignorant,) plûtôt que la connoissance des Livres anciens. Car celui à qui ce sçavoir est familier, & qui a bien digéré les écrits des anciens Medecins, parviendra avec un peu de pratique où d'autres à qui toutes

ces

ces branches de connoissances manque, n'atteindront jamais : j'entens par là gens qui ont peu de fonds de science, & qui doivent tout le peu qu'ils sçavent à ce qu'ils ont appris au bout d'un certain tems dans la conversation de personnes qui ont pratiqué dans de grandes Villes, abondantes en malades & en Medecins. D'un autre côté si un homme qui prétend avoir de l'érudition, veut passer pour un Maître ; s'il n'a pas de sçavoir foncièrement, s'il n'a que du superficiel, s'il entend peu ce qu'il lit, ou du moins s'il n'est pas parvenu au point d'en sçavoir faire l'application, on ne peut pas trop se fier à lui, ni compter sur sa capacité : & il n'est pas probable qu'un tel homme fasse des progrez dans sa profession. Il est impossible qu'un homme quelque long-tems qu'il vive, se rende maître dans cette sorte de connoissances, s'il ne suit la trace des Anciens ; l'étendue de cette science étant sans proportion avec les bornes étroites de la vie humaine. Il en est de même de plusieurs autres professions. Les Auteurs qui ont perfectionné cet Art sont en très-grand nombre, & un petit nombre d'années n'est pas suffisant pour en acquerir l'intelligence ; en mille ans de tems il y a eu peut-être mille Auteurs qui ont concouru à perfectionner cet Art, & celui qui sçaura bien les étudier, parviendra dans l'espace de sa propre vie qui est si borné, à sçavoir autant que s'il avoit vêcu mille ans lui-même & étudié pendant tout ce tems-là la Medecine. Si au contraire la lecture des Anciens vient à être négligée, de quoi peut se flatter un particulier, quelques talens personnels & transcendans qu'il ait ? ce qu'il en pourra tirer sera-t-il jamais en proportion avec les richesses immenses qu'on peut puiser dans les Anciens ? En un mot celui qui n'a pas lû les sçavans Medecins de l'Antiquité, & qui n'entend pas quelque chose de la nature des maladies avant que de se mettre à pratiquer, ne manquera point, quand il sera appelé dans quelque maladie, de faire du mal par ignorance ou par méprise.

Des Imposteurs. a

LEs Charlatans ou les personnes qui prétendent sans aucune science exercer la Medecine, ont tant de petits secrets, qu'un Traité entier là-dessus ne suffiroit pas pour les contenir tous: l'impudence & la temerité de ces miserables est égale à leur mauvaise conscience ; ils sçavent qu'ils tourmentent des malades qui touchent à leur derniere heure, & qu'ils les jettent inutilement dans de grandes douleurs. Quelques-uns d'eux se donnent pour sçavoir guérir le mal caduc, ils font pour cela une ouverture au derriere de la tête en forme de croix, & prétendent tirer de l'ouverture quelque chose qu'ils avoient tenu caché dans leur main pendant tout le tems de l'operation. D'autres débitent qu'ils peuvent tirer du nez de leurs malades des serpens ou des lézards ; ils semblent le faire en enfonçant dans le nez le bout d'un fer pointu avec lequel ils blessent la narine de maniere que le sang en sort : alors ils montrent une espece de petit animal artificiel qu'ils ont fait avec de la substance de foie, &c. Quelques-uns assurent qu'ils peuvent ôter les petites taches blanches qui se forment dans l'œil. Ils y glissent adroitement, un petit morceau de fin linge qu'ils en retirent après avec un instrument, & le montrent comme s'ils l'avoient arraché immédiatement de l'œil. Quelques-uns encore se vantent de tirer de l'eau de l'oreille ; ils se servent pour cela d'une tube dont ils appliquent une extremité à l'oreille, & tiennent l'autre à leur bouche ; ils peuvent ainsi faire passer doucement quelque eau à l'oreille, la succer & la cracher comme en provenant. D'autres prétendent tirer des Vers qui croissent ou dans l'oreille ou à la racine des dents. D'autres prétendent tirer des grenouilles du dessous de la langue ; donnant un coup de lancette, ils mettent adroitement la grenouille à l'ouverture faite, & la retirent de là. Que dirai-je des os qu'ils ont glissé dans des plaies & des ulceres pour les en tirer quelque tems après ? Quelques-uns après avoir tiré une pierre de la vessie, persuadent à leurs malades qu'il en reste encore une autre qu'ils supposent, afin d'avoir l'honneur d'en avoir tiré plus d'une : quelquefois ils portent la sonde dans la vessie, sans pouvoir s'assurer s'il y a une pierre ou non ; & si après l'operation ils n'en trouvent pas, ils prétendent en avoir tiré une qu'ils avoient toute prête d'avance & qu'ils montrent. Quelquefois ils font une incision à l'anus pour les hémorrhoides, & répetant l'operation, causent une fistule ou un ulcere où il n'y avoit auparavant ni l'une ni l'autre. Quelques-uns disent qu'ils tirent de la verge ou de quelque autre partie du corps du phlegme qui eſt d'une ſubſtance ſemblable à du verre; c'eſt encore par le moien d'un tuiau plein d'eau qu'ils tiennent dans leur bouche. D'autres prétendent qu'ils peuvent ramaſſer toutes les humeurs répandues par tout le corps dans une ſeule partie; ils frottent cette partie avec des ceriſes d'hyver, ce qui cauſe une grande chaleur avec inflammation; ils amoliſſent après cela la partie avec de l'huile, & emportent ainſi la douleur. Ils comptent enſuite ſur la récompenſe pour avoir guéri une maladie qu'ils avoient en effet cauſée eux-mêmes. Quelques-uns font accroire à leurs malades qu'ils ont avalé du verre; ils prennent une plume qu'ils leur enfoncent dans le goſier juſqu'à les faire vomir; & ils leur font rendre ce qu'ils leur avoient gliſſé dans la gorge avec la plume. C'eſt ainſi que ces Impoſteurs font ſortir du corps pluſieurs choſes qu'ils y avoient inſinuées par adreſſe, & expoſent quelquefois la ſanté & même la vie de leurs malades. De tels tours ne paſſent auprès de gens d'eſprit, que parce qu'ils ne ſoupçonnent point de fourberie, & qu'ils ne doutent pas de l'habileté de ceux qu'ils emploient; mais ſi enfin on vient à les épier de plus près, l'on découvre la fourbe. Un homme ſage mettra-t-il donc ſa vie dans les mains de telles gens? Prendra-t-il de leurs prétendus remedes qui ont été ſi funeſtes à tant de perſonnes trop credules?

Cette deſcription donnée par Rhazés prouve évidemment combien les Charlatans ont été communs en tous tems, & qu'ils ont tous travaillé de la même ſorte: il a dépeint cette claſſe d'hommes ſi bien, que s'il avoit vêcu dans notre tems, il auroit un nombre d'originaux très-reſſemblants à ce portrait.

AVICENNE.

L'Auteur qui ſuit de plus près, & dont les Ouvrages nous ſoient parvenus, eſt le fameux Avicenne fils de Haly, né à Bochara en Choraſan vers l'an 980. Il étudia la Philoſophie de bonne-heure, de maniere qu'à croire Sorſanus ſon diſciple, il entendoit parfaitement Euclide & les autres Livres de Mathematiques dès l'âge de ſeize ans: il fit peu après en Medecine tous ces progrès qui l'ont rendu ſi fameux pour ſon grand ſçavoir dans cet art. Les Ecrivains Arabes rapportent un exemple de sa sagacité : il découvrit, disent-ils, par le pouls, que la maladie du neveu de Cabous n'étoit causée que par l'amour ; & par un stratagême dont il se servit, il découvrit encore quel étoit l'objet de sa passion : on croiroit qu'ils ont copié ce récit de ce qu'Appien rapporte d'Erasistrate [a] dans une semblable maladie d'Antiochus, fils de Seleucus, tant il y a de rapport entre ces deux petits contes. Avicenne a passé la plus grande partie de sa vie à Ispaham ; les Auteurs parlent de lui comme d'un homme si adonné à ses plaisirs, qu'il en contracta plusieurs maladies différentes ; & c'étoit un proverbe, disent-ils, que toute sa Philosophie ne pouvoit le rendre sage, ni toute sa Medecine le rendre sain. Il mourut l'an 58. de son âge, ou si nous voulons calculer plus exactement le 56. * en 1036. à Medine, & il fut enterré dans la Ville de Hamadan. On voit par l'Histoire, qu'il a fait une très-grande figure dans le monde, à tel point que quelques-uns de ses Compatriotes prétendent qu'il fut élevé à la dignité de Vizir ; d'où quelques Ecrivains plus modernes se sont imaginez, je pense, qu'il avoit été réellement un Prince, & que d'autres ont dit un Roy, quoiqu'ils ne s'accordent pas si c'est à Cordoue ou en Bithynie qu'il a regné.

C'est ici ce que disent de plus certain de l'origine & de l'âge d'Avicenne les meilleurs Historiens ; quelques-uns ont supposé, mais sans fondement, qu'il étoit Espagnol ; & d'autres qu'il étoit Egyptien. On ne sçauroit comprendre où Neandre a pû prendre tous les materiaux avec lesquels il a composé ce Roman qu'il appelle la Vie d'Avicenne : il dit formellement que cet Auteur nâquit à Edesse, capitale de Commagene en 1145. qu'il alla de là à Alexandrie où il étudia sous Rhazés ; qu'il voiagea après cela en Espagne où il fut à Cordoue disciple d'Averrhoës ; mais il n'est pas nouveau à cet extraordinaire Auteur d'écrire autant de faussetez que de pages.

Avicenne a composé un gros Ouvrage qu'il appelloit le Canon ; la réputation de ce Livre étoit si grande dans toute

[a] Bell. Syriac.

* Les années Arabes sont lunaires ; c'est pourquoi, quoique l'Ere de l'Hegire ait commencé A. C. 622. il faut y faire quelques changemens quand on la réduit aux années de J. C. comme l'a fait le sçavant Editeur d'Abulphatage à l'égard de son histoire. Mais comme cela ne fait pas grande différence dans les âges de ce peu d'Auteurs dont je fais mention ici, j'ai crû qu'il n'étoit pas nécessaire d'être si scrupuleusement exact ; ceux qui demanderont plus de précision, n'ont qu'à consulter les Tables du sçavant Docteur Greaves.

l'Afie, qu'il a été mis en abregé & commenté par nombre d'Auteurs Arabes dans le douziéme & treiziéme fiécle, & auparavant il eut une fi grande vogue en Europe, qu'on n'enfeignoit autre chofe dans les Ecoles de Medecine ; fa gloire a duré jufqu'au tems du rétabliffement des Lettres.   AVICENNE.

On devroit naturellement attendre dans cet Auteur quelque chofe qui répondît à un tel caractere ; mais quoique j'aie jetté les yeux dans fes Ouvrages à differentes occafions, je n'y ai pû trouver que très-peu de chofe ou même rien qui ne foit pris de Galien, ou au moins que ce qui fe trouve, à peu de variations près, dans Rhazés ou dans Haly-Abbas. En general Avicenne femble fort porté à multiplier, fans raifon, les fignes des maladies : faute beaucoup imitée, (comme on fuit le plus aifément le mal,) par nos Faifeurs modernes de fyftêmes. Avicenne donne fouvent pour fymptomes effentiels ce qui n'eft qu'accidentel, & qui n'a nulle connexion immédiate avec le fondement de la maladie. Pour dire la verité, fi l'on vouloit choifir un fyftême Arabe de Medecine, celui de Haly femble moins confus, plus clair & mieux foûtenu que celui d'Avicenne.

AVENZOAR.

AVENZOAR, quoiqu'on ne puiffe fixer précifément le tems où il a vêcu, femble être venu plus tard ; il eft fûr pourtant qu'il a vêcu avant Averrhoës, qui plus d'une fois lui donne de hautes & juftes louanges, l'appellant l'Admirable [a], l'Illuftre [b], le Tréfor [c] de toute fcience, & le Prince [d] de la Medecine depuis le tems de Galien jufqu'au fien. Il nâquit ou au moins il réfida à Seville, capitale d'Andaloufie qui étoit alors le fiege du Calife Mahometan. Il vêcut 135. ans, commença de pratiquer à 40. ans, & eut l'avantage d'une experience plus longue que perfonne peut-être ait jamais eu, car il jouit d'une parfaite fanté jufqu'à fa derniere heure [e]. Il raconte lui-même comment Haly Connétable du Roy dans cette Ville [f] le fit mettre en prifon & traiter d'une façon barbare, quoiqu'il paroiffe par fon propre récit que devant ou après il guérit de la jauniffe [g] le fils de ce Miniftre. Il a écrit un Livre qu'il appelle *Thaiffer*, c'eft-à-dire,

AVENZOAR.

[a] 52.
[b] 30.
[c] 64.
[d] 59.

[e] *Averrh.* 30.
[f] 59.

[g] 55.

AVEN-
ZOAR.

a 55.
b 37.

c 42.
d 47.

e 87.

f 89.

g 37.

h Si aliquis sophisticando se voluerit in zantum,&c.

un Livre qui contient toutes les regles pour les remedes & la diete dans la plûpart des maladies. Ce Livre prouve certainement qu'il a été un homme extrêmement occupé. Il paroît par là encore qu'il avoit la charge d'un Hôpital^a, & qu'il étoit souvent employé par les ordres des Miramamolins ^b.

Il est regardé par le plus grand nombre des Ecrivains comme un Empirique, néanmoins je ne sçaurois m'imaginer pourquoi ils se sont avisez de dire une telle chose de lui qui lui convient moins, je pense, qu'à aucun autre des Auteurs Arabes: on pourroit soupçonner par là qu'ils ne l'ont pas lû au-delà de la Préface qui contient un amas de Recettes, dont lui & d'autres se servoient. Il étoit né d'une famille de Medecin, son pere ^c & son grand pere ^d l'avoient été ; il parle même d'eux à cet égard en termes pleins de respect & de reconnoissance ; il nous dit lui-même qu'il avoit reçu une éducation réguliere ; qu'il avoit appris non-seulement ce qu'il est nécessaire à un Medecin de sçavoir, mais qu'il avoit étudié de plus, par amour pour la science, ce qui a du rapport à la Pharmacie & à la Chirurgie. Il pose pour maxime ^e que l'experience est un guide assuré pour une pratique salutaire, & sera le fondement ou de l'absolution ou de la condamnation en cette vie & en l'autre ^f pour lui comme pour tout autre Medecin. Il a un autre endroit encore plus remarquable ^g, où il dit combien il est indifferent d'employer dans certaines tumeurs une huile ou une autre ; & il observe en passant que l'art de guérir les maladies ne s'obtiendra jamais par des distinctions Logiques ou des subtilitez Sophistiques ; qu'une longue experience seule éclairée d'un bon jugement, peut donner un talent si rare. Par exemple,^h dit-il, si quelqu'un se mettoit dans l'esprit de faire des speculations raffinées sur les remedes laxatifs, & qu'il prétendît trouver la quantité & la qualité relative de chaque purgation, de maniere à la proportionner exactement à la constitution du malade & à la nature des humeurs qui doivent être déchargées, & calculer cela si bien qu'il n'y eût ni du trop, ni du trop peu, il pense que de telles speculations ne contribuent presque point à donner des idées justes sur la méthode de la cure. Il fait allusion ici sans doute à Alkindus qui avoit écrit un Traité bizarre touchant les doses & les qualitez des remedes, comme je le remarquerai après.

DE LA MEDECINE.

Cet Auteur a si peu de penchant à la charlatanerie, & il fait si peu de cas d'une simple recette, qu'il se plaint de l'indiscretion des vieilles femmes à ce sujet[a], comme il rejette aussi les vaines superstitions des Astrologues[b]. Il raconte une chose de lui-même qui est assez remarquable ; il dit que dans un cas particulier il ne sçut comment proceder[c] ; il demanda inutilement le sentiment de plusieurs Medecins : enfin il s'en alla à la Ville où son pere vivoit, pour avoir son avis. Le vieillard ne voulut pas lui donner une réponse directe; mais il lui montra un endroit dans Galien & lui dit de le lire ; & que s'il pouvoit y découvrir la méthode de la cure, ce seroit fort bien ; mais que s'il ne le pouvoit, il ne devoit pas se flatter de faire aucun progrès en Medecine. Le conseil réussit, & le malade fut guéri à la satisfaction du pere & du fils. Il fait profession certainement dans tout cet Ouvrage de la Secte dogmatique qui étoit l'opposée de l'Empirique ; & on y voit par tout qu'il speculoit beaucoup sur les causes & les symptomes des maladies : dans sa theorie il suit principalement, pour ne pas dire entierement, Galien ; & il le cite à toute occasion beaucoup plus que n'a fait le reste des Arabes.

Quoiqu'il soit si fort partisan de Galien, il y a plusieurs choses particulieres dans ses Ouvrages qu'on ne trouvera que rarement, ou même pas du tout ailleurs ; & il y a plusieurs cas qu'il rapporte d'après sa propre experience qui méritent bien d'être lûs. Il parle de quelques maladies ausquelles il avoit été sujet lui-même, particulierement de la Sciatique[d] & de la Dysenterie[e] ; il dit qu'il se guérit de la dysenterie en portant une Emeraude sur son ventre ; il conseille dans le même cas de la donner en poudre environ six grains : Ætius est le premier qui attribue à cette pierre la vertu d'arrêter tout flux de sang.

Avenzoar rapporte encore un cas fort singulier qui lui arriva à lui-même, sçavoir un abcès dans le mediastin qui est la membrane, dit-il, qui traverse le thorax par le milieu. Au commencement de son mal qui arriva dans un voiage, il sentit quelque douleur à cet endroit, laquelle augmenta & fut suivie de la toux ; il trouva son pouls très-dur & la fiévre très-aigue. La quatriéme nuit il se fit tirer une chopine de sang. Il en fut peu soulagé ; cependant comme il fut obligé de continuer son voiage tout le jour, il s'endormit à la nuit, & pendant ce

AVEN-ZOAR.

a 70.
b 80.

c 69.

d 37.
e 69.

AVEN-ZOAR.

tems-là la ligature de son bras se défit; en s'éveillant il trouva son lit inondé de sang & ses forces considerablement affoiblies. Le jour suivant il commença à cracher une matiere sanglante; & quoiqu'après il tombât en delire, & qu'on lui donnât grande quantité d'eau d'orge, comme il l'avoit ordonné d'avance, il attribue cependant sa guérison à l'évacuation considerable de sang qui lui étoit arrivée. Je me suis un peu étendu dans ce détail, parce que c'est le premier exemple que je sçache où cette maladie ait été décrite. Les symptomes de cette sorte d'abcès sont en general, dit cet Auteur, une continuelle & successive toux, une douleur de tension en long; un dérangement dans la respiration qui la rend frequente & petite; une fiévre aigue, une grande soif & un pouls fort & inégal. C'est pourquoi la saignée est absolument nécessaire au commencement; & quoique ces symptomes semblent fort être les mêmes que ceux de la pleuresie, il traite cependant de ces deux maladies, comme de differentes maladies en deux chapitres separez [a]; & il est à remarquer que quoiqu'il conseille positivement dans le premier cas de saigner au côté opposé, sans quoi on tuera le malade si l'on fait autrement; cependant dans le dernier cas il permet de faire la saignée où l'on voudra, pourvû que ce soit à la basilique, regardant tout cela comme indifferent.

[a] p. 63. & 65.

Avenzoar parle non seulement d'un abcès au mediastin, mais encore au pericarde [b]; ce que je ne trouve pas qui ait été décrit ou même remarqué par aucun des Grecs ou des Arabes; il n'y a cependant pas de doute que cette membrane & le mediastin à laquelle elle est contigue, ne soient sujettes à l'inflammation, de même que la pleure & les poulmons. Salius Diversus qui a rendu raison avec beaucoup de jugement de diverses maladies, & duquel la plûpart des Auteurs ne disent pas le mot, décrit cette maladie dans un chapitre distinct [c]; & il dit qu'aucun Auteur Praticien ne l'avoit remarqué avant lui. Sa description des symptomes qui suivent une inflammation de cette partie est très-circonstanciée & très-exacte; & parce que le cas n'est pas ordinaire, quoique sans contredit on peut fort bien le connoître si on y fait attention, je donnerai une idée de ce qu'il observe, & qui répond à ce que j'ai rapporté d'Avenzoar. Il y a fiévre aigue, inquiétude, soif, respiration

[b] 52.

[c] Curat. morbor. particul. 225.

respiration courte & frequente, grande chaleur dans le thorax, une petite douleur partout excepté au sternum où l'on sent un resserrement & un obstacle plûtôt qu'une veritable douleur dans la respiration; avec cela toûjours la toux, & le pouls dur positivement comme il est dans la pleuresie. Cependant la douleur qui est moins aigue, la fait distinguer de la pleuresie, & la difficulté de respirer qui est moindre, de la peripneumonie. Quand le pericarde étoit aussi enflammé, il y avoit une plus grande chaleur, & une frequente syncope; en un mot, tous les symptomes étoient pires. Il juge fort sensément que la douleur est moindre dans ces membranes, parce qu'elles sont plus lâches, & ne sont pas attachées aux côtes, comme l'est la pleure : il y avoit seulement quelque embarras au sternum auquel le mediastin est attaché. Et pour preuve de ce qu'il avance, il donne le cas d'une personne qui mourut au neuviéme jour, après quelques accez de syncope; par la dissection on trouva une inflammation des membranes separantes comme il les appelle, de même qu'à une partie du pericarde. Je suis persuadé que cette maladie arrive plus souvent que nos Praticiens n'y prennent garde. Lorsque l'inflammation suppure, la matiere doit créver dans la cavité du mediastin; car quoiqu'il y ait eu de grandes disputes entre les Anatomistes s'il y a une telle cavité ou non, le Scalpel, je pense, décide la controverse, & montre qu'il y en a une, quoiqu'elle ne soit pas si grande que quelques-uns l'ont décrite : au moins comme il part du sternum, ses deux membranes sont à telle distance, qu'une humeur ou du pus peut tomber entre deux, comme Colomb l'a observé, sur quoi lui & Barbette ont ordonné le trépan au sternum. Spigelius observe de plus qu'il a vû quelquefois des Chirurgiens trompez par des plaies faites transversalement dans cet endroit, à tel point qu'ils croioient qu'elles avoient pénétré les poulmons pendant que réellement elles n'étoient venues qu'à cette cavité. Et pour plus grande & plus convaincante preuve de ce qui a été remarqué ici, une personne qui est estimée par sa longue experience & par son jugement sûr à l'égard de tout ce qui a rapport à la Chirurgie, m'a assûré que les abcès du mediastin arrivent particulierement dans les maladies veneriennes, & que dans ces cas-là il a pratiqué souvent le trépan avec beaucoup de succès. Vous voiez par là combien peu est fondée la pensée de Paré[a], qui semble trouver ridicule de tenter cette opération.

Avenzoar, comme je l'ai remarqué, a fait mention d'une inflammation & d'un abcès au pericarde : & Rondelet dans son Livre sur la distinction des maladies par les symptomes a quelque chose sur celle-là[a]. Il remarque que dans ce cas outre une moindre difficulté de respirer, lorsque le malade vient à cracher, il est moins soulagé par là qu'on ne l'est dans la peripneumonie. Il a trouvé dans une personne qu'il a disséquée une grande inflammation au pericarde, & quelque matiere sanieuse autour du cœur. On peut voir un même exemple dans Hildan[b], où la matiere extravasée se montoit à plus de deux pintes; & cependant aucune partie du cœur n'étoit ulcerée : la principale chose dont se plaignoit le malade quelque tems avant sa mort étoit une douleur qui s'étendoit en haut vers les épaules & une violente palpitation. Rondelet reconnoît que ce cas étoit aussi aigu & dangereux qu'il est rare, n'aiant été observé de personne auparavant. Pour ce qui est de cet Ecrivain & de Salius, peut-être ne sçavoient-ils ni l'un ni l'autre ce qui avoit été dit avant eux sur ce sujet : car quoique Rondelet soit mort plusieurs années avant que son Livre ait été imprimé une année seulement avant que Salius[c] ait publié le sien, on voit pourtant qu'après toutes ces nouvelles découvertes, comme les appellent ces deux Auteurs la maladie est ici décrite amplement & clairement par Avenzoar, & il n'y a rien là de plus que ce qui est arrivé à d'autres Modernes, qui faute de lire les Anciens, ont publié quelques observations comme si elles étoient d'eux, & que personne ne les eût faites avant eux.

Notre Auteur a encore quelque chose de plus à l'égard du pericarde. Il dit qu'il est augmenté par la production de quelque nouvelle substance, telle que des cartilages ou des pellicules; chose, dit-il, qui a échappé à l'attention de tous les autres avant lui. Je suppose qu'il faut entendre cela des membranes de ce sac épaissies; car quand il y a là une obstruction des glandes ou une trop grande viscosité de la limphe qui devroit fournir à la liqueur naturellement contenue dans sa cavité, les membranes du pericarde s'épaississent considerablement & sont souvent trouvées adherentes au cœur, & plus particulierement dans des cas d'atrophie ou d'asthme au point de caufer frequente fyncope & palpitation. Cette adhéfion dans ce cas étant examinée avec foin, peut avoir donné occafion à ce que Colomb [a] & d'autres ont dit, qu'ils ont obfervé des cœurs fans pericarde ; il eft beaucoup plus raifonnable de fuppofer l'adhéfion de cette membrane au cœur, que de penfer qu'elle manque tout-à-fait. J'ai vû un exemple où elle étoit dans toute fon étendue épaiffe d'un quart de pouce, & fi étroitement unie au cœur, qu'on ne pouvoit l'en détacher fans la déchirer. Il paroiffoit évident qu'il y avoit eu là inflammation ; car elle étoit fchirreufe en quelques parties & pleine de petits abcès en d'autres. Il y a eu dans ce cas grande diminution de forces, la fiévre a fuccedé avec une haleine extrêmement courte & une douleur au thorax ; enfuite la douleur s'eft répandue davantage dans tout le corps, & particulierement dans les membres, la fiévre continuant un peu : vers la fin de la maladie on obferva une conftante vîteffe & fouvent de grandes inégalitez & intermiffions dans le pouls fuivies de violentes palpitations. Enfin la perfonne mourut fubitement fans qu'on s'y attendît, quoiqu'après avoir confideré le cas, comme on le découvrit clairement, en ouvrant ces parties, il étoit réellement furprenant que la circulation eût pû continuer fi long-tems, puifque le cœur n'avoit prefque point d'efpace pour fe mouvoir ; il y avoit d'ailleurs un grand polype & dans l'artére pulmonaire & dans le ventricule gauche du cœur qui devoit peut-être fa naiffance à la maladie qui avoit commencé au pericarde.

Avenzoar fait auffi mention d'une hydropifie dans cette partie ; cas, dit-il, qu'il n'a jamais vû lui-même & dont Galien ne parle point du tout. Malgré cela ce cas a été obfervé par d'autres. Dans l'état naturel & dans une conftitution robufte l'eau qui eft contenue dans cette partie n'eft pas en quantité au-deffus de trois cueillerées ; cependant dans des corps maladifs, comme auffi dans des corps de vieillards, on en a trouvé fouvent un demi-feptier & quelquefois davantage. Pifon [b] donne un exemple où on en tira plufieurs pintes : & l'on ne doit pas être furpris de l'extenfion extraordinaire qui fe fait à cette membrane, puifqu'il en arrive autant à beaucoup d'autres. Il décrit lui-même le cas d'un abcès à un des reins où étoient contenues fept pintes de pus, cependant la capfule du rein

AVENZOAR.
[a] Lib. 15.

[b] S. 3. 2.

étoit entiere. On éprouve la même chose dans une partie du corps aussi petite que l'est naturellement l'ovaire lorsqu'il s'y forme une hydropisie, dans ce cas-là non seulement la membrane se distend & forme un grand kyste, mais encore comme il arrive à l'uterus dans la grossesse, ses enveloppes s'épaississent à mesure qu'elles s'élargissent.

En traitant de la consomption [a] il remarque comment Galien recommande fortement le lait d'ânesse; mais il ajoûte, que parce que la Loi ne permettoit pas aux Sarrazins de manger du lait ou de la viande de cet animal, il substituoit le lait de chévre, comme il fait dans cet Ouvrage à toute occasion. Je n'ai pas trouvé, autant que je m'en puis souvenir, cette remarque en aucun autre Medecin Arabe. Aussi il ne me paroît pas que & Rhazés & Avicenne en décrivant les differentes parties d'une ânesse qui peuvent servir à des usages de Medecine, fassent aucune mention du lait; & celles dont ils parlent, ne sont destinées qu'à des applications externes. Ils prescrivent pourtant aussi le foie, le sabot & les excremens pour être pris interieurement. Avicenne lui-même en recommande le lait pour l'étisie & la jaunisse. Je laisse à ceux qui seront plus profonds & plus curieux le soin de concilier tout ceci. Par ce que je puis recueillir de Mr Herbelot, il est clair que dans l'Orient, parmi une partie des Mahometans, cet animal étoit en grande estime, & pour d'autres en abomination; que ceux qui étoient scrupuleux observateurs de la Loi étoient de la derniere opinion, de maniere que Marissi qui fut estimé pour un profond sçavoir dans la Philosophie & dans la Loi, & qui par son caractere semble avoir été un grand Innovateur, a été un des premiers qui a reconnu qu'il étoit permis de manger de la chair des asnes: son disciple Bokhari qui est mort l'an de l'Hegire 256. soûtint parmi beaucoup d'autres nouvelles doctrines la même opinion contre le Mufti qui croioit que le lait de vache & de brebis étoit également défendu par la Religion Mahometane.

Il y a les mêmes differends parmi les Mahometans à l'égard d'autres choses qui ont du rapport à la Medecine. Avenzoar lui-même décrit certaines operations en Chirurgie comme abominables, [b] (ce sont ses termes) & mal séantes à un honnête homme, telle qu'est l'extraction de la pierre; il pense

DE LA MEDECINE. 165

que suivant laLoi un homme religieux ne doit pas porter sa vûe sur les parties de la generation. Il discourt cependant de quelques operations qui concernent ces parties ; le reste des Medecins Arabes fait de même.

Parmi tous les Arabes le seul Avenzoar semble avoir bonne opinion de la Bronchotomie [a], dans le cas d'une esquinancie desesperée, quoique comme cette operation est difficile & qu'il ne l'a jamais vû faire lui-même, il n'en parle qu'en passant, & dit qu'il ne voudroit point être le premier qui la recommandât, cependant il la croit praticable sur l'experience qu'il en a fait lui-même sur une chévre dans cette vûe ; il fit une incision à travers les anneaux de la grandeur environ d'un lupin, pansa la plaie chaque jour avec de l'eau de miel; & comme la cicatrice commençoit à se faire, il appliqua de la poudre de noix de cyprès, & acheva parfaitement la cure.

Ce qu'il dit d'un relâchement & d'un embarras dans le pharinx, d'où il suit une impossibilité d'avaler aucune nourriture, est nouveau & n'a été expliqué ni par les Auteurs Grecs, ni par les Arabes. Il propose trois manieres d'apporter du soulagement dans ce cas. La premiere est d'insinuer dans l'œsophage un instrument d'étain ou d'argent fait en forme de tuiau, que nous appellons *Provengue* (& dont il est parlé pour cet usage par cet Auteur avant aucun autre) & introduire par ce moien du lait ou quelque nourriture legere ; la seconde voie qu'il propose est de se mettre dans un bain de lait, &c. afin que quelques parties nutritives du lait puissent s'insinuer par les pores, mais il regarde avec raison cet expedient comme frivole ; la troisiéme méthode est le clystere, & celle-là est la bonne méthode qui ne manque jamais. Et quoiqu'il observe qu'on peut objecter, qu'il est impossible qu'aucune chose puisse parvenir par cette sorte d'injection jusqu'à l'estomach, comme Galien l'a avancé, il croit pourtant qu'il y a une grande distinction à faire dans cette circonstance particuliere. Il avoue qu'un clystere seringué avec quelque force que ce soit dans les occasions ordinaires, ne peut jamais monter jusqu'à l'estomach ; car la force contractive des intestins résiste & fait effort pour le chasser en bas : il croit que le cas est different ici où le corps a grand besoin de nourriture, & les intestins sont vuides & non embarrassez du poids d'aucuns excrémens : il suppose

[a 41.]

X iij

AVEN-ZOAR. que dans ce cas il y a un pouvoir attractif dans l'eſtomach & dans les inteſtins qui travaille alors & attire ou ſucce d'un inteſtin à l'autre tout ce qui peut y être contenu de matiere nutritive. Il s'explique par un exemple ; Pourquoi, dit-il, ne pourrons-nous pas ſuppoſer que du lait ou du bouillon peut être porté des inteſtins dans l'eſtomac par cette force attractive, pendant que nous voions que ſi l'on met quelques ſemences dans un pot ou quelque vaiſſeau de terre que ce ſoit, elles attirent l'humidité & s'imbibent de cette nourriture au-delà de l'étendue du vaiſſeau même? Quoiqu'on veuille penſer de la Philoſophie de cet Auteur à ce ſujet, il mérite pourtant qu'on faſſe attention à ſa pratique, parce qu'elle n'eſt pas une invention de lui, mais qu'elle eſt appuiée de l'autorité d'Oribaſe qui a un petit chapitre ſur ce ſujet [a]. D'ailleurs la choſe eſt bien fondée, & je croi ſur experience qu'elle réuſſira en pluſieurs cas. Quelques Modernes croient cet eſſai inutile, parce que, diſent-ils, rien ne peut paſſer à travers la valvule du colon ; & qu'il n'y a ni dans le colon, ni dans le rectum de veines lactées pour ſucer quelque nourriture. On peut conteſter, je penſe, cette derniere idée ; & quelques-uns des plus fins Anatomiſtes ont fait voir qu'il y a quelques veines lactées dans les inteſtins, quoiqu'en nombre peu conſiderable. Car les glandes de Peyer, quoiqu'elles ſoient ſeparées & beaucoup plus éloignées l'une de l'autre qu'elles ne le ſont dans les inteſtins grêles, (raiſon pour laquelle peut-être on les a mis dans la claſſe des Conglobées) elles ſont cependant fort grandes & plus propres apparemment à recevoir les particules les plus groſſes des alimens ; mais ſuppoſé qu'il n'y ait pas là du tout de lactées, il n'eſt pas contraire à la nature ni aux Loix qu'elle obſerve dans l'œconomie animale de dire que les particules nutritives, particulierement dans un tel état d'inanition, peuvent être abſorbées par les pores dans les vaiſſeaux mêmes du ſang. Il y a pluſieurs raiſons qui appuient cette idée : je n'entrerai pas dans ces détails, j'obſerverai ſeulement que la méthode de donner des clyſteres nutritifs eſt fondée ſur une experience inconteſtable, & que nous avons dans l'Hiſtoire de la Medecine nombre d'exemples où cette méthode a été de ſecours lorſqu'il étoit impoſſible d'en tenter aucune autre. Hildanus rapporte qu'une femme enceinte [b] fut alitée d'une fiévre

[a] Collect. 8. 34.

[b] Centur. 4. 30.

pendant six semaines, & que durant tout ce tems-là ni solide ni liquide ne put passer dans son gosier, & qu'elle fut soûtenue uniquement par des clysteres, de maniere qu'elle guérit & accoucha en bon état d'un enfant puissant. Je parlerai d'un cas extraordinaire & semblable que nous avons vû recemment dans une personne de qualité en qui la déglutition s'étoit extrêmement affoiblie par un relâchement des membranes du gosier qui devint assez considerable pour former une sorte de poche laterale; cette personne souvent pendant des semaines entieres ne pouvoit recevoir de nourriture que par la méthode que conseille si fort Avenzoar.

AVEN-ZOAR.

Dans le Chapitre sur les causes d'une violente toux, il marque les Vers [a] pour une cause; mais comme c'est une chose qu'il n'avoit jamais vûe lui-même, il avoue qu'il n'en parle que parce que d'autres Medecins l'avoient fait avant lui. Galien dit, il est vrai [b], que quelques Auteurs l'avoient pensé, & avoient imaginé que ces Vers montant des intestins à l'orifice de l'estomach, pouvoient causer une telle toux; mais il semble regarder cette idée comme étant sans fondement; car il avoit observé lui-même un millier de fois des Vers dans cet endroit, lesquels n'avoient pourtant pas occasioné de toux. Je ne trouve pas que les anciens Ecrivains aient mis la toux parmi les symptomes des Vers : observez qu'il n'en est pas même fait mention dans le Traité des Anciens le plus exact en ce genre, celui d'Alexandre de Tralles ; cependant si nous examinons les Modernes, nous y trouvons une infinité d'exemples où ce symptome est marqué, & notre propre experience nous convainc tous les jours que dans le cas des Vers il n'y en a pas de plus frequent que celui de la toux, sur-tout dans les enfans.

a 50.

b *Comment.* 2.*in Epidem.* 6.

Nous avons dit ci-dessus qu'Avenzoar s'étoit appliqué à la Pharmacie ; pour se servir de ses propres expressions, « Il prenoit plaisir de s'étudier à la maniere de faire des syrops & des « electuaires [c]; & il desiroit fort de connoître les operations « des remedes par experience; la maniere d'en extraire leurs « propres vertus ; la maniere de les mêler & combiner. On « trouve aussi par tout dans son Traité plusieurs remedes & simples & composez, avec quelques observations qui les concernent, & qui ne sont nulle-part ailleurs. Il a beaucoup

c 87.

AVEN-ZOAR.
a 70.
b 76.

c 89.

d 88.

e Meth. Med. 5. 8.

de choses touchant les plantes venimeuses & leurs antidotes ; il parle des grandes vertus de l'huile d'œufs, l'huile appellée *Alquifcemi* ᵇ, très-merveilleux Lithonthryptique que son pere, dit-il, avoit apporté de l'Orient. Il parle des fleurs de Nenufar ou *Nymphæa* ᶜ, & son grand pere y a trouvé, dit-il, une vertu particuliere pour corriger la maligne acrimonie de l'hellebore noir ; il dit de même que le mastic corrige la scammonée, & les amendes douces la coloquinte. Matthiole observe avec raison que les Ecrivains Grecs n'ont pas fait mention des fleurs de cette plante, n'aiant parlé que de sa racine & de sa semence ; il ajoûte que c'est Serapion & Avicenne qui l'ont décrite les premiers. Mais il semble qu'il se trompe en cela ; car Serapion non plus que Rhazés ne dit rien des fleurs ; Avicenne dans cet article transcrit le dernier ; & quoique dans la vieille version il y ait les fleurs, cependant Plempius à qui l'on peut mieux se fier, dit que tous les Manuscrits Arabes obmettent ce mot. De maniere que l'honneur d'avoir parlé le premier de cette partie du Nymphæa peut être donné à notre Auteur.

Pour ce qui est de l'hellebore noir, il le prescrit ici dans une maladie singuliere, que le remede aura de la peine à faire deviner, c'est l'excrescence d'un os ᵈ : son pere, dit-il, avoit vû l'exemple d'un qui croissoit sur le dos d'un homme comme une corne, & avoit beaucoup de cette substance. Par des évacuans & des dessicatifs cette excrescence tomba, comme font les cornes du Cerf au printems. Il dit de plus, qu'il en eut une lui-même suivie d'une grande douleur ; que par des remedes purgatifs & dissolvans la plus considerable partie s'étoit détachée, & que ce qui en étoit resté ne l'embarrassoit ni ne lui causoit de la douleur. Parmi les purgations qu'il recommande en ce cas, est l'hellebore noir qu'il croit de tous les purgatifs le plus efficace, mais non le moins dangereux. On sçait que les Anciens faisoient grand cas de cette sorte d'hellebore aussi-bien que du blanc pour purger les humeurs superflues, (particulierement les atrabilaires ; mais ils regardent ce purgatif comme aussi violent que dangereux. La maniere dont ils le donnoient peut avoir fait naître cette opinion : car comme nous l'apprend Aretæus, ils poussoient souvent la dose à deux drachmes. Actuarius ᵉ est un des premiers qui a crû qu'on pouvoit le donner avec sûreté & sans causer un grand

DE LA MEDECINE. 169

grand désordre; il le recommande extrêmement comme un admirable remede pour differentes cas; mais il faut remarquer que sa dose passe rarement une drachme. L'experience de quelques Modernes a confirmé la justesse de son observation. Mais quelques-uns entr'autres raisons, fondez sur ce qu'on a parlé diversement de l'operation de l'hellebore noir, croient que cette plante [a] dont se servoient les Anciens est inconnue à present, & que celle que nous emploions pour celle-là est une autre.

AVEN-ZOAR.

[a] *Salmas. Hylo Jatric.*

Je laisse aux Botanistes à décider sur cette question; je remarquerai seulement que la plante qui est d'usage parmi nous, laquelle est celle de C. Bauhin, est un remede très-innocent & très-efficace; & que quand la dose en est médiocre, bien loin d'être un violent purgatif, quelquefois elle ne purge pas du tout, & quoique quelquefois elle fasse vomir, très-souvent elle ne produit aucun effet dans l'estomac. Avicenne fait mention de deux autres vertus qu'elle a, qui est de provoquer l'urine & les mois. La derniere de ces deux qualitez est très-connue. J'ai fait plusieurs essais de ce remede, & j'avoue que j'en ai éprouvé des effets merveilleux dans des hydropisies, plus que de tout autre diuretique. Cependant c'est un remede qui ne fait pas toûjours des merveilles; & ces differences dans son operation, proviennent, je pense, de la nature de la maladie, qui est toûjours dangereuse lorsqu'elle le paroît le moins, & qui est tellement variée, que tantôt elle demande une méthode de cure & tantôt une autre: on sçait qu'il y a plusieurs cas de cette nature qui à tous égards se ressemblent, & cependant nous avons la mortification d'éprouver, que quelquefois la même méthode qui a réussi au-dela de toute attente, ne fait plus que blanchir, & cela sans que nous en sçachions donner de raison.

En parlant d'une jaunisse qui, à ce qu'il suppose, avoit été occasionnée par un poison, il ordonne le Bezoar au poids de trois grains d'orge & non au poids de trois grains ordinaires, comme quelques-uns l'ont dit: c'est ici la premiere fois que je trouve qu'il ait été ordonné comme remede, ou qu'il ait été décrit. Telle est sa description. « Le meilleur est celui qui se trouve en Orient près des yeux des Cerfs. Dans ces Pays, les « Cerfs mangent des serpens qui les rendent forts. Avant qu'ils « en aient reçû aucun mal, ils se jettent dans des eaux courantes, «

Y

AVEN-
ZOAR.

» & vont avant jusqu'à ce qu'ils aient de l'eau jusqu'à la tête ; ils
» sont accoûtumez à faire cela par un instinct naturel, ils res-
» tent là sans toucher à l'eau (car s'ils en bûvoient, ils en mou-
» roient immediatement) jusqu'à ce que leurs yeux commen-
» cént à degouter : cette liqueur qui sort de dessous leurs pau-
» pieres, s'épaissit, se coagule, & continue à fluer jusqu'à ce
» qu'elle s'amasse à la grosseur d'une chataigne ou d'une noix.
» Quand ces Cerfs sentent que la force du poison est dissipée,
» ils sortent de l'eau & retournent à leur repaire ordinaire :
» cette substance venant par degrez à la dureté d'une pierre,
» tombe enfin après qu'ils l'ont beaucoup frottée. C'est là le
» plus utile de tous les Bezoars. Ce récit d'Avenzoar est confirmé par d'autres Ecrivains Arabes qui ont voiagé en Perse &

a *Herbelot.* à la Chine où ce Bezoar est abondant [a]. L'Auteur du Livre sur
les Simples qui est attribué à Serapion, suppose à tort qu'il
croît dans certaines mines : & pour donner une preuve de son
prix extraordinaire, il cite Abdalanarack qui a dit que le Palais de Cordoue avoit été donné en échange contre une de
ces pierres. Quelques Modernes ne veulent pas reconnoître
que le Bezoar d'Avenzoar soit le même que celui qui a passé
sous ce nom dans les siécles passez ; parce que ce dernier,
suivant le rapport des plus sçavans Naturalistes, se trouve
toûjours dans l'estomach, ou plûtôt l'*Omasum* d'un animal
qu'ils appellent *Cervicapra.* Je ne puis pourtant me figurer
que notre Auteur ne veuille parler de la même chose, quoiqu'il differe en parlant de l'endroit où il se forme.

J'ai observé que cet Ecrivain étoit non seulement versé en
Pharmacie aussi-bien qu'en Medecine ; mais il l'étoit encore

b 87. en Chirurgie. Il nous dit [b] » que quand il étoit jeune, il se
» donna beaucoup de peine pour entendre la situation des os &
» leur connéxion, afin non seulement d'en avoir la connoissan-
» ce, mais pour pouvoir de plus operer de ses propres mains :
» il s'appliqua à cette étude avec beaucoup d'ardeur, unique-
» ment par goût pour la chose même, comme un Laboureur &
» un Chasseur qui est animé par le plaisir que lui donne la
» peine même qu'il prend. Ce qui lui avoit donné tant de passion
» pour cette science est la pensée qu'il pourroit être utile par là
» ou à lui-même, ou à ses amis, ou aux pauvres. Il traite aussi
particulierement des dislocations & des fractures. Et par ce

DE LA MEDECINE. 171

qu'il a dit sur ce sujet, comme aussi par ce qu'il a remarqué AVEN-
du pericarde & du médiastin, on auroit du penchant à croire ZOAR.
qu'il avoit quelque sçavoir en Anatomie, & avoit fait lui-même quelques dissections: je n'ignore pas qu'on croit communément qu'il étoit défendu aux Mahometans par la Loi d'ouvrir des corps morts: quant à la Chirurgie on ne laisse pas néanmoins de trouver en lui plusieurs choses qui ont du rapport à
cette branche de la Profession : telle est la cure d'une hernie [a] ;   *a* 56.
une fracture dans l'os de la hanche [b], un cas où par une blessure   *b* 87.
au ventre les excremens en sortoient [c], des plaies aux veines &   *c* 57.
aux artéres [d] ; &c. Il rapporte un cas où il fut appellé lui-mê-   *d* 65.
me, c'étoit une mortification [e] ; contraire à l'opinion de plu-   *e* 87.
sieurs autres qui vouloient qu'on appliquât seulement quelques
remedes, il prononça qu'il n'y avoit pas d'esperance de cure
sans une incision par laquelle il falloit emporter toute la chair
morte ; son avis n'étant pas suivi, le mal empira, & indubita-
blement le malade en mourut. Il cite une belle & remarquable
cure que son pere fit, il s'agissoit d'un empyeme, dans lequel il
attira les humeurs vers les parties exterieures (la nature apparemment lui aiant indiqué le chemin) où la tumeur se formant
elle-même, elle suppura & emporta la maladie. Je ne puis
m'empêcher de dire un mot de sa modestie qu'il fait paroître en nombre d'endroits differens ; mais ici particulierement
il avoue ingenûment qu'il n'étoit pas encore arrivé à un point
de perfection si considerable que de sçavoir faire une operation
aussi miraculeuse.

En lisant cet Auteur, il m'est venu à l'esprit deux observations ; l'une est qu'il paroît clairement que dans son tems la
Medecine, la Pharmacie & la Chirurgie étoient trois Professions separées [f] ; il s'excuse lui-même de ce que contre la coû-   *f* 87.
tume de son pays & l'exemple de son propre pere, il s'étoit
appliqué aux deux dernieres ; dont il semble que les Medecins
qu'on appelloit *Honorati & Nobiles*, faisoient si peu de cas
qu'ils regardoient comme au-dessous d'eux de les entendre
seulement ; c'est pourquoi ils négligeoient toutes les operations manuelles telles que de saigner, d'abattre des cataractes,
d'appliquer des Caustiques, &c. comme aussi de préparer des
remedes, ils laissoient tout cela à ceux qui étoient dessous
eux, *servitoribus aut ministris*.

Y ij

AVEN-ZOAR.

Nous trouvons qu'il y avoit en ce tems-là plusieurs grandes Ecoles de Medecine en Espagne, & une particulièrement à Tolede. Par les épithetes d'hommes sages que cet Auteur donne aux Professeurs, & par l'appel qu'il fait souvent à leur jugement, il paroît qu'elles étoient en grande réputation.

L'autre remarque est que les Medecins Arabes plus anciens semblent lui être entierement inconnus ; car il n'en cite aucun, ni je n'apperçois pas qu'il fasse jamais d'allusion à aucun de leurs écrits, de maniere qu'il n'y a eu dans ce tems plus ancien que très-peu ou point de correspondance entre l'Espagne & les Pays Orientaux. Il est aisé peut-être d'en donner la raison si l'on se rappelle ce qui se passa parmi les Sarrazins quelques siécles avant le tems d'Avenzoar. L'Histoire nous dit que Abdalrhaman le fils de Moavie, de la maison d'Omniah après l'entiere destruction de cette famille par les Abbasides, l'an de l'Hegire 139. s'enfuit en Espagne dans le tems d'Almanzor qui regnoit à Bagdad, & étoit reconnu par tous les Arabes pour le legitime Calife dans l'Occident. Il fit sa résidence à Cordoue, & bâtit la grande Mosquée de cette Ville ; il fut celui qui fonda cette Monarchie dans l'Occident, Monarchie qui passa à sa posterité ; quelques-uns de ses descendans perdirent l'Andalousie & regnerent en quelques parties d'Espagne, jusqu'à l'an de l'Hegire 416. où cette race de Abdalrhaman fut dépossedée par le Roy de Maroc vers l'an de J. C. 1030. L'on voit par là le principe de cette haine inveterée qu'il y eut entre la partie Orientale & Occidentale de l'Empire des Sarrazins, aversion qui sans doute rompit tout commerce entr'eux. Pour plus grande preuve de ceci, nous trouvons que les Ouvrages d'Averrhoes qui vécut peu de tems après Avenzoar, quoiqu'ils aient fait tant de bruit dans l'Europe, n'étoient nullement connus & ne le sont pas même encore aujourd'hui des Arabes Orientaux. Nous ne laissons pas de trouver d'un autre côté, que malgré cela, dès le tems même d'Averrhoes les Ecrivains Asiatiques ont commencé d'être connus en Espagne, quoiqu'il paroisse qu'on n'y en faisoit pas grand cas.

Peut-être ai-je été trop long sur cet Auteur ; mais mon excuse est qu'il m'a paru moins connu de nos Modernes que les autres Auteurs Arabes ; & que je le regarde comme un Auteur plus original que ne le sont les autres de cette Nation.

DE LA MEDECINE. 173

La Traduction qu'on en a faite auſſi-bien que des autres Auteurs Arabes eſt très-mauvaiſe. Je ne doute pas que ſi quelqu'un leur rendoit leur beauté naturelle par une bonne Traduction en quelque langage que ce fût, ils ne fuſſent du goût de ce ſiécle même.

AVENZOAR.

AVERROE'S.

AVerrhoe's vêcut peu après Avenzoar; car il dit lui-même qu'il étoit en liaiſon avec ſes fils [a]. Il mourut à Maroc, l'an de l'Hegire 595. comme le diſent quelques-uns, ou en 603. comme le diſent d'autres [b]. Il fit une grande figure pendant ſa vie, & après ſa mort ſes Ouvrages le rendirent célébre dans toute l'Europe. Il nâquit à Cordoue & fut élevé dans l'étude de la Juriſprudence, quoiqu'après il étudiât les Mathematiques & la Medecine. J. Leon parle beaucoup de ſon grand pere, il dit qu'il fut envoié par ſes Compatriotes, leſquels avoient deſſein de ſe révolter, pour offrir la Couronne à l'Empereur de Maroc; qu'il fut établi Chef des Prêtres & grand Juge du Roiaume de Cordoue; poſte dont il jouit longtems, & auquel lui ſuccederent & ſon fils & ſon petit-fils. Notre Averrhoés eut la réputation par ſa liberalité, par ſa patience & ſon application continuelle à l'étude; il étoit né ſans contredit avec d'heureux talens, il fut un ſubtil raiſonneur. On lui donna le titre de Commentateur à cauſe du grand nombre de volumes qu'il écrivit ſur Ariſtote; on l'appelloit même auſſi *l'ame d'Ariſtote*. Il écrivit un Livre de Medecine à la priere du Miramamolin de Maroc, lequel Livre porte le nom de *Colliget*, & eſt diviſé en ſept parties qui contiennent toute la ſcience de la Medecine, & eſt, comme il le dit lui-même, un abrégé de tout ce qui avoit été dit par d'autres avec quelques additions qui ſont de lui. Il commence par les regles generales de cet art, & deſcend au détail; c'eſt pourquoi, dit-il, perſonne ne pourra bien entendre ce qu'il a écrit, que ceux qui ſont bien verſez dans la Logique & la Philoſophie naturelle; il mêle auſſi dans ſa theorie de Medecine beaucoup plus de Philoſophie Ariſtotelique, que ne le font les autres Arabes; ce qu'il reproche à ces hommes ſages d'Anda-

AVERRHOES.
a 63. 6.

b Bib. vet. Hiſp. an. 242.

Y iij

loufie comme un défaut. Et je fuppofe qu'on peut entendre qu'il a eu cela en vûe lorfqu'il dit [a] qu'il fe fervira d'expreffions vraiment nouvelles dans fes explications, & qu'il déduira chaque chofe des principes de la Philofophie naturelle. Pour l'Anatomie il avoue qu'il ne nous donne rien de nouveau; auffi dit-il vrai, il ne fait que copier Galien; & pour ce qui eft de la partie pratique de fon Ouvrage, à peine y a-t-il quelque chofe qui ne foit emprunté; & quoiqu'il parle fouvent de fon experience propre, il ne paroît cependant pas avoir été grand Praticien, comme on peut auffi en juger par l'hiftoire de fa vïe. Il a cependant une obfervation que je ne trouve nulle-part ailleurs, fçavoir, que perfonne ne peut avoir la petite vérole plus d'une fois: le principal deffein de fon Traité eft de donner des idées juftes touchant la partie fpeculative de la Medecine, fur laquelle il y avoit de grandes difputes dans fon tems: c'eft pourquoi comme il obferve la même méthode qu'a fuivi fon Maître Ariftote dans l'Hiftoire des Animaux, fon principal but dans cet Ouvrage a été de concilier les opinions de ce Philofophe avec celles de Galien, Auteur qui femble tenir la feconde place dans fon eftime.

M. Bayle a ramaffé plufieurs paffages de differens Auteurs touchant Averrhoés; comme il paroît n'avoir pas connu l'original, il a fuivi ces Auteurs implicitement, & ils l'ont égaré. Il dit, par exemple, d'après Champerius, qu'Averrhoés étoit ennemi mortel d'Avicenne, & que par cette raifon il évita de prononcer même fon nom; il le fait cependant très-fouvent dans ce Livre-ci & dans fes Difputes Métaphyfiques, pour ne pas parler du Commentaire qu'il a écrit expreffément fur le *Cantica* de cet Auteur. Et à l'égard de cette inimitié qu'il lui fuppofe, fi l'on jette les yeux fur ce Commentaire, on peut voir qu'elle n'eft qu'une chimere; car il regarde ce Traité comme une des meilleures introductions à la Medecine qui ait jamais paru; & parce qu'il eft quelquefois concis & a befoin le plus fouvent d'explication, il a entrepris lui-même la Tâche. Et pour montrer fa candeur, lors même qu'Avicenne femble établir quelques fauffes pofitions, Averrhoés explique en quel fens elles devroient être entendues pour être conformes à la verité, comme particulierement dans ce qu'il enfeigne touchant la faignée des [b] vieillards (fur laquelle il donne fort bien

DE LA MEDECINE. 175

des éclaircissemens) & dans ce qu'il prescrit au sujet des cavernes [a] souterraines. Cette derniere regle particulierement, dit-il, ne conviendroit pas trop à ce climat qui est le cinquiéme (c'est l'Espagne dont il parle) & feroit mieux dans le quatriéme qui est plus chaud, & qui est celui où vivoit Avicenne. Ce que M. Bayle écrit d'après Pasquier, que Averrhoés saigna son fils à l'âge de trois ans, est également une méprise : car Averrhoés dit lui-même que c'étoit Avenzoar [b] qui pratiqua cela sur son propre fils. De même lorsqu'il cite M. Petit pour dire qu'Averrhoés ne donna jamais de remede aux malades, & qu'il reconnoît lui-même qu'il n'étoit pas grand Praticien, est directement contraire à ce qu'on verra dans ce Livre; je conviens cependant qu'il est probable qu'il ne fut pas fort dans la pratique.

M. Bayle est surpris que M. Herbelot soit si court dans ce qu'il a sur ce fameux Ecrivain, & moi je m'étonnerois que M. Bayle soit si prolixe sur le même sujet, si je ne considerois qu'il s'est plû à ramasser quelques mauvais contes qui ont été faits sur son irréligion, & particulierement ce mot célébre qu'on lui attribue, *Sit anima mea cum Philosophis*; mot qu'on donne à Averrhoés peut-être avec aussi peu de fondement, que les autres particularitez que nous avons déja observées. Cet Auteur a ramassé avec beaucoup de peine tout ce qu'il a pû trouver sur cet article dans les Auteurs Modernes; & il s'étend d'une maniere emphatique sur ce qu'il a trouvé cité des disputes que cet Arabe a soûtenues contre Algazel homme qui a été fameux le siécle précedent pour avoir été le Fondateur de la Secte appellée *Motazelas*, & lequel mourut l'an de l'Hegire 505. Ces disputes, dit-il d'après Rapin, sont une piéce bien écrite, mais très-pernicieuse; elle contient nombre de speculations sur l'ame, conformes à la doctrine d'Aristote; l'unité de l'entendement y est expliquée entr'autres choses. M. Bayle voudroit en inferer qu'il étoit un impie. qui visiblement soûtenoit la mortalité de l'ame, & nioit par consequent toute récompense ou toute punition future. Je ne chercherai pas à deviner pourquoi M. Bayle se plaît si fort à jetter Averrhoés dans ces opinions; observons seulement que s'il avoit consulté l'Auteur lui-même au lieu des Collecteurs qu'il cite, il auroit jugé tout autrement de ses idées; car dans une dissertation Averrhoés

AVER-RHOES.

a *Physic. Disp. 3.*
b 4.

affirme que l'ame n'est pas materielle [a], & dans une autre, qu'elle est immortelle [b]. Il est commun à ces Compilateurs d'Anecdotes de tomber dans une infinité de méprises, parce qu'ils ne tiennent les choses que de seconde main ; au lieu que s'ils avoient été eux-mêmes à la source, & s'ils avoient jetté les yeux sur les originaux, leurs memoires auroient été plus exacts.

Mais pour ne pas pousser la digression plus loin, comme il n'y a que peu de chose qui soit considerable à l'égard de la pratique dans Averrhoés, je finis ici de parler & de lui & de ses Ouvrages. Je remarquerai seulement qu'il fait mention d'Alkindus, l'Auteur d'un Traité qui subsiste encore, touchant la proportion & les doses des remedes composez : cet Auteur est peut-être le même que le fameux Peripatheticien de ce nom sous le regne d'Almamon. Il tâche dans ce Livre de réduire les qualitez des remedes aux regles d'Arithmetique & de Musique ; mais Averrhoés pense avec justice qu'il a trop raffiné, & que c'est non seulement un Ouvrage de pure speculation où le principe sur lequel il est bâti, sçavoir que la qualité d'un remede dans le composé croît toûjours en raison double, est un principe qui n'a pas de solidité, mais où encore il s'est mépris sur le sens de Galien touchant ce même sujet.

Il y a quelques autres Arabes dont les Traitez subsistent encore tels que Abenguefit, Bulcasem, Jesu Haly, Camanusali, Rabbi Moses, &c. mais comme ils n'ont rien d'essentiel, & que je me propose de donner plûtôt une histoire de la Medecine que des Medecins, je les laisserai là.

ALSAHARAVIUS.

ALSAHARAVIUS.

IL reste cependant encore un Auteur duquel pour plusieurs raisons je dois parler plus au long ; c'est Alsaharavius, Auteur dont il n'est fait mention par aucun autre Medecin Arabe, & qui excepté Matthæus de Gradibus qui est mort en 1460 a été à peine connu de qui que ce soit en Europe jusqu'à la mauvaise Traduction qui en a été donnée en 1519. par P. Ricius, laquelle même Gesner n'a jamais vûe. Le Traducteur donne à son Auteur de grandes louanges, il dit qu'il écrit clairement

clairement & succinctement, & qu'il ne cede à personne, si ALSAHA-
ce n'est à Hippocrate ou Galien son Interprete. Il a compilé RAVIUS.
un Ouvrage appellé *Al-Tasrif* ou *Méthode de Pratique*, divisé en trente-deux Traitez; quelques-uns supposent qu'il est
excellent dans ce Traité pour la Diagnostique & la description
des symptomes des maladies. Il est vrai que le Livre est écrit
méthodiquement & mérite sans doute des louanges; mais il
faut observer que ce Livre n'a presque rien qu'on ne trouve
positivement dans Rhazés; par exemple, le vingt-sixiéme Traité
touchant les maladies des enfans; le vingt-huitiéme touchant les
désordres que produit la goutte; le trente sur les remedes mor-
tiferes, sont entierement pris de cet Auteur; & plus particulierement dans ce qu'il dit sur la petite vérole; au trente-uniéme
Traité, il copie presque mot pour mot ce que Rhazés a dit
sur la Pestilence, & est si peu different de lui, qu'il retient les
mêmes divisions, & même les titres des Chapitres; il fait encore mention de la vertu extraordinaire d'un remede, qui,
neuf pustules fussent-elles sorties, préviendra la dixiéme; il
décrit cependant le remede un peu differemment.

Qu'il me soit permis de faire ici connoître une faute qui est
commune à tous les Editeurs des Ecrivains Arabes aussi-bien
qu'à ceux qui les ont commentés; c'est d'élever tel ou tel Auteur comme original & comme aiant d'excellentes choses qui
lui sont particulieres. Peu nous ont indiqué ce que ces Auteurs
ont pris des Grecs; peu même se sont apperçus comment ces
Auteurs se sont pillez l'un l'autre. S'ils nous avoient donné un
détail semblable à celui-ci, ils se seroient épargnés & à eux &
à leurs Lecteurs beaucoup de peine; quelques courtes remarques auroient été plus utiles que leurs amples Commentaires.

En lisant cet Auteur j'ai observé qu'il renvoie à un Livre
qui contient les préceptes de la pratique de la Chirurgie; il le
fait souvent particulierement pag. 80. 81. 88. 97. 99. 107. 117.
118. 119. 123. 125. 127. &c. J'ai comparé ces passages avec
Albucasis, le seul Auteur Arabe qui nous a, dit-on, laissé
quelque Traité particulier d'operations chirurgiques, & j'ai
eu le plaisir de voir que chaque cas de Chirurgie dont fait
mention Alfaharavius, avoit été traité par Albucasis. J'ai prié
M. Gagnier qui est fort sçavant dans les Langues Orientales,
de s'informer si l'Original Arabe d'Albucasis est dans la Biblio-

ALSAHA-RAVIUS.
theque de Bodlei. En cherchant, il a trouvé un Manuscrit dans la collection de l'Archevêque Marsh N°. 54. avec ce Titre traduit ainsi en Latin, *Tractatus X. Libri Zaharavi, dictus operatio manus* (id est) *Chirurgia & Ars Medica circa cauterizationem & dissectionem & commissionem fracturarum in tres partes distributus.* Mais ne trouvant pas le nom d'Albucasis (qui est le nom qui lui est donné dans le Manuscrit Latin par *Gerardus Carmonensis* qui l'a traduit) il continua à chercher & trouva un autre Manuscrit parmi ceux du Docteur Huntington N°. 156. avec ce Titre en grand. *Pars XI. Libri Al-Tasrif, Authore Abul-Casem Chalaf Ebn-Abbas Alzaharavi*; & à la fin du Manuscrit il y avoit ces mots ainsi traduits de l'Arabe : *Explicit hic Tractatus de Chirurgia, estque conclusio totius libri Practices Medicinæ, cujus Author est Abulcasem, &c. die primo mensis Safar, anno Hegiræ* 807. Et dans le Manuscrit de Gerard ci-dessus mentionné, il y a, *Particula* 30. *Libri Albucasim.* Il résulte, je pense, de l'autorité de ces deux manuscrits, jointe à ce que j'ai déja observé à l'égard des allusions au Traité de Chirurgie, que incontestablement ce que nous avons à present sous le nom d'Alsaharavius & d'Albucasis a été écrit par la même personne. Ajoûtez à cela qu'Albucasis renvoie souvent à un Livre qu'il avoit écrit sur la pratique de la Medecine; mais comme je vais parler des Ouvrages Chirurgiques de cet Auteur, je l'appellerai par le dernier nom qui est le plus connu, afin d'éviter la confusion sur ce sujet.

ALBUCASIS.

ALBUCA-SIS.
a 2. 94.

b *Præf.*

JE ne trouve aucune certitude sur le tems auquel cet Auteur a vêcu; on le place generalement vers l'an 1085. & j'ignore pourquoi il y a au contraire quelque lieu de juger qu'il n'étoit pas si ancien; car en traitant des plaies il décrit les fléches des Turcs [a], Nation qui n'a fait quelque figure que vers le milieu du douziéme siécle. Et de ce qu'il dit qu'en son tems la Chirurgie étoit presque entierement oubliée, en sorte qu'il ne restoit presque pas de trace de cet Art [b], il est naturel de s'imaginer qu'il a vêcu long-tems après Avicenne; car on sçait que dans le tems de ce Medecin la Chirurgie étoit assez en crédit. Albucasis la remit sur pied; il pensoit que c'est une grande impudence d'y tenter la moindre operation sans

être & habile en Anatomie, & connoisseur dans la vertu des ALBUCA-
remedes; sur tout il recommande la premiere science, & SIS.
conjure tous ceux de cette profession de n'entreprendre jamais
par interêt detravailler sur quelque cas qu'ils n'entendent pas.
Quoiqu'il prenne beaucoup des Grecs, & particulierement
d'Ætius & de Paul, il ne fait mention cependant en parlant des
Ecrivains Pratiques que de Hippocrate & Galien ; & en passant
ce peut être ici une autre raison de croire qu'il est la même
personne que Alsaharavius, qui de même dans son Ouvrage
Pratique ne cite pas plus de quatre ou cinq Auteurs, sçavoir
Rhazés, Honain, &c. outre ces deux-ci. Il écarte, dit il, tout
ce qui est superflu en Chirurgie, & ne retient que ce qui est
nécessaire & utile : il nous dit qu'il avoit joint une grande lecture à une longue experience; & il proteste qu'il ne rapportera
que ce qu'il a vû lui même. Il est à louer particulierement en
ce qu'il est le seul parmi les Anciens qui ait décrit les instrumens pour chaque operation, & expliqué leur usage ; les figu-
res de ces instrumens sont dans les deux Manuscrits Arabes
dont j'ai parlé, quoique dessinez moins proprement que dans
la Traduction Latine. Il y a une autre chose qui lui est particuliere & qui est remarquable, c'est qu'il avertit son Lecteur
dans tous les endroits où l'operation a quelque chose de dangereux; précaution souvent aussi utile que les longues & détaillées directions que les autres donnent pour la maniere de
faire l'operation.

Il ne traite dans son premier Livre que des cautéres, &
semble être en extase lorsqu'il parle de la divine & secrete
vertu du feu; il parle de cinquante maladies où les cautéres
peuvent être utiles, & où il les a réellement emploiez lui-
même : il est vrai aussi qu'on a souvent fait des cures surprenantes par cette operation douloureuse & effraiante. Il donne la
méthode de les appliquer ; & personne, dit-il, ne devroit pratiquer cette operation que ceux qui sçavent par l'Anatomie
l'exacte situation des nerfs, des tendons, des veines & des arteres [a] ; il demande donc beaucoup de circonspection sur cette
matiere, & rapporte ce qui arriva à une personne qui dans une
Sciatique [b] fut tuée par un cautére mal appliqué à la partie supe-
rieure du pied où les tendons furent blessez. Il décrit pour cette
maladie un cautére terrible à voir, dit-il lui-même, & qu'il

[a] l. 49.
[b] l. 42.

Z ij

ALBUCA-SIS.

n'appliquoit que fort rarement, quoiqu'il soit d'une grande efficace; raison pour laquelle il le recommande à ses disciples dans des cas d'extremité. On voit combien la pratique du cautére étoit familiere à cet Arabe, plus même qu'aux Grecs; il faut s'en étonner d'autant moins, que la maniere de brûler par le cautére potentiel étoit communément en usage dans cette Nation-là, & étoit appellée depuis plusieurs siécles, *Ustio Arabica*, comme Dioscorides nous l'apprend dans l'histoire qu'il donne de la fiente de Chévres qui étoit la matiere qu'ils appliquoient à ce dessein. Prosper Alpin remarque qu'en son tems l'*ustion* étoit le remede le plus en vogue & celui sur lequel on comptoit le plus dans des maladies inveterées, & particulierement pour des douleurs, non seulement parmi les Egyptiens, mais parmi les Arabes, gens qui étoient toûjours à cheval, qui vivoient la plûpart du tems dans des tentes & des deserts.[a]. On trouve la même observation dans Bellonius qui a vû lui-même pratiquer cette méthode parmi les Turcs, & ce dont il se servoit pour cela, étoit ou quelque morceau de linge, ou de lumignon.

[a] *Medic. Ægypt. lib.* 3. 12.

Dans son second Livre il traite amplement des operations faites par incision; il en compte quatre-vingt-dix-sept, & il observe dans son introduction, que cette partie de la Chirurgie est beaucoup plus dangereuse que celle dont il vient de traiter, c'est-à-dire les cautéres; c'est pourquoi elle demande encore plus de circonspection; elle occasionne souvent des pertes de sang, ce fluide qui est le principe & le soûtien de la vie. Je ne remarquerai que ce qui semble avoir été ou inventé ou perfectionné par lui; je ferai voir en passant les endroits où il a fait des additions, ou ceux où il s'est écarté des Ecrivains qui l'ont précedé.

Il commence par décrire l'operation par laquelle on ouvre l'Hydrocephale, non seulement lorsque l'eau est amassée entre l'os & la peau, mais aussi lorsqu'elle croupit entre le crâne & la dure-mere. La maniere de faire l'operation en chaque sorte est principalement prise de Paul; mais il ajoûte d'après sa propre experience, qu'il ne conseille pas un tel essai qu'il n'a jamais vû réussir; & c'est-là son opinion en general à l'égard des deux sortes dont il fait ici mention. Cependant à l'égard de la premiere, lorsque la tumeur est externe, quelquefois sur le

devant, quelquefois sur le derriere de la tête, & qu'elle est ALBUCA-
contenue entre la peau & le crâne, ou peut-être même en- SIS.
tre l'os & le pericrane; quoiqu'il ne semble pas encourager à
cette operation, même dans ce cas, il y a cependant dans
l'Histoire des exemples que cette cure a été faite; je trouverai
l'occasion d'en parler en quelqu'autre endroit. Il y a encore
une troisiéme sorte d'Hydrocephale, sçavoir lorsque le fluide est
renfermé non seulement entre la dure & la pie-mere, mais dans
la substance du cerveau même; lequel Hydrocephale est par
sa nature, & de l'aveu general des Auteurs, incurable; & nul
homme sage n'y voudra perdre sa peine: la division qui se
fait de la dure-mere dans cette operation n'est pas une raison
qui fasse voir qu'elle soit si funeste; il est vrai qu'on ne sçauroit
blesser sans danger une partie aussi délicate: l'on a chaque jour
des experiences qui font voir que la moindre piquûre y cause
souvent inflammation, fiévre, & délire suivi du trépas. Albu-
casis indique aussi à ce sujet une précaution ^a importante qui *a* 3. 2.
seroit de détacher la dure-mere de l'os, ce qui peut, dit-il, être
aisément fait, en appliquant le trépan; & pour éviter de blesser
cette membrane, il veut qu'on fasse un bord, un cercle ou
bourlet à l'instrument pour empêcher qu'il n'entre trop avant;
invention sur laquelle Acquapendente a encheri dans la suite,
en y ajoûtant des crêtes, & sans doute cette précaution est
très-convenable. Quoi qu'il en soit, on sçait que non seulement il y a eu des plaies faites dans des parties de cette membrane où il ne se rencontre pas de grands vaisseaux sanguins;
mais que des piéces mêmes de cette membrane ont été emportées, & que la matiere qui étoit enfermée ou dessous ou dans ses
duplicatures, a été évacuée sans perte de la vie. Une preuve plus
forte encore est que lors même qu'il est arrivé qu'une partie de
la substance du cerveau a été enlevée, on a guéri le malade. Sur
ce pied-là quelques-uns ont conseillé d'ouvrir cette membrane
toutes les fois que quelque humeur ou matiere seroit logée
entre elle & la pie-mere. Vertunianus & Gabriel Ferrare semblent être les premiers qui aient recommandé cette pratique;
Glandorp & Marchetti nous disent qu'ils l'ont tentée avec succès. Et quoique cette épreuve ait été regardée comme si hardie, qu'il n'y a eu que très-peu de personnes qui aient osé la
faire; cependant plusieurs de nos Chirurgiens Anglois ont

ALBUCA-SIS. trouvé par experience qu'elle a été nécessaire, & qu'elle a réussi.

Il ne sera pas hors de propos de remarquer encore qu'Albucasis dans l'endroit où il traite de l'application du cautére à la tête [a] (application qu'il n'approuve pas du tout) nous apprend combien quelques-uns en faisoient de cas, s'imaginant qu'on pouvoit tirer du cerveau par une telle issue les fumées & les vapeurs. Quelques Modernes se sont mis une telle chimere dans l'esprit, & ont encore poussé plus loin l'extravagance jusqu'au point de vouloir guérir ces incommoditez par une operation aussi douloureuse que l'est le trépan. Cette membrane est si épaisse & si compacte dans son état naturel, qu'il est impossible que quelque chose qui soit dans sa cavité puisse la traverser: de telles gens devroient bien apprendre par l'Anatomie combien leur conseil est absurde. Si le trépan a quelquefois fait du bien dans le mal de tête, le vertige, l'épilepsie, &c. comme quelques-uns l'affirment, (& sur quoi avec peu de discernement malgré l'experience des meilleurs Chirurgiens dans tous les tems & les lumieres de l'Anatomie, ils ont ordonné qu'on feroit le trépan au milieu de la future coronale) c'est qu'il y a eu de la corruption à l'os, ou du pus, ou du sang, ou des vers qui se sont ramassez entre le crâne & la dure-mere, ce qui étant sorti au lieu de ces fumées imaginaires, la maladie se guérit; cela paroît même par ce que dit Severin, l'avocat le plus zelé pour le trépan dans tous ces cas-là. Il est encore évident que la chose est telle que je la dis par les argumens mêmes qu'apportent ces Auteurs pour montrer que cette pratique est convenable. Ils nous disent que c'est une chose commune parmi les Fauconniers d'ouvrir par un cautére le cerveau de leurs oiseaux de chasse dans un vertige: d'où il sort, disent-ils, une matiere sanieuse, laquelle étant entierement écoulée, l'animal se trouve guéri. Ainsi l'exemple même qu'ils donnent pour prouver l'avantage du trépan dans ces cas, fait voir que quelque matiere extravasée étoit la cause de la maladie, & non pas quelque fumée ou quelque vapeur.

Il paroît clairement par ce qui a été dit, que l'incision à la dure-mere ne prouve pas qu'il y ait de danger à ouvrir une Hydrocephale interne; la raison que donne Acquapendente

que le cerveau eſt expoſé à l'air froid, n'eſt pas plus concluan- ALBUCA-
te. S'il y a du danger, comme Albucaſis l'apprehende, il vien- SIS.
droit plûtôt d'une totale relaxation, d'une foibleſſe tant du
cerveau que de tout le genre nerveux, d'une diſſolution de
la nature elle-même ; car dans ce cas non ſeulement les ventricules du cerveau & la moële allongée ſont affectez, mais
ſouvent la maladie va juſqu'à l'épine même ; de maniere que
l'eau ſe faiſant chemin au travers de toute la longueur de l'é-
pine, forme ſouvent des tumeurs criſtallines au dos: Si l'on
ouvre auſſi quelqu'un de ces corps-là, on peut de l'endroit de
la tumeur pouſſer le ſouffle juſqu'aux ventricules du cerveau.
C'eſt par cette raiſon que le ſiége de la maladie étant plus haut,
on ne gagne preſque jamais rien à ouvrir la tumeur qui eſt
dans le bas.

Quoique Albucaſis ne croie pas qu'aucune inciſion convienne du tout dans l'Hydrocephale, il la conſeille cependant dans
toutes les enflures cutanées à la tête ſi elles ſont petites, ſi elles
ne ſont pas étendues, ſi elles ſont contenues dans un kyſte ; il
dit qu'il n'y a pas le moindre danger à craindre ſi l'on évite
de couper les artéres & les nerfs, & moins encore ſi ce qui eſt
contenu dans la tumeur eſt d'une ſubſtance dure comme la
pierre, parce que là il y a moins de danger d'une perte de
ſang. Il rapporte un exemple d'une telle enflure qu'il ouvrit
dans une vieille femme, il trouva que ce qui étoit enfermé
dans la tumeur n'étoit pas plus facile à rompre qu'un caillou.

Albucaſis copiant Paul, parle de tumeurs aux amygdales
qui s'enflamment & ſuppurent : & il explique en quelle maniere dans certains cas les amygdales elles-mêmes, lorſqu'elles
ſont fort tumefiées, devroient être extirpées [a]. Cette pratique [a] 2. 36.
a ſes difficultez ; quelquefois cependant elle eſt ſans danger,
comme l'aſſure Celſe, & comme l'experience de nos Modernes
en fait foi. Albucaſis ne conſeille cette operation que lorſque
la tumeur eſt de couleur blanche, qu'elle eſt ronde, & que
d'ailleurs la racine en eſt petite ; car ſi la racine en eſt grande, il
y a fort à craindre un écoulement de ſang qui eſt ſouvent
arrivé dans ce cas-là, & qui a cauſé tout au moins beaucoup
d'embarras s'il n'étoit pas même dangereux. Là-deſſus Acquapendente qui n'a pas de penchant pour les operations rudes,
déconſeille celle-ci, quoiqu'appuiée ſur les autoritez dont j'ai

ALBUCA- fait mention : d'autres aiment mieux appliquer un cauſtique,
SIS. qui étant placé à l'ouverture des amygdales, ronge leur ſubſtance par degrez, & cette méthode ſemble la plus ſûre & la
plus efficace la plûpart du tems.

Dans le même Chapitre Albucaſis fait mention de quelques autres tumeurs qui croiſſent quelquefois dans la bouche
& dans la gorge, & qu'il faut, dit-il, extirper de la même
maniere qu'il a décrit auparavant au Chapitre des amygdales.
Il rapporte qu'une femme eut une pareille tumeur qui étoit livide, & ne lui cauſoit pas de douleur ; cette femme ne pouvoit
avaler ni ſolide ni liquide ; elle ne pouvoit reſpirer qu'à peine, elle ſeroit morte ſans doute en un jour ou deux, ſi elle
n'avoit été ſecourue par l'Art de la Chirurgie. Cette tumeur
avoit jetté deux branches dans les cavitez du nez ; il rapporte en détail la maniere dont il proceda en faiſant des
inciſions par degrez, pour emporter ces deux branches,
juſqu'à ce qu'enfin aiant obſervé qu'après qu'il en avoit
déraciné une, il en recroiſſoit une autre, & que c'étoit le vrai
emblême de la tête de l'hydre ; il eut recours au cautére qui
auroit dû, dit-il, empêcher la naiſſance de quelque nouvelle
tumeur ; il eſt aſſez ingenu pour avouer qu'il ne ſçait pas comment Dieu diſpoſa après de la femme.

Il donne auſſi la méthode (conformément à la doctrine de
a 37. Paul qu'il tranſcrit ici) de couper entierement la luette[a] lorſqu'elle eſt apoſtumée, ou ſi relâchée, qu'aucun topique ne peut
la réduire. Il fait faire cette attention de ne pas emporter plus
que ce qui eſt excreſcence ſurnaturelle de peur d'alterer la
voix : car ce n'eſt pas improprement que la luette eſt appellée
Plectrum vocis, l'archet de la voix, qui en tire & en produit
les ſons ; & elle eſt generalement d'une néceſſité abſolue pour
l'articulation des paroles. Hildan rapporte cependant un cas où
le défaut de cette partie ne cauſa pas de difficulté dans
le parler. Fallope penſe que la perte de la luette n'affecte la
voix que lorſque le palais eſt endommagé ; & le cas arrive
rarement. Lorſque dans cette maladie de la luette le malade
ne veut ſouffrir ni l'inciſion, ni le cautére actuel, cet Auteur
eſt d'avis qu'on ſe ſerve d'un liquide cauſtique fait avec de la
chaux, lequel appliqué par un inſtrument, rend dans une dêmie
heure, (Paul dit dans une heure) la partie noire, & la contracte
tellement

tellement qu'elle tombe par degrez; il a frequemment re- ALBUCA-
cours à cette méthode en dautres cas.[a]. Nos Chirurgiens ont SIS.
aujourd'hui ce même instrument appellé *Cueillere à luette.* [a] l. 57.

En traitant d'un Brochocele [b] ou hernie à la partie anterieure [b] 44.
du col, & qui arrive souvent, dit-il, aux femmes, il est beaucoup plus ample que les Grecs & que Celse, & il distingue avec
raison le Brochocele naturel de celui qui est accidentel. Il
ne faut pas toucher au premier. Le second est de deux especes: l'un est comme une tumeur qui contient une matiere
grossiere; & l'autre est comme un aneurysme. Quoiqu'il soit
fort hardi à se servir du Scalpel, il veut qu'on ne l'emploie
que pour le premier cas; & même il ne le fait que lorsque la
tumeur est molle, petite & enfermée dans un kyste. Cette sorte
de tumeur peut être sans doute emportée par Art. Quelquefois
ces excrescences sont pleines d'eau; quelquefois elles ne le sont
que d'air; dans ce cas-là l'on peut apporter du remede par l'incision, la friction ou la compression. Quelquefois ces tumeurs
tournent en une substance charnue qui étant entre la trachée-
artére & la peau, ressemble à un fanon qui pend comme celui du
Coq d'Inde lorsqu'il est en courroux. Cette maladie est commune dans les pays où l'on boit beaucoup d'eau froide, particulierement si au lieu de la rafraîchir par de la neige, comme on le
fait dans certains pays chauds, on y jette de la glace dedans,
comme cela se pratique dans les montagnes de Genes & de
Piémont. Le fait est si vrai, qu'ils en attribuent eux-mêmes la
cause à cette eau qu'ils boivent, & il n'est pas difficile d'en
donner la raison; car la liqueur en descendant doit rafraîchir
les muscles de la gorge, contracter les vaisseaux & épaissir les
humeurs qui y coulent, ce qui doit produire une stagnation &
une obstruction, qui est suivie après cela d'une enflure. C'est
une chose remarquable que les tumeurs qui viennent de cette
cause sont & continuent toûjours d'être charnues, au lieu que
d'autres Brochoceles qui sont causez par des efforts, des froisse-
mens, ou de quelques autres accidens suppurent souvent & tournent en meliceres & en steatomes, &c. comme l'observe Albucasis. Les enflures aux glandes de la gorge sont très-frequentes
parmi les Espagnols qui boivent beaucoup de liqueurs froides.
La froideur des liqueurs n'est pas la seule cause de ce désordre; le froid d'un climat en fait autant; cela paroît clairement

ALBUCA-SIS.

par ce qu'ont obfervé plufieurs Ecrivains, que ces enflures à la gorge & à la tête font beaucoup plus frequentes dans les pays du Nord que dans ceux du Midi.

Il fe forme fouvent des tumeurs aux glandes thyroides; mais une telle enflure n'eft pas proprement un Brochocele, quoiqu'elle foit quelquefois appellée mal-à-propos de ce nom, mais ce font de véritables écrouelles. J'ai vû dans des corps maladifs ces glandes devenir d'une grandeur prodigieufe, de façon qu'elles venoient prefque aux clavicules, & dans de tels cas elles deviennent generalement fchirreufes. Quand la tumeur eft devenue telle, on apprend par l'Anatomie, Ætius ne l'eût-il point dit, que cette maladie eft d'une nature incurable; je croi qu'aucun remede ni interieur ni exterieur ne fera capable de diffoudre une telle tumeur, & les repercuffifs feront plûtôt du ravage, & jetteront l'humeur fur quelqu'autre partie. Je ne crois pas non plus qu'aucun Chirurgien hazarde d'ôter une auffi grande tumeur, de peur de couper quelque artére ou quelque veine, ou le nerf recurrent. Albucafis [a] nous donne un affez bon avertiffement dans le récit qu'il fait d'un Operateur ignorant qui en bleffant les artéres du col, laiffa la perfonne morte fur la place.

a Præf.

b 51.

Il rapporte le cas de deux tumeurs fongeufes [b] au ventre, lefquelles il emporta: il y avoit dans l'une dix-huit & dans l'autre fix onces d'une fubftance liquide, ces tumeurs étoient blanches, & leurs racines petites; les bords en étoient renverfez, & il en fluoit continuellement une humeur. Il donne un bon confeil à l'Operateur, il doit, dit-il, s'affurer fi ce n'eft point un aneurifme: ou s'il y a le moindre foupçon que c'en eft un, il doit auffitôt employer le cautére. Quand le malade eft effraié de cette operation, il propofe une autre méthode qui eft de faire une ligature avec un fil de plomb, jufqu'à ce que la tumeur tombe; mais fi les racines font larges & épaiffes, & la tumeur d'une mauvaife couleur, il défend d'y faire aucune chofe, de peur qu'elle ne foit cancereufe. Pour ce qui eft des cancers [c], il croit que puifqu'ils ne font jamais bien récents lorfqu'ils font grands, il eft inutile alors d'y rien effaier; il n'en a jamais guéri aucun lui-même, ni vû perfonne qui y ait réuffi. Vous voiez par là que quoique la Chirurgie de cet Ecrivain foit hardie, au point qu'on l'appelleroit cruelle

c 33.

aujourd'hui, il prend bien garde cependant à ne pas jouer ALBUCA-
avec son Scalpel au hazard ; au contraire il a commencé par SIS.
entendre toûjours bien la nature du cas, & examiner la probabilité du succès, avant que de tenter l'operation dans aucune de ces maladies dangereuses.

 Il traite de la circoncision [a] dans le cinquante-septiéme Cha-   a 57.
pitre, & dit qu'aucun Ancien n'en a parlé, & qu'il est le premier qui l'a imaginée & pratiquée. Ceci est une preuve certaine
qu'il avoit non seulement oublié ce que Paul a écrit expressément sur cet article, & qu'il n'avoit pas vû Celse qui décrit
au long la même méthode de cure dans le Phimosis [b].   b 7. 25.

 Il a nombre d'observations très-justes sur la maniere de délivrer à l'accouchement les femmes de leur enfant ou vif ou
mort. Il rapporte un cas extraordinaire dont il a eu connoissance : Une femme [c] eut un enfant qui mourut dans l'uterus ;   c 76.
elle devint enceinte de rechef ; le second enfant mourut de
même ; quelque tems après un abcès lui perça au nombril, &
à son grand étonnement il en sortit non seulement du pus,
mais encore des os. Après y avoir réflechi, notre Auteur jugea que c'étoient les os du fœtus, & il en tira plusieurs ; cette
femme vêcut plusieurs années depuis, mais il lui resta dans cet
endroit un ulcére qui fluoit continuellement. Quelque extraordinaire que paroisse cette histoire, elle est confirmée par plusieurs exemples semblables qu'ont vû nos Modernes ; il y a
eu même un cas où non seulement la femme a été guérie, mais
encore a eu un enfant depuis [d]. Il y a eu des cas où le fœtus n'a   d *Vid. Phi-*
jamais été dans l'uterus [e], mais a été ou dans l'ovaire, ou la   *los. Transact.*
trompe de Fallope ou la cavité de l'abdomen lui-même, de   e 87.
maniere que quelquefois les os se sont fait issue par l'anus ou
à travers les muscles au-dessus de l'os pubis.

 Albucasis a encore un cas remarquable dans le Chapitre 86.
d'un abcès à la cuisse qui caria l'os de la longueur de la main :
toute la substance de l'os sortit peu à peu, & il se forma à la
place un calus si dur, que l'homme put marcher fort bien
après cela. Il raconte une histoire qui n'est pas moins singuliere, d'un homme qui dans une gangréne se guérit lui-même
en se coupant entierement la main, sur le refus qu'Albucasis
lui en avoit fait par la crainte qu'il ne mourût ou dans l'operation, ou peu après. Il rapporte cet exemple uniquement pour

A a ij

ALBUCA-SIS. faire voir ce qu'on peut entreprendre avec confiance dans ces cas de mortification : il obferve très-à-propos que rien ne peut être plus utile à un Praticien qui a de la fagacité, que d'affifter à autant de cas qu'il lui eft poffible, parce que cela lui fournit des idées pour l'occafion.

Il eft plus ample & plus circonftancié que ne le font ou Celfe ou Paul dans la defcription de la paracentefe aux hydropiques : il dit que l'Afcite eft la feule forte d'hydropifie où cette operation convienne; il auroit pû ajoûter que cette operation eft la feule méthode de cure pour cetre maladie. Je crains que dans ce cas-là les remedes internes, quelques merveilles qu'on en dife, ne foient inefficaces, & qu'un honnête homme ne foit obligé de confeiller au malade de recourir de bonne heure à la Chirurgie qui feule peut apporter du remede par la paracentefe.

Il femble que la nature ait indiqué cette route ; fouvent dans une hydropifie on voit de l'eau fortir de quelque partie ou à l'occafion d'une plaie accidentelle, ou par la force même de l'eau qui créve la partie comme par maniere de crife, par exemple, au nombril & en d'autres parties de l'abdomen. C'eft pourquoi cette operation eft auffi ancienne qu'aucuns Memoires que nous ayions en Medecine. Hippocrate en fait mention plufieurs fois, il l'explique avec tant d'exactitude que les Modernes n'ont pû y ajoûter que très-peu de chofe pour la rendre ou plus fûre ou plus aifée. Il décrit l'endroit le plus propre à faire l'ouverture : il donne la méthode pour la faire; il décrit la forme du fpathomele, inftrument à deux tranchants qui doit être retiré après que l'incifion eft faite pour mettre dans le trou une cannule bordée d'une efpece d'anneau, de façon qu'elle n'entre pas trop avant. Il rapporte enfin la maniere de l'y retenir, afin de bien évacuer l'eau. Ceci va au même but que l'inftrument inventé par Barbette ou plûtôt par Blockius, quoique ce premier ait voulu faire croire qu'une telle chofe n'a jamais été en ufage parmi les Anciens.

A l'égard de la maniere d'évacuer l'eau, il confeille d'en titer environ la moitié à la premiere fois, & enfuite chaque jour par intervales une auffi grande quantité que le malade pourra le fouffrir (ce dont on doit juger par le pouls & la refpiration) jufqu'à ce que l'eau foit entierement épuifée. Celfe dit que cette quantité doit aller environ à une hemine, quoi-

DE LA MEDECINE. 189

qu'à notre grand étonnement plusieurs de nos Chirurgiens Modernes assurent que la quantité de l'eau qui doit être évacuée par la paracentese, n'est marquée nulle-part. Il défend, comme le font les Anciens & presque tous les Modernes, de tirer toute l'eau en une seule fois, crainte de syncope & de mort; raison pour laquelle cette operation, quoique pratiquée de toute ancienneté, a été regardée generalement comme extrémement dangereuse.

ALBUCASIS.

Si l'on peut ajoûter foi à l'Histoire, de tels accidens sont certainement arrivez; il ne sera donc pas hors de propos d'en chercher la raison, afin de pouvoir mieux éviter le danger auquel cette operation est sujette, puisque d'ailleurs les Ecrivains en Chirurgie ne disent rien là-dessus. Fienus donne deux raisons (qu'il transcrit avec quelque petite variation de C. Aurelianus, quoiqu'il n'en dise rien) pour lesquelles il pense qu'il y a un si grand danger à soutirer toute l'eau à la fois. La premiere, parce que cette eau quoique non naturelle a une certaine chaleur & est remplie d'esprits qui étant tirez du corps soudainement, laissent les parties froides & sans vie. A cela on peut aisément répondre que les viscéres de l'abdomen après l'évacuation de cette eau, ont autant de chaleur qu'ils pourroient en avoir dans l'état naturel; supposé même que quelqu'un des viscéres pût être saisi de ce réfroidissement imaginaire, on sçait par experience qu'il s'en faut beaucoup que les parties vitales pussent être affectées assez soudainement pour éteindre la vie sur le champ. D'ailleurs on trouve souvent par la dissection que le foie & la rate, deux des principaux viscéres, ne sont pas endommagez dans cette maladie.

La seconde raison est de même nature que la premiere, c'est, dit-il, que l'eau dans un Ascite est *secundum quid*, ce sont ses termes, devenue naturelle, les parties ont été accoûtumées de nager en elles & d'être nourries par elles: l'évacuation change leur état, & la mort suit de cette subite révolution. Ces argumens sont si précaires, & les consequences en sont si peu justes, que du premier coup d'œil on en voit la foiblesse. On peut dire la même chose de l'horreur du vuide dont il fait mention dans un autre endroit. Ce sont là tous les argumens que je trouve dans les Auteurs, de maniere que si l'on desire à ce sujet quelque chose de plus satisfaisant, il faut chercher

A a iij

ailleurs la raison des effets que produit quelquefois cette évacuation soudaine : & peut-être expliquerons-nous cela d'une maniere assez raisonnable, si nous faisons attention à la façon dont se forme d'abord l'Ascite.

J'examinerai premierement quelle part ont en cela les vaisseaux de sang; leurs enveloppes sont tissues de telle maniere, que par quelque cause que ce soit que le sang vienne à se rallentir dans son mouvement & à croupir dans les extrémitez capillaires, alors les parties les plus minces s'échapent à travers les pores de ces enveloppes, se trouvent ainsi hors de la route de la circulation & n'y peuvent rentrer : plus cette cause agit long-tems & plus les vaisseaux se distendent, & plus les humeurs s'extravasent. On trouvera aussi par experience, si l'on fait une ligature à la veine jugulaire d'un chien, qu'il en suintera une matiere sereuse entre les integumens de la tête & les interstices des muscles du col. De même dans les muscles de l'abdomen, si on les presse trop ou qu'on y cause une obstruction, les parties les plus fluides du sang qui sont les sereuses, sont forcées à s'échaper au travers de leurs enveloppes, & croupissent dans la cavité du ventre. De même un schirre ou une obstruction dans le foie, la rate, le mesentere, &c. pourront produire cet effet, & l'on a souvent remarqué un Ascite succeder à des tumeurs dans le bas ventre, si bien que C. Pison qui a fait un bon usage de ses connoissances Anatomiques, dit que qui dissequera plusieurs corps hydropiques, trouvera qu'une tumeur est la cause ordinaire, pour ne pas dire l'unique, de l'Ascite. Cette maladie ne se forme pas pourtant toûjours ainsi ; car, comme nous l'avons observé auparavant, on trouve souvent par la dissection les viscéres sains dans un Ascite, de même que dans l'hydropisie du peritoine : c'est pourquoi il faut souvent chercher la cause de cette maladie dans la nature même du sang. La qualité que la plûpart des Auteurs supposent au sang dans ce cas-là est une trop grande facilité à se fondre en serosité, ce qui lui permet de se glisser au travers des vaisseaux; ce peut être là quelquefois le cas, mais la qualité contraire peut produire le même effet en rendant le sang plus sujet aux obstructions. Consequemment à cela on trouve souvent qu'un Ascite est la suite d'une jaunisse, & que dans un Ascite le sang est souvent plus épais qu'il ne devroit être ; & l'on pourra

DE LA MEDECINE. 191

s'aſſurer davantage que c'eſt là le défaut le plus ordinaire du ſang, par ce qui a été obſervé dans la diſſection de corps hydropiques, particulierement de perſonnes jeunes que les poulmons qui ſont le premier inſtrument de la trituration du ſang, ſont generalement obſtrues. On ne peut déterminer au juſte les vaiſſeaux où cette humeur hydropique commence à ſe filtrer, ſur-tout lorſque les viſcéres ſont entiers, comme cela ſe trouve ſouvent, alors il eſt plus que probable que ce ſont ceux de l'*Omentum* ou du peritoine. Hippocrate ſemble s'attacher à cette premiere partie, & ſon opinion a ſans doute quelque fondement, car il eſt très-rare que dans l'Aſcite les vaiſſeaux de l'*Omentum* ne ſoient corrodez, détruits & pourris : pour ce qui eſt du peritoine on voit chaque jour comment les glandes de cette membrane ſont affectées en de tels cas. Un relâchement des enveloppes des vaiſſeaux du ſang, une rupture des vaiſſeaux lactées ou lymphatiques produit le même effet que le trop grand épaiſſiſſement ou la trop grande diviſion des parties du ſang. Ainſi de quelque cauſe que cette extravaſation provienne, il y a un continuel ſuintement des vaiſſeaux juſqu'à ce que la cavité du ventre ſoit remplie, ou au moins juſqu'à ce que l'eau par ſon poids & ſa preſſion puiſſe fermer les vaiſſeaux, & occaſionner un arrêt à l'effuſion des humeurs. Il y a ainſi dans ce cas une perpetuelle communication entre les vaiſſeaux & l'eau extravaſée, de maniere que quand elle eſt ſoutirée de la cavité du ventre par une paracenteſe, c'eſt la même choſe que ſi la dérivation avoit été faite directement des vaiſſeaux eux-mêmes.

Pour revenir au danger que les Anciens ont apprehendé en évacuant toute l'eau à la fois ; examinons la raiſon pour laquelle quelque évacuation que ce ſoit eſt dangereuſe quand elle eſt exceſſive ; & il n'y a pas d'exemple plus commun à ce ſujet que ce qui arrive dans la ſaignée. Lorſqu'on tire une trop grande quantité de ſang, par cela ſeul la force de protruſion devient moindre, en ſorte que la velocité diminuant, les parties reſtent plus attachées les unes aux autres. Par là le ſang ne fournit pas une auſſi ample ſecretion d'eſprits, & le peu même qui s'en détachent, ne ſont portez que foiblement dans les nerfs : & ſi l'on conſidere que les enveloppes des vaiſſeaux ne peuvent ſe contracter immédiatement elles-mêmes, de

ALBUCA-SIS.

ALBUCA-SIS. façon qu'elles ajuſtent leurs cavitez proportionnellement à la quantité des liqueurs qui y coulent, la velocité du ſang ſera moindre, puiſqu'il coule dans des canaux plus larges : de cette lenteur du mouvement du ſang & de cette cohéſion de ſes parties, ſuit la langueur & le défaut d'eſprits, & même la mort ſi l'évacuation eſt exceſſive. J'ai choiſi l'exemple de la ſaignée, parce que Celſe lui-même pour montrer le danger qu'il y a d'ôter trop de ſang à la fois, prend ſa comparaiſon de l'operation qui ſe fait dans l'hydropiſie ; & ſi cela a toûjours lieu, dit-il, en ſoutirant l'eau dans les hydropiſies, combien plus la regle eſt-elle vraie dans la ſaignée ? La raiſon eſt certainement la même dans les deux cas ; ce qui prouve encore plus particulierement ce que nous avons avancé, c'eſt que dans de grandes tumeurs qui ſuppurent & où par conſequent la matiere n'eſt plus renfermée dans ſes vaiſſeaux ; ſi l'on tire trop à la fois de cette matiere extravaſée, on éprouvera les mêmes mauvaiſes ſuites, comme nous l'avons remarqué auparavant. Ainſi dans le cas preſent lorſqu'on ſous-tire l'eau en grande quantité par la paracenteſe, les pores des vaiſſeaux par leſquels l'humeur hydropique avoit accoûtumé de ſe décharger étant vuidez & ouverts, laiſſent le paſſage libre à une plus grande éruption, puiſque la preſſion de l'eau eſt beaucoup diminuée, laquelle preſſion ſervoit en quelque façon à reſtraindre les enveloppes des vaiſſeaux & à empêcher la ſeroſité d'en ſortir auſſi abondamment qu'elle le fera ſans cela. En emportant l'eau, les vaiſſeaux s'ouvrent davantage, & il en coule une ſi grande quantité d'humeurs dans l'abdomen, que cela peut produire la même alteration ſur le ſang & les eſprits, qui arrive dans le cas de la ſaignée, comme nous l'avons expliqué. C. Aurelianus conſeille un bandage après la paracenteſe, comme le meilleur moien pour prévenir le retour de cette inondation hydropique ; il en parle deux fois ; & ſon uſage, dit-il, eſt d'empêcher l'augmentation de l'enflure. La raiſon en ſemble fort juſte, car plus le ventre eſt tenu comprimé, plus la preſſion ſur les vaiſſeaux eſt grande, & moindre eſt par conſequent l'effuſion de la ſeroſité. M. de Litre recommande cette même méthode d'appliquer un bandage pour réunir promtement les parties après une paracenteſe dans une hydropiſie du peritoine.

Le

DE LA MEDECINE.

Le raisonnement que nous avons fait sur la perte des Esprits, se confirma par les suites mêmes de l'operation, car c'est rarement sans danger qu'on la fait aux enfans. Galien dit qu'il n'en sçait qu'un seul qui en ait réchapé. Le relâchement dans les fibres des vaisseaux (inconvenient naturel à cet âge & qui paroît bien par la continuelle sueur à laquelle les enfans sont sujets) donne une issue trop aisée aux liqueurs; & si elle ne tue pas immédiatement en épuisant les esprits & en occasionnant des syncopes, elle fournit au moins un supplément d'humeurs qui renouvelle la maladie : c'est pourquoi Albucasis ne permet pas qu'on fasse cette operation sur des sujets si jeunes & si tendres. La même observation a lieu lorsque les vaisseaux sont trop foibles, ou que le sang n'a qu'un mouvement languissant (quelle qu'en soit la cause) comme cela arrive dans les personnes usées par des maladies ou par le grand âge. On voit par là clairement pourquoi Hippocrate veut que la paracentese soit faite dans le tems que la force peut être de quelque secours. De même Albucasis défend de faire l'operation aux vieillards. Il est surprenant que lorsqu'on est assuré qu'il y a un vrai Ascite, qui est tel qu'il ne peut être guéri que par la paracentese, on differe pourtant si long-tems de faire l'operation, jusqu'à ce que ce remede qui étoit l'unique, devienne lui-même fatal.

ALBUCA-SIS.

J'ai tâché de rendre raison de la syncope qui arrive souvent dans cette operation, parce que je ne vois pas que jusqu'ici on en ait trouvé de bonne. Je ne puis comprendre celle qu'en donne le Sieur Garengeot[a], qui dit que lorsqu'on tire l'eau, le diaphragme descend dans le ventre. Comment le retour du diaphragme dans son état naturel peut-il causer une syncope ? J'aurois pensé que plus il descend, plus il laisse au cœur & aux poulmons de liberté pour agir ; ce qui semble le moien le plus propre à prévenir la syncope. Ce raisonnement paroît aussi étrange que celui qu'il fait dans un autre endroit où [b] il dit que dans ce cas la respiration est difficile par l'inaction des muscles épigastriques, lesquels étant extraordinairement distendus, perdent leur ressort, & par consequent ne peuvent plus contrebalancer l'action de leurs Antagonistes. Si j'avois quelque raisonnement à faire là-dessus, j'imaginerois que plus ces muscles perdent de leur ressort, plus ils sont

[a] 152.

[b] 157.

B b

ALBUCA-SIS. diftendus & inactifs, moins les côtes doivent être pouffées en bas, & moins le diaphragme doit être preffé en haut ; & ainfi le thorax étant moins contracté, il femble que la refpiration doit être d'autant plus libre. Je ne puis m'empêcher d'obferver en paffant combien fouvent cet Auteur affecte fans raifon de changer les termes de l'Art defquels fe font fervis les Anciens : comme dans ce même article il appelle l'Anafarque une hydropifie par infiltration. Les Grecs & depuis eux jufqu'à nos jours tout le monde a regardé cette expreffion *Anafarque* comme très-propre & très-expreffive pour donner l'idée de cette maladie ; & je n'entens pas que ce mot d'infiltration, qui eft de nouvelle fabrique & qui n'eft d'aucune langue, porte avec foi aucune idée qui ferve à faire mieux entendre comment cette hydropifie fe forme.

Ce que nous avons dit de la communication entre les vaiffeaux & la cavité elle-même de l'abdomen, doit être vrai, quand il arrive une fyncope, & que la maladie a un retour après la paracentefe ; car on ne fçauroit être affez déraifonnable pour penfer que l'eau elle-même qui eft extravafée, foit néceffaire pour foûtenir la vie du malade. C'eft pourquoi, fuppofé que les vaiffeaux euffent affez de force pour recouvrer entierement leur ton, & pour empêcher quelque nouveau débordement d'humeurs au travers de leurs enveloppes, il n'y auroit pas de danger dans la paracentefe à ôter toute l'eau à la fois ; & il femble que ce foit là le cas de quelques perfonnes dont quelques Auteurs de Chirurgie parlent, en qui par une éruption cafuelle l'eau s'eft déchargée elle-même tout d'un coup & entierement, fans pourtant qu'elles ayent été en danger. Cela a du rapport avec ce qu'Acquapendente rapporte que cette méthode que pratiquoit toûjours le téméraire Operateur *Horatio à Nurfia* lui réuffiffoit quelquefois. Et il dit que comme cela arrive rarement, il ne peut y avoir dans l'Art de regles par lefquelles on puiffe juger fi la chofe réuffira ou non ; c'eft pourquoi il s'attache à l'opinion des Anciens, & confeille la méthode de tirer l'eau par degrez. Il faut que je remarque ici un paffage important dans Acquapendente qui eft une preuve & de fon integrité & de fon jugement. Il dit que les deux feuls, à qui il ait fait cette operation, font morts ; l'un, parce qu'elle n'avoit été faite que lorfque le cas étoit defefperé, & l'autre, parce que la cannule fut arrachée mal-à-propos, & que l'eau fe vuida fubitement. Il ne doute pas cependant que l'operation ne pût réuffir fi l'on gardoit les mefures propres pour cela, & perfonne n'a donné de meilleures regles que lui à ce fujet.

ALBUCASIS.

Quoiqu'on ait penfé generalement qu'il y a un grand danger à décharger l'eau tout à la fois, la méthode de la fous-tirer peu à peu fuivant l'ancienne maniere a fes inconveniens, furtout lorfqu'on n'applique pas le bandage; car fans la preffion du bandage il n'eft pas aifé d'arrêter un nouveau débordement, par les raifons que j'ai avancées: car pendant l'operation qui doit durer plufieurs jours, l'enflure ne s'affaiffe pas à proportion de la quantité des eaux déchargées, & cela fans doute à caufe de celles qui furviennent. Ajoûtez à cela que fouvent la cannule, qui refte ici du tems dans la partie, la bleffe & y caufe une mortification. Peut-être que comme le bandage remedieroit au premier inconvenient, de même un cauftique appliqué devant que de faire l'incifion remedièroit beaucoup à celui-ci; par ce moien les lévres de la plaie feroient moins fujettes à s'écorcher & à s'enflammer à l'occafion de cette cannule attachée à leur ouverture.

L'experience de nos tems nous a pourtant appris que la méthode de tirer toute l'eau à la fois peut réuffir, méthode que le Docteur Mead a beaucoup cotribué à introduire parmi les Anglois, laquelle eft devenue très-familiere dans leurs Hôpitaux, & fe pratique de même, dit le Sieur Garengeot, dans ceux de Paris. Quand l'eau eft enfermée, comme c'eft frequemment le cas, dans la duplicature du peritoine, cette operation eft d'autant moins dangereufe: on voit par l'Anatomie qu'à peine peut-il arriver aucun des accidens dont on a fait mention, les enveloppes des membranes font rapprochées par le bandage & mifes en fituation de fe réunir plus aifément.

Albucafis décrit chap. 93. une étrange maladie dont il avoit vû un exemple dans une femme d'un temperament fi maigre, qu'on lui voioit fenfiblement les veines, c'eft une douleur qui paffoit d'un endroit dans un autre. Cette femme lui montra fa main, il y apperçut une petite enflure qui étoit comme un gonflement d'une veine; dans une heure de tems cela gliffa en haut

B b ij

ALBUCA-SIS.

un ver, monta au bras plus vîte qu'on ne le sçauroit croire, & se remuoit comme du vif argent d'un endroit à l'autre. La douleur suivoit les mouvemens de l'enflure ; dans moins d'une heure de tems elle fit tout le tours du corps jusqu'à ce qu'elle vînt à l'autre main. Il fut beaucoup étonné de la vîtesse dont elle changeoit ainsi de place, n'aiant jamais vû telle chose que dans cette femme là. Il ne nous apprend pas s'il a donné ou non quelque remede en cette occasion ; mais la méthode qu'il conseille en pareil cas, sur-tout si l'enflure est fort visible & que la douleur soit grande, est de faire une incision à la partie & d'appliquer le cautére.

a 94.

Il raporte plusieurs cas d'après sa propre experience de blessures faites par des fléches, & il parle d'un grand nombre de cures considerables qu'il avoit faites lui-même [a]. Entr'autres il tira la pointe d'une fléche hors du nez d'une personne à travers le cartilage où elle avoit resté cachée pendant quelque tems : la cure qui fut parfaite dura quatre mois. Il infere de ce qu'il vit dans cette operation, combien est mal fondée l'opinion de ceux qui affirment que le cartilage du nez, s'il y arrive solution de continuité, ne peut plus être réuni.

b C. 95.

Il finit son second Livre [b] en décrivant plusieurs manieres de tirer le sang des veines : il rapporte deux méthodes de les ouvrir en parlant de celles des bras. La premiere par ponction avec un instrument fait en forme de feuille de myrthe ou bien de feuille d'olivier, laquelle a l'extrêmité plus étroite & plus pointue : la seconde par section avec un couteau qu'il appelle *Alneſſil Phlebotomus Cultellaris*, & que Gui de Chauliac dit être la lancette ordinaire ; mais je croi qu'il se trompe ; car la figure qu'on lui donne ici est entierement differente. Les meilleurs Medecins, dit Albucasis, se servent de cette derniere. Il décrit les formes de ces trois instrumens. Pour ouvrir la veine frontale, il conseille un autre instrument appellé *Fossorium* qui est comme la flamme dont se servent les Maréchaux, & sur lequel on doit frapper pour lui faire pénétrer les membranes de la veine : cette maniere de saigner au front est meilleure, à ce qu'il pense, que de saigner avec le Phlebotomus, & si l'on s'en sert, il faut prendre garde que l'extrémité en soit large.

C'est ici, je croi, la premiere fois qu'il est parlé de quels

DE LA MEDECINE. 197

instrumens les Anciens se servoient en saignant. Il est vrai que
Galien explique le μαχαίριον ὀξυβελὲς qu'Hippocrate recommande pour faire l'ouverture dans un empyéme par le mot de
φλεβότομον, instrument tel que celui dont on se sert pour la saignée. Il fait mention encore de celui qui étoit en forme de
myrte, de même que du μαχαίρα ἀμφήκη à deux tranchans; mais
ces expressions signifient plûtôt en general des instrumens incisifs, propres à ouvrir des tumeurs, &c. que des instrumens
destinez en aucune façon à ouvrir la veine. Tel est le σμίλη ou
σμίλιον des Grecs, c'est-à-dire, le μαχαίριον σηθοειδής, comme
Galien le dit en interprétant Hippocrate: tel est aussi le μήλη dont
se servoit Hippocrate pour tirer le sang en scarifiant dans les ulcéres: & tel est le scalpel de Celse; quoique faute d'un autre
mot, cet Auteur en parle comme de l'instrment ordinaire dont
on se sert dans la Phlebotomie. On voit par ce qui a été dit sur la
veine frontale, qu'on se servoit dans ce tems-là de la flamme
d'Albucasis, & apparemment l'on s'en servoit aussi pour ouvrir les veines des bras, comme il semble le donner à entendre lui-même en répetant si souvent les termes de *percussion*;
Rhazés & Haly-Abbas se sont exprimez de la même maniere
avant lui; & Constantin l'Afriquain qui transcrit principalement ces Auteurs, mais qui a vécu avant le nôtre, décrit nettement, en traitant de la saignée, cette maniere d'ouvrir les veines du bras. Le terme dont il se sert est, *Ferire : venis feriendis, ne nervus percutiatur, ne os percutias.* Il semble aussi
que Juvenal fait allusion à cette maniere de saigner au bras;
il se sert d'un mot qui a entierement le même sens.

——— *mediam pertundite venam*

J'ai aussi entendu dire qu'il n'y a pas long-tems que quelques-uns de nos Chirurgiens faisoient cette operation de cette même maniere. Le mot dont Celse se sert pour exprimer un instrument à saigner est *Scalpellus*. Constantin & tous les Auteurs de la Basse Latinité l'expriment par le mot de *Phlebotomus*, à l'imitation de C. Aurelianus & de Th. Priscien qui se
servent du mot *Phlebotomare*. On ne peut pas dire si cet instrument avoit beaucoup de ressemblance avec la lancette dont
le nom nous vient des François, comme selon Diodore de Sicile ils l'ont tiré eux-mêmes du λαγκία des anciens Gaulois.

ALBUCASIS.

Bb iij

ALBUCA-SIS. *Lanceola* dans sa propre signification n'est pas un mot qui remonte plus loin que le tems de Jules Capitolin. Je ne puis pas dire au juste combien il y a qu'on s'en sert pour signifier un instrument de Chirurgie ; cependant on en peut, je crois, trouver des traces jusqu'à Guillaume de Bretagne qui vivoit en 1220. & qui a écrit l'Histoire de Philippe Auguste dont il étoit Aumônier. Cet Ecrivain nous parle de la *Lanceola*, & la distingue fort clairement du Phlebotomus qui sont deux instrumens differens dont on se servoit en ce tems-là. *Lanceola dicitur subtile ferrum acutum, cum quo minutores aliqui pungendo venam aperiunt in minutione. Aliqui cum Phlebotomo venam percutiunt, unde & Phlebotomia dicitur minutio.*

J'avois presque oublié de dire qu'Albucasis en parlant de l'extraction de la pierre de la vessie, est plus étendu & plus exact lorsqu'il décrit le petit appareil, que ne le sont Celse ni Paul. Il donne en particulier la méthode de faire l'operation aux femmes par incision. Les Grecs n'en disent rien à l'égard de ce sexe, & Celse est le seul entre les Anciens qui nous en donne une petite description ; cependant je doute fort si Albucasis a jamais fait l'operation lui même : car il paroît évidemment par les termes dont il se sert, que dans ces tems là & dans le Pays où il demeuroit alors, quel qu'il fût, on employoit rarement, ou peut-être jamais, un Chirurgien dans ces occasions. Il n'étoit pas permis de faire l'operation à une vierge, & les femmes vertueuses ou mariées ne se pouvoient résoudre à découvrir à un homme une pareille infirmité. Ainsi une Sage-femme ou quelqu'autre femme experimentée sur les maladies de son sexe devoit d'abord examiner la malade ; & quoiqu'elle prît l'avis d'un Chirurgien, & se fît donner les instructions nécessaires, il falloit cependant qu'elle fît l'operation manuelle elle-même, quoiqu'il y en eût très peu qui fussent capables de la bien faire. On nommoit ces femmes parmi les Grecs tantôt Ιατρείναι, & tantôt Μαῖαι.

La méthode qu'il prescrit est d'introduire le doigt dans le vagin, & en pressant sur la vessie avec la main gauche, de conduire doucement la pierre aussi bas qu'il est possible, depuis l'orifice de la vessie jusqu'auprès de la tuberosité de l'os *Ischion &

---

* *Pars inferior* (ossium ilium) *ιχίον sive os Ischii nominatur vel os coxendicis. Celso simpliciter coxa.* Riolan. Comment. de Ossibus, Cap. 26.

là de faire une incision sur l'endroit où l'on sent la pierre. Cette incision doit néanmoins être fort petite d'abord ; on doit ensuite introduire un stilet ; & si on sent la pierre, on doit agrandir l'incision à proportion de sa grosseur. Il paroît par cette description que le lieu de l'incision est plus bas que l'endroit où Celse prescrit de la faire ; à sçavoir, entre le passage de l'urine & l'os Pubis, *inter urinæ iter & os Pubis*, en commençant probablement depuis le vagin. Cela paroît encore évidemment par une autre circonstance ; car l'une des raisons qu'il donne de la difficulté de cette operation, difficulté beaucoup plus grande, dit-il, dans les femmes que dans les hommes, c'est que l'endroit où se fait l'incision est beaucoup plus éloigné dans les femmes de celui où est la pierre, & par consequent demande une incision plus profonde, ce qui ne se peut faire sans que le danger en soit plus grand.

ALBUCASIS.

Brunus est le seul de tous les Chirurgiens Italiens qui transcrit de notre Auteur la méthode qu'il faut suivre dans cette operation ; mais quand même il auroit entendu l'endroit où Celse la décrit, l'Anatomie nous convaincroit facilement que le passage qui conduit à la vessie est beaucoup plus court par ici. Car si on fait l'incision sur l'un des côtez du conduit de l'urine, l'instrument glisse immédiatement le long du vagin dans la partie anterieure de la vessie ; & si cette incision se faisoit au perinée, il n'y auroit point de difference d'un sexe à l'autre quant à la distance de la pierre.

L'endroit marqué ici pour l'incision par Albucasis est entierement le même que celui où Frere Jacques, & après lui M. Rau avoient accoûtumé de la faire, quoique je ne me puisse pas facilement persuader que ni l'un ni l'autre ait appris cette maniere de tailler de l'Auteur dont je parle ici.

On peut encore faire une remarque, qui est qu'Albucasis ordonne deux sortes d'incisions dont on doit se servir selon les occasions, comme faisoit M. Rau, pour arriver plus sûrement à la pierre. On peut faire l incision à cet endroit sans blesser le vagin (faute que le Frere Jacques commettoit souvent). On peut sur-tout éviter cet accident dans les filles qui n'ont pas eu de commerce avec les hommes. C'est pour cette raison sans doute que M. Rau remarque fort judicieusement que l'operation est bien plus difficile dans les femmes qui n'ont pas été

ALBUCA-SIS dans l'inaction, ou qui ont eu des enfans : car alors le vagin étant beaucoup plus dilaté, il se rencontre bien plus aisément dans le chemin de l'instrument, & dans ce cas on voit bien qu'il faut nécessairement qu'il soit ouvert en deux endroits : ce qui doit pareillement arriver si on fait l'incision au perinée, & c'est à quoi Guillaume de Salicet prenoit garde [a]. Ainsi il est aisé de voir que cet endroit que propose Albucasis est le seul où il y ait quelque possibilité d'éviter le vagin.

a l. 47.

Je trouve ici une chose fort remarquable, c'est que si dans l'operation il arrive qu'on coupe une artére, & que l'hémorragie jette dans l'embarras, notre Auteur conseille de ne pas aller plus loin, & de laisser la pierre où elle est. Il veut qu'alors on ne pense qu'à guérir la plaie, & après que quelques jours se feront passez, & que la plaie sera en bon état, on revienne à l'operation, & qu'on tire la pierre. C'étoit là la méthode de P. Franco ; il faisoit l'incision & tiroit la pierre le jour suivant ou quelqu'autre jour après. M. Ciprian faisoit ici la même chose à l'égard des hommes.

J'ai remarqué ci-dessus avec quelle hardiesse les Grecs faisoient les operations de Chirurgie, hardiesse bien plus grande que n'a été celle des Romains. Les Grecs en pratiquoient qui pour la cruauté qu'on y a trouvée & la difficulté de l'entreprise, ont été proscrites par les Modernes. Mais si nous jettons les yeux sur Albucasis, & que nous le comparions soit avec Celse, soit avec Paul, nous le trouverons certainement l'Operateur de tous le plus hardi. La seule lecture du Catalogue de ses operations seroit capable de donner une espece d'horreur à quiconque n'auroit pas vû beaucoup de cette sorte de Chirurgie. Ce dont je m'étonne cependant, c'est qu'il n'ait pas dit un seul mot de la méthode que quelques Chirurgiens Arabes se sont hasardés de mettre en pratique pour la pierre des reins, qui étoit de la tirer en faisant une incision à travers les muscles du dos. Il est certain, selon ce que Serapion & Avicenne en disent, que plusieurs pratiquoient cette méthode en ce tems-là. Il est vrai aussi que ces deux Auteurs croient cette operation extrêmement dangereuse, & qu'il est fort vraisemblable qu'elle ne peut être suivie que de la mort.

Je touche cet article en passant pour faire voir que dans ces tems-là il n'y avoit point d'operation, quelque douloureuse, difficile,

difficile ou même dangereufe qu'elle fût qui ne trouvât des Chirurgiens affez hardis pour l'entreprendre, & des malades pour la fouffrir.

Mais pour ce qui regarde le cas dont j'ai parlé, quelque chofe qu'on ait jamais dit des fuites funeftes de ces fortes de plaies qui pénétrent dans le baffinet du rein, nous le trouvons clairement détruit par ce fçavant homme feu M. Bernard dans l'hiftoire qu'il rapporte du Conful Hobfon, à qui le fameux Dominique Marchetti a tiré à Padoue une pierre du rein, & qui néanmoins a vêcu enfuite plufieurs années en parfaite fanté. Le cas eft décrit avec beaucoup d'exactitude, & les réflexions qui y font jointes méritent d'être lûes. Nous trouvons dans ce même endroit qu'il eft bien vrai que les Arabes parlent de cette operation, mais qu'ils croient auffi qu'il n'appartient qu'à un furieux ou à un Charlatan de l'entreprendre, & que Roufet a été le premier qui l'ait jamais confeillée ferieufement.

Outre l'exemple cité ci-deffus, nous en trouvons encore un pour prouver que cette operation (la Nephrotomie) a été faite. C'eft dans l'Hiftoire de France par Mezerai [a], que nous voions le fait rapporté dans les termes fuivans. « Les Docteurs de la Faculté de Medecine de Paris aiant appris qu'un Archer de Bagnolet qui fouffroit beaucoup de la pierre, avoit été condamné à mort pour quelque crime, fupplierent le Roy de leur accorder cet homme pour faire fur lui une experience, & voir s'ils pourroient ouvrir le rein & en tirer la pierre; ils firent l'operation qui réuffit très-heureufement, en forte que cet homme vêcut enfuite plufieurs années en parfaite fanté. Ceci arriva fous le regne de Charles VIII. qui mourut en 1498. près de cent ans avant que Roufet écrivit, & lorfque la Chirurgie en France n'étoit encore, pour ainfi dire, que dans fon enfance.

Tulpius s'imagine que le fentiment de Roufet eft fondé fur ce qu'on a quelquefois remarqué que la pierre forme un abcès au rein, & s'ouvre ainfi un paffage, comme elle fit effectivement dans l'occafion dont il parle. Hippocrate a fait mention de quelque chofe de femblable; mais il eft auffi probable du moins que Roufet s'eft fondé dans ce qu'il en a dit, fur ce

[a] Tom. 4. pag. 41. Edit. d'Amfterdam. 1682.

ALBUCA-SIS. même trait d'Histoire que nous avons rapporté, lequel sans doute avoit fait du bruit dans son Pays, & que lui-même rapporte d'après le Supplément de Monstrelet, quoiqu'il varie dans une ou deux circonstances.

Quoique ces deux exemples (qui sont peut-être les deux seuls dont les Histoires aient parlé,) puissent à peine autoriser cette méthode, cependant on en peut du moins conclure qu'il n'est pas impossible que l'operation, toute dangereuse qu'elle est, ne puisse réussir, & qu'on peut la permettre dans des cas desesperez; sur-tout si le chemin est tracé par un abcès.

Les argumens que Rouset tire de l'Analogie méritent encore de l'attention. Nous avons, dit-il, tout lieu de croire que la Lithotomie fut regardée d'abord comme une très-dangereuse operation, d'autant plus qu'Asclepiade & toute sa secte la rejetta comme une méthode très-pernicieuse: qu'Hippocrate de toutes les operations de Chirurgie veut qu'on laisse celle-là à une sorte de gens qui en fassent leur unique profession. En effet il est bien difficile de déterminer dans tous les cas ce qui est impraticable dans la Chirurgie. Il y a des entreprises de cette nature faites par les Anciens, lesquelles ont une si grande apparence de hardiesse, que je ne doute nullement que nous ne soions trop portez à les croire impossibles; & cela uniquement parce que nous ne voions pas qu'on les fasse de nos jours.

Voilà quels sont les differens caracteres des plus célébres Medecins d'entre les Arabes. Je crois que j'ai rapporté plusieurs choses qui prouvent qu'ils ont du moins perfectionné quelque chose dans notre profession, & qu'ils ont ajoûté des Remarques en divers cas à ce qu'ils ont trouvé dans les Grecs. Supposant néanmoins que cela ne fût pas tout-à-fait véritable, il y a du moins une chose & même très-importante dont je n'ai pas encore parlé, & que nous ne devons chercher que dans ces mêmes Auteurs Arabes, c'est l'histoire de la petite Vérole: car depuis le tems d'Hippocrate jusqu'à celui où nous sommes, il n'est jamais rien arrivé de si remarquable dans la Medecine que la naissance de cette nouvelle & surprenante maladie. Il est certain qu'on en peut rechercher l'origine dans leurs propres Auteurs, & plus haut même qu'on ne

se l'imagine communément, & qu'on pourroit remonter jus- ALBUCA-
qu'à la fameuse époque de Mahomet au commencement du SIS.
septiéme Siécle.

La Rougeole qui selon les apparences est née dans le même-tems que la petite Vérole, & qu'Avicenne appelle avec assez de raison *Variola Cholerica*, est regardée par ces Auteurs comme lui appartenant de si près qu'ils traitent generalement de toutes les deux ensemble, comme si la plus grande renfermoit toûjours la moindre. C'est une maladie qu'on ne peut pas douter qui ne fût absolument inconnue aux Grecs, quelque chose que certains Modernes aient dit pour prouver le contraire. Elle a paru en premier lieu parmi les Arabes, & les Mahometans sont ceux qui en ont donné les premieres descriptions. C'est une maladie si extraordinaire dans ses symptômes, si réguliere dans son cours, & à laquelle le genre humain est si generalement sujet, qu'il seroit à souhaiter que M. le Clerc nous eût donné du moins quelque petit abregé de ce que ces Auteurs originaux en ont dit; sur-tout puisqu'il est vrai que nous trouvons une description exacte de cette maladie, même dans son enfance, & la méthode de la traiter fort clairement expliquée dans tous leurs Ouvrages.

Le seul Traité de Rhazés intitulé *Discours sur la Peste* peut nous faire voir parfaitement quelles étoient leurs idées sur cette maladie, & nous montrer qu'ils n'ignoroient point du tout la difference qu'il y a entre l'espece qu'on nomme *Discrete*, & celle qu'on nomme *Confluente*.

Selon les Histoires les plus anciennes que nous ayons de la petite Vérole, nous trouvons qu'elle parut d'abord en Egypte du tems d'Omar successeur de Mahomet ; puisque les Grecs n'en avoient aucune connoissance, il falloit que les Arabes l'eussent apportée de leur propre pays, & peut-être l'avoient-ils eux-mêmes reçue originairement de quelques autres régions Orientales plus éloignées. Car leurs plus anciens Auteurs n'en parlent point comme d'une maladie qui fût nouvelle & dont on pût trouver l'origine en ne remontant qu'à très peu d'années. Mais comme ces Peuples étendirent leur Religion & leur Empire dans moins de trente ans, il en fut de même de cette maladie jusques-là inconnue aux Peuples qu'ils avoient conquis; & elle ne se répandit pas seulement dans toute l'Egypte,

ALBUCA-SIS.

mais encore dans la Syrie, la Palestine & la Perse, & fort peu après le long des côtes d'Asie, dans la Lycie & dans la Cilicie; & enfin au commencement du siécle suivant on la vit s'étendre dans les Provinces maritimes de l'Afrique, & même bientôt après passant la Mediterranée se jetter dans l'Espagne.

Nous voilà à present dans un nouveau point de vûe que nous offre la Medecine, je ne ferai néanmoins qu'un récit fort abrégé de tout ce que je trouve sur cette matiere dans les Auteurs de cette Nation, & particulierement dans Rhazés le plus ancien & le meilleur de tous, & le premier, comme il le dit lui-même, qui ait écrit aucun Traité sur ce sujet avec tant soit peu de clarté ou d'exactitude.

Pour suivre sa méthode je dirai que comme le mal avoit été jusqu'alors inconnu, il lui a donné une cause absolument nouvelle, & impraticable jusques-là en Medecine, à sçavoir une sorte de contagion innée. Cette contagion est une espece de levain dans le sang, semblable à celui qui est dans le vin nouveau, lequel levain fermente & se purifie après cela ou plûtôt ou plus tard, en rejettant hors de soi les matieres peccantes par les glandes de la peau, ce qui est une hypothese que plusieurs Modernes ont depuis appliqué avec assez peu de fondement à toute sorte de fiévres en general. Il suppose que ce levain vient de la mere dans la matrice, ce qui fait que tout le monde est si universellement & si également sujet à cette maladie. Elle est beaucoup plus épidémique dans le Printems & en Automne, particulierement si l'Hyver a été chaud, ou l'Eté pluvieux.

Les enfans & les adultes y sont les plus sujets; les vieillards en sont rarement attaquez, à moins que la saison ne soit fort contagieuse. Les gros corps dont les chairs sont molasses, qui abondent en humeurs, qui ont souvent fait des excez de vin, ou qui se sont trop accoûtumez à user du lait en quantité, prennent l'infection beaucoup plûtôt que les autres; mais ceux qui sont naturellement secs & d'un temperament bilieux sont plus sujets à l'espece qui attaque avec le plus de violence. Le Traducteur Grec qui a traduit sur le Syriaque, qui étoit probablement la Langue dans laquelle Rhazés a écrit, donne à cette sorte de petite vérole un nom tout-à-fait inconnu qui est Ευλογία, & qui, à ce qu'il nous dit, répond au terme Syriaque

Chaſpé. Il est vrai que ce mot dans cette Langue-là aussi-bien que dans l'Hebreu & dans l'Arabe signifie Εξανθημα, une pustule inflammatoire ; c'est pourquoi N. Machelli qui nous a donné une elegante Traduction du Grec, rend assez proprement ce mot là par le mot *Incendium*, mais le Grec, dit-il, se sert de Ευφλογία. Allons encore un peu plus loin, & supposons qu'il faille lire Εκφλογία, le sens de l'Auteur n'en souffrira nullement, & il n'y aura que très-peu de variation dans la maniere de lire.

ALBUCASIS.

Les symptomes qui précedent cette maladie sont une fiévre aigue, un mal de tête fort violent, de grandes douleurs dans le dos qui en sont en particulier un signe indubitable ; la peau paroît fort séche ; on est appesanti ; on a de la peine à respirer ; les yeux deviennent rouges ; on sent des picotemens par tout le corps ; on est agité durant le sommeil de songes effraians, on bâille, on s'étend ; on sent des battemens & de la pesanteur à la tête, enfin on a des maux de cœur continuels avec des envies de vomir. Si les douleurs dans le dos sont violentes, les maux de cœur insupportables, si l'inquiétude & l'ardeur se répandent par tout le corps, si la couleur est haute & enflammée, sur-tout autour de la gorge, ce sont des signes d'une mauvaise espece.

Il nomme les pustules [a] tantôt *sublimia* qui sont sans doute les discretes & qui s'élevent en pointe, & tantôt *lata* larges & plates qui sont les confluentes.

a *Ad Almanz.* 10. 8.

Plusieurs de ces symptomes sont communs à la rougeole. Si la chaleur est plus forte [b], la difficulté de respirer & l'oppression extrémement violentes, & particulierement s'il survient une toux & une demangeaison aux oreilles & au nez, ce sont là plûtôt des signes de cette derniere maladie qui est plus dangereuse que la petite vérole elle-même.

b *Division* lib. 1. 159.

Notre Auteur s'étend beaucoup lorsqu'il parle des differences & des pronostics de la petite vérole. Si, dit-il, l'éruption se fait aisément, que les pustules viennent bien à maturation, & que la fiévre cesse, il n'y a point de danger ; mais si, après l'éruption la fiévre continue encore, c'est tout le contraire. On peut juger que l'espece est la plus favorable lorsque sa respiration est aisée, le pouls reglé, la tête dégagée, & que le malade peut prendre de la nourriture & dormir.

ALBUCA-SIS.

Lorsque les pustules qui contiennent une matiere blanche, sont larges, distinctes, en petit nombre, & qu'elles viennent à maturation sans beaucoup de fiévre, ou quand même elles seroient en grand nombre & confluentes en quelques endroits, si nonobstant cela elles sont pour la plûpart larges, & qu'elles continuent leur cours doucement, de sorte que les forces du malade n'en soient point diminuées, & qu'il n'y ait ni oppression, ni chaleur immoderée, on ne doit pas regarder cette espece de petite vérole comme une des plus mauvaises. Mais si les pustules sont pressées & cohérentes, de sorte que plusieurs n'en fassent qu'une en se confondant; si la circonference des grains unis en forme de grappe est fort grande; si elles sont comme de la graisse ou du suif; si elles se répandent comme des herpes, ou ce qu'on appelle *Formica*; ce qui corrode la peau, l'ulcére & la contracte, si les pustules s'élevent comme des verrues, & qu'elles ne contiennent point de matiere, on doit conclure de tout cela que c'est une espece très-maligne, particulierement lorsqu'après l'éruption elles ne font pas des progrez favorables, & que le malade n'en est pas soulagé. De même si la fiévre augmente après l'éruption de l'humeur, c'est un fort mauvais signe, & si des pustules nouvelles viennent à sortir, ce qui arrive quelquefois, cela marque une grande plenitude d'humeurs.

L'espece est bien meilleure lorsqu'elle n'est pas accompagnée de grandes rougeurs ; mais s'il y a beaucoup de pâleur, elle est dangereuse. Si l'éruption se fait le premier jour de la maladie, cela marque trop d'impetuosité dans les humeurs ; si elle n'arrive que le troisiéme jour, leur mouvement est plus moderé & plus languissant ; si cela n'arrive qu'aux jours de crise, par où je croi qu'il entend le quatriéme & le septiéme jour, la maladie est encore moins dangereuse.

Si le malade sent une grande douleur à quelque partie, que cette partie devienne verdâtre ou noire, & que les forces manquent, c'est un signe fatal. Si les pustules sont fort petites & dures, de couleur violette, verte, d'un rouge foncé ou de couleur noire, & qu'elles ne viennent pas à maturation, c'est un fort mauvais présage. Si elles continuent dans cet état durant tout le cours de la maladie ; si la fiévre ne diminue pas, & qu'elle soit accompagnée de sincope, de maux de cœur ou palpitations, on n'en doit rien attendre qu'une promte mort. Voilà ce que dit notre Auteur quant aux symptomes de cette maladie & aux differens jugemens qu'on doit former sur l'évenement.

ALBUCASIS.

La cure vient ensuite; mais pour en juger plus sainement nous devons toûjours avoir devant les yeux que Rhazés a vécu & a écrit dans l'ardent climat de la Perse. Il saigne d'abord, ou applique les ventouzes même aux enfans: & si les symptomes sont violens, il saigne jusqu'à la syncope; s'ils sont plus moderez, il modere aussi la quantité de sang. Si la veine du bras ne se peut pas trouver aisément, on peut ouvrir la Poplitée. La chambre doit être tenue fraîche, & tout le régime de vivre consiste à user de choses rafraîchissantes. La tisane doit être la nourriture, & pour remedes on doit principalement user des Trochisques de *Spodium* qui est un bon absorbant, de jus de grenades & d'autres plantes acides & astringentes. La regle qu'on doit observer dans ce régime rafraîchissant, c'est de le proportionner à l'ardeur plus ou moins grande de la maladie, & de le ménager avec tant de moderation qu'on n'éteigne pas la chaleur naturelle. Il commence par l'eau glacée, jusqu'à ce que le malade vomisse, & sue; ensuite il lui fait recevoir des vapeurs d'eau chaude. Il assure que cette méthode est la plus efficace pour faire sortir les pustules. Ainsi pour précaution, il ordonne qu'on se fasse saigner, qu'on se réduise à une diete acide & la plus rafraîchissante, qu'on use de verjus & de salade, qu'on se baigne, & qu'on boive souvent de l'eau glacée.

Il donne un remede composé d'Acides & de Spodium fort en vogue parmi les Indiens; ils assuroient, à ce qu'il paroît, que quiconque en useroit n'auroit pas en tout dix pustules. Si le ventre est resserré, il faut le tenir libre par le moien de quelques infusions qu'on doit prendre deux fois par jour. Cela rendra encore le nombre des pustules bien moindre, & on le doit faire sur tout si le mal est violent. Après l'éruption, il faut éviter les purgatifs violens, particulierement vers le tems de la crise, de peur de jetter le malade dans une dysenterie: & l'on doit toûjours empêcher toute sorte de flux trop abondant.

Si l'on a obmis de faire saigner le malade au commencement, il faut tâcher de le faire suer doucement, pour aider l'éruption. Si le malade sent de l'ardeur, & que les pustules ne sortent pas bien, on doit le faire user d'une décoction de figues, de raisins, de lentilles, &c. Si le mal est leger, qu'il n'y ait pas beaucoup d'oppression, & que la petite vérole soit bien sortie, on ne doit pas donner beaucoup de rafraîchissans, de peur de retarder l'éruption, mais il faut continuer l'usage de la décoction, & y ajoûter un peu de Safran, &c. Lorsque les pustules sont toutes sorties, il faut faire recevoir au malade les vapeurs de l'eau. Pour délaians il faut se servir d'eau d'orge, de Grenades, de Melons, & autres semblables liqueurs temperées. Toute autre chose qui dissoudroit davantage les humeurs, seroit moins utile, sur-tout dans la rougeole.

Si l'oppression est fort grande, & prête à causer la syncope, on prendra le bain d'eau froide, & on usera de frictions, pour faire sortir la rougeole. Mais il faut bien prendre garde qu'il ne se fasse pas une trop grande dissolution des fluides, & que la sueur ne soit pas trop abondante. Après le cinquiéme jour, en comptant le jour que le malade a été attaqué, si les pustules ne sortent pas, il faut user de remedes qui les fassent sortir. Cependant il faut toûjours agir avec circonspection, & avoir égard aux symptomes, particulierement à la fiévre, dont on jugera mieux que d'aucune autre maniere par la respiration & par le pouls. Mais si les pustules sont dures, raboteuses comme des verrues, & que le malade soit abattu, c'est en vain qu'on penseroit à en tenter la maturation; on ne viendra jamais à bout de la procurer; cet état est funeste.

Les Opiates sur-tout sont excellentes lorsque le malade ne peut pas dormir, ou qu'il a une diarrhée, qui arrive ordinairement sur la fin de la maladie, sur tout lorsque c'est de la plus mauvaise espece qu'on est attaqué. On ne doit pas purger devant la crise; mais s'il en est besoin & que le corps soit sec, il le faut faire dès le commencement, & avant que le mal décline; d'abord pour abattre la chaleur & diminuer le battement que le malade sent dans la tête; & ensuite pour décharger la nature de son fardeau, & emporter avec lui la matiere morbifique. On peut juger de la nécessité de recourir à ce remede soit devant soit après la saignée par la constitution

du

du corps; comme par exemple s'il est foible, & cependant ALBUCA-
bouffi & rempli d'humeurs; s'il y a une espece de fiévre lente SIS.
& cachée, & si le pouls est unduleux. Dans ce cas il vaut mieux
purger; mais si la bouche est amere, s'il y a vomissement &
grande inflammation, si sa gorge est si embarrassée qu'il y ait
danger de suffocation, il faut saigner. Les autres avis qu'il donne soit pour les gargarismes, les collyres, &c. soit pour prévenir les ulcéres ou les marques que cette maladie pourroit
laisser, &c. sont fort circonstanciés.

Telle est la description que Rhazés donne de la petite vérole. On peut dire qu'elle est fort fidele, quoiqu'il n'entre pas
dans toutes les plus petites circonstances; on l'a crû même si
complete pendant plus de cinq cens ans, que les Auteurs qui
ont écrit ensuite y ont à peine rien ajoûté. Mais enfin on en
est venu à present jusqu'à distinguer les differents periodes de
cette maladie, & à observer même les jours dans chacun de
ces périodes avec la derniere exactitude. Cependant depuis ce
tems-là jusqu'au nôtre, quoique les Auteurs Modernes soient
descendus dans un détail plus exact des signes & des symptomes qui accompagnent cette maladie, nous voions dans notre
Auteur, quant à ce qui peut regarder la pratique, le fondement de tout ce qu'ils ont écrit. J'en vais donner quelques
exemples.

Les Arabes ont parfaitement bien marqué les deux especes
de petite vérole, & la difference qu'il y a entre chacune d'elles
& la rougeole. Ils ont non seulement décrit les especes régu-
lieres, mais ils ont aussi parlé des anomales. Ils ont aussi observé ces cas où de nouvelles pustules succedent aux premieres.

Dès le commencement, & même quelque tems après l'é-
ruption, ils prescrivent les évacuations tant par la saignée que
par la purgation. Ils étoient persuadez que le bon ou le mauvais succès de la maladie dépendoit si fort de la maniere dont
on traitoit le malade aussitôt qu'il étoit attaqué, ou tout au
moins dans les premiers jours, qu'on voit qu'ils sont extrêmement exacts & soigneux à l'égard du régime, lequel selon
ce qu'ils ordonnent, doit être fort rafraîchissant comme étant
le plus convenable pour le climat brûlant où ils vivoient. Il
n'y a point de doute que cette méthode n'eût de bons fon-

ALBUCA-SIS. demens, quoique d'autres l'aient suivie d'une maniere ridiculement scrupuleuse, & qu'on l'ait même poussée plus loin parmi des Nations où ni la nature du mal, ni la temperature de l'air ne la demandoient.

Il n'y a pas eu jusqu'à notre Compatriote Sydenham, qui n'ait porté les choses jusqu'à l'extrémité là-dessus dans les premieres éditions de ses Ouvrages. Mais il a eu la sagesse de retracter dans la suite beaucoup de ce qu'il avoit dit auparavant, & de revenir à une méthode plus moderée, comme étant sans contredit plus conforme à la raison & à la temperature de notre Isle.

Nous pouvons remarquer que toute la conduite des Arabes pour ce qui regarde soit le régime, soit les remedes dans ce période de la maladie, consiste à détremper, ce qu'ils croioient être le moien le plus efficace de produire une éruption bénigne, & d'empêcher que les pustules ne rentrent ; car quant à ce dernier article, quelque rafraîchissant que fût en general leur régime, ils ne faisoient aucun scrupule de donner des cordiaux actifs, lorsque la nature sembloit demander d'être assistée, ou lorsqu'ils apprehendoient que les pustules ne vinssent à s'affaisser.

C'étoit pour la même fin que lorsqu'il y avoit un désordre considerable & trop de fermentation dans les humeurs, ils avoient recours aux remedes calmans, & lorsqu'il paroissoit quelque symptome terrible qui empêchoit les pustules de venir à maturation, ils avoient recours à ce souverain & divin remede l'Opium, remede dont ils se servoient souvent dans ces occasions, quoique Sydenham paroisse avoir été le premier qui nous ait donné la premiere idée de cette pratique parmi nous.

On trouvera ici que sur le déclin de la maladie, après que la nature s'est déchargée autant qu'elle a pû, & qu'elle est prête à succomber sous le poids de la matiere morbifique, ils prenoient les moiens les plus propres pour la secourir par art. C'est pourquoi ils nous enseignent à nous servir tant de la saignée que de la purgation dans ces cas d'extréme necessité.

Je n'ai remarqué dans ces Auteurs toutes ces choses qui regardent la petite vérole, que comme Historien. Je ne veux pas pénétrer plus avant dans cette matiere pour le present ;

DE LA MEDECINE.

mais je laisse à Monsieur Mead toutes ces recherches; à lui, dis-je, qui entend parfaitement cette matiere, & qui, j'espere, fera part au Public des observations qu'une connoissance parfaite des anciens Auteurs, jointe à la plus heureuse comme à la plus étendue de toutes les pratiques, puisse presenter à l'esprit.

ALBUCA-SIS.

C'est ici que je finis l'Histoire des Auteurs Arabes. J'ai peur que quelques personnes ne la trouvent trop longue, & que d'autres ne la jugent pas assez importante ou assez nécessaire à sçavoir pour être communiquée au Public; mais pour parler avec équité de leur caractere & de leur mérite, je dirai en general, que quoiqu'ils ne soient presque pour la plûpart que des Copistes des Grecs, nous leur avons l'obligation de certains progrez qui ont été faits dans la Medecine.

D'abord il est certain qu'ils furent les premiers qui introduisirent des préparations chimiques dans la pratique de la Medecine. Il est bien vrai que ces préparations étoient en très-petit nombre; & il ne paroît pas que les progrez qu'ils firent dans la Chimie fussent fort considerables; car outre les préparations que j'ai rapportées de Rhazés, il n'y a que Mesue qui a compilé un Dispensaire, & Bulcasem qui a écrit en Espagne dans les derniers tems, qui fassent mention de quelques autres préparations, & encore ne montent-elles pas à plus de six.

L'Anatomie ne se trouve pas avoir été en aucune maniere perfectionnée parmi eux. La Chirurgie y est restée sur le même pied, & ils ne l'ont pas poussée plus loin que les derniers Grecs n'avoient fait, jusqu'au tems d'Albucasis qui a porté cet Art jusqu'à un degré de perfection fort considerable. L'Histoire nous apprend aussi que la Chirurgie dans ce siécle commença à se separer des autres branches de la Medecine plus qu'elle n'avoit fait dans les précedents, & qu'elle s'érigea en Profession particuliere & distinguée des autres, ce qui donna sans doute à ceux qui l'exerçoient, beaucoup plus de tems & d'occasions de se rendre habiles.

Ils ajoûterent beaucoup à la Botanique & à la Matiere Medicinale par l'introduction de plusieurs drogues nouvelles, particulierement des aromates qu'ils tiroient des Pays Orientaux. On en peut voir un Catalogue dans Garcias du Jardin &

D d ij

ALBUCA-SIS.

dans Ch. Acosta; & comme elles sont en fort grand nombre, aussi y en a-t-il plusieurs qui sont d'un usage considerable en Medecine, sur-tout la classe entiere des plus doux purgatifs. Il faut aussi leur faire la justice de dire à ce sujet, qu'ils n'ont pas seulement décrit des plantes nouvelles, mais qu'ils ont aussi découvert des vertus dans les anciennes : vertus qui étoient absolument inconnues aux Grecs.

A l'égard de la Pharmacie, les Arabes y ont apporté les premiers l'usage de l'or en feuille & de l'argent; mais nous pouvons remarquer une chose assez particuliere, c'est qu'ils étoient beaucoup plus réservez à se servir des métaux en applications exterieures, que ne l'avoient été les Grecs leurs maîtres. Ils sont les premiers qui ont trouvé la maniere d'extraire le sucre par coction, & aussi la méthode de faire les syrops : ces deux choses nouvelles sont d'un grand usage pour faire le mélange des remedes composez, & sont préferables en divers cas au miel dont les Grecs étoient obligez de se servir si fort. Ils ont décrit en consequence les formules de beaucoup de compositions, plusieurs desquelles, telles particulierement que les pilules & les electuaires sont encore dans nos Dispensaires.

Malgré cela Guy-Patin un des derniers de leurs ennemis declarez avec sa maniere dure qui lui étoit naturelle, tombe sur eux avec furie, & dit que tout ce qu'il y a de bon en eux est pris des Grecs. Pour moi je croi qu'il en dit plus là qu'il n'en auroit pû prouver. N'y a t-il donc rien de bon dans tout ce dont j'ai fait mention ? Les observations qu'ils nous ont laissées touchant la *Spina ventosa*, la petite vérole, & quelques autres maladies, ne sont-elles d'aucun usage ? La Chirurgie d'Albucasis ne mérite-t-elle aucune estime ? Il s'emporte contre les Arabes de ce qu'ils ont été les [a] inventeurs de la Pharmacie composée ; mais s'il avoit consideré les Grecs dans ce point de vûe, il auroit trouvé, je croi, dans Galien & dans ceux qui ont écrit après lui, autant de remedes composez d'autant d'ingrédiens : même il s'en faut si fort que les Arabes aient été ou les inventeurs ou les seuls qui aient soûtenu l'usage des remedes composez, qu'un de leurs Auteurs fait tant de cas des remedes simples, qu'il les préfere dans toutes les maladies, & remarque que trop de multiplicité dans la composition des

[a] *Lettres à M. Spon.* 30.

remedes n'est qu'un vain travail [a]. Cependant la bile de Patin s'échauffe tellement sur ce sujet, qu'il ne déclame contre le sucre & les syrops, que parce que c'étoit les Arabes qui les avoient mis en usage. Il les blâme injustement d'avoir introduit les remedes chauds & les eaux cordiales ; car on ne trouvera pas dans tous leurs Ouvrages une seule eau cordiale forte. Mais la passion de cet Auteur égare souvent son jugement, sur-tout quand il donne des caracteres : on trouve un exemple de cela dans ce qu'il dit de Riviere, à cause que Patin avoit eu quelque dispute avec l'Université de Montpellier, & que Riviere y étoit Professeur, il ne le regarde que comme un fieffé Charlatan : de même aussi aiant eu quelque dispute avec M. Goris, il dit qu'il n'avoit pas le sens d'une bête brute, quoiqu'il eût écrit un Livre intitulé *Definitiones Medicæ*. Il décrie avec la même vehemence l'Antimoine & le Kinakina, remedes qu'il semble avoir peu connus, & dont l'experience a prouvé souvent l'utilité lorsqu'ils ont été donnez avec discernement. A l'égard des remedes composez qui sont le principal objet de ses plaintes, quoique la composition en soit multipliée sans nécessité & sans jugement quelquefois, je ne vois cependant pas de raison pour les exclure tous entierement. Car quoique je ne pense pas qu'on puisse calculer exactement les vertus d'un remede composé par les qualitez proportionnelles des Simples qui y entrent, comme auroit voulu faire Alkindus, cependant il doit résulter du mêlange une certaine vertu qu'on n'auroit pû trouver dans aucun des ingrédiens separément. Le Mithridat & la Theriaque d'Andromache ont été en usage depuis près de deux mille ans, & sont encore estimez à present par les Juges les plus capables : cependant si on venoit à les examiner en détail, on seroit bien embarrassé de déterminer par quelle raison on y a mis telle ou telle drogue, & comment elle ajoûte quelque degré d'efficacité au remede. L'usage & la méthode de la composition des remedes sont aussi anciens au moins qu'Hippocrate, qui se servit plus qu'on ne l'imagineroit d'abord, de ces sortes de remedes, quoiqu'il ne les chargeât pas d'un si grand nombre d'ingrédiens que ceux qui lui ont succedé. Cette maniere de mêler les Simples devint si fort en vogue, qu'environ deux cens ans après

ALBUCASIS.
[a] *Alsaharav. Theor.* Fr. 15.

Mantias disciple d'Herophile & Heraclide de Tarente [a] écrivirent des Traitez exprès sur les regles & la méthode pour les composer [b]. Actuarius cite un antidote d'Hippocrate qui consistoit dans un mêlange de differentes choses, & pour lequel les Atheniens lui firent present d'une Couronne: remede, dit-il, qui est efficace en plusieurs cas. M. le Clerc [c] suppose que ceci est un artifice de ce Grec qui controuva, à ce qu'il croit, cette fable pour faire mieux estimer son remede sous un aussi grand nom ; mais je ne vois pas que cette remarque soit bien fondée : car outre ce dont nous avons fait mention auparavant & pour ne pas parler d'un autre remede dans le même genre rapporté sous le même titre par Myrepsus [d], si on examine Celse qui a fort bien entendu Hippocrate & qui l'a constamment copié, on trouvera parmi les antidotes *Acopa & Catapotia* remedes aussi composez que ceux dont j'ai parlé, ou autant au moins qu'aucun qui ait été décrit par les Arabes. Quoiqu'il en soit, quelque absurde que puisse paroître la composition de certains remedes, il est pourtant sans doute quelquefois raisonnable, convenable, & même nécessaire de s'en servir. Nous voyons que la nature suit la même méthode, mais d'une maniere bien plus parfaite : comme dans les eaux minerales ; en voulant l'imiter on ne laisse pas par un procedé chimique d'incorporer tellement de simples substances, qu'il en provient un troisiéme corps entierement different de chacune d'elles dans ses effets : on peut aussi faire un remede d'une nature toute contraire en changeant seulement les proportions des mêmes ingrédiens, & cela non seulement par le secours du feu, mais aussi par la simple voie de la composition qui est la trituration. Ceux qui sont habiles en Pharmacie, & qui ont de la pratique, sentent bien comment les mêmes drogues differemment combinées, suivant que le cas le demande, sont plus convenables & plus efficaces. C'est pour cela qu'il paroît que les Arabes aussi-bien que les Grecs ont conseillé dans des cas particuliers, ou au moins dans certaines circonstances particulieres de ces cas-là de se servir de remedes composez.

Pour finir sur ce sujet à l'égard de la partie pratique, quoique je doute qu'on puisse donner aux Arabes la gloire d'avoir beaucoup inventé, cependant on peut remarquer qu'ils n'ont pas laissé de s'écarter des Grecs dans quelques cas particuliers :

Marginalia:
ALBUCASIS.
[a] Galen. Compos. Medic. v. 1.
[b] Meth. Medic. 5. 6.
[c] 216.
[d] 238.

DE LA MEDECINE.

par exemple, leur maniere ordinaire de purger n'étoit pas à ALBUCAbeaucoup près si rude que celle des Grecs; & outre qu'ils se SIS. font servis de remedes qui, comme on l'a insinué, sont plus doux, ils ont aussi diminué les doses des anciens remedes lorsqu'ils les ont ordonnés; pratique qu'on peut soûtenir en plusieurs cas avec raison. On peut faire la même reflexion sur la saignée qu'ils n'ordonnoient jamais si forte que les Grecs. La méthode des Grecs de saigner jusqu'à défaillance dans des maladies qui demandoient une subite révulsion, comme les hémorragies, les inflammations, &c. étoit très-raisonnable; mais comme il est naturel de donner dans les extrêmes, peutêtre y avoit-il d'autres cas où ils suivoient cette méthode avec trop de facilité & sans nécessité. Ainsi si les Arabes ont penché du côté opposé, on doit plûtôt les louer que les blâmer de s'être écartez en cela de l'ancien usage.

On voit combien ces Auteurs ont été maltraitez par cette absurde controverse, sçavoir si l'on doit saigner dans la pleurésie au côté direct ou au côté opposé; sur laquelle dispute tous les Médecins d'Europe au commencement du quinziéme siécle ont extravagué. Il paroit que les Arabes suivirent l'opinion d'Archigenes & d'Aretæus, & pencherent pour la derniere pratique; ils furent raillez par cette raison comme s'élevans contre la doctrine d'Hippocrate & de Galien, quoiqu'il ne semble pas que ni l'un ni l'autre ait établi quelque regle constante & invariable dans ce point. L'Université de Salamanque prit le parti des Arabes, & fit un decret que personne ne pourroit saigner qu'au bras contraire; ils tâcherent pour donner de l'autorité à ce decret, d'engager Charles-Quint à l'appuier par un Edit, disant que l'autre méthode n'étoit pas moins dangereuse que l'Hérésie de Luther. L'experience a montré que les Arabes étoient aussi-bien fondez dans leur opinion, que leurs Adversaires l'étoient dans la leur: & M. Curtius qui étoit un des plus zelez Ecrivains contre les Arabes, étant tombé malade lui-même de cette maladie, préfera pour sauver sa vie de suivre la pratique des Arabes plûtôt que celle qu'il avoit soûtenue par ses écrits. J'ai montré par les loix de la circulation combien cette difference dans cette saignée est indifferente, quelque guerre qu'elle ait élevé parmi les Sçavans.

Je ne sçaurois quitter ces Auteurs Arabes sans remarquer que leur maniere d'écrire sur la Medecine aussi-bien que sur la

Philosophie naturelle (quelque mauvaise qu'elle paroisse dans les Versions Latines qu'on en a donné) étoit plus juste & plus serrée que sur aucun autre sujet, & ils ont dû cela sans doute aux Grecs, modeles qu'ils ont suivi. Ils ont conservé ce caractere non seulement dans ce qu'ils ont copié des Grecs, mais aussi dans ce qu'ils ont écrit de leur chef ; & il n'y en a pas de preuve plus convaincante que le Livre que j'ai si souvent cité, le discours de Rhazés *de Pestilentia*. Dans d'autres parties du sçavoir, comme dans la Poësie & l'Histoire, leur style étoit diffus, dereglé & enthousiaste : je joindrai ici pour modele de leur style historique la Vie de Gabriel Bachtishua traduite du Manuscrit de Abi-Osbaia qui est dans les mains du Docteur Mead: modele que j'ai choisi non seulement parce qu'il donne une idée de leur maniere de penser & d'écrire, mais en même tems parce qu'il fait voir comment les Medecins étoient regardez & récompensez parmi ces Peuples.

Comme il arrive souvent que les Traductions survivent aux Originaux traduits, à cause de la Traduction même, par cette raison la réputation des Arabes a éclipsé celle des Grecs, en sorte qu'à peine se trouvoit-il quelqu'un qui jettât les yeux sur leurs Ouvrages jusqu'à la fin du quinziéme siécle. La Medecine Arabe fut promtement introduite dans l'Europe avec un applaudissement extravagant ; plusieurs autres branches de leur sçavoir devinrent de même en vogue dans l'Occident, si bien que dans le onziéme siécle les études de la Philosophie naturelle & des Arts liberaux étoient appellez communément les études des Sarrazins. Cela n'arriva pas uniquement, comme le suppose M. le Clerc, à cause des Croisades qui ouvrirent une communication entre les Parties Orientales & Occidentales du monde, mais en grande partie à cause des Maures qui s'établirent en Espagne, & par le commerce qu'eux & les autres Arabes firent sur les côtes d'Italie. Car long-tems avant ce tems-là, & probablement au milieu du septiéme siécle, il s'étoit établi à Salerne des Professeurs de Medecine Hebreux, Arabes & Latins : cette Ville acquit une si subite & si grande réputation, que Charlemagne jugea à propos d'y fonder un College en l'an 802. l'unique College en ce genre qui fût alors en Europe, excepté qu'on ne veuille ajoûter foi à ce que quelques Ecrivains débitent de Paris & de Bologne.

HISTOIRE
DE
LA MEDECINE
DEPUIS GALIEN
TROISIE'ME PARTIE.

CONSTANTIN, l'Afriquain.

CONSTANTIN l'Afriquain fleurit dans cette Ville sur la fin du onziéme siécle, quoique Neandre ait dit qu'il a vêcu en 750. Il nâquit à Carthage, mais il voiagea dans l'Orient, & passa trente ans à Babylone & à Bagdad, & par là il se rendit maître des langues & des sciences orientales. Il retourna à Carthage; aiant appris qu'on formoit quelque dessein contre sa vie, il s'enfuit dans la Pouille où aiant été recommandé à Robert Guiscard créé Duc de ce Pais-là en 1060. il le fit son Secretaire: on l'appelloit *Rheginus*, probablement parce qu'il avoit résidé à Reggio pendant le tems qu'il avoit été emploié à cet office. Car enfin il fut Moine Benedictin du Mont-Casin & dédia quelques-uns de ses Ouvrages à l'Abbé de ce Convent, nommé Desiderius, qui eut lui-même quelques connoissances en Medecine, qui fut créé Pape dans la suite sous le nom de Victor III. & mourut en 1087. deux ans

CONS-
TANTIN
l'Afriquain.

après la mort du Duc Robert. Conftantin étoit eftimé comme fort fçavant en Grec auffi-bien que dans les Langues Orientales ; & il femble être le premier qui ait introduit la Medecine & Grecque & Arabe en Italie. Il a compilé plufieurs Livres ; & quoique la plus grande partie de ce qu'il a écrit foit empruntée, il dit qu'il y a ajoûté nombre de chofes qui font de fon invention : il fit une verfion d'Arabe en Latin du Traité d'Ifaac fur les fiévres ; il traduifit quelques piéces en Grec, comme le *Viaticum* du Syriaque & l'*Antidotarium* du Latin. Il eft le premier, dit-il, qui ait traité diftinctement des maladies de l'eftomach ; il eft vrai auffi que ce difcours, dont on peut placer l'époque entre 1057. & 1087. & qu'il dédie à Alphanus premier Archevêque de Salerne (homme de Lettres & qui fçavoit quelque chofe en Medecine) eft très-ample, très-méthodique, & contient principalement tout ce qui eft répandu çà & là dans les Auteurs précedens. Il cite fouvent entr'autres J. Damafcene, lequel, je penfe, ne peut être le même que celui qui eft appellé Mefue : car outre que les remedes qu'il rapporte ici, ne peuvent, tels qu'il les décrit, fe trouver dans les Ouvrages de Mefue, cet Auteur doit avoir vêcu bien avant dans le onziéme fiécle ; car il fait mention d'Avenzoar qui ne pouvoit avoir écrit tout au plûtôt qu'au commencement de ce fiécle-là. Il nous a laiffé un Traité feparé fur la Mélancolie ; on y voit que le Livre écrit par Rufus d'Ephefe fur ce fujet, lequel eft fi fort loué par Galien, & que nous n'avons plus à prefent, étoit exiftent alors ; & il en profite fi bien, qu'il femble le tranfcrire. Il publia un autre volume qu'il appella *Loci communes*, qui contient toute la theorie & la pratique de la Medecine, il le dédia à fon Abbé : il nous dit qu'il le ramaffa des Grecs & des Latins, & fur-tout des premiers ; & qu'il entreprit cet Ouvrage, parce qu'il n'avoit jamais été bien executé auparavant, les uns aiant été trop prolixes fur un fujet ou fur un autre, & d'autres trop brefs ; il croit que quand il n'y auroit rien ajoûté du fien, comme il ne penfe pas que cela foit, néanmoins ce feroit toûjours un fort bon Commentaire fur Hippocrate & fur Galien. On fera furpris, après une telle déclaration, de trouver que cet Ouvrage entier eft tranfcrit de Haly-Abbas : la divifion des Livres & theoriques & pratiques eft la même ; également au nombre de dix ; & chaque Livre eft divifé en mêmes Chapitres par les deux Ecrivains. Je ne croi pas lui faire injuftice en croiant qu'il vouloit faire passer cet Ouvrage pour original parmi les Italiens; ce à quoi il n'y avoit pas de difficulté, puisque les Ecrivains Arabes n'y étoient peut-être pas encore connus, & que les Grecs y étoient entierement perdus. Ce soupçon semble d'autant mieux fondé, que dans tout son Ouvrage il ne nomme pas une seule fois Haly-Abbas, ou ce qui revient au même, Isaac ou quelqu'autre Arabe que ce soit. On voit aussi que dans des tems reculez, l'Empirique Marcellus a été un grand Plagiaire, & qu'il a tout pris de Scribonius Largus sans faire aucune mention de lui.

Je ne trouve rien de nouveau qui soit considerable dans les Ouvrages de Constantin: il fit pourtant une grande figure; on le regardoit comme un homme très-sçavant, il étoit aussi eu égard au tems où il a vêcu. Et même si on le compare avec Gariopontus son Contemporain (qui a pillé son Livre presqu'entier de Th. Priscian,) on lui reconnoîtra de la politesse dans le style; car quoiqu'il mêle beaucoup de mots Arabes ou de la basse Latinité, cependant il est beaucoup plus intelligible que cet autre Auteur, ni aucun même des Medecins qui ont vêcu dans ce tems-là. Il fit beaucoup pour l'avancement de toute science qui a du rapport à la Medecine, & il contribua sans doute à ce que le Duc Robert donna tant d'émulation à la fameuse Ecole de Medecine à Salerne, après qu'il se fût mis en possession de cette Ville en l'an 1076.

Quelque tems après, c'est-à-dire, vers l'an 1100. on fit une Compilation de la doctrine de l'Ecole de Salerne; cette Compilation fit & alors, & dans les siécles suivans, un très-grand bruit: Arnauld de Villeneuve l'honora d'un Commentaire. Elle fut faite par Jean de Milan, & dédiée par toute la Communauté à Robert duc de Normandie, fils de notre Guillaume le Conquerant qui à son retour de la guerre sainte, fit quelque séjour dans la Pouille avec les Guiscard ses Compatriotes qui s'étoient établis là depuis peu; il s'y arrêta à l'occasion d'une blessure qu'il avoit reçue au bras, sur laquelle il consulta les Medecins de Salerne.

Ce Livre contient les principaux préceptes sur la conservation de la santé, & traite de six choses non naturelles: il est composé en Vers Leonins, pour plaire apparemment au Prince à qui il étoit dédié, cette sorte de poësie étant alors fort estimée parmi les Normands. On dit que c'étoit par le même motif qu'on mit dans ce Livre un Chapitre particulier sur la cure de la fistule, cas dans lequel il semble que le Duc se trouvoit, la plaie qu'il avoit reçûe par une fléche empoisonnée aiant dégeneré en ulcére. L'Histoire nous dit aussi que l'opinion des Medecins fut que puisque la plaie venoit d'une telle cause, elle ne pouvoit être guérie par d'autre moien que le sucement de l'ulcére. Le Duc ne voulut consentir à un tel expedient, de peur d'empoisonner la personne qui le succeroit ; mais sa femme saisissant l'occasion des momens où il dormoit la nuit, suçoit frequemment sa plaie, ce qui le guérit. Cette Dame étoit Sybille, fille de Geoffrey Comte de Conversana ; elle avoit la réputation d'une beauté & d'une vertu extraordinaire & sans doute elle étoit digne d'un meilleur sort que celui qui peu après finit ses jours par ce même poison dont elle avoit si genereusement sauvé son mari.

En imitation de cet Ouvrage Poëtique, Ægidius qu'on dit avoir été Premier Medecin de Philippe Auguste vers la fin du douziéme siécle, & qui étoit d'Athenes & Moine Benedictin, écrivit sur les qualitez des remedes, des urines & du pouls, en Vers Latins Hexametres, quoique sans beaucoup d'attention à la quantité des syllabes. Il dit que Galien & Constantin avoient été trop prolixes sur le dernier sujet, & Philaretus trop court. Il fait quelques reflexions sur ceux qui avoient été élevez à Montpellier, Ecole de Medecine fameuse dans ce tems-là, quoique suivant ce qu'en dit notre Compatriote J. de Sarisbury, elle avoit perdu de son ancien lustre : ce Poëme tel qu'il est avoit une telle vogue, qu'on le lisoit dans les Ecoles publiques, & que Gentilis l'un des plus grands hommes de ce tems-là y fit un Commentaire. Leland fait mention d'un autre Ægidius Anglois qui avoit écrit, dit-il, quelques Livres de Medecine, lesquels il n'avoit jamais vûs.

Le Duc Roger premier Roy des deux Siciles en 1130. de même que ses successeurs Guillaume premier & second, furent à l'exemple de leurs prédecesseurs de grands Protecteurs des études de Medecine dans cette Ville-là. Ainsi Ordericus Vitalis l'Historien qui mourut en 1141. dit de ce College, que pour son grand sçavoir en Medecine il étoit renommé par tout le monde. Et Benjamin de Tudela Juif, étant de retour vers l'an

1165. des voiages qu'il avoit fait dans la plus grande partie du monde connu, dit que c'est ici le meilleur Seminaire de Medecine parmi les fils d'Edom ; c'est ainsi qu'il appelle les Chrétiens d'Occident.

CONS-
TANTIN
l'Afriquain.

 Cet Auteur fait dans son Itineraire un narré des differentes Villes où il y avoit des Juifs établis, & du nombre qu'il y en avoit en chaque endroit. Il est à remarquer qu'il nous dit qu'il y avoit une grande quantité de Medecins parmi eux. Ces Medecins pratiquoient non seulement au milieu d'eux, mais encore parmi les Maures & les Chrétiens ; car quoique par le Droit Canon aucun Juif ne pût être le Medecin d'un Chrétien, ni lui donner aucun remede, cependant l'Histoire nous apprend qu'il n'y avoit presque pas de Cour Chrétienne où l'on n'entretînt des Medecins Juifs. Charlemagne en avoit deux auprès de lui, Farraguthus & Buhahyliha Bengesla [a] qui composa par son ordre le Livre appellé *Tacuin* ou les Tables de santé, qui sont les mêmes ou fort approchantes de celles qui sont imprimées sous le nom de Elluchasem Elimithar. Charles le Chauve eut de même pour son premier Medecin Zedekiah un Juif, par qui on soupçonna qu'il avoit été empoisonné [b]. Vers la fin sur-tout du dixiéme siécle où l'on ne pouvoit avoir de traductions de Hippocrate & de Galien, les Juifs qui entendoient la Langue Arabe, furent les principaux Medecins en Europe : quelques Papes même les retinrent à leur service. Les Juifs de cette profession avoient aussi entrée dans les Palais des Rois Maures d'Espagne : lors même de la premiere irruption des Maures en Espagne vers l'an 714. que les Chrétiens en furent chassez, alors les Juifs furent en quelque maniere incorporez avec les Maures, & reçurent ensuite Grenade & Cordoue pour être les lieux de leur séjour. Ils eurent vers l'an de J. C. 200. une Université à Sora en Asie ; au commencement du Mahometisme plusieurs d'entr'eux furent emploiez pour la Medecine par les Califes, & depuis ce tems-là on trouve qu'ils ont continuellement donné beaucoup dans cette Profession. On peut remarquer que l'étude de la Medecine étoit parmi eux une éducation nationale, de même que celle qui étoit nécessaire à faire un Pourvoieur. On lit dans l'Histoire Byzantine que les Juifs étoient emploiez à pourvoir à la fourniture de toutes les choses nécessaires dans les troupes de l'Empereur,

a *C. Egass. Bulœi Hist. Antiq. univers. Paris. tom. I. 573.*

b *Ibid.*

CONS-TANTIN l'Afriquain.

& ils se sont encore employez jusqu'à present à ce genre d'affaires dans toutes les armées de l'Europe.

Les Statuts du College de Salerne sont très-anciens & fort raisonnables : comme ils sont les premiers dans ce genre, & qu'ils ont peut-être servi de modele à tous ceux qui ont été faits dans la suite, j'en donnerai une idée en peu de mots. Le College a pour son Patron saint Matthieu, & pour la devise de son sceau, *Civitas Hippocratica*. Il consiste uniquement en dix Docteurs qui se succedent à raison de l'ancienneté. L'examen est très-rigide ou sur les Therapeutiques de Galien, ou sur le premier Livre d'Avicenne, ou sur les Aphorismes. Le Candidat doit être âgé de 21. ans. (Je suppose que 21. est là par méprise pour 25. ou 27.) le Candidat doit apporter des témoignages qui prouvent qu'il a étudié sept ans en Medecine : s'il aspire à la Chirurgie, il doit avoir étudié un an l'Anatomie ; il doit jurer d'être fidele & obéïssant à la Société ; de refuser toute récompense des pauvres, & de n'avoir aucune part dans les profits des Apotiquaires. Alors on lui met un Livre à la main & un anneau au doigt, sa tête est couronnée de laurier, & la cérémonie finit par un baiser. Il y a plusieurs autres Statuts concernant le reglement de la pratique, & particulierement les Apotiquaires ; ils sont obligez de faire les Medecines exactement suivant l'ordonnance du Medecin, & de les vendre à un certain prix.

C'est ainsi que fleurit de bonne heure l'Ecole de Salerne qui ensuite eut de grands privileges (& particulierement avec celle de Naples le privilege exclusif de donner des degrez & la permission de pratiquer) qu'elle reçut de l'Empereur Frederic en 1225. grand Juge & grand Protecteur du sçavoir : il fut aussi dans ce tems-là un de ceux qui donna le plus d'encouragement pour faire traduire en Latin les Ouvrages des Arabes. Ainsi non seulement les Ecrits originaux des Arabes furent traduits, mais leurs Traductions mêmes des Auteurs Grecs furent rendues aussi en Latin ; & quoique sans doute pour cette raison entr'autres les Originaux Grecs eussent été négligez pendant quelques siécles, cependant si les versions n'en avoient pas été faites en Arabe, les Copies Grecques n'auroient pas été peut-être recherchées dans la suite, & elles auroient pû avec le tems se perdre entierement.

DE LA MEDECINE.

Comme il n'arrive pas moins de révolutions aux Arts & aux Sciences qu'aux Etats, la Medecine commença dans ce tems-ci à décliner en Asie & à faire une figure plus considerable en Italie, en Afrique & en Espagne. Cependant quoique le sçavoir sur la Medecine fût ainsi transplanté en Europe, je ne trouve pas que depuis le onziéme jusqu'à la fin du quinziéme siécle on ait fait grand'-chose en Medecine, en Anatomie ou en Chirurgie à proportion de la multitude des volumes qui fut publiée. Car dans cet espace de tems les Ecrivains furent dans un nombre prodigieux ; mais comme ils étoient presque tous ou Professeurs ou Commentateurs, peu se donnerent la peine de se tirer de la route battue, on se crut assez riche avec le fonds de sçavoir qu'on trouvoit dans les Arabes ; il semble que la seule étude comme la seule gloire dans ces tems-là ait été de citer & d'amener des passages d'Auteurs Arabes sur le sujet qu'on traitoit. Ainsi quoique nous ayons une quantité énorme d'Ouvrages de ces tems-là qui existent encore : je ne ferai mention que des Auteurs qui au moins ont eu dessein d'introduire quelque chose de nouveau.

CONS-
TANTIN
l'Afriquain.

ROGER BACON.

LA Chymie qui auparavant n'avoit été connue que parmi les Arabes en Asie ou en Afrique, commença alors à faire quelque figure en Europe, & ce ne sera que faire justice à mon Compatriote Roger Bacon, que de lui en donner l'honneur. Il a été au moins un des premiers (car il étoit Contemporain d'Albert le Grand) qui ait cultivé cet Art dans les Pays de l'Occident ; & pour prouver combien peu cet Art avoit été connu jusques-là, Bacon dit qu'il n'y avoit dans tout le monde Romain que trois personnes qui en entendissent quelque chose ; l'une desquelles étoit le fameux Pierre de Maharn-Court, Picard, qu'il appelle *Dominus Experimentorum.* Bacon a laissé plusieurs Traitez sur cette science ; on en peut voir plusieurs à present dans les Bibliotheques de Bodley & de Harley. Il a traité de la plûpart des Métaux & Mineraux, & croit que le Mercure & le Souffre en sont les premiers principes : il parle presque de chaque opera-

ROGER
BACON.

ROGER BACON

tion qu'on fait à preſent en Chymie, & décrit la méthode de faire les Teintures & les Elixirs. Il fait mention de l'incineration de la Fougere dont les Anglois font le verre. Dans ſa Préface particulierement ſur l'Art de la Chymie, il vante cette ſcience comme étant la perfection de la Philoſophie naturelle; & ce qui en fait, dit-il, le plus grand mérite, c'eſt qu'elle eſt utile à la ſanté, à la cure des maladies & à la prolongation de la vie. Il en dit aſſez pour faire voir que la recherche de la pierre Philoſophale ne tarda pas à commencer; Lully qui ſe reconnoît ſon diſciple (ce qui peut avoir été lorſqu'ils furent tous les deux à Paris) pouſſa ces idées viſionnaires à un point extravagant. Cependant il y a beaucoup de neuf & de ſolide ſur ce point de Chymie dans les Ouvrages de Bacon [a], ſi on en dégage de ce jargon de ſcience qui étoit ſi fort à la mode dans ces tems-là. On doit être d'autant moins ſurpris de trouver de telles découvertes en lui, qu'il étoit la merveille du ſiécle où il vêcut, & de plus le plus grand génie qui ait été au monde pour les Mathematiques depuis le tems d'Archimede. Il nâquit d'une famille honnête en 1214. (car il mourut le onziéme de Juin en 1292. & non en 1248. comme le ſuppoſe Seland) près de Ilcheſter; il commença ſes études de fort bonne heure à Oxford, après cela il alla à Paris où il étudia les Mathematiques & la Medecine, & fut fait au rapport de quelques-uns, Profeſſeur en Theologie; à ſon retour à Oxford il s'appliqua aux Langues & à la Philoſophie, en quoi il fit de ſi promts & ſi prodigieux ſuccez, qu'il écrivit une Grammaire Latine, Grecque & Hebraïque; ſur-tout il ſe rendit ſçavant dans cette derniere Langue à un point incroiable. Il entendit & expliqua la nature des verres concaves ſpheriques, ſur leſquels il écrivit un Traité [b], & montra leur force brûlant des matieres dans l'éloignement.

[a] *Speculum Alchymiæ de arte Chimiæ Epiſtola tres ad Joh. Pariſien.*

[b] *De Speculis Append. n. 2.*

On voit clairement par ſon Livre de Perſpective à quel point de perfection il a pouſſé l'Optique dans toutes ſes branches, il y traite de la reflection & refraction de la lumiere [c]: il décrit la chambre obſcure & toutes les ſortes de verres qui grandiſſent ou appetiſſent l'objet en les approchant ou les écartant de l'œil; il a connu entr'autres l'uſage du Tube Optique ou Teleſcope, qu'on a crû d'une plus moderne invention. Quelques-uns de ces inſtrumens-là ou autres inſtrumens Mathematiques

[c] *Append. n. 3.*

DE LA MEDECINE.

Mathematiques lui avoient coûté deux à trois cens guinées, & il dit qu'en vingt ans il dépensa deux mille livres sterling, ou en instrumens ou en livres, somme prodigieuse pour un tel sujet dans ces tems-là. En lisant son Traité de Perspective j'ai remarqué qu'entre plusieurs Traductions Latines d'Aristote, il se servoit d'une qui avoit été faite recemment du Grec, comme il l'observe, & que les Ouvrages d'Averrhoës étoient bien connus alors; qu'ainsi il faut qu'on ait fait d'abord une Traduction Latine de l'Original vers le tems même de l'Auteur, qui, dit-il, a vécu dans le siécle précedent. Je remarque aussi que dans sa description de la structure de l'œil il renvoie souvent à Avicenne, & jamais à Galien : ce qui me semble, rend plus que probable que les Ouvrages Anatomiques de cet Auteur n'avoient pas été encore traduits en Latin : car Galien a donné un détail si circonstancié & si exact de cet organe, que Bacon n'auroit jamais manqué de le citer s'il avoit connu ce Traité.

ROGER BACON.

Bacon étoit presque le seul Astronome de son tems; il remarque aussi une erreur dans le Calendrier [a] à l'égard de l'année Solaire qui a augmenté toûjours depuis le tems de Jules César ; il proposa en 1267. au Pape Clement IV. (homme de quelque sçavoir , & qui donna aux autres beaucoup d'émulation) un plan pour corriger cette erreur. Et ce plan est le même que celui que le Pape Gregoire XIII. a suivi plus de trois cens ans après pour la réformation du Calendrier Julien, avec cette seule difference que Bacon auroit voulu la faire remonter jusques à Notre-Seigneur, au lieu que la correction Gregorienne ne prend que depuis le Concile de Nicée.

[a] *Append. n. 4. & Dr. Plot.*

La pénétration de son génie ne s'arrêta pas là, il sçut à fonds les méchaniques, & connut si bien la force des corps élastiques, qu'à l'imitation d'Archytas qui avoit fabriqué un pigeon de bois qui pouvoit voler, il inventa, suivant qu'on le dit, un char volant, & avoit l'art de mettre des statues en mouvement, & de tirer des sons articulez d'une tête d'airain, & cela non par aucun pouvoir magique, mais par un autre pouvoir beaucoup superieur, sçavoir celui de la Philosophie & de la Nature qui peut operer, suivant ses propres expressions, des choses que les ignorans regardent comme des miracles.

F f

Il y a aussi une chose en Chymie qu'il remarque comme fort extraordinaire, & c'est le secret de la poudre [b] : il décrit les materiaux dont elle est composée & les effets étonnans qu'elle produit, sa lumiere, son bruit. Ce sont là de prodigieuses découvertes pour un seul homme qui n'a pas eu de maître, & qui a dû tout tirer de son propre cerveau ; mais il est encore plus surprenant que de telles découvertes aient resté cachées si long-tems, & jusques à ce que dans les siécles suivans il ait paru des gens qui ont voulu avoir le mérite d'une invention qui étoit veritablement dûe à Bacon.

Bacon continua ses études avec une application infatigable & une dépense proportionnée pendant plus de quarante ans : il fut aussi un très-sçavant homme dans un siécle où l'ignorance regnoit. On ne peut se former une idée plus juste de cette ignorance, qu'en recueillant ce que cet Auteur a laissé là-dessus çà & là. Il fait lui-même de grandes complaintes à ce sujet : les Réguliers, dit-il, soit Dominicains, soit de son propre Ordre étudioient sur-tout la Theologie scholastique [a] : les Séculiers s'appliquoient à l'étude des Loix Romaines, & ne tournerent jamais leurs pensées du côté de la Philosophie. La Philosophie d'Aristote étoit si peu cultivée, qu'elle étoit même condamnée à Paris vers l'an 1204. Elle avoit moins été en vogue en Angleterre, parce qu'elle n'avoit pas été traduite en Latin comme l'étoit Platon : on commençoit seulement à en lire quelques piéces environ trente ans auparavant. On n'avoit jamais lû aucune leçon de perspective à Oxford avant l'année 1267. excepté deux seules depuis la fondation de l'Université ; (& encore parle-t-il là peut-être de celles qu'il y avoit lûes lui-même :) on ne sçavoit rien du tout alors à Paris sur cette science, & il n'y avoit que trois hommes en Angleterre qui l'entendissent ; de maniere qu'un berceau auroit mieux convenu aux gens d'étude d'alors qu'une chaire. L'étude des Langues n'étoit pas moins négligée que celle de la Philosophie. Dans une lettre à Clement IV. qui étoit son Patron, il déplore le miserable état des sciences, & il dit que parmi tous les Latins il n'y avoit pas quatre personnes qui entendissent les premiers principes de la Langue Hebraïque ou de la Grecque, & moins encore de l'Arabe. Le Latin, même pour ce qui est de son exactitude ou de sa

ROGER BACON.
a *Appendix n. 5.*

b *vid. Hist. Antiq. Oxon. passim.*

beauté, n'étoit presque connu de personne. L'on peut deviner par là de quelle maniere pouvoient être faites dans ce tems obscur des Traductions de Livres écrits dans les Langues sçavantes : pour donner quelques preuves de cela, Michel Scot qui s'appelloit lui-même *Grandis Astronomus* de l'Empereur Frederic Second, prétendit traduire Avicenne, mais il ne sçavoit point l'Arabe, & il pilla entierement à cette occasion un Juif nommé André. De même environ le même tems Hermanus Alemannus fit de l'Arabe une version Latine d'une Logique; il se represente dans le titre comme sçachant parfaitement les deux Langues; cependant il n'eut pas honte d'avouer à Bacon qu'il ignoroit entierement & les deux Langues & la Logique même, mais qu'il avoit pris à gages en Espagne certains Sarrazins pour le faire. Maître Paravicius qui s'appelloit lui-même *Physicus*, publia une Traduction d'Avenzoar d'après un manuscrit Hebraïque en 1281. mais il fut assez modeste pour ajoûter que ce n'étoit que *ipso sibi vulgarizante Magistro Jacobo Hebræo*. A l'égard des Mathematiques en general, il avoue que Robert (Grosteft) Evêque de Lincoln & son frere Adam de Marisco Moine, avoient été éminens dans ce genre [a]; ils l'étoient encore dans les autres sciences, mais ils moururent quand Bacon étoit à la fleur de son âge. Ainsi racontant dans les dernieres années de sa vie à quel point de perfection on avoit amené cette science, il nous dit qu'il n'y avoit alors que quatre personnes en Europe (parmi lesquelles étoit son pupille *Joh. Londinensis*) qui eussent fait quelques progrez dans cette science: le reste, dit-il, s'étoit arrêté aux premiers élemens, à la cinquiéme proposition d'Euclide qui fut appellée dans la suite *Pons Asininus*.

Il n'est pas étonnant que dans des tems si ignorans on comprît si peu les découvertes de Bacon, par cela même qu'au moien de ses connoissances Mathematiques il executoit des choses qui surpassoient les esprits ordinaires; il fut soupçonné de magie, & comme l'ignorance & la malice agissent violemment, il fut persecuté particulierement par ses Confreres qui ne voulurent pas recevoir ses Ouvrages dans leur Bibliotheque, & enfin eurent assez de pouvoir sur l'esprit du General de l'Ordre; qu'ils le firent emprisonner, de maniere que comme

[a] *Specul. Mathem. p. 12.*

ROGER BACON. il le dit lui-même, il eut lieu de se repentir d'avoir pris tant de peine pour les Arts & les Sciences.

Le sçavoir de ce grand homme étoit si universel, qu'il avoit aussi des connoissances sur la Medecine; car outre ce que j'ai déja dit de lui touchant la Chymie, il a laissé entr'autres Traitez sur la Medecine, un Ouvrage dans lequel il reprend les Medecins de quelques erreurs. Un autre Traité de lui sur les moiens de retarder les accidens de la vieillesse & de conserver les sens, existe encore imprimé : ce Livre fut dédié au Pape Nicolas IV. & écrit pour son usage quelque tems avant la mort de l'Auteur, dans la vûe apparemment d'adoucir l'esprit de ce Prélat qui, comme il avoit été General de l'Ordre des Franciscains, étoit entré sans doute dans la persecution de Bacon. Ce Traité n'est pas mal écrit, Bacon y a ramassé tout ce qu'il a trouvé sur le sujet dans les Auteurs Grecs & Arabes, & y a ajoûté plusieurs remarques de lui-même. Il donne des regles pour la diette & pour les remedes, & juge à propos, dit-il, de ne pas s'expliquer si clairement qu'il l'auroit pû dans certains points (il entend des points de Chymie) de peur que ce qu'il écrit ne tombe dans les mains des Infideles [a]. Il parle beaucoup des préparations de remedes dont il avoit fait l'épreuve lui-même [b], & insinue qu'une teinture d'or peut contribuer considerablement à prolonger la vie : il fait un conte très-remarquable d'un vieux laboureur Sicilien qui bûvant avidement dans un ruisseau jaunâtre, que l'Auteur soupçonne être impregné d'or, redevint jeune & vécut encore plusieurs années en pleine vigueur. Il s'étend beaucoup sur les grandes vertus de l'os qu'on trouve dans le cœur des Cerfs, os qui étant le produit d'un animal qui vit long-tems, doit suivant son raisonnement être bon pour prolonger la vie. Un de ces Cerfs, dit il, fut trouvé de son tems avec un collier d'or autour du col, sur lequel il y avoit cette inscription : *Hoc animal fuit positum in hoc nemore tempore Julii Cæsaris.* Ce conte semble incroiable; on en trouve cependant un semblable dans l'Histoire du Pére Daniel [c] au regne de Charles VI. qui prit, dit-il, pour supports de ses armes deux Cerfs, parce que chassant un jour dans la forêt de Senlis, il avoit pris un Cerf qui avoit un collier de cuivre doré, sur lequel ces mots

[a] C. 2.

[b] 8.

[c] Tom. 2. p. 1016.

DE LA MEDECINE.

étoient gravez: *Hoc Cæsar mihi donavit.* L'Historien ajoûte que sans doute c'étoit un des derniers Céfars. Bacon parle beaucoup ici fur les louanges de la chair des Viperes, au fujet de la diete, & fortifie fon opinion par ce qui étoit arrivé de fon tems à une Dame en Allemagne [a], laquelle avoit été empoifonnée par fa fœur de maniere que les cheveux & les ongles lui tomberent; en ufant de la chair de viperes elle fe rétablit fi bien qu'elle devint plus jeune & plus belle, & que fon teint reprit un plus grand éclat. Galien [b] rapporte l'hiftoire de deux ou trois cures très-extraordinaires operées par le même remede dans un Elephantiafis. Notre propre experience nous apprend ce qu'on peut attendre de merveilleux par cette méthode de diete dans plufieurs cas, & particulierement dans les maladies de la peau & dans une Atrophie. Sur toutes chofes il recommande les purgations avec des lénitifs & des déterfifs qui emportent les humeurs phlegmatiques: la pratique qu'il confeille ici eft certainement très-jufte, & fon grand Sectateur dans la recherche des voies de la nature, fçavoir Milord Bacon, fait la même remarque [c], que rien ne contribue davantage à prolonger la vie, que de douces évacuations de cette forte.

ROGER BACON.

[a] c. 13.

[b] *Simpl. Med.* 11.

[c] *Hiftor. Vit. & Mort.* 163.

Je ne me ferois pas arrêté fi long-tems fur cet Auteur, fi je n'avois trouvé que non feulement il eft prefque inconnu aux Etrangers, mais que ceux qui ont écrit *ex Profeſſo* l'Hiftoire d'Angleterre, ont à peine dit quelque chofe ou de lui ou de fes Ouvrages, quoiqu'affurément un genie auffi extraordinaire méritoit bien autant d'avoir place en leurs écrits qu'une étoile lumineufe ou une pluie de fang dont ils ne manquent jamais de donner une ample relation; & ce qu'ils auroient dit de ce grand homme auroit pû avoir autant d'ufage & d'agrément pour le Lecteur, que leurs longs narrez de l'élevation & de la chûte d'un grand Miniftre, ou des guerres & des victoires de nos Rois. Nos Biographes Anglois parlent de deux autres Livres de Bacon, *Rogerina major & minor*; il y en a une copie parmi les ineftimables Manufcrits qui font renfermez dans la Bibliotheque de Harley. Mais comme ces Traitez contiennent en quelque maniere une pratique entiere de Medecine dans toutes les maladies, je doute beaucoup fi Bacon, qui fans contredit n'a pas fait fa profeffion de la Medecine, en eft le veritable Auteur. Il eft plus vraifemblable que ces

ROGER BACON. deux Traitez ont été écrits par Roger de Parme dont les Livres fur la Chirurgie exiftent encore. A l'égard des Ecrits de Bacon en general, il eft certain que plufieurs qui courent fous fon nom, font veritablement fuppofez; telle eft la piéce qui fait tant de bruit parmi les Chymiftes touchant l'huile d'antimoine, Ecrit dans lequel on cite quelques Auteurs qui ont vêcu longtems après Bacon. Ses Ouvrages veritables étoient felon Leland en très-grand nombre. Pour les louer comme ils le méritent, il voudroit avoir cent Langues; mais ils ne pouvoient fe trouver, ajoûte-t-il, qu'avec tant de peine, ou au moins ils étoient fi mêlez & fi imparfaits dans la plûpart des Bibliotheques qu'il avoit vûes, qu'il feroit auffi aifé de ramaffer tous les Ecrits des Sybilles, que de faire le feul Catalogue des Livres que cet Auteur a écrits.

J'ai remarqué combien l'on doit à Bacon pour les jours qu'il a jettez dans la Chymie. Mais le premier Auteur Pratique qui ait prefcrit quelque remede Chymique eft, je crois, Guillaume de Salicet qui fleurit au milieu du treiziéme fiécle, & qui recommanda pour les yeux deux eaux compofées diftillées dont il avoit vû de bons effets dans la pratique. Thaddæus fon Contemporain l'un des plus célébres Profeffeurs de ce tems-là à Bologne, grand & riche Praticien fait mention de l'Efprit de vin & d'une eau chymique qui étoit un bon remede contre la dyfenterie. On trouvera auffi quelques préparations chymiques dans Gilbert qui étoit Anglois & qui vécut à peu près dans le même tems: il dit qu'il y a quatre chofes qui peuvent être fublimées [a], l'or, l'orpiment, le foufre & le fel Ammoniac: il fait mention de l'huile de Tartre, & décrit une eau diftillée [b] qui fe tire des ferpens. Il fait cette remarque particuliere [c] en parlant des purgations dans le cas du vertige, que fi on fouhaite de les avoir plus délicates ou plus agréables, il faut diftiller les ingrédiens avec de l'eau, de la même maniere que fe fait l'eau de rofes; il ordonne en confequence de diftiller avec le vin, l'Hellebore, le Senné & le Thitimale. J'aurai occafion dans la fuite de dire quelque chofe de plus de cet Auteur.

[a] 171.
[b] 110.
[c] 104.

ARNAULD de Villeneuve.

MOnsieur le Clerc a remarqué combien la Chymie fut perfectionnée par Arnauld de Villeneuve; je place ici cet Auteur comme celui qui suit immmédiatement, j'en donnerai bientôt les raisons. Il fut réellement un grand Chymiste, & écrivit aussi plusieurs Traitez exprès sur ce sujet [a] : & dans son abrégé de Medecine Pratique il décrit nombre de remedes chymiques, tels que *aqua Euphragiæ*, *aqua Mirabilis* [b], un autre de ce même nom pour la pierre, & une huile distillée pour la paralysie [c]; il fait mention de l'eau de vie & de l'huile de Therebentine [d]; il recommande fortement pour la lepre une eau distillée de métaux [e]. Richard appellé l'*Anglois*, dit dans son Traité Chymique intitulé *Correctorium*, que ce Medecin guérit le Pape Innocent (c'est apparemment Innocent V.) de la peste par une teinture d'or [f]. Dans cet Ouvrage qui à l'égard de la Pratique ne contient rien d'extraordinaire ou de nouveau, Arnauld donne une multitude de recettes chymiques & Galeniques; il y en a beaucoup qu'il n'a point pris des Livres, mais qu'il a sçû de ses Contemporains avec qui il étoit en relation. Il se plaint de ce que la plûpart des Medecins Latins sont infatuez d'Avicenne. Arnauld nâquit à Milan [g], si on l'en veut croire lui-même, plûtôt que d'autres qui le font Catalan, ou que S. Champerius qui dans l'histoire de la Vie de cet Auteur qu'il a écrit, tâche de prouver qu'il nâquit en France dans la Province de Narbonne. Il étudia à Paris vingt ans, à ce qu'il nous dit, passa dix ans à Montpellier, & visita toutes les Univesitez d'Italie. Il avoit un si grand desir d'apprendre, qu'il alla en Espagne, & apprit des Medecins Arabes non seulement leur sçavoir en Medecine, mais encore leur Langue. Il acquit là une si grande réputation par son sçavoir en Medecine & en Astrologie, qu'il fonda en quelque maniere une Secte qu'on appelloit les Arnoldistes, & il parvint à un si haut degré de faveur auprès de Jacques Second, Roy d'Arragon, que ce Roy l'envoia au Pape Clement V. à Avignon en 1309. [h] pour ajuster certaines choses touchant son titre de Roy de Jerusa-

ARNAUD de Villeneu.

a *Flos florum, novum lumen, Rosarius, Philosoph. & c.*
b 1. 18.
c 1. 24.
d 1. 30.
e 2. 47.

f c. 13.

g 704.

h *Antiq. Acad. Par. tom.* 4. 121.

ARNAUD de Villeneu. lem. Pendant son séjour en Espagne il fit connoissance avec Raymond Lulle qui l'appelle souvent son maître. Il avoit étudié la Théologie aussi bien que la Medecine, & étoit regardé comme un des meilleurs Disputeurs du tems: il eut une dispute sur quelques points importans avec Martin de Atera Dominicain en presence du Pape Clement V. à Bourdeaux. Il avoit fait voir un peu trop librement ses idées, particulierement certaines opinions qui portoient sur les Moines & sur la Messe, ce qui anima si fort le Clergé contre lui, que la Faculté de Paris condamna quinze propositions qu'il avoit avancées, une desquelles étoit: *Que les œuvres de charité & de Medecine étoient plus agréables à Dieu, que le sacrifice de l'Autel.* Sur quoi apprenant en même tems que l'Inquisition procedoit contre P. de Apono son Contemporain, il se retira vers Frederic d'Arragon qui étoit Roy de Sicile & de Naples par une sorte de Traité de partition; & pour se mettre bien auprès de ce Prince, il écrivit le Traité sur la maniere de ménager la santé, & un Commentaire sur l'Ecole de Salerne.

Champerius marque sa naissance en 1300. Vanderlinden le suit en cela, & dit que comme il alloit par mer de la part de Frederic faire visite au Pape en 1363. il mourut dans son voiage, & qu'on porta son cadavre à Genes pour y être enterré: Champerius differe dans cette derniere circonstance, il le fait mourir à Tunis. Il y a ici autant de méprises que de paroles; car & notre Auteur & le Roy Frederic étoient morts longtems avant ce tems-là. Et il s'en faut assez qu'il ne soit né qu'en 1300. pour que dans les articles contre le Pape Boniface VIII. dressez en 1303. par le Concile Gallican, il y en ait un qui approuve un Livre écrit par Arnauld, lequel avoit été condamné auparavant pour hérésie à Paris: ainsi en cette année-là il faut qu'il ait été Auteur depuis un tems assez considerable. A l'égard de sa mort, il est clair qu'elle doit être arrivée au moins avant 1313. car dans cette année au Concile de Vienne le Pape Clement écrit une Lettre circulaire où il conjure [a] un chacun qui vit sous son obéissance Apostolique, de découvrir où étoit caché un Traité de Pratique de Medecine écrit par Arnauld, & dont Arnauld avoit promis de faire present à Sa Sainteté, mais qu'il n'avoit pû lui donner, aiant été prévenu par la mort.

[a] *Ib.* 166.

Il y a dans fes Ouvrages plufieurs paffages très-extraordinaires, particulierement touchant les maladies des femmes ; & il y a quelques obfervations fur ce fujet qui ne font dans aucun autre Ecrivain ni devant ni après lui. Il donne une véritable idée de la débauche & de l'impudicité de ces tems-là [a] : & s'il y a quelque chofe de fingulier & de furprenant [b] dans l'abandonnement des femmes Tofcanes dont il parle, fon confeil pour réformer ces défordres n'eft pas moins extraordinaire.

ARNAUD de Villeneu.

[a] 3. 6. &
9.
[b] 9.

On peut obferver en lifant cet Auteur, que quoique les Ecoles de Medecine fuffent alors dans un état floriffant, particulierement à Salerne, à Naples & à Bologne, & qu'il s'y formât des hommes de fçavoir & d'experience; cependant le Clergé Régulier & Séculier s'empara de la pratique de la Medecine. Cette coûtume avoit commencé à gagner depuis long-tems dans l'Eglife ; & l'Auteur des Antiquitez de l'Univerfité de Paris [c] regarde cela comme un des ftratagême du diable pour affoiblir la Religion, en tirant les Religieux hors de leurs Convents, fous prétexte de faire du bien à leurs freres malades & languiffans ; mais l'abus devint en peu de tems fi infâme, que le Concile de Rome affemblé par le Pape Innocent II. en 1139. défendit abfolument au Clergé de fe mêler de Medecine. Le Concile de Tours où préfida Alexandre III. en 1163. fit encore une défenfe plus fevere, fçavoir : « Qu'aucune perfonne « après avoir pris le vœu & fait profeffion, ne pourroit aller en- « tendre aucune leçon de Medecine : que fi quelqu'un fortoit de « fon Cloître & n'y revenoit dans l'efpace de deux mois, on de- « voit l'éviter comme un Excommunié; & que de plus à fon « retour il feroit dégradé & incapable d'aucune promotion, à « moins que le Pape le rehabilitât. Le Canon ajoûte, que tous les Evêques, les Abbez & Prieurs qui confentiront à de telles énormitez, & n'y mettroient pas ordre, feroient dégradez de leurs dignitez & expulfez de l'Eglife. Cet ordre fut réiteré par le même Pape en 1179. & confirmé par Honorius III. en 1216. Malgré ces Edits qui tomberent en oubli, ou dont les Moines trouverent moien d'éviter les effets, la quantité d'Ecclefiaftiques Medecins fe multiplia fi fort, que c'eft principalement à cette caufe qu'il faut attribuer les commencemens de la décadence de l'Ecole de Salerne & de celle de Montpellier. Il y avoit quelques raifons dans ces tems-là pour fe fervir de

[c] Tom. 2.
312.

ARNAUD de Villeneu. cette sorte d'hommes qui avoient un grand pouvoir sur les consciences, & qui d'ailleurs convenoient dans des cas qui demandoient le secret; mais la réformation *, je pense, est ce qui a mis fin à cet abus; & ce n'est pas une grande perte pour le Public, qu'il n'y ait plus à présent d'Ecclesiastiques Medecins ils ne pourroient être bien habiles dans leur profession ni dans la nôtre.

PIERRE D'APONO.

PIERRE D'APONO

Monsieur le Clerc semble croire que Pierre d'Apono peut fournir certaines choses non seulement en chymie, mais en d'autres points qui ont du rapport à la Medecine. Je ne croi pourtant pas qu'il mérite cet éloge ni à l'un ni à l'autre égard, quoiqu'il soit loué si extravagamment par Bern. Scardeonius & par M. Naudé; je croi plûtôt que ce qu'en dit S. Champerius lui convient mieux, sçavoir qu'il est homme de beaucoup de lecture & de peu de jugement, quoiqu'il ait été appellé du nom de *Conciliator*, titre qu'il a pris lui-même de sa propre autorité, & duquel il a joui dans la suite.

Il nâquit, comme on le rapporte, en 1250. dans le territoire de Padoue à Aponus, où sont les bains chauds si fameux de toute ancienneté, & qui sont décrits dans une lettre de Theodoric Roy des Goths. Il étudia & vécut long-tems à Paris où il prit ses degrez, & écrivit le *Conciliator* au sujet des differentes opinions des Medecins anciens & modernes. On le croioit grand Physionomiste, Chymiste, Mathematicien & Astrologue: on disoit qu'il s'appliquoit beaucoup aux Talismans; pour cela il fut soupçonné de magie: il fut persecuté par l'Inquisition; mais étant mort avant qu'on eût pû proceder à sa condamnation, il fut brûlé en effigie, quoique quelques-uns disent qu'il fut brûlé réellement, & que d'autres assurent qu'il fut absous. La plûpart des Auteurs, comme je l'ai observé auparavant, mettent sa mort en 1316. Conringius & M. Naudé en 1305. mais, reflexion faite, je croi qu'ils ont tous deux tort: car il dédia le Livre dont j'ai déja parlé, au Pape Jean, communément appellé XXIIe. qui étoit son ami particulier, qui comme lui avoit une lecture prodigieuse, & qui ne fut élevé à la Papauté qu'en 1316. c'est pourquoi Aqui-

---

* Ce n'est pas la premiere réformation qui a corrigé cet abus: le Cardinal d'Etouteville Restaurateur de l'Université de Paris, a ordonné que les Medecins ne seroient plus asservis au Célibat.

DE LA MEDECINE. 235

lin [a] ne fixe l'époque du plus haut degré de la réputation de cet Auteur qu'en 1319.

Après son retour dans son pays il pratiqua à Bologne où il acquit de la réputation & des richesses ; ce qu'il a sur la chymie est fort peu de chose ; outre ses vapeurs mercurielles, lesquelles, dit-il, quoique nuisibles aux nerfs, sont propres à détruire l'effet de tous les autres poisons ; il parle aussi de l'arsenic sublimé ; il parle d'esprits [b] extraits de métaux par une sublimation chymique, desquels, dit-il, on fait un Elixir : on trouve encore dans son supplément à Mesue un baume artificiel distillé qui est fort recommandé pour la paralysie, & duquel il faut frotter le long de l'épine du dos. Gui par méprise, & Gesner après lui de même que Tagault en attribuent l'invention à Mesue lui-même, & l'appellent *Liquor Balsamitis*.

On peut conjecturer combien peu l'on se servoit de préparations chymiques dans la Medecine, par ce que dit Gordon qui a écrit en 1305. & qui en faisant mention de l'huile de tartre qu'il décrit,& qu'il veut qu'on applique exterieurement, fait cette reflexion que cette méthode n'est connue que des Alchymistes. *Quia modus chymicus in multis est utilis in Medicina, in aliis verò est tristabilis ; quod in ejus via infinitissimi perierunt.* Cet Auteur fut un célébre Professeur à Montpellier, Ville où cette étude avoit long-tems fleuri, & que le Pape Nicolas IV. avoit érigé en Université en 1289. Il a laissé un gros volume appellé *Lilium Medicinæ*, (car dans ce siécle affecté tout ce qu'on écrivoit en Medecine étoit ou lis ou rose.) Ce Livre fut extrêmement loué dans ces tems-là ; mais à peine y a-t-il quelque chose de remarquable excepté les Trochisques qui portent encore aujourd'hui son nom : & la description de la poudre *ad Guttetam* si fameuse alors dans ces parties de la France pour l'épilepsie, & qui est en vogue encore aujourd'hui. Mundin Milanois son Contemporain fit quelques essais en Anatomie, quoique fort imparfaits, vers l'an 1315. Il composa un corps régulier de cette science ; & comme il disséquoit lui-même, il y a semé quelques observations & découvertes de lui, particulierement touchant l'Uterus. Ce Livre fit revivre à un certain point l'étude de l'Anatomie ; & il étoit en telle vogue jusqu'au tems de la restauration des sciences, que les Statuts de Padoue ne permettoient pas qu'on enseignât d'autres systêmes dans ses Ecoles.

PIERRE D'APONO
a *Chiromant. c. 5.*

b *Differenti. 59.*

G g ij

FRANCOIS DE PIEDMONT
ET
MATTH. SYLVATICUS.

François de Piémont & Matth. Syl.

ROBERT Roy de Naples vers 1310. fit beaucoup pour l'avancement de la Medecine ; il avoit à son service deux Medecins qui firent alors une figure considerable dans leur profession, FRANÇOIS DE PIEDMONT & MATTH. SYLVATICUS. Le premier continua un supplément à Mesue, Ouvrage que P. d'Apono avoit commencé : ce Livre n'est presque qu'une compilation prise des Auteurs Arabes qui avoient écrit des systêmes pratiques de Medecine. L'autre qui étoit Mantouan, & qui mourut vers l'an 1340. publia un gros volume en 1317. appellé les *Pandectes de Medecine* ; d'où il eut le nom de *Pandectarius*. Son but dans cet Ouvrage étoit de faire une sorte de Vocabulaire de Medecine pour faciliter la lecture des Traductions faites des Auteurs Grecs & Arabes ; mais les mots Grecs, Arabes, & même Latins qui ont du rapport à la Medecine, y sont si mal rendus, soit par la faute de l'Auteur, soit par celle des Copistes, qu'à peine y peut-on entendre quelque chose, n'y aiant presque pas une ligne où l'on ne trouve quelque expression barbare & inintelligible ; en sorte qu'on auroit besoin d'un autre Dictionnaire pour expliquer celui-ci. Reinesius a pris beaucoup de peine dans ses leçons variantes pour corriger cet Auteur, de même que l'Ouvrage d'un autre qui vaut encore moins, je veux dire le *Passionarium* de Gariopontus ; mais comme c'est dans une sorte de Langue franque que ces Auteurs ont écrit, ils ne valent pas assez pour avoir merité l'attention d'une personne qui auroit pû faire un meilleur usage de son érudition & de son travail. On peut pourtant dire avec justice de Sylvaticus, qu'il fit quelques progrez en Botanique, & fut plus exact à décrire la nature & les vertus des Simples que personne ne l'avoit encore été dans ces tems d'obscurité. Rainesius observe qu'il cite Demosthene l'Herophiléen qui écrivit sur les yeux trois Livres louez par Galien en plus de soixante endroits. Ainsi il est clair que ce Livre subsistoit alors, quoiqu'il ne nous en reste à present que quelques fragmens dans Ætius.

Je ne sçaurois passer sur ce période, sans jetter un coup d'œil sur notre pays, pour considerer en quel état y étoit la Medecine. Le progrès qu'y fit cette science étoit, il faut l'avouer, très-peu de chose ; il n'est pas étonnant qu'elle n'en fit pas davantage, si l'on réfléchit sur le peu d'encouragement que la Cour donnoit à l'étude dans les Universitez ; & si l'on se rappelle le monopole que faisoient de la Medecine les Moines qui l'avoient prise entierement dans leurs mains. Malgré cela il y avoit même dans ce siécle, quelque ignorant qu'il fût, quelques personnes qui tâcherent de se distinguer en Medecine, soit par leur pratique, soit par leurs écrits.

GILBERT L'ANGLOIS.

LE premier Auteur Pratique qu'ait produit notre Nation, & dont les Ecrits nous aient été conservez, fleurit environ dans ce tems-ci. Je veux parler de GILBERT appellé l'*Anglois*. Bayle le place en 1210. dans le regne du Roy Jean ; mais Leland dit, quoiqu'il ne donne pas les raisons sur lesquelles il fonde son assertion, qu'il étoit de date plus récente. Ce Gilbert écrivit entr'autres un abrégé de Medecine qu'on a encore à present, & par cet Ouvrage il paroît clairement qu'il doit avoir vécu plusieurs années plus tard : car il cite Averrhoés qui atteignit la fin du douziéme siécle ; les Ouvrages de cet Arabe n'auroient pû être traduits sitôt, & aussi ils ne l'ont été que vers le milieu du treiziéme siécle ; comme Bacon qui est un fort bon garant, nous l'apprend ; il fait mention du Livre *de Speculis* qui est sans doute celui de Bacon ; ce qu'il transcrit aussi de Theodoric touchant la lépre montre évidemment qu'il a vêcu bien avant dans ce siécle, & probablement au commencement du regne d'Edouard Premier. Leland le loüe beaucoup sur sa grande érudition & son sçavoir en Philosophie & en Medecine qu'il avoit acquis par l'étude & par les voiages : il le loüe sur les cures qu'il a faites,

GILBERT l'Anglois.

GILBERT sur les bonnes maximes qu'il donne touchant la conservation
l'Anglois. de la santé, & particulierement sur ce qu'il s'est rendu à la
portée des esprits les plus ordinaires dans tout ce qu'il rapporte
des vertus des Simples. Si cet éloge est poussé un peu trop
loin, comme je m'imagine qu'il l'est, je croi qu'on peut dire
ceci de notre Compatriote avec justice, qu'il a écrit aussi-
bien qu'aucun de ses Contemporains d'aucune autre Nation,
& qu'il n'a fait que comme eux, s'il a pris le fonds de ce qu'il a
compilé des écrits des Arabes. Il est vrai qu'il prend assez de
liberté avec eux; quelquefois il transcrit des Chapitres entiers
mot pour mot de Rhazés, particulierement sur des cas de

a P. 314. goutte.[a] Il y a en lui une chose remarquable, que non seule-
& 322. &c. ment il cite souvent Alexandre, mais encore qu'il extrait
quelques-unes de ses meilleures observations, ce qui fait voir
au moins qu'il sçavoit puiser en bonne source. Il cite de même
deux ou trois fois un autre Auteur nommé Cophon que je ne
trouve cité nulle-part ailleurs, excepté dans Thomas de Gar-

b M. S. bo le Florentin[b] son disciple. Ce Cophon nous a laissé un
in Bibl. Har- petit Traité sur les purgatifs & sur ce qu'il appelle Opiates,
leyan.
lesquels (il parle des Opiates) ont, dit-il, un meilleur effet

c 175. 6. quand il y a quelque humeur entre la chair & la peau[c]: ceci
semble un paradoxe que j'entens aussi peu que ce qu'il ajoûte
que les Garamantes ne sçavent rien de cette pratique. Cophon
donne une recette qui paroît & fort extraordinaire & fort bi-

d 74. zarre, c'est de nourrir un poulet avec de l'hellebore blanc[d], le
tuer huit jours après, & en faire du bouillon; ce bouillon,
dit-il, purge doucement.

Pour revenir à Gilbert, quoique dans ce tems-là on eût
e 87. 222. grande foi aux charmes[e] & autres applications empyriques,
287.
cependant sa pratique étoit generalement reglée sur le raisonnement, & telle qu'elle avoit été laissée par les Grecs. On
peut aisément juger par l'étymologie qu'il donne de *Hiera
Logodion Memficum*, (méprises je suppose pour *Hiera Lo-*

f 44. *gadii vel Menphitæ*) qu'il fait dériver du Grec λόγος[f], & qui
signifie, dit-il, le débarrassement de quelque difficulté de parler; on peut juger, dis-je, par cette interprétation de même
que par cette autre sur *Philonium* qu'il rend par *Amicus novus*,
combien son sçavoir étoit borné. Conformément à l'usage de
son tems il employa nombre d'expressions barbares, par exem-

ple, *Plagella* a pour *Plumaſſeau Argalia*, (il devroit y avoir GILBERT
Ergaleum) pour un inſtrument dont on ſe ſervoit à ſonder, l'Anglois.
& quantité d'autres mots de ces tems-là qui enrichiroient un *a* 204.
Dictionnaire Latin. Je remarquerai ſeulement deux ou trois
choſes particulieres dans cet Auteur.

Il décrit le cas d'un jeune homme b d'un temperament mé- *b* 250.
lancolique, qui après une longue indigeſtion, eut une enflure au
ventre & une leucophlegmacie ſuivie quelquefois de fiévre
tierce, d'urines jaunâtres, & quelquefois de dévoiement. Il
traita le malade par des rafraîchiſſans, & il le purgeoit de
tems en tems avec des myrobolans. Il ajoûte que le malade
fut mené à des bains ſouffreux, & qu'il fut guéri. Il ne s'explique pas davantage ſur ce ſujet, mais très-probablement il
veut parler des eaux de Bath; & je croirois auſſi que le
malade fut guéri en bûvant de ces eaux, & non en s'y bai-
gnant; car la maladie telle qu'il la décrit, étoit l'effet d'une
conſtitution gâtée, ainſi le malade ne pouvoit mieux être
guéri qu'en prenant de ces eaux interieurement; au lieu que
le bain n'auroit pas été convenable dans ce cas, & n'auroit pû
produire aucun bon effet. Si cette conjecture eſt juſte (ce que
je crois) comme elle eſt naturelle, cela prouveroit qu'on bû-
voit de ces eaux environ trois cens ans plûtôt qu'on ne compte: car le Docteur Guidot, dans le tems duquel on les remit
en uſage, & qui nous a donné la meilleure relation hiſtorique
de ces eaux, avance ſeulement ſur l'autorité du Docteur Jo-
nés, qu'on s'en ſervoit interieurement ſur la fin du ſeiziéme
ſiécle. Et quoique nos Annales n'aient rien là-deſſus, il eſt
probable que l'uſage de boire de ces eaux étoit très-ancien,
puiſque c'étoit une choſe uſitée de même depuis nombre de
ſiécles dans pluſieurs autres pays où il ſe trouvoit des eaux de
même nature.

Gilbert a un Chapitre c remarquable ſur les déſordres qui *c* 344.
ſuivent du commerce avec une femme qui a eu affaire avec un
lépreux. Les ſymptomes de cette infection varient ſuivant la
conſtitution; ſi c'eſt une perſonne d'un temperament chaud,
elle ſent des pointillemens & de l'ardeur aux parties cutanées,
ſa couleur change, c'eſt une rougeur & quelque choſe qui lui
gliſſe ſur tout le viſage, le ſommeil ne revient plus. Si c'eſt
une perſonne d'un temperament froid & mélancolique, la

240 HISTOIRE

GILBERT l'Anglois.

couleur lui change davantage & plûtôt, le visage paroît tacheté, il survient une pesanteur & une inaction avec un frisson au visage qui de là se glisse dans tout le corps. Cette description est exactement la même que celle qu'on trouve dans le Rogerina, & aussi est-elle transcrite pour la plus grande partie de Theodoric; & je ne fais mention de cela que pour faire voir qu'on avoit alors en Angleterre sur les symptomes de cette maladie les mêmes idées qu'en Italie. Je dirai quelque chose de plus de ceci dans un endroit plus convenable. Jean de Gaddesden encherit sur tous ces Auteurs; & pour ce qui est de la cure qui regarde la femme, il donne une bizarre ordonnance [a], mais qui est aisée à suivre, & avec laquelle il répond du succès.

a P. 49. b. *Saltet retro & descendat fortiter per gradus, &c.*
b 174.

En traitant des enflures scrophuleuses [b], il dit qu'on les appelle le mal du Roy, parce que les Rois le guérissent. Le récit, quoique concis, de la part d'un Medecin qui ne paroît pas avoir eu d'interêt à parler ainsi, prouve assez que c'est depuis très long-tems que nos Rois ont introduit l'usage de toucher ces malades; & il est clair par la maniere dont cet Auteur s'exprime, qu'il regardoit lui-même cet usage comme fort ancien. Les Historiens François suivent par des autoritez incontestables la trace de cet usage aussi avant que le onziéme siécle, & remontent jusqu'au regne de Philippe Premier [c], mais ils ne sçauroient dire d'une maniere assurée combien plus anciennement il avoit commencé, quoique quelques uns prétendent le faire remonter jusqu'à Clovis. Il y a la même raison de croire par ce passage, comme aussi par ce qu'on peut recueillir de certains endroits de notre histoire d'Angleterre, que cet usage avoit prévalu ici du moins quelques centaines d'années auparavant, & ceux qui le portent aussi loin que Edouard le Confesseur, Contemporain de Philippe Premier Roy de France, semblent avoir de bonnes raisons pour cela; je ne sçache pas au moins qu'on puisse apporter de bonnes preuves pour détruire leur opinion. Si l'on suppose que tous les Moines qui ont écrit sont partiaux & toûjours prêts à flatter la Cour, il y a à ce sujet d'autres Auteurs dont on ne peut contester la sincerité. Le Chevalier Jean Fortescue, homme très-sage & très-lettré, dans sa défense du Titre de Lancastre [d], immédiatement après l'avenement de Henri IV. à la Couronne, represente ce droit de guérir comme un privilege qui

c *Daniel Tom.* 1. p. 1032. & 1128.

d *Append.* n. 6.

DE LA MEDECINE. 241

a appartenu aux Rois d'Angleterre de tems immémorial, & GILBERT
il l'attribue à l'onction de leurs mains qui se fait au couron- l'Anglois.
nement: il dit que par conséquent les Reines ne peuvent avoir
ce don, parce qu'à leur couronnement on omet cette partie
de la cérémonie. On sçait pourtant que la Reine Elizabeth
crut que tous les droits attribuez aux Rois lui appartenoient si
bien, que parmi les autres fonctions de la Roiauté, elle exerça
très-souvent celle-ci. L'Archevêque Bradwardine qui mourut
en 1348. & qui en appelle au témoignage public sur les cures
faites par l'attouchement roial [a], se sert d'expressions très for- a *Append,*
tes à l'égard de l'antiquité de cet usage ; ce qu'il n'auroit cer- n. 7.
tainement point fait, si ç'avoit été une pratique aussi moderne
que quelques-uns se l'imaginent.

JEAN DE GADDESDEN.

PEU après Gilbert fleurit un autre Anglois, JEAN DE GAD- JEAN DE
DESDEN, Auteur de la fameuse *Rosa Anglica*. On apprend GADDES-
très-peu de chose de lui par l'histoire de ces tems, & le curieux DEN.
Antiquaire A. Wood, quoiqu'étant comme lui du College de
Merton à Oxford, ne dit rien de lui, sinon que par un vieux catalogue il trouve que Gaddesden fut Docteur en Medecine, &
fleurit en l'an 1320. Je suppose par là qu'il n'a pû trouver
d'autres memoires qui regardent cet Auteur ; car il auroit été
sûrement bien-aise de nous apprendre quelque chose sur une
personne de son propre College. Nous pourrions cependant
de cet Ouvrage même qu'il a laissé, recueillir quelque chose
sur sa vie & son caractere. Il l'écrivit, dit-il, à la septiéme
année de sa lecture ; telle est son expression, & probablement c'étoit dans son propre College ; cette Societé aiant été
en quelque maniere fondée dans le dessein de perfectionner la
Medecine ; dessein qu'elle a soûtenu par les encouragemens
qu'elle a donné à cette étude plus que toutes les autres de
l'Université. La cure qu'il dit avoir faite dans un jeune Ecolier,
qui étoit une personne de qualité, semble prouver que ce fut
au College qu'il compila son Livre : ce qui doit avoir été entre
l'an 1305. & 1317. car il fait mention de Gordon, & il est

Hh

JEAN DE GADDES-DEN. nommé par M. Sylvaticus dans ses Pandectes. Ce Livre comprend une pratique entière de Medecine ; il l'a ramassé principalement des Arabes & des Modernes qui avoient écrit en Latin immédiatement avant lui ; mais il l'a beaucoup grossi par un nombre infini d'additions que lui a fourni sa propre experience. Il fut sans contredit un aussi grand Praticien que qui que ce fût dans son tems, quoique je doute que sa pratique fût fondée sur un sçavoir extraordinaire dans sa Profession [a]. Leland lui donne cependant le titre de profond Philosophe, d'habile Medecin, & d'homme le plus éclairé qui fût de son tems ; il appelle ce Livre une piéce sçavante & exquise. Conringius en dit autant [b] ; mais Guy de Chauliac Chirurgien très-estimé & très-entendu, qui a écrit plus tard dans le même siécle, en parle d'une autre maniere, & même avec des expressions remarquables : *Ultimo insurrexit una fatua Rosa Anglicana quæ mihi missa fuit & visa, credidi in eâ invenire odorem suavitatis, & inveni fabulas Hispani, Gilberti, & Theodorici* [c]. J'ai peur que la fin du caractere ne soit que trop véritable ; cependant malgré cette severe censure de Guy, vous trouverez que Jean n'étoit pas un sot ; & quoique pour dire la verité ce ne fût gueres qu'un Empyrique, cependant il paroît avoir été ce qu'on peut appeller de meilleur dans ce genre : il s'est conduit avec adresse ; il paroît par ses propres Ecrits qu'il avoit assez de sagacité pour pénétrer les differens foibles de la nature humaine : il sçavoit bien juger à quel point il pouvoit en imposer, ainsi il ne manquoit jamais de profiter de la crédulité des gens à qui il avoit à faire. Il presente avec beaucoup d'art des amorces aux personnes délicates [d], aux Dames, aux riches ; il a une si grande attention pour les Dames, qu'il a la complaisance de leur enseigner des parfums & des secrets pour se laver [e] ; à quelques-unes même la maniere de teindre leurs cheveux ; & il a tant d'égards pour les riches, qu'il est toûjours à étudier & à inventer pour eux quelques remedes très-recherchez & très-chers ; s'il y a quelque chose de bien bon réel, il en ordonne pour eux le

---

[a] *Ut lumen sui saculi facilè crederetur, opus luculentum & eruditum.*
[b] *Perdoctum.* [c] *Præfat.*
[d] *Istam voco Medicinam Regalem pro delicatis, pro dominabus, pro divitibus.*
[e] *De modo faciendi lac virginis* 134. *De decoratione* 131.

double a plus que pour les pauvres. Dans les cas d'épilepsie il ordonne une vessie de Verrat bouillie, & outre le guy de chesne un coucou; il est même assez obligeant que de leur prescrire la maniere d'accommoder les peaux de renard dans la paralysie contre le froid de l'hyver. Il crut que ce n'étoit pas assez de se montrer un habile Medecin sans donner quelques preuves d'une grande érudition; c'est pourquoi il se hazarde sur des points aussi difficiles que des étymologies de mots. *Peritonæum* b, dit-il, est ainsi appellé, parce qu'il est *juxta tonantem*. *Hernia* c *quasi rumpens enia, id est intestina*. *Phtisis* vient de *Tussis* d; *Chiragra* de *Chiros* & *gradior* e. Il est encore plus docte dans sa dérivation du mot *Epilepsie* f; ce mot vient ce semble, dit-il, de *Epi* & *lædo*, & il observe que cette maladie étoit aussi appellée *Hieranoson* de *Hiera* qui signifie *sacra* & *noceo*, parce qu'elle offense les parties nobles. Il déploie ainsi, comme vous voiez, à l'imitation de son maître Gilbert, son talent en Philologie, & avec autant de succès.

JEAN DE GADDESDEN.

a *Experimentum meum si sit pro divite, duplum ossis cordis cervi.*

b 75.
c 129.
d 52.
e 35.
f 60.

Il y a une autre branche de litterature pour laquelle il semble avoir beaucoup de passion, c'est la Poësie. Il paroît si grand amateur de rimes, qu'il n'y a presque pas de page où il ne cite des Vers; quelquefois il en insere des siens, si bien que souvent on ne sçait s'il est meilleur Poëte que Medecin. Et il a au moins ce talent particulier, que soit prose, soit vers, son style est si divertissant, que le Lecteur ne peut qu'en être réjoui.

Malgré tout cela, Jean fit sans doute quelque figure dans son tems pour son sçavoir, & fut regardé comme un homme de jugement dans sa pratique. Car je trouve qu'il eut de l'emploi à la Cour, où il fut chargé de soigner dans la petite vérole le fils du Roy Edouard Premier ou Second, au moins à ce que je pense. Il joua là fort bien son rôle; & pour montrer son habileté dans les maladies inflammatoires, il ordonna avec toutes les formalitez requises & avec un air important qu'on enveloppât le malade dans de l'écarlate g, & que tout ce qui étoit autour du lit fût rouge de même, la tapisserie de la chambre étoit rouge aussi sans doute. Cela, dit-il, le guérit si

g *Capiatur Scarletum, & involvatur variolosus totaliter, sicut ego feci filio nobilissimi Regis Angliæ, & feci omnia circa lectum esse rubea, & est bona cura.*

JEAN DE GADDESDEN.

bien, qu'il ne lui resta pas une seule marque au visage. Il loue donc cette méthode comme excellente; il semble la tenir des recettes de vieilles femmes qu'il a trouvées dans Gilbert [a]; il connut certainement bien son monde, & comprit de quelle importance il est souvent de garder des apparences exterieures, & d'appuier sur les plus grandes bagatelles.

Jean ne fut pas plûtôt à la Cour, qu'il fut un bon Courtisan, & devint maître en l'art des complimens : lorsque dans les écrouelles le mal ne cedoit pas aux souverains remedes, tels que le sang de Belette, ou la fiente de Pigeon, il exhortoit les malades d'aller supplier le Roy de vouloir bien les toucher [b].

Jean semble avoir été d'un caractere entreprenant & remuant. Il n'étoit pas content du seul commerce qu'il faisoit de la Medecine, il se mêla encore des operations manuelles de Chirurgie : il parle beaucoup de son experience à cet égard ; il se hazarde même à trouver des défauts dans la pratique de quelques Chirurgiens de son tems [c]. Il se donne pour fort expert à remettre les os ; & à l'égard des infections des yeux [d], comme il parle, il a un *Nostrum* qui ne peut être que pour les riches.

Il nous apprend qu'il a un sçavoir profond en physionomie : il se proposoit, dit-il, si Dieu lui donnoit & de la vie & du loisir, d'écrire un Traité de Chiromancie [e] ; mais à notre grand regret, cet excellent Traité sur l'Art de dire la bonne avanture, est perdu. Le mot qu'il en dit là feroit croire qu'il tenoit Boutique pour donner ses audiences sur cet Art.

Il est fort homme à secrets, & il en a quelques-uns qui sont les secrets des secrets, & qui operent des miracles [f]. Comme il en fait un très-grand cas, il recommande beaucoup qu'on ne les divulgue pas aux Laïques ; quelquefois même il va plus loin, & comprend les femmes dans cette prohibition ; il est

---

a 349. *Vetulæ provinciales dant purpuram combustam in potu, similiter pannus tinctus de grano.*

b 28. *Si ista non sufficiant, vadat ad Regem, ut ab eo tangatur & benedicatur, valet tactus nobilissimi & serenissimi Regis Anglicorum.*

c *Et secundum Lanfrancum & Rolandum, & Brunum, & est error.*

d *Experimentum meum quod divitibus convenit.*

e *Vitam & pacem.* 35.

f 39. *De quo possum dicere multa miracula.*

DE LA MEDECINE. 245

le plus exprès là-deſſus, quand il s'agit de liqueurs fortes & d'eau de vie. Il ſe plaît à parler des grands gains ᵃ qu'il faiſoit en les vendant quelquefois à un prix ſi extravagant, qu'il ne peut dire combien ᵇ il lui en revenoit non ſeulement en argent, mais encore en preſens. Il dit qu'il eut beaucoup ᶜ d'argent d'une recette faite avec des grenouilles d'arbre qu'il vendoit aux Chirurgiens-Barbiers, ſur quoi il ſe felicite, comme s'il les avoit dupez. Cependant different de la manœuvre de ces gens à ſecrets, il dit au moins tout franchement en quoi ils conſiſtent. On peut remarquer que pour quelque maladie que ce ſoit, il en a tout prêts, & ne manque jamais d'en avertir, ſon fort eſt en recettes; & ſans ſe donner beaucoup de peine de former un jugement ſur le cas, il s'imagine que s'il peut faire parade d'un grand nombre de remedes, il n'y a pas de maladie qui puiſſe lui réſiſter. Si on l'en croit, il fait des choſes merveilleuſes avec quelques-unes de ſes recettes. Il guérit, dit-il, vingt hydropiſies avec de la Lavande ; mais c'eſt un remede, dit-il, pour lequel il faut ſe faire payer d'avance ᵈ.

Tout étoit bon pour Jean ſans exception dans la Profeſſion, & il n'y a rien qu'il ne voulût entreprendre : plus un cas étoit dangereux, plus il ſemble y proceder gaiement. Quelqu'un avoit-il la pierre? il étoit l'homme qui pouvoit la diſſoudre. Etoit-ce la goutte la plus violente? il pouvoit l'emporter avec des cataplaſmes ou avec un onguent; il ſçavoit arrêter les accez d'épilepſie par un collier, & guérir la paralyſie à la langue avec de l'eau de vie. Ces cas ſans doute ſont ſi difficiles qu'ils embarraſſent les eſprits les plus pénétrans : ils demandoient ſans doute toute ſa circonſpection ; mais cela ne l'inquiétoit pas ſi fort qu'il ne pût donner attention aux minuties. Il propoſe differentes méthodes pour entretenir le corps propre & net ; ſi une dent gâtée faiſoit mal, il pouvoit l'arracher ; ſi un homme étoit ſujet aux poux, il avoit l'art de les tuer : par amitié même pour ſes Pratiques, il avoit la complaiſance de leur couper les corps aux pieds. Il pouvoit guérir

---

a *Magnam pecuniam in multis locis.*
b 49. *Hoc eſt meum pro quo habui pecunias, & tot alia quæ neſcio quot & quanta.*
c *Pro quo habui bonam pecuniam à Barbitonſoribus.*
d *Nec debet dari, niſi accepto ſalario.*

JEAN DE GADDESDEN.

la colique par une ceinture faite de la peau d'un poisson de mer, pourvû qu'une petite boucle en fût faite de côte de Baleine ; il avoit un emplâtre & un cauſtique infaillible pour les hernies [a] : il pouvoit guérir un cancer qui avoit une cauſe exterieure avec de la Patience rouge. Et je ne doute pas que s'il avoit vêcu dans notre tems, il n'eût été à la tête des Inoculateurs ; & la maxime qu'il poſe contraire à l'experience des meilleurs Medecins, qu'on peut avoir la petite vérole plus d'une fois [b], auroit pû lui fournir un bon ſubterfuge en bien des occaſions.

Il a compris pardeſſus toutes choſes les douceurs qu'il y a à ſoigner les femmes dans leur groſſeſſe : il leur recommande la rhubarbe torrefiée. Il a ſçû qu'il y a un langage particulier dans ces cas-ci, auſſi le trouve t-on ſur ces matieres non ſeulement babillard, quelquefois familier, mais encore gaillard, pour ne pas dire luxurieux. Il parle beaucoup du métier d'Accoucheur ; il ne dit pas directement s'il a fait l'operation lui-même ; mais on pourroit bien juger par son empressement à se mêler de tout, s'il aura négligé un emploi ſi avantageux. Au moins il ſemble avoir étudié toutes les méthodes (& donné dans une grande varieté) pour préparer la conception, & il y a apparence qu'il étoit fort recherché pour ſes ſecrets ſur cette matiere. Ceux qui voudront avoir une idée de ſes talens, peuvent le [c] conſulter lui-même & ſes doctes Commentaires & recettes ſur l'uſage déteſtable des choſes qui excitent à la débauche [d].

Pour finir ſur le caractere de cet Auteur, quoiqu'il ſoit preſque entierement redevable aux autres de tout ce qu'il dit ſur les ſymptomes & les cauſes des maladies ; car il n'a preſque rien de nouveau touchant la conſomption qui eſt une maladie endemique dans notre Iſle ; cependant à l'égard des remedes il a beaucoup de choſes qu'on ne trouvera point ailleurs. Il ſemble avoir fait une collection de toutes les recettes qu'il avoit pû trouver, ou dont il avoit oui parler, & je croi que ſon Livre contient la meilleure hiſtoire des remedes qui étoient en uſage non ſeulement parmi les Medecins de ce

---

a 129. *Conſolidat omnia vulnera, & debet haberi in honore.*
b 40. *Homo variolatur bis.*
c *De modo generandi* p. 77.
d *Coagulum leporis. Qui iſto utuntur, poſſunt coire ſi volunt.* Ibid.

DE LA MEDECINE.

tems-là, mais aussi parmi le peuple dans toutes les parties de l'Angleterre, & dans le genre empyrique, & dans le superstitieux.

JEAN DE GADDESDEN.

On trouvera aussi en lui plusieurs choses curieuses touchant la maniere de se nourrir & de manger de nos Ancêtres ; il semble avoir fort bien entendu la cuisine, & a fait consequemment de très-judicieuses observations sur l'art d'apprêter les mets [a]. Les Amateurs de l'Antiquité & des bons morceaux trouveront ici un trésor de science en ce genre, & auront le plaisir de voir plusieurs plats [b] qui sont en usage à present, rapportez par cet ancien Auteur, & quelques-uns même avec leur nom Anglois ; car il se plaît à mêler beaucoup de sa langue naturelle dans tous ses Ecrits.

Nous apprenons qu'il y avoit un Chanoine de saint Paul de son nom dans la Chaire de Ealdland [c] ; il est placé près de Richard le Medecin, mais il n'y a pas d'année marquée, en sorte que c'est une question de sçavoir si c'est le même que notre Auteur. Il est certain par plusieurs endroits de son Livre, qu'il n'étoit pas Moine, comme plusieurs se le sont imaginé ; il y parle trop librement de la mal-propreté des Religieux [d].

Il y a dans la vie de cet Auteur une chose particuliere que je n'omettrai pas, qui est qu'il a été le premier Anglois employé à la Cour comme Medecin ; car jusqu'alors tous les Medecins de la Couronne avoient été des Etrangers. Le même usage dura beaucoup davantage à l'égard des Apotiquaires. Dans le détail de la garderobbe du Prince, la trente-deuxiéme année d'Edouard III. en 1360. il paroît que son Apotiquaire étoit Pierre de Montpellier, & le premier Apotiquaire qui a vendu des remedes en Angleterre, si l'on en peut croire Reyner [e], étoit J. Falcand de Luca en 1357. L'Ouvrage de notre Auteur J. de Gaddesden étoit si fort en vogue en ce tems-là, que Chaucer lui a fait l'honneur de le mettre au

---

[a] *Cibus Laïcorum est bonus, id est Tortellus factus de flore frumenti decoctus in furno cum vitellis ovorum, &c. Lucius & Truta cum Agresta & Acedula, &c.* 58.

[b] *Pulli Gallinacei elixentur cum Petroselino. Cum Petroselino spinachiis aut Bletis.* 95. Ibid. *Pulli lardati.* 68.

[c] *Newcourt vol.* 1. 145.

[d] *Tango hic multa, quia Religiosi qui non curant de ornatu corporis, sicut utentes cilicio, frequenter abundant nimis in istis, & repetunt consilium à secretis Medicis.*

[e] *Antiq. Benedict. in Anglia.* 107.

JEAN DE GADDES-DEN,

nombre des plus célébres Ecrivains en Medecine ; sans contredit la Rose de notre Compatriote méritoit bien autant d'éloges que le Lis de Gordon, qui paroît avoir été la principale Idole de ces tems.

Il parle souvent de Girard ; il cite sur un cas de dysenterie ce qu'il dit dans le Chapitre 4. de son *Viaticum* [a], Livre qui doit être le même que celui qui est intitulé *Glossa Viatici Isaac* ; il y a un manuscrit de ce Livre dans la Bibliotheque de Harley ; ce Livre fut écrit par Gerard de Carmona [b] Ville d'Andalousie, qui vêcut au milieu du treiziéme siécle, & qui vivant avec des Maures, avoit fort bien appris la Langue Arabe, & fit plusieurs Traductions de leurs Livres de Medecine.

Pitte notre Compatriote place un autre Medecin Anglois dans ce siécle vers l'an 1360. Barthelemy Glanvill le fait eux Auteur du Livre *de proprietatibus rerum*, & il le regarde comme un Compilateur d'un Ouvrage Pratique de Medecine. Mais j'ai raison de croire que ce sont ici deux differentes personnes, car Leland, & après lui Bale, ne font pas mention d'un tel Livre écrit par Glanvill, & ne donnent pas du tout à penser qu'il eût jamais étudié la Medecine, quoique je trouve que dans son septiéme Livre il traite de plusieurs maladies, & qu'il transcrit de Constantin la plus grande partie de ce qu'il a là-dessus. Outre cela Barthelemy qui a composé le *Breviarium Practicum* (c'est ainsi qu'il est appellé) cite Glanvill de maniere qu'on ne sçauroit supposer qu'il ait été l'Auteur de ces deux Ouvrages [c]. Cet abrégé est très-gros & est divisé en quinze Livres fort longs : il y en a un manuscrit dans la Bibliotheque de Harley. Il y a ici [d] le même détail presque mot pour mot touchant une sorte d'infection dans la lépre, les symptomes en sont les mêmes que ceux que j'ai observez auparavant dans Gilbert, & ce passage ne se trouve pas dans Glanvill. Pour le reste de ce Livre on ne peut mieux se former une idée de ce qu'il contient, que par l'aveu [e] sincere que fait l'Auteur lui-même à la fin du Livre de n'avoir rien ajoûté du sien sur

---

a 58. B.
b Biblioth. Hispan. vet. 2. 264.
c Lib. 6. c. 13. Dicit Bartholomæus in libro suo de proprietatibus rerum.
d Lib. 2. 4.
e Protestar enim in fine hujus opusculi quod nihil quod est ad propositum de meo apposui, quia quod apponerem ex meipso, in meipso non inveni.

le sujet, parce qu'il n'avoit rien à fournir de lui-même; mais qu'aussi il avoit amassé tout ce qu'il avoit pû trouver d'écrit dans les Philosophes & les Medecins, & particulierement une grande quantité de recettes. Et je croi en verité, sur la lecture courante que j'en ai fait, qu'il a dit très-vrai. {JEAN DE GADDES-DEN.}

Ce caractere ne convient pas à notre Compatriote seul; car la plûpart des Ecrivains Etrangers, qui ont écrit sur la Pratique, ont été de la même trempe dans ce siécle & le suivant. On n'a qu'à lire la collection des Auteurs sur les fiévres pour être d'abord convaincu combien peu ils ont ajoûté à ce qui avoit été dit auparavant sur ce sujet.

VALESCUS DE TARENTA.

VALESCUS DE TARENTA fut presque le seul qui vers l'an 1400. écrivit d'après son experience, & non pas uniquement d'après les Livres; il n'entendoit pas le Grec, & écrivoit fort mal en Latin; il avoit cependant pratiqué plus de trente-six ans à Montpellier, & fut Premier Medecin de Charles Sixiéme. Il a laissé un Livre appellé *Philonium*, dans lequel il y a plusieurs bonnes observations & sur la Medecine & sur la Chirurgie. Il y a ceci encore de particulier en lui, c'est que de tems en tems il donne l'histoire de quelque cas extraordinaire qu'il avoit rencontré; il parle entr'autres d'une personne qui mourut pour s'être coupé la luette; & d'une autre qui eut un retour périodique de fiévre chaque treiziéme jour durant trente ans entiers. Il s'étonne beaucoup de ce que les Anciens donnoient des remedes chauds dans la pleurésie, tels que l'hyssope, l'origan vulgaire, &c. & dit avec raison que la méthode rafraîchissante des Modernes est préferable. Cet Auteur interpose souvent son jugement dans quelques points difficiles de Pratique, exemple fort rare en ces tems-là où personne presque ne s'étoit enhardi à penser par soi-même. Il fait souvent mention de Roger & de Roland ensemble touchant la pratique dans les maladies; ce qui me feroit soupçonner que c'est ce Roger & non Bacon qui a écrit la *Rogerina*. Dans l'édition des Ecrivains concernant les fiévres, donnée par Fernel, le *Philonium* est pris par méprise pour un Auteur; & il insere encore par méprise sous le nom d'Arnauld {VALESCUS DE TARENT.}

non seulement ce qu'il a écrit lui-même, mais encore des additions qui ont été faites long-tems après par d'autres mains.

MICHEL SAVONAROLE.

MICHEL SAVONA-ROLE.

TEL étoit l'état de la Medecine à l'égard de la Pratique dans ces tems; on fit quelques progrez dans d'autres branches de la Profession : par exemple les Medecins devinrent plus curieux dans la recherche des qualitez des Eaux Minerales, & sur-tout des eaux chaudes, & ils nous ont laissé plusieurs observations sur leurs vertus & leur usage. Entr'autres Michel Savonarole se distingua, & encherissant sur ce que *Jean de Dondis* & *Ugolinus de monte Catino* avoient déja publié, écrivit un Traité sur tous les bains qui étoient alors connus en Italie. Il entreprit cet Ouvrage en 1440. & 1450. comme on peut aisément le prouver par sa dédicace, quoiqu'il y ait fait quelques additions après en l'an 1460. comme on peut le recueillir de ce qu'il dit lui-même. Il étoit de Padoüe, d'une grande famille, & fut grand-pere du Frere Jerôme; il fut le Medecin de trois differens Marquis de Ferrare, & fut fait Chevalier de Jerusalem : il fut en estime alors ; & comme il vêcut assez long-tems, il eut beaucoup d'experience, & écrivit plusieurs Traitez, & particulierement un fort ample sur les fiévres. On fit aussi quelques essais en Botanique vers la fin du quinziéme siécle, & *Hermolaüs Barbarus* fit revivre cette étude ; il pensa le premier à corriger les fautes qui étoient alors nombreuses dans les copies de Dioscorides & de Pline; cependant vers ce tems-là Constantinople aiant été prise, plusieurs Grecs se retirerent en Italie, & apporterent avec eux les manuscrits des Ecrivains Grecs Medecins ; alors toute l'étude des Medecins sembla être uniquement emploiée à entendre & expliquer ces Auteurs : effort louable en lui-même sans doute, & qui fraia le chemin à de plus grands progrès. Dans cette étude il étoit naturel d'examiner comment les Arabes avoient suivi les Grecs, & en quoi ils s'en étoient écartez, & ces recherches occuperent les Medecins les plus lettrez pendant l'espace de cinquante ans au moins. Mais comme tout ce travail rouloit plûtôt sur des

mots que sur des choses, ce seroit inutilement qu'on cher- MICHEL
cheroit dans cette classe d'Auteurs quelque progrès consi- SAVONA-
derable de l'Art; cependant il pourra être de quelque usage ROLE,
de connoître ce qu'on ne faisoit point dans ce tems.

ROGER DE PARME.

C'Est ici le terme du plus grand déclin de la Medecine, ROGER
(qui tomboit depuis environ 400 ans) de la Medecine, DE PAR-
dis-je, qui regarde la cure des maladies par des remedes inter- ME.
nes: car comme je l'ai remarqué, la plûpart des Medecins ne
faisoient guere que transcrire, & composer de prodigieux Commentaires sur les Arabes, qui n'étoient déja que trop prolixes eux-mêmes. Pour la Chirurgie, il faut l'avouer, elle fit
dans ce période un peu meilleure figure. J'ai parlé déja au
long d'un grand homme de cette Profession, Albucasis, &
j'ai remarqué qu'on ne trouvoit point ni où il est né, ni où
il a vécu : quoiqu'il en soit, ses Ouvrages parvinrent bientôt en Italie; car immediatement après, Roger de Parme, ou
selon d'autres, de Salerne, écrivit ; il emprunta beaucoup de
lui, quoiqu'il n'en fasse pas mention non plus qu'aucun autre. JAMERIUS suivit alors, lequel, comme s'exprime Guy, JAME-
& après lui Roland, mit en usage une sorte de Chirurgie bru- RIUS,
tale; cependant ces deux Auteurs, & sur-tout le dernier, se
sont contentez de copier Roger. BRUNUS leur succeda; il nâ- BRUNUS
quit en Calabre, & fit à Padoue en 1252. une collection de
Chirurgie plus ample qu'elle n'avoit été faite par d'autres ; mais
elle étoit prise principalement d'Albucasis & des autres Arabes, comme il l'avoue lui-même [a], quoiqu'il dise qu'il eût
pris beaucoup de peine pour que tout ce qu'il avoit ramassé
fût conforme à l'experience. Cependant l'expression de Severin est fort juste, il appelle tous les Ecrivains en Chirurgie de
ce tems *Arabistæ*. Il semble que c'étoit fort la mode dans
ce tems-là de se parer du travail d'autrui : ainsi comme Brunus

[a] 130. *Nam apud compositionem ejus non fui promptus ad aliud, nisi ut colligerem non solum id excipere, sed cum experientia & ratione.*

THEO- s'étoit accommodé des Ouvrages des Arabes : THEODORIC,
DORIC. Moine, & après Evêque de Cervie, le servit de même, quand
il fut sur le point de quitter la vie ; il publia sous son propre
nom une collection de Brunus mot pour mot, avec une petite
addition de quelques passages fabuleux pris de son Maître *Hugo de Luca*, comptant ainsi de se faire un nom.

Comme Moine, il crut qu'il pouvoit legitimement faire
usage du bien d'un Laïque ; & il a l'assurance de dire qu'il ne
voudroit rien avancer dont il n'ait lui-même fait l'experience,
mais il étoit bien ridicule à lui & superflu d'écrire, si tout ce
qu'il avoit dit pouvoit se lire dans d'autres Livres. Il avoit vû
Roland à Bologne. Il y a peu de choses particulieres en lui,
comme on l'a dit : il remarque qu'un os mal remis devoit se
rompre de rechef : quand le calus est récent, les embrocations
& les emplâtres peuvent être d'usage ; mais s'il est vieux, le
a 2. 23. bistouri est nécessaire ^a. Il n'explique pas comment il faut s'en
servir : il dit seulement que les Anciens ne donnent pas de
regles là-dessus ; il en voudroit même dissuader la pratique.
b 3. 19. En traitant des abcès ^b, il n'y laisse jamais, dit-il, de tente
après le premier appareil, experience qu'il avoit vûe plus de
c 4. 7. cent fois. Il fait mention de l'huile de tartre ^c bénite. Il a un
passage remarquable, comme j'en ai dit un mot ci-devant ;
il fait une claire exposition des symptomes qui arrivent après le
commerce avec une femme qui a eu affaire avec un lépreux. Il
ne doit rien à Brunus sur cette matiere ; & je ne trouve pas où il
peut avoir pris cette description, (si ce n'est dans la *Rogerina*)
car les Arabes disent seulement en general qu'on peut gagner
par là du mal, & ils n'entrent dans aucun détail sur les symptomes qui en peuvent suivre immédiatement. Ainsi ce détail peut être véritablement de lui. J'aurai occasion dans la
suite de rapporter quelque chose de particulier qu'il a observé
d 3. 49. touchant la salivation ^d. Car cet Evêque a si peu de choses
bonnes qui soient de lui, qu'il faut bien en conscience lui reconnoître celles qui lui appartiennent.

GUILLAUME DE SALICET.

Guillaume de Salicet, appellé *Placentinus*, étoit contemporain de Theodoric; il fut Professeur à Verone, & suivant Vanderlinden mourut en 1270 la même année que Thaddée le Florentin, ce qui est, je pense, une méprise; car Champerius place la mort du dernier en 1280. Cet Auteur semble mieux connoître sa profession que les autres, quoiqu'il ait beaucoup écrit comme eux dans un style barbare; & quoiqu'il copie considerablement & d'Albucasis & d'autres, il a cependant plus l'air d'un Auteur original que tout le reste. Guy de Chauliac lui donne avec justice le titre de *Valens homo*, & d'homme entendu en Medecine & en Chirurgie. Il eut certainement une longue experience, & il pose pour maxime que cet Art ne peut être enseigné par écrit, mais qu'un homme doit voir lui-même & operer. Il répete particulierement cette maxime en traitant de la pierre [a], l'extraction de laquelle est si détaillée & d'une maniere si differente de tout le reste, qu'il faut certainement qu'il ait été Operateur lui-même. Et ce qu'il remarque sur la difficulté de faire l'incision dans les femmes à cause de la position de l'utèrus entre la vessie & le *Rectum*, semble mettre hors de doute qu'il étoit tel. On peut juger de la simplicité de l'homme, & juger de l'état de la Medecine dans ce tems-là, par le conseil qu'il donne à un Praticien, *ne delectetur familiaritate Laïcorum. Nimia autem familiaritas contemptum parit, & etiam per nimiam familiaritatem non sic audacter & securè petitur remuneratio operationis condecenter. Et scias hoc unum quod bona remuneratio de labore, & salarium optimum reddit Medicum authorisabilem, & confortatur fides infirmi super ipsum.* A l'imitation d'Albucasis, il dit qu'il n'a jamais vû d'Hydrocephale guérie par l'incision [b], mais il en vit une à l'Hôpital à Crémone qui se guérit d'elle-même, elle survint à un garçon qui vêcut long-tems après. L'experience nous apprend aussi que quelquefois dans ce cas l'humeur sereuse peut se repomper dans les vaisseaux, sans besoin d'aucune décharge artificielle. Il guérit une fille par un cautére appliqué

[a] 47.

[b] 1. 1.

GUIL. DE SALICET.

une fois au-devant & deux fois au derriere de la tête, ce cautére fit fortir les eaux. Il eſt clair que dans ce cas la tumeur étoit exterieure. Il eſt le premier au moins parmi les Modernes qui ait décrit particulierement cette maladie des enfans qu'il appelle *Cruſta* & *Laƈtitium*, l'*Achor* des Grecs, & le *Laƈtumen* des Bas-Latins; & il donne la méthode de le guérir ſans aucun danger. Il ſemble auſſi le premier qui conſeille les eaux mercurielles pour le viſage [a]. Il indique une bonne précaution ſur les tumeurs, & dit qu'il eſt difficile de juger s'il y a de la matiere quand la tumeur eſt profonde, & que la partie où elle ſe trouve eſt épaiſſe; que le meilleur moien pour en juger eſt l'attouchement, c'eſt-là la précaution la plus néceſſaire; car ſouvent par inattention on a coupé un aneuriſme [b] au lieu d'un abcès.

[a] 1. 18.

[b] 1. 23.

Il eſt plus détaillé que d'autres ne l'avoient été dans la deſcription de la cure du ſarcocele, laquelle eſt quelquefois difficile, & quelquefois dangereuſe, parce qu'elle ne peut être faite ſans inciſion. Il recommande expreſſément que l'on ſepare du teſticule l'excreſcence charnue, & qu'on l'arrache entierement; & ſi le teſticule eſt tant ſoit peu offenſé, il ordonne qu'il ſoit auſſi coupé au même inſtant, & c'eſt la ſeule méthode de Pratique, dit-il, qu'il ait jamais vû réuſſir. Cette excreſcence qui reſſemble ſi bien à de la chair, prend generalement ſa naiſſance à l'extremité des vaiſſeaux ſpermatiques; s'entortille autour du corps du teſticule, & croît quelquefois à un point ſi énorme, qu'elle ſurpaſſe en groſſeur la tête d'un homme. La cauſe de cela eſt toûjours ou une congeſtion d'humeurs, une rupture, ou une contuſion de vaiſſeaux, & dans tous ces cas la ſuite naturelle eſt une obſtruction dans les conduits capillaires au moins, ſi ce n'eſt dans de plus larges. Là où qu'il y ait obſtruction, il y a non ſeulement une plus grande diſtenſion des vaiſſeaux, mais encore une plus grande affluence des fluides, comme cela ſe voit aſſez clairement dans toutes les tumeurs inflammatoires. Ainſi quand les vaiſſeaux des enveloppes vaginales ſont obſtruez, les parties ſolides doivent néceſſairement ſe dilater, & par une dilatation extraordinaire paroître dans une forme differente. Ces tumeurs peuvent ſe former, de cette maniere, & ce n'eſt pas l'unique, comme je l'ai inſinué ailleurs, il n'eſt pas beſoin de mettre la nature en frais en lui faisant créer de nouveaux vaisseaux pour loger cette matiere qui nourrit continuellement l'enflure; les petits tuiaux & les fibres creuses sont presque infinis, non seulement dans le corps d'un animal, mais encore dans chaque partie de l'animal dont tout le corps n'est qu'un composé d'une quantité innombrable de tels petits canaux; plusieurs de ces tuiaux, au moins les plus petits dans l'état naturel, sont ou vuides ou peu distendus; viennent-ils à être offensez, ils sont tout prêts à ouvrir leur capacité & à recevoir une quantité extraordinaire d'humeurs dans leurs cavitez; c'est ainsi que par une accrétion graduelle se forme le Sarcome & la Loupe, de même que lorsque l'écorce d'un arbre est blessée ou froissée, il s'y forme des nœuds. L'on sera plus convaincu que c'est bien là la maniere dont la nature produit ces excrescences, si l'on fait attention à quelques exemples semblables dans lesquels on voit plus clairement la maniere dont opere la nature. L'œuf quand il tombe dans la matrice, animé par la chaleur naturelle qu'il y trouve ne s'étend il pas & n'enfle-t-il pas ses minces vaisseaux, comme font les semences des vegetaux dans la terre? & ces mêmes vaisseaux ne sont-ils pas les rudimens de l'embryon qui se développe, lorsque ces vaisseaux sont parvenus au point d'extension auquel la nature les a limitez. Les extremitez des vaisseaux ombilicaux s'enlassent & forment le *Placenta*, de plus ils percent l'uterus au point qu'ils s'inoculent avec les vaisseaux qui le nourrissent. Et non seulement l'œuf quand il est dans la matrice, mais l'ovaire lui-même par quelque accident s'enfle & vient à une grosseur prodigieuse. Mais rien ne peut nous donner plus de lumieres sur ce sujet, que de considerer l'uterus lui-même. L'uterus est fort mince, comme on sçait, dans les femmes qui ne sont pas enceintes, & les vaisseaux tortillez & contractez serpentent en grand nombre sur ses enveloppes, & paroissent très-petits; mais dans le tems de la grossesse, sur-tout dans les derniers mois, on trouve les enveloppes beaucoup plus épaisses, le fonds de l'uterus est épais au moins d'un pouce, & les vaisseaux prodigieusement distendus. Et pour preuve que ce sont bien les mêmes vaisseaux qui étoient dans cette partie avant l'impregnation, lesquels ne sont que distendus de la maniere que nous avons dit, on éprouve que quand la femme est délivrée, que le lait coule aux mammelles, alors l'uterus par la révulsion se rétrécit tellement qu'il se remet à son état naturel : ainsi quand il y a flux d'humeurs dans les enveloppes vaginales, les petits vaisseaux sont tous ouverts & distendus. Quelquefois cette substance charnue s'attache non seulement à cette enveloppe, mais aussi au scrotum, de la même maniere que fait le Placenta à l'uterus. Il y a quelques exemples, quoique rares, où cette matiere charnue semble être jointe d'une maniere si lâche à la membrane où elle est renfermée, qu'on peut aisément l'en separer, comme l'insinue ici cet Auteur : ce qui n'est pas du tout contradictoire avec ce qui a été dit d'abord de sa production : car la chair consiste en differens plans de fibres, & quand un plan est enflé, on peut aisément comprendre comment il se rompt & se détache du reste. Les cors & les verrues sont differens plans de l'Epiderme separez l'un de l'autre, & on voit quelquefois un grand nombre d'hydatides distinctes sortir des membranes des vaisseaux lymphatiques. Dans ce cas où l'excrescence peut être détachée de l'enveloppe vaginale, on peut l'arracher sans couper le testicule, comme cela étoit proposé ici, pourvû que la racine en soit courte. Mais generalement l'excrescence est si fort adhérente à l'enveloppe, qu'on ne peut l'emporter sans arracher aussi le testicule : operation qui se peut faire aisément & sûrement, si le sarcome ou le schirre ne remonte pas plus haut, le long des vaisseaux spermatiques, comme cela arrive souvent, dans lequel cas un Chirurgien prudent ne hasardera pas sa réputation sur une cure qu'il ne peut achever. Il y a plusieurs exemples où un sarcocele est suivi d'un hydrocele ; quelquefois un hydrocele, quelquefois même une tumeur des épididymes a été prise pour un sarcocele, lequel doit être distingué avec soin des deux autres. Très-souvent la substance du testicule est fistuleuse & tourne en pus. En ce cas quoique quelquefois il ne paroisse pas de symptome par lequel on puisse certainement déterminer si le testicule est sain ou non, cependant l'avis que donne notre Auteur de l'emporter avec le reste, semble fort convenable. Quelquefois le sarcocele devient dur & schirreux, d'où Scacchus lui a donné le nom de *Tophacea*. Severin a observé qu'il forme une concrétion blanche comme la coquille d'un œuf ou d'une huitre : outre cela elle se termine souvent en cancer. On a tenté plusieurs méthodes

méthodes pour guérir cette hernie sans excision. Mathiole GUIL. DE
en rapporte une & Scultetus plusieurs qui avoient été gué- SALICET,
ris par la poudre d'Ononis, avec quelques applications topiques; mais ce specifique, comme eux & quelques autres
l'appellent, n'a pas si bien réussi, non plus qu'aucun autre
remede, qu'en general nous ne trouvions que le seul vrai
remede est l'excision comme l'Auteur le propose. Hildan
nous dit qu'il n'avoit rencontré dans le cours de sa pratique
qu'un sarcocele qui étoit au testicule gauche, & conclut de-
là que le testicule droit y étoit plus sujet, comme le gauche l'étoit à l'hydrocele ; mais comme cette opinion ne semble pas fondée dans la nature, aussi il n'y pas d'observations,
il y en a peu au moins suivant l'experience d'autres Ecrivains
qui établissent que la chose arrive ainsi: les raisons qu'Hildan
en donne sont si peu satisfaisantes, que quand même le fait
seroit vrai, nous ignorerions parfaitement pourquoi il l'est.

Cet Ecrivain donne plusieurs exemples de sa pratique dans
les plaies ; ^a il paroît qu'il a fait quelques cures qui ne sont *a* 2. 4. 7.
pas communes. En parlant des plaies au thorax, il a un 15. &c.
passage très-remarquable, touchant les nerfs de cette partie :
^b il dit que ceux de la sixiéme & septiéme paire, qui pren- *b* 4. 3.
nent leur origine du cerveau & de la nucque, servent pour
les mouvemens volontaires, & que les autres servent pour
les mouvemens naturels, ou vitaux ; ce qu'il prouve par le *Pag.* 315.
cas de l'apoplexie. Je remarque cela, parce que c'est exactement l'idée du fameux Docteur Willis, le premier inventeur du système nerveux. Cet Auteur voudroit que la
différence entre le cerveau & le cervelet, à l'égard de leurs
différens usages, consistât en ce que le premier est inte-
ressé dans les mouvemens animaux ou volontaires, & le
dernier dans les vitaux ou involontaires. Mais cette idée est
entierement renversée par ce qu'on peut observer des nerfs ;
car nous voyons plusieurs parties qui ne sont sujettes qu'aux
mouvemens volontaires, comme la langue, la bouche, les
yeux & tout le visage, recevoir des branches de la cinquiéme, sixiéme, septiéme & huitiéme paire des nerfs, tous pre-
nent leur origine de la moelle allongée, qui, selon lui,
appartient au cervelet. Il est vrai que les mouvemens involontaires du cœur, du diaphragme, &c. peuvent être con-

Kk

GUIL. DE SALICET. tinuez, si le cervelet reste, le cerveau fût-il emporté; comme la circulation continue pour deux ou trois jours à un chien dans cet état, on trouve aussi que dans l'apoplexie, après que tous les mouvemens volontaires sont arrêtez, la respiration continue & le pouls bat. Mais cela n'arrive point, parce que le cœur & le diaphragme reçoivent leurs nerfs du cervelet, c'est plûtôt parce que ce sont des muscles qui n'ont pas d'antagonistes, & qu'une moindre quantité d'esprits suffit pour continuer les fonctions vitales, quoiqu'elle n'ait pas le pouvoir d'operer les mouvemens volontaires. On trouve par cette raison que les plaies au cerveau sont souvent gueries, & qu'elles sont presque toûjours mortelles au cervelet : les symptomes qui les suivent en sont des prognostics assez sûrs, le vomissement, la sincope, le hocquet, & l'intermission du pouls. La distinction que fait Sennert en ce cas est très-juste, il dit que les plaies au cerveau sont fatales, non pas tant parce que le cerveau est offensé que parce que les fonctions vitales sont troublées, comme elles doivent l'être, lorsque le cervelet est blessé.

LANFRANC.

LANFRANC. LANFRANC, dans ce qu'il dit, a beaucoup pris de Guillaume de Salicet, mais il a changé sa méthode; & quoiqu'il cite Theodoric, je ne trouve pas qu'il ait fait mention de l'autre à qui il avoit plus d'obligation. Il nâquit à Milan, il passa après en France; il étudia à Lyon, de-là il alla à Paris en 1295. où il finit [a] l'année suivante le Livre que nous avons à présent. Il paroît singulier en certaines choses; il est fort opposé à la taille dans le cas de la pierre, parce qu'il avoit vû des exemples où cela empêchoit la génération [b] : il dissuade & la section & les caustiques dans l'hernie [c] : il désaprouve aussi le Trepan [d]; un plus grand nombre, dit il, sont gueris sans cela, & il renvoie à la Pratique d'Anselme des Portes pour une preuve du mauvais succès de cette operation. Il rapporte un cas d'une blessure à la tête, qui étant suivie [e] de convulsions, le malade se

[a] 3. 11.
[b] 3. 3. 8.
[c] 3. 3. 7.
[d] 2.
[e] 3. 1. 15.

trouva bien ; il obferverve au contraire, que lorfque la fievre fuit les convulfions aux plaies de la tête ou des nerfs, il n'a jamais vû de guérifon.

GUY DE CHAULIAC.

PAr le fecours de tous ces Auteurs, & par fa longue experience, GUY DE CHAULIAC, difciple de N. Dertrutius, dans une vieilleffe fort avancée, réduifit en 1363. l'art de la Chirurgie en fyftême; & quoiqu'il n'ait pas ajoûté à ce qu'il a trouvé dans fes Prédeceffeurs beaucoup de chofes nouvelles, comme il le dit lui-même, (car pour quelques-unes il l'a fait) Fallope qui n'eft pas un mauvais juge en fait de Chirurgie, le compare à Hipocrate. Guy avoit été Profeffeur à Montpellier; il pratiqua à Lyon plufieurs années ; il s'établit enfin à Avignon, où il fut le Medecin du Pape Clement V. & de fes fucceffeurs. Il dit qu'il n'avoit vû que le fixiéme Livre de Paul, duquel il femble qu'il fit un bon ufage, car il le tranfcrit fouvent. Le principal Auteur qu'il fuit outre celui-là, & qu'il fuit avec jugement, eft Albucafis. Je ne puis m'empêcher d'obferver qu'entre plufieurs Auteurs qu'il cite, il ne fait point mention de Celfe, qui, à ce que je trouve, étoit auffi peu connu des Ecrivains de ce tems-là que des Arabes. Il cite les Livres qu'il avoit lû & confulté, en compilant cet Ouvrage : il loue la traduction de quelques parties de Galien qu'avoit fait récemment fur l'ordre de Robert, Roy de Sicile, Nic. de Regio, Calabrois, fçavant en Grec & en Latin ; cette traduction, dit-il, furpaffoit de beaucoup la verfion Latine, faite de l'Arabe, laquelle étoit la feule en ufage alors. Non-feulement il cite plufieurs Auteurs, mais encore il en donne fon jugement. De plus il donne une hiftoire abregée de la Chirurgie de fon tems, il dit qu'il y avoit cinq Sectes parmi les Profeffeurs en cet Art : La premiere fuivoit Roger & Roland, & les quatre Maîtres, qui appliquoient indifféremment des cataplafmes à toutes les plaies & à tous les abcès. La feconde fuivoit Brunus & Theodoric, qui, dans ces cas là ne fe fervoient que de vin. La troifieme fuivoit Guillaume de Sa-

GUY. licet & Lanfanc, qui tinrent le milieu & traiterent les plaies avec des onguens & des emplâtres mols. La quatrieme Secte étoit celle des Allemans, qui fuivit les guerres & qui ufa de charmes, de potions, d'huile & de laine. La cinquieme enfin étoit compofée de femmes & de peuple ignorant, qui, dans toutes les maladies, n'avoient recours qu'aux Saints. Il fait cette réflexion generale & judicieufe fur toutes ces Sectes, qu'il eft étonnant qu'elles fe tranfcriviffent perpetuellement l'une l'autre, & que toutes allaffent par le même chemin, fe fuivant comme des grues.

Il rapporte un cas où il emporta une partie du cerveau & guerit le malade : c'eft peut-être là un des premiers exemples de cette forte en Chirurgie; [a] car Galien & les autres ne parlent que de cerveau bleffé, mais jamais de cervelle tirée dehors. Il croit pourtant le cas incurable s'il falloit emporter, comme il s'exprime, une cellule toute entiere, néanmoins, Theodoric [b] fait mention que fon Maître Hugue *de Luca* guerit; mais ceci pourroit bien être une de ces fables dont Guy [c] parle. Il rapporte d'une maniere particuliere une hernie inguinale & inteftinale, & donne des différentes manieres de faire la cure ou par fection, ou par cauftique; il préfere le cauftique & décrit amplement l'operation : il dit qu'il l'avoit vû faire trente fois avec fuccès par fon maître Pierre de Bonanto. Sur ceci & en plufieurs autres endroits, on trouvera différentes chofes que nos Praticiens modernes ont voulu faire paffer pour être de leur invention. Tagault a donné à cette Auteur une belle forme, & on peut le lire à préfent en latin fort élegant. Mais outre qu'il a omis beaucoup de chofes, & que quelquefois fuivant Joubert il fe trompe fur le fens, quand il differe de lui, il eft dans le tort.

Je ne puis quitter cet Auteur fans parler d'une defcription remarquable qu'il donne de la pefte [d] de 1348. qui fut fuivie d'une mortalité inouie. Elle vint des Indes, fit le tour du monde, & détruifit la quatrieme partie du genre humain. Elle dura trois ans dans l'Orient & y fut plus mortelle. Elle défola Avignon pendant fept mois; il y en avoit de deux efpeces : la premiere qui dura pendant les deux premiers mois, laquelle étoit fuivie d'une fievre violente, & d'un crachement de fang (& reffembloit fort à la pefte qui avoit été obfervée

[a] 3. 11.

[b] 2. 2.

[c] Cap. fingul.

[d] 2. 2. 5.

par Fracaſtor dans ſon tems) ; aucun de ceux qui en furent attaquez ne vécurent, & ils mouroient dans l'eſpace des trois premiers jours. L'autre ſorte qui ſucceda à la premiere parut avec une fievre continue, des charbons, des abcès, particulierement aux aiſſelles & aux hanches : elle étoit auſſi mortelle que l'autre ; & il y avoit cette différence, que ceux qui furent attaquez de celle-ci mouroient dans l'eſpace de cinq jours. Guy reſta lui-même à Avignon pendant le tems de cette peſte, & vers la fin il prit l'infection & en fut ſi mal pendant ſix ſemaines de tems, qu'il étoit abandonné ; mais enfin un bubon parut, & le ſauva heureuſement.

J'ai obſervé auparavant que la plûpart de ces Auteurs, & Guy lui-même, tranſcrivent ſur tout Albucaſis ; mais ils s'écartent du modele qu'il a laiſſé dans ſon Ouvrage Chirurgique, en ce qu'ils ne ſe renferment pas uniquement dans les bornes de la Chirurgie ou des operations manuelles, mais qu'ils traitent auſſi d'autres maladies, de celles ſur-tout qui demandent des applications exterieures, imitant en cela Avicenne & les autres Arabes. Leur intention ſemble avoir été de nous laiſſer un corps complet de Medecine, mais leurs Ecrits auroient bien mieux valu s'ils s'étoient tenus dans les bornes de la Chirurgie, ſur laquelle en bien des cas ils ont des obſervations bonnes & nouvelles, au lieu que quand ils ſe jettent ſur les autres maladies ils n'ont rien qu'ils n'aient pris.

ARDERN.

PArmi les Ecrivains de ce tems-là & de cette eſpece, il y a un Anglois qui mérite au moins qu'on faſſe mention de lui : JEAN ARDERN, Chirurgien, qui fit une figure aſſez conſiderable. Il dit qu'il vécut à Newark depuis 1349. lorſque la peſte commença juſqu'en 1370 de-là il ſe rendit à Londres, où ſa réputation l'avoit devancé depuis long-tems. Il dit encore qu'il pratiquoit bien avant qu'Henry, Comte de Derby, fût créé Duc de Lancaſtre en 1350. ce qui prouve qu'il n'auroit pû vivre aſſez pour être Chirurgien d'Henry IV. Il a laiſſé un gros volume de Medecine & de Chirurgie, mais ſur-tout de Chrirurgie ; il y en a parmi nous pluſieurs manuſcrits, cependant il n'a pas encore été imprimé ; ce qui eſt d'autant

ARDERN. plus étonnant, que cet ouvrage est peut-être aussi utile qu'aucun qui ait été écrit sur cette profession dans ces tems-là, excepté celui de Guy. Il semble être le premier homme qui a fait revivre la Chirurgie dans cette nation : car nos Compatriotes, desquels j'ai fait mention auparavant, paroissent avoir été peu exercez eux-mêmes aux operations, ils n'ont fait que transcrire les Auteurs qui étoient les plus modernes. Ardern étoit certainement un homme d'experience, comme le prouvent suffisamment les differens cas qu'il décrit dans ce Livre-ci. Il y a un air de simplicité répandu dans tout le Livre ; & quoiqu'il y paroisse souvent empirique, & quelquefois supersticieux, cependant eu égard à l'état où étoit alors la Medecine & la Chirurgie, on peut le regarder comme un Chirurgien passablement habile & rempli de probité : qualité, qui, après l'autre, est la principale à désirer dans un Chirurgien. Ses Ecrits contiennent une bonne pratique, & elle y est couchée de maniere que le Lecteur peut en profiter. Il a un grand nombre de remedes, de la plûpart desquels il étoit l'inventeur, comme le sont particulierement ceux qu'on a retenus dans nos dispensaires [a]. Il a inventé un nouvel instrument pour les clysteres, desquels il traite amplement ; il recommande particulierement le sel comme une des meilleures choses qui y doivent entrer. Il insiste beaucoup sur les avantages de ce remede, ou pour guerir les maladies, ou pour les prévenir ; & on croiroit, par ce qu'il en dit, que cette pratique étoit fort peu en usage, & fort peu connue parmi les Anglois dans ce tems-là : il dit que c'est l'ouvrage [b] d'un maître parfait ; qu'une grande circonspection est requise pour qu'il ne soit fait ni négligemment, ni avec témerité, & que pour l'avoir bien fait lui-même il a gagné souvent beaucoup d'argent & de crédit dans des lieux très-éloignez ; & il y a une telle dexterité suivant lui à bien faire l'operation dans des cas de colique ou, quand l'anus est trop resserré ; qu'à Londres [c], lorsque les Lombards (qui gagnoient autant par cette voie-là, que par celle de l'usure) essaioient en vain de donner du soulagement ; sa méthode réussissoit. Il conseille de prendre chaque année deux ou trois clysteres ; les avantages qui reviennent de cette méthode sont, dit-il, innombrables, & pour cela elle doit être reverée [d].

a *Valentia scabiosa Tapsi valentia, & Tapsimel.*

b *In hoc invigilet medicus, & in operatione non sit negligens, neque temerarius, quoniam opus est perfecti magistri, pro quo centies, &c.*

c *Cum pluribus vicibus Lumbardi clysteria suo more, &c.*

d *Hanc ejus beneficium nemo potest numerare, habeatur ergo in reverentia.*

DE LA MEDECINE. 263

Il y a dans cet ouvrage un long Traité sur la fistule à l'Anus, ARDERN. lequel a été traduit par Jean Read en 1588. & ce qui est surprenant, dit-il, c'est qu'il n'a jamais connu personne dans son tems, ou entendu parler de qui que ce soit, ni en Angleterre, ni au-de-là de la mer, qui ait prétendu la guerir, excepté un Religieux qui avoit été avec le Prince de Gales en Aquitaine, lequel étoit, ce semble, un imposteur: car lui Read en guérit plusieurs que le Religieux avoit laissé comme presqu'incurables. Les anciens Chirurgiens n'ont sçû la guérir & ont avoué qu'ils ne pouvoient le faire: Dieu, dit-il, qui a donné la sagesse, cache plusieurs choses aux sages, lesquelles il découvre aux simples. Il est vrai que les essais de cette operation étoient très rares dans son tems; on peut observer qu'entre tous les Chirurgiens d'alors, desquels je viens de faire mention, il n'y a que Guillaume de Salicet qui en traite à dessein, & il décrit la maniere de faire l'operation par une ligature qu'on serre, en tirant le fil comme si l'on scioit, ce qui doit être certainement très-douloureux. La raison pour laquelle on trouve que ces Auteurs Latins font si peu mention de cette operation, est peut être qu'Albucasis, qu'ils copient tous, la dissuade en plusieurs cas; & lorsqu'il la conseille, il semble qu'il aimeroit mieux qu'on la fist par le cautere actuel que par aucune autre méthode, ce qui étoit la pratique des anciens. Peut-être se figuroient-ils que cette pratique étoit si affreuse & si dangereuse, parce qu'il ne l'avoient jamais vû mettre en usage, quoiqu'elle ait été depuis recommandée par F. *ab Aquapendente*; cependant notre Compatriote Alexandre Read [a] croit que quiconque l'a hazardée, ressemble à un homme qui voudroit jouer au coq les yeux bandez. [a] Lect. 11.

Ardern rapporte les deux méthodes de faire l'operation par incision ou par ligature, telles qu'elles sont décrites amplement par Paul & Celse; il semble les avoir prises du premier Auteur: cependant il a décrit quelques nouveaux instrumens, comme le *Tendiculum*, & a donné de nouveaux noms aux anciens, comme ce qu'il appelle *sequere me* pour *specillum*; *acus rostrata*, pour la *faulx* de Paul; & *frenum Cæsaris*, pour le fil avec lequel on fait la ligature. Je ne trouve ces termes d'art dans aucun autre Auteur avant lui.

Il est clair par son propre récit qu'il avoit grand nombre de malades de cette espece, dont plusieurs étoient gens de la premiere qualité, & qu'il eut des succès extraordinaires. On peut remarquer une chose, c'est qu'il est très-soigneux à faire de bons prix ^a, & recommande une précaution, qu'on s'assûre, autant qu'on le pourra, d'être réellement payé suivant la convention, après que la cure sera faite. Il recommande la même chose ^b en d'autres cas, & il n'y a pas de doute que ce ne fût la coûtume dans ces tems-là. Il donne plusieurs recettes pour la chaleur d'urine appellée chaudepisse, qui vient souvent, dit-il, de la pierre; & il parle souvent çà & là d'abcès & de tumeurs scirrheuses, particulierement de celles qui se forment au membre viril, mais il ne donne pas à penser le moins du monde qu'elles fussent veneriennes; cela est très clair par le cas fameux qu'il rapporte d'un Curé, en qui il nous dit que le mal venoit d'une toute autre cause.^c

Je ne puis quitter cet Auteur, sans remarquer que quoiqu'il fasse mention de caustiques faits avec de l'orpiment & de l'arsenic sublimé, il est cependant assez sincere pour donner une longue histoire des effets terribles qu'ils avoient produits dans deux de ses malades, quand il étoit jeune Praticien. Ces deux cas paroissent rapportez avec assez d'impartialité, & doivent avoir assez de poids pour détourner tout autre d'un essai si téméraire.

Ce période, quelque stérile qu'il ait été, n'a pas fini sans nous faire voir quelque chose de fort étonnant; c'est une maladie dont on n'avoit encore entendu parler nulle-part, & qui revenant de tems en tems pour quelques années, a presqu'entierement disparu depuis. Cette maladie étoit la sueur, elle prit son origine dans notre propre Isle, c'est pourquoi il n'est pas étonnant qu'elle ait été décrite avec toute l'exactitude possible par un de nos Compatriotes le grand & docte *Caius*. Elle commença pour la premiere fois en 1483. dans l'armée d'Henry VII. lorsqu'elle mit à terre à Milford-Haven, & se répandit dans Londres depuis le 21. de Septembre jusqu'à la fin d'Octobre. Elle reparut ici cinq fois, & toûjours en esté: la premiere fois en 1485. après en 1506. ensuite 1517. alors elle fut si violente qu'elle tuoit en trois heures de tems, de maniere que nombre de personnes de qualité moururent, & que parmi le peuple en différentes villes la moitié

ARDERN.

a *Centum Marcas (à Nobili) vel xi. libras cum Robis & Fiodis & centum solidos per annum ad terminum vitæ.*

b *Inflatio in verga xi. solidos.*

c *In virga virili cujusdam Rectoris pruritus repente accessit, ita quod à fricatione abstinere non potuit, fricato vero per aliquod tempus, &c.*

moitié en périt. La quatriéme fois que cette maladie reparut fut en 1528. elle caufoit la mort en fix heures de tems; plufieurs perfonnes à la Cour en moururent, & Henry VIII. lui-même en fut attaqué dangereufement. En 1529. & alors feulement, elle infecta les pays-bas & l'Allemagne; elle fit fur-tout beaucoup de ravage en Allemagne, & elle fut la principale caufe de l'interruption de la Conference qui fe tint à Marpurgk entre Luther & Zuingle, fur l'Euchariftie. La derniere fois qu'elle a reparu parmi nous a été en 1551. Elle emporta dans un jour cent vingt perfonnes à Weftminfter, & les deux fils de Charles Brandon, tous les deux Ducs de Suffolk en moururent. Elle éclata d'une maniere furieufe, particulierement à Shrewfburi, où réfidoit *Caius* notre Auteur. Il décrit cette maladie telle qu'elle reffemble fort à l'affreufe Pefte d'Athenes: il l'appelle, avec raifon, une fievre peftilentiele contagieufe, qui duroit l'efpace d'un jour naturel; il regarde fa fueur feulement comme un fymptome ou une crife de la fievre. Voici comment on en étoit faifi: d'abord elle affectoit quelque partie; elle étoit fuivie d'une chaleur ardente & interieure; d'une foif qu'on ne pouvoit éteindre, d'infomnie, de mal d'eftomac & de cœur, quoique rarement avec vomiffement; de mal de tête, de délire & de défaillance, & d'un affoupiffement exceffif. Le pouls étoit fréquent & vif, la refpiration courte & embaraffée. Les enfans, les pauvres & les vieillards y étoient les moins fujets; tous les autres prefque en étoient attaquez, & la plûpart en mouroient. Dans cette Ville là où elle dura fept mois, il perit environ mille perfonnes. Ceux du pays qui voyagerent en France ou en Flandres n'en réchaperent pas: ce qu'il y a de plus étonnant, c'eft que les Ecoffois en furent exempts; que dans les pays étrangers les Anglois feuls en furent attaquez, & que les Etrangers qui étoient en Angleterre ne le furent point. Perfonne ne guérit avant vingt-quatre heures. D'abord les Médecins étoient fort embaraffez comment traiter cette maladie: la feule méthode de cure étoit d'entretenir long-tems la fueur qui étoit néceffaire; car fi elle étoit arrêtée, elle devenoit dangereufe & même fatale, de maniere qu'on n'avoit qu'à prendre patience; fe tenir couché, & ne pas prendre de froid: fi la nature n'étoit pas affez forte pour cela, c'étoit à l'art de l'affifter, en provoquant la fueur par plus de couvertures, par des remedes, par du vin, &c. La violence du mal paffoit en quinze heures, mais on n'étoit pas hors de danger avant que les vingt-quatre fuffent écoulez Il étoit néceffaire de renouveller la fueur en quelques-uns jufqu'à douze fois, s'ils étoient d'un temperamment robufte ; le plus grand danger étoit de fortir du lit. Quelques-uns qui n'avoient pas affez fué tomberent dans de très-mauvaifes fievres. Pendant tout le tems il ne falloit pas manger de viande ni boire dans les cinq premieres heures. A la feptieme le mal augmentoit, à la neuvieme furvenoit le délire ; fur toutes chofes il falloit abfolument éviter de dormir. Il parut par experience que cette maladie étoit plûtôt une furprife de la nature, comme Milord Bacon l'obferve, qu'un mal d'une nature incurable : car lorfqu'on prenoit les foins convenables, generalement le malade fe rétabliffoit.

A l'ouverture du feiziéme fiécle il fe préfenta une nouvelle fcene, la Medecine prit alors une face nouvelle, & l'hiftoire de ce fiecle auroit pû fournir à M. le Clerc beaucoup de particularitez plus dignes d'être rapportées, que le vain fyftême de Paracelfe, lefquelles auffi auroient pû être preferées étant de datte anterieure. Du tems des Arabes parut une nouvelle maladie, comme nous l'avons obfervé ; ce fiécle ne fut pas moins fameux par la naiffance d'une nouvelle maladie, qui, en peu de tems infecta toute l'Europe, & détruifit beaucoup plus de monde que l'autre maladie n'avoit fait. Cette maladie eft la verole, apportée par quelques Compagnons de Colomb, des Indes Occidentales, où elle étoit alors épidemique & contagieufe comme la gale ; elle avoit fait quelque progrès en Italie dans l'an 1492. mais comme elle fut peu répandue, on y fit peu d'attention. Cependant deux ans après, le Siege de Naples lui donna occafion de fe répandre dans l'Armée Françoife, qui en porta l'infection au travers de toute l'Italie, en France & en Efpagne, d'où peu de tems après elle fut, non feulement répandue dans toute l'Europe, mais encore portée en Afie & en Afrique. Ici on peut obferver une chofe fort extraordinaire, c'eft que les Efpagnols de cette premiere expedition qui fe fit en Amerique en rapporterent cette infection, &

peu après ils porterent eux-mêmes aux Indes une autre sorte de contagion qui est la petite verole, dont l'histoire dit que le Prince Indien Montezume mourut. On raconte l'origine de la grosse verole de manieres différentes, quoiqu'on s'accorde sur l'époque. Sydenham l'a fait venir de Guinée, & Manard rapporte qu'une fameuse Prostituée de Valence en Espagne, laquelle aiant eu affaire avec un malheureux couvert d'un *elephnatiasis*, donna l'infection à plus de quatre cent, quelques-uns desquels suivirent Charles VIII. en Italie. Mais il y a apparence que cette misérable de Valence avoit reçû l'infection de quelqu'un qui venoit d'Amerique. M. le Clerc à peine rend-il aucune raison des symptomes de cette maladie ni de sa cure; comme elle est cependant la chose la plus étonnante qu'il y ait encore eu dans l'Hstoire de la Medecine, si nous considerons ou la cause de sa production, ou la nouveauté de son origine, ce sera bien la peine d'observer sous quelle forme elle parut d'abord, & comment elle a varié après; quels progrès elle a fait, & par quelle nouvelle méthode on a essaié d'arrêter la furie de cette nouvelle peste. Je donnerai donc une idée abregée de ce qu'elle a été dans les cinquante ou soixante premieres années, par où on découvrira quelque chose de la Theorie & de la Pratique de ceux qui ont vécu & écrit dans ce tems-là.

D'abord il ne sera pas hors de propos de remarquer que d'abord que cette maladie parut, & depuis même, il y a eu des gens, qui n'étant pas accoûtumez à penser par eux-mêmes, & à marcher dans d'autres voyes que celles que les Anciens ont tracées, se sont donnez beaucoup de peine pour prouver que cette maladie a été connue & des Grecs & des Arabes, & qu'imparfaitement décrite à la verité elle est représentée sous les noms de différentes sortes de lepres, ulcerations & autres affections cutanées. En cette maladie on a un exemple comment le sens des anciens Auteurs peut être forcé, pour servir d'appui à une opinion favorite. Ici donc, citer a été raisonner, apporter des lambeaux de différens Auteurs, a été prouver; on a accumulé des symptomes tirez de divers Auteurs, jusqu'à ce qu'on a formé une maladie telle que les Anciens n'en ont jamais eu la moindre idée.

Ceux qui ont tâché de prouver que la petite verole se trouve dans Hippocrate & Galien, ont suivi la même maniere de raisonner. Telle est la chimerique idée de M. Huet sur les éruptions & les pustules vesiculaires, qu'il prend de Vectius Valens, d'Ætius & de Gregoire de Tours [a]. Des Ecrivains & des Raisonneurs de cette trempe, peuvent nous montrer leur lecture; mais ils font voir en même tems qu'ils peuvent lire sans jugement. Pour ne pas pousser la chose plus loin, disons, que qui que ce soit qui a le sens commun n'a qu'à lire les cas rapportez par G. Torella, qui vécut & pratiqua au tems de la premiere éruption de ce mal, & voir s'il pourra appliquer quelque description de maladie qu'on trouve dans les Anciens à ces symptomes & à ces apparences. Qu'on examine avec attention la belle & exacte peinture d'un *elephantiasis*, faite par *Aretæus*, & qu'on forme de tout ses traits, si l'on peut, quelque chose qui ressemble à la nouvelle maladie. On pourroit aussi-bien, je croi, avec *Jean de Gaddesden*, s'imaginer que *Chiragra* & *Podagra*, deux sortes de ce qu'il appelle *gutta*, sont des especes de la lepre appellée *elephantiasis* [b], comme de croire que l'*elephantiasis* des Anciens est la verole des Modernes. On peut passer à des personnes purement speculatives & non versées dans la pratique, de pousser loin leur imagination sur ces matieres, & sur une lueur ou une expression d'Auteur ancien, s'efforcer de faire à l'antiquité des honneurs dont elle n'a pourtant pas besoin. On peut rapporter à ce propos ce que Valesius conclut d'un récit de Tacite [c] sur le visage de Tibere, ç'a été, selon lui, un cas venerien. Cependant, comme dans aucune maladie qu'on puisse lire dans les Ouvrages des Anciens, il n'y a pas eu la même complication de symptomes, la maladie dont je vais parler à présent, a été observée si particulierement dans plusieurs circonstances, que le plus grand nombre des Praticiens les plus sçavans & les plus experimentez, ont d'abord été convaincus qu'elle étoit d'une nouvelle espece & d'une origine moderne, & telle, qu'elle n'a été connue ni des Medecins Grecs, ni des Arabes. C'est ainsi, dis-je, qu'en ont pensé ceux qui ont vécu dans ce tems-là. Le pere de *Fallope* étoit au Siege de Naples, & c'est probablement de lui que vient le détail de l'origine de cette maladie tel qu'on le lit dans

[a] *Comment. de Rebus, &c.*

[b] *Sunt species lepræ cies lepræ meo judicio quæ vocantur Elephantiasis.*

[c] *Ulcerosa facies ac plerumque medicuminibus interstincta.*

les Ecrits de son Fils. *Torella*, l'un des premiers qui ait écrit sur cette maladie, suppose qu'elle est nouvelle ; car sans cela il n'auroit jamais eu recours à une telle cause que la conjonction de quelques planetes. La lepre étoit commune alors, & il n'avoit pas besoin d'en aller chercher la cause dans les phenomenes célestes. Et Jacques de Catane, qui a écrit quelques tems après, quoiqu'il remarque qu'il y paroissoit de tems en tems quelques symptomes de lepre, comme cela arrive souvent, affirme cependant d'une maniere très positive que c'est une nouvelle maladie, & pour cela on lui donna souvent le nom de *Patursa*, expression qui étoit en usage parmi les Indiens.

Telle étoit l'opinion des Européans en ce tems-là, & on trouvera dans J. Leon qui a écrit l'Histoire d'Afrique bien-tôt après la naissance de cette maladie, qu'on en a eu là la même idée : « En Barbarie, dit il, ils meurent pour la plûpart, & sont rarement guéris : sur les montagnes d'Atlas, & par toute la Numidie & la Lybie, à peine connoît-on cette maladie; de maniere que souvent les personnes infectées, fuient en Numidie ou dans la Terre des Negres, dans lequel pays l'air est si temperé, que le seul séjour qu'ils y font les rétablit en parfaite santé, de sorte qu'ils s'en retournent très-sains chez eux ; ce que j'ai vû de mes propres yeux arriver à plusieurs sans le secours d'aucun remede. Le nom même de cette maladie n'étoit pas connu en Afrique avant que Ferdinand, Roy de Castille, eut chassé les Juifs d'Espagne : aprés le retour des Juifs en Afrique certains malheureux débauchez connurent leurs femmes, & ainsi de l'un à l'autre la maladie se répandit dans toute la nation, de maniere qu'il n'y avoit presque pas une famille qui en fût exempte. Malgré cela on fut très persuadé que cette maladie venoit originairement d'Espagne, surquoi faute d'autre expression ils l'appellent *la Verole Espagnolle*. Néanmoins à Tunis & par toute l'Italie, elle est appellée *le mal François* : elle est encore appellée de même en Egypte & en Syrie, & c'est un mot très-commun pour maudire quelqu'un : *Le mal François te prenne*. Je trouve aussi que de fort bonneheure on lui donna ce nom en Angleterre, comme cela paroît par le Testament de D. Collet, Doyen de Saint Paul en 1518. Il faut cependant avouer qu'il y a quelques passages remarquables dans quelques Ecrivains devant ce tems, sur lesquels on auroit une raison plausible au moins de soupçonner qu'ils avoient eu quelque sorte de connoissance de cette maladie : car quelques-uns d'eux attribuent en termes directs la cause d'un symptome ou deux, fréquens dans les cas veneriens, à un coït impur.

Gordon, en parlant des abcès, des ulceres & des douleurs *in peni*, donne entr'autres cette cause : *Jacere cum muliere cujus matrix est immunda, plena sanie, aut virulenta.* Et avant lui Lanfranc qui est plus détaillé dans sa description du même mal, laquelle description il prend comme presque toute autre chose de Guill. de Salicet à ces expressions-ci :

a 3. 11.   a *Ulcera veniunt ex pustulis calidis virgæ supervenientibus quæ postea crepantur vel ex acutis humoribus, vel ex commixtione cum fæda muliere, quæ cum ægro talem habente morbum de novo coiverat. Si quis vult membrum ab omni corruptione servare, cum recedit à muliere quam habet suspectam ab immunditia, lavet illud eum aqua cum aceto mixta.* Notre Compatriote Jean de Gaddesden prend de là mot pour mot ce qu'il dit de ce symptome & de la recette, & il l'insere dans son chapitre sur la Lepre. Quelques-uns auroient voulu inferer de là que ce n'étoit pas une veritable lepre : car, disent-ils, la lepre n'est pas contagieuse, ni elle n'est jamais communiquée par la copulation charnelle : mais sûrement quiconque examinera bien l'histoire de cette maladie trouvera

b 4. 1. 120.   que les Anciens en avoient une toute autre idée : b *Ætius* dit expressément qu'elle est contagieuse; & pour cette même raison il pense qu'il n'est pas sain d'être trop près d'un lépreux. Il est probable que c'est pour la même raison qu'il prononce que le coït est très-pernicieux dans ce cas là; c'est aussi pour cela qu'il parle de la castration comme d'un préservatif, il

c 4. 1. 122.   avoit vû lui-même la cure faite par là c.

d 4. 3. 3.   Avicenne d dit que l'air même est corrompu dans ce cas là, comme il l'est dans la peste, la rougeole & la petite-verole; & si la contagion peut être ainsi répandue, c'est-à-dire, par le moyen de l'atmosphere dans la lepre, combien plus le venin doit-il être actif dans un contact immédiat ? Ç'a été une mode dernierement de nier qu'il y ait aucune contagion dans les maladies, même dans celle qui est si terrible pour cette même raison, je veux dire la peste : mais dans le cas de la lepre ces nouveaux Directeurs en Medecine feroient bien de considerer que Moyse, le plus grand aussi-bien que le plus ancien Ecrivain du monde, étoit d'une opinion tout-à-fait contraire, car autrement il n'auroit pas été si circonstancié dans la loi qu'il a faite à ce sujet, dans laquelle il marque quand & comment les personnes souillées doivent être séparées de celles qui sont nettes, & il n'auroit pas été si rigoureux dans ses édits, par lesquels ils ne souffroit pas que ces personnes vecûssent dans le même camp ou dans la même ville, de peur de répandre l'infection [a]. Et comme cette maladie étoit communiquée par la proximité, & particulierement par l'attouchement, ceci seul peut être une bonne raison, pour laquelle les Septante [b] dans ces chapitres qui regardent la lepre, rendent toûjours l'expression hebraïque, qui signifie un coup par le mot αφη; c'est pourquoi aussi la Traduction Angloise l'appelle peste ou lepre. Mais pour revenir à Avicenne, je dois observer qu'il remarque cette même maniere de communiquer la lepre, & qu'il parle de ce symptome particulier, c'est-à-dire, d'un ulcere *in peni* avec une ardeur d'urine, comme le coït en occasionne souvent, quoique cet Auteur ne dise rien de plus de son impureté, sinon que la personne étoit lépreuse. Les Ecrivains que j'ai citez font mention de ce seul symptome, comme devant quelquefois son origine au coït, & aussi la description est directement celle d'une gonorrhée virulente; mais ils ne supposent pas qu'une personne ainsi infectée soit attaquée d'aucun autre mal. Je crois que l'on peut dire que ceci a tout-à-fait l'air d'une maladie venerienne, qui si elle se confirme, se manifeste après en cent autres formes, & produit autant de maux différens, c'est avec aussi peu de raison qu'on appliqueroit à ce cas la tache de la chair, si souvent mentionnée dans le 15. du Levitique; car si on fait attention au nombre des jours de séparation qui est enjoint, on verra clairement que ce dont il s'agit là ne peut être du tout cette maladie; & l'on sçait outre cela qu'une simple gonorrhée, les menstrues mêmes étoient regardées dans tout l'Orient comme aiant en elles quelqu impureté & quelque contagion; c'est pourquoi la loi Mosaïque

[a] *Levitic.* 3.

[b] *Levitic.* 13 & 14. *Deuteron.* 17. 8.

les soûmet aux mêmes restrictions que pour la lépre. Rhazès, qui comme on l'a vû, pratiquoit en Perse, fait mention d'un ulcere *in peni* [a], causé par une maniere particuliere de coït, *ascensio mulieris supra virum* : mais personne ne voudra, je pense, conclure de là qu'il l'a regardé comme ce que nous appellons à présent mal venerien, ou qu'il ait entendu qu'une telle position seulement communique ce poison. L'absurdité d'un tel raisonnement est très-évidente, comme si tout ulcere qui flue à cette partie étoit venerien, & ne pouvoit venir d'aucune autre cause, ou qu'une gonorrhée virulente fût toûjours une suite nécessaire d'un coït impur. De telles idées seront très-bien refutées par l'histoire de cette maladie ; on y verra que ce symptome même n'a paru au moins que quarante ans après l'infection Neapolitaine, & même à présent il ne se trouve pas dans toutes les personnes qui ont la verole.

Cependant pour ne rien cacher, il y a encore quelque chose de plus fort en faveur de l'opinion de ceux qui croient cette maladie plus ancienne, & on le trouvera dans Guillaume de Salicet, lequel va plus loin sur cette matiere que Lanfranc son Copiste. En parlant d'un bubon il dit qu'il arrive souvent [b], *cum accidit homini in virga corruptio, propter concubitum cum fœda muliere, aut ob aliam causam : itaque corruptio multiplicatur & retinetur in virga, unde non potest natura mundificare virgam aut locum primò propter multam plicaturam partium illarum, & propter strictam viam illius loci, unde redit, & regurgitat materia ad locum inguinum, propter habilitatem loci illius ad recipiendam superfluitatem quamlibet, & propter affinitatem, quam habent hæc loca ad virgam.* Cela est exprimé en termes très-clairs, & même ce passage paroît le premier qui semble dire quelque chose sur ce sujet, & qui prouve autant qu'aucun autre que j'aie pû trouver depuis : je ne vois pourtant pas qu'aucun Auteur y ait fait attention. *Pierre de Argileta*, qui a écrit long-toms après Guillaume de Salicet, a emprunté de lui tout ce qu'il a sur ce sujet, sans le nommer, il ajoûte seulement, [c] *unum recordor vobis, &c. id est.* Si l'on ne purge pas avant que d'appliquer aucun onguent astringent dans un ulcere à la verge, il surviendra un bubon. Mais je crois qu'il s'en faut beaucoup

coup que cela prouve que la maladie venerienne fût connue, même de Guillaume de Salicet. S'il l'avoit connue, sûrement il auroit fait mention de quelques autres symptomes, qui sont aussi particuliers & aussi remarquables dans ce cas que le bubon. Il ne parle même de ce dernier qu'en passant, & comme provenant d'un coït impur, & met cette cause parmi les autres, qui suivant lui produisent souvent une semblable tumeur. Comme il est le premier qui fasse mention d'un bubon produit ainsi, il peut se faire qu'il en eût rencontré un exemple, & que le mal fût provenu de quelqu'autre cause, car sûrement tous les bubons ne sont pas veneriens : & à l'égard de l'origine du bubon, nous voyons tous les jours dans la Pratique qu'une humeur ou un ulcere mal traité ou arrêté trop tôt, en quelque partie du corps qu'il soit, occasionne une enflure ou un abcès dans quelque partie voisine. On peut assûrer, je pense, avec beaucoup de raison, qu'il peut y avoir des ulceres ou un flux de quelque matiere corrompue en quelque endroit de la verge, lesquels peuvent n'avoir pas une cause venerienne, mais être produits par quelque humeur âcre & virulente qui se décharge là. Quelquefois même les glandes du gland & celles de l'extrémité de l'urêtre, poussent au-dehors leurs humeurs dans une quantité à donner le change à gens qui ne seront pas sur leurs gardes, & ils les regarderont par méprise comme un écoulement venerien ; les parties sont quelquefois si fort excoriées dans ce cas, qu'elles occasionnent un phimosis. Dans quelque flux d'humeurs qui arrive à ces parties, s'il ne s'y fait pas une décharge suffisante, il pourra se former un bubon dans l'aîne, lequel ne sera pas venerien. Il pourra se former de telles humeurs corrompues non-seulement des bubons, mais encore des tumeurs & des abcès dans lequel que ce soit des parties génitales, & sans doute un tel mal peut venir du commerce avec quelque femme, qui sans lepre ou maladie venerienne pouvoit avoir quelque ulcere ou quelque abcès à ces parties. Par là on peut rendre raison de la putrefaction observée dans le cas de Jean de Gaunt, & l'échaufement dont il est si souvent fait mention dans notre histoire d'Angleterre. Tout ce que nos Anciens Medecins, & Jean d'Ardern ont dit sur ce dernier sujet, est pris des Ara-

M m

bes, qui dans quelque excoriation ou ulcere au *penis* ou au vagin, font mention de l'ardeur d'urine, que leurs Traducteurs ont appellé *ardor*, *arsura*, *incendium*, surquoi ils prescrivent plusieurs injections différentes. On pourroit tirer des argumens de ce que j'ai rapporté de Guillaume de Salicet, & plus encore du chapitre que j'ai cité de Theodoric ; mais ces symptomes tels qu'ils sont décrits, quoique survenus après le coït, forment-ils un mal qui ait du rapport veritablement au mal venerien ? Quiconque lira l'examen des lépreux publié par Gesner, ne trouvera pas six symptomes dans ce catalogue qui en contient près de cent, lesquels puissent convenir avec ceux qui paroissent dans tous les différens periodes du mal François, si on les examine de près.

Quoi qu'il en soit, je n'en dirai pas davantage : comme M. le Clerc l'observe très-bien, si cette maladie avoit été ancienne, les Poëtes au moins en auroient parlé, s'il avoit été possible que les Medecins n'en eussent rien dit. C'est là, je pense, un argument qui prouve fort bien que cette maladie n'étoit pas connue dans des tems plus reculez, autrement un sujet si abondant n'eût pas échapé à la raillerie du Dante, de Petrarche & de Boccace. Je passe à l'histoire de cette maladie, telle qu'elle a été rapportée par les Modernes.

N. Leonicenus, le grand Restaurateur de la Medecine Grecque, qui a été un Professeur célebre à Ferrare, a le premier publié quelque chose sur ce sujet, & les seuls symptomes qu'il décrit sont des pustules qui surviennent d'abord aux parties de la génération, & qui se répandent par tout le corps, & particulierement sur le visage avec beaucoup de douleur; ce traité n'est gueres qu'une dispute d'école. Comme le sujet étoit nouveau, l'Auteur examine à quel point ce mal ressemble ou ne ressemble pas à un élephantiasis, ou à l'*ignis sacer*, ou *persicus*, ou d'auttes maladies décrites par les Anciens; il parle beaucoup des causes, mais il ne dit rien de la cure. En un mot il ne semble pas avoir jamais eu de pratique touchant ce cas. On peut en dire autant de Seb. Aquilanus, qui écrivit à peu près dans le même tems ; de même que de Noël Montresor, qui répond à *Leonicenus*, comme d'Ant. Scanarole, qui repliqua en défense du dernier en 1498.

Dans cette même conjonĉture parut G. Torella, Médecin de Céſar Borgia, & du Pape Alexandre VI. que ce Pape fit après Evêque de S. Juſta ; mais il ne raſſembla tous ſes mémoires que dix ans après qu'il eut quitté la Pratique. Il va un peu plus loin que *Leonicenus* touchant cette maladie ; il obſerve des douleurs nocturnes & des ulceres excorians de différentes ſortes : tout ſon diſcours eſt pris d'Avicenne, ſuivant la mode de ce tems-là d'appliquer la doĉtrine Arabe à quelque maladie que ce fût, quoiqu'il pût n'y avoit aucun rapport. Cependant il ajoûte cinq cas où il y a quelque choſe de remarquable & de neuf : Dans le premier il parut au ſecond jour un chancre fort dur ; il ſurvint au ſixieme jour de grandes douleurs, & au dixiéme nombre de puſtules. Dans le ſecond cas au treiziéme jour il parut des puſtules, au trente-cinquiéme il ſurvint de vives douleurs & un enrouement. Au troiſiéme cas, après dix mois, il y eut une eſpece de gale & des douleurs. Au quatriéme cas des douleurs ſe firent ſentir preſqu'immédiatement ; après deux mois, il ſortit une gale qui couvrit tout le corps, & alors la douleur diminua : cela continua ainſi pendant dix mois, & à la fin de l'année deux ulceres parurent à la jambe avec beaucoup de douleur. Dans le cinquiéme cas il remarque douleurs, puſtules & ulceres, en ſorte que l'os étoit preſqu'entierement découvert. Il ſemble que ce ſoit-là le premier détail qui donne une idée de cette maladie : détail aſſez imparfait, dira-t-on ; mais on aura lieu de ſe plaindre encore davantage à l'égard de la méthode de la cure. Il dit que la découverte de cette méthode fut faite dans le tems de Borgia, mais elle ne conſiſte qu'à purger, ſaigner, délayer, baigner, & n'eſt autre choſe que la méthode Arabe dans toutes les maladies cutanées & les ulceres. A l'égard de la friĉtion mercurielle il la condamne comme pernicieuſe, & remarque combien de perſonnes ont été tuées par d'ignorans Charlatans qui l'ont hazardée. Il nomme entr'autres le Cardinal de Segorbe, Alonſo, Borgia & ſon frere, commes victime de cette méthode : ce dont on ſe ſervoit beaucoup dans ſon tems étoit, dit-il, *unguentum ſarracenum*, que Guy recommande beaucoup pour la gale, & lequel, quoiqu'il offenſe les dents & les gencives, fait ſortir les humeurs par la bouche. Il décrit deux autres ſortes d'onguents mercuriels ; il dit qu'ils ont détruit un nombre infini de perſonnes qui ne mouroient pas, mais qui étoient tuées ſur le champ ; ſur quoi il ajoûte que ces témeraires empiriques doivent rendre compte de leur manœuvre en l'autre monde, ſi ce n'eſt en celui-ci, & être plongé dans l'abîme du répentir. Je répete ces paroles pour vous faire voir en quel état étoit alors la Pratique : il eſt viſible qu'avant que les Medecins euſſent appris à connoître la maladie & la méthode de la cure, on fit beaucoup de ravage par un traitement hardi & indiſcret, & que les remedes furent auſſi meurtriers que la maladie même. Fallope (dont j'aurai occaſion de faire mention dans la ſuite) fait une remarque très-juſte, que Borgarutius prend de luy mot pour mot, qui eſt que les Medecins étoient fort mépriſez alors ; & que ſi les Eſpagnols n'avoient pas découvert comment cette maladie ſe guériſſoit aux Indes par le guaiac, & qu'un Chirurgien hardi n'eût pas trouvé par hazard l'uſage du mercure, cette maladie auroit encore été indomptable. A l'égard du mercure, c'eſt par hazard qu'on a connu qu'il guériſſoit la vérole en donnant un flux ; mais je ne ſçaurois convenir avec ceux qui s'imaginent que c'eſt en ce tems qu'on découvrit que le mercure avoit cette qualité : car outre ce que Guy a remarqué [a], il eſt clair que cette proprieté du mercure même en maniere de friction étoit connue de Theodoric, qui décrit différentes formes de pareils onguens, & preſcrit combien ſouvent & combien longtems cette friction doit être continuée, juſqu'à ce que le flux commence ; il ordonne que le malade prenne garde de gagner du froid, il lui défend de ſe laver pendant quarante jours. L'humeur fluera de la bouche comme une riviere, & il ſçait, dit-il, que cette méthode aura un ſuccès aſſûré *in malo mortuo & ſcabie* [b]. Ces applications mercurielles ont été évidemment priſes des Arabes, & par analogie à la gale, aux dartres & à la lepre, elles ont été heureuſement appliquées à celle-ci. Rhazès, Avicenne & les autres, preſcrivent les mêmes remedes exterieurs pour les affections cutanées, quoique ſans deſſein de provoquer le flux. Cependant *Alfaharavius* qui a vécu plus tard, ſemble avoir connu cet effet ; car il traite de la cure au cas où la bouche, la langue, & ſurtout le gozier, ſont enflez & ſuivis de corroſion & d'une odeur

[a] *Num. 6. 2. 3.*
[b] *Queſt. 3. 49.*

forte des onguens mercuriels ; cas qu'il avoit vû très fouvent [a].

Reprenons notre hiftoire. En 1516. J. Almenar, Efpagnol publia un petit Traité, mais il n'y ajoûte rien à la defcription de *Leonicenus* ; il paroît recommander l'ufage du mercure, mais tel que les Arabes l'ont prefcrit ; car il eft fi éloigné de confeiller la falivation, que lorfqu'elle commence à paroître fon principal foin eft de la détourner, en déterminant les humeurs vers les parties inferieures par des remedes convenables.

En 1518. Leon Schmaï imprima une répetition de ce que *Leonicenus* avoit dit auparavant ; il n'a rien de neuf que le Guaiac dont il parle, lequel avoit été apporté nouvellement en Europe. Mais dans la même année Jean de Vigo, Medecin de Jules II. écrivit quelque chofe fur cette maladie : il obferve que les puftules aux parties fécretes deviennent fouvent livides, & après avoir été guéries reparoiffent en forme de verrues par tout le corps. Souvent après fix femaines on a fenti de grandes douleurs ; fouvent après douze mois on a vû des ulceres virulens, des nodus, des caries d'os, des abcès, des douleurs, particulierement aux jointures & au front. Ordinairement cette maladie eft confirmée en dix, douze ou dix-huit mois, & fe termine enfin par d'autres maladies, tantôt l'une, tantôt l'autre. A l'égard de la cure il remarque que tous les Anciens remedes ont manqué ; & que fi la maladie eft confirmée, il n'y a rien à efperer que des onguents mercuriels, qui par falivation la guériffent infailliblement, à ce qu'il dit, dans une femaine. C'eft là la premiere trace que nous trouvions où cette Pratique foit recommandée. Il décrit le cerat mercuriel qu'il avoit éprouvé mille fois ; il eft le moins pénible pour le malade, il opere plus fûrement & plus efficacement que tout autre. Le fameux Anatomifte & Chirurgien Jacques de Carpi, ou Berenger qui fut en grande réputation au commencement de ce fiecle, eft, à ce qu'on fuppofe, le premier qui eut ce fecret avec lequel il fe fit une fortune immenfe, de maniere qu'il laiffa 40. ou 50000 écus au Duc de Ferrare, outre une grande quantité de vaiffelle. M. le Clerc dit qu'il tua beaucoup de monde, mais je ne vois pas par où cela paroît : peut-être fût-ce de ce grand homme que J. de Vigo apprit cette méthode de faire des frictions ; quoi qu'il en soit il eut un grand succès dans cette Pratique à Rome, & devint très-riche aussi-bien que ce Chirurgien.

C'est là jusqu'à ce tems tout ce que je puis trouver sur cette maladie, soit à l'égard de la description, soit à l'égard de la cure. Un peu avant le guaiac, ce grand specifique avoit été apporté en Europe, & acquit un tel renom, qu'on en faisoit au moins autant de cas que du mercure, & que même pendant quelque tems il eut une plus grande vogue : Gonsalvo Ferrand fut le premier qui l'apporta. Il avoit gagné lui-même la maladie à Naples ; & n'aiant pû réussir à se faire guérir, il alla aux Indes Occidentales, dans le dessein de découvrir comment les Habitans de ces pays-là traitoient cette maladie, qu'il sçavoit être fort commune parmi eux, & aussi commune que la petite verole l'étoit en Europe. Circonstance assez remarquable ; le même pays a donné la maladie & l'antidote peu d'années l'un après l'autre : cela semble prouver que c'étoit une maladie toute nouvelle, & apportée du monde nouvellement découvert, comme on l'a déja dit, autrement qu'est-ce qui auroit pû engager Ferrand à aller chercher aux Indes sa guérison ? Quand il eût acquis la connoissance du remede, (lequel avoit là un succès universel, & principalement, suivant les apparences, parce que le climat est chaud, & la maniere de vivre moderée) il revint en Espagne, s'établit lui-même pour la cure de cette maladie, & gagna autant de biens par cette méthode, que les personnes qui traitoient avec le mercure avoient pû en acquerir par la leur. Je suppose qu'il fit monopole du remede; car il paroît que quelque tems après on le vendoit sept écus d'or la livre.

Jac. de Catane, qui semble avoir écrit avant ce tems (car il ne fait pas mention du Guaiac) & certainement après Torella, est un peu plus détaillé : outre les symptomes déja décrits il remarque une grande chaleur *in peni*, & des ulceres à la gorge, de même que dans cette partie. La luete est quelquefois rongée, & quelquefois le venin est caché pendant des années entieres avant qu'il paroisse ; Fernel semble aller un peu trop loin, quand il dit pendant l'espace de trente ans. J. de Catane fait mention de la méthode commune de la cure, ordonne l'usage de l'onguent mercuriel jusqu'à ce que les gencives enflent, & propose les précautions qu'il faut prendre en les faisant; il donne les remedes contre les accidens qui peuvent arriver dans le cours de l'operation; & il est le premier qui, au cas qu'il reste après la friction quelques symptomes virulens, conseille d'y revenir une seconde fois après que le malade a repris ses forces; pratique qu'il a vû souvent réussir.

Pierre Maynard de Verone, autre Auteur de ce tems là ou environ, ne dit rien ni du guaiac, ni du Mercure, mais il décrit les symptomes mieux qu'aucun autre n'avoit fait avant lui. Il parle des corrosions qui se font non-seulement à la luete, mais encore à la trachée artere & au nez; il fait aussi mention des ulceres & des nodus aux jointures. Et quoiqu'il fasse mention des abcès en plusieurs endroits, j'observe qu'il ne dit rien, particulierement du bubon; je n'ai rien trouvé non plus là-dessus dans tous les autres Auteurs. Il est fort adonné à l'Astrologie, & avoit une telle connoissance du Firmament, qu'il prédit que cette maladie, qui devoit sa naissance à certaines conjonctions malignes de planetes, se termineroit en 1584. Il fit cette prédiction un peu témerairement: il eut poutant la prudence de fixer le tems de l'accomplissement si loin de lui, qu'en tout cas on ne pût lui faire pendant sa vie le reproche d'avoir prophetisé à faux.

Fraçastor qui fut habile dans sa profession, comme dans toutes les autres sciences, parle à peu près de même sur cette maladie, & dans son admirable Poëme qu'il appelle Syphilis, lequel il écrivit vers la fin du regne du Pape Leon, il fait mention particulierement du bubon & du dérangement dans la voix causé par des ulceres à la gorge, ce qui prouve qu'il n'étoit pas moins excellent dans ses descriptions de Medecine que dans les Poëtiques. Non-seulement il parle de la friction mercuriel & du guaiac, il fait encore mention des suffumigations de Cinnabre, mais il semble les craindre.

Quelque tems après, lorsque les vertus de la squine & de la salseparcille furent découvertes, *Louis Lobera*, Espagnol, qui avoit beaucoup voiagé, & qui fut Medecin de Charles Quint, publia un Traité sur cette maladie; il est court il est vrai, mais il contient de meilleures observations que des volumes entiers de quelques autres. Outre les chancres (qu'il regarde comme le signe le plus certain de l'infection) & d'autres symptomes, il parle du relâchement de la luete, d'une enflure aux sourcils, laquelle ne suppure jamais ; de douleurs sur-tout aux chevilles des pieds & aux cuisses, de pustules calleuses aux mains & aux pieds ; d'abcès en plusieurs endroits, sur-tout aux membranes & aux os ; & quand le cas est tel, l'os ne manque pas d'être offensé & carié. Cet Auteur, ou *Fracastor* est le premier qui fasse mention du bubon, ou qui observe que cette tumeur là ou d'autres, quand elles s'ouvrent & sont bien guéries, emportent la maladie. Il traite aussi de la cure avec beaucoup de jugement, & donne la méthode de la friction d'une maniere très-exacte : il ordonne que la chambre où est le malade soit chaude ; il ne veut pas que le malade change de linge ; il voudroit qu'on continuât la friction jusqu'à ce que la salivation vînt bien, & que les symptomes diminuassent, mais il ne fixe pas le tems que cela demande. Il est aussi le premier, si ce n'est *Fracastor* qui recommande les suffumigations mercurielles : cependant il le fait avec cette précaution, que quoiqu'à son avis elles operent la cure plus aisément & plus vite, quand elles sont faites par un homme experimenté, il en déconseille l'usage, considerant qu'elles peuvent être dangereuses lorsqu'elles sont appliquées par de mal habiles gens. Il décrit très-clairement la methode des suffumigations, de même que les préparations nécessaires pour cela : il les regarde comme un admirable remedé dans des cas inveterez & des sujets robustes ; mais il les défend entierement à ceux qui sont d'une constitution foible, hectique, sujets à la toux, à l'asthme ou à l'hydropisie.

Les autres (qui ne sont pas en petit nombre) lesquels ont écrit environ ce tems ci ou peu après, n'ont presque rien qui mérite attention. Le meilleur Ecrivain parmi ceux qui ont suivi, je veux dire celui qui semble avoir le plus d'experience, & entendre le mieux ce qu'il écrit, est *Nicolas Massa*, qui, outre cela, étoit un des plus habiles Anatomistes de ce tems là. On trouve chez lui une énumération complete de tous les symptomes terribles & distinctifs qui
surviennent

surviennent à cette maladie. Pour donner tout d'un coup une idée de cette maladie, je rappellerai tous ces symptomes tels qu'ils sont dans son discours. « Ce sont des pustules dures à la tête & au front; des douleurs à la tête & dans les membres specialement au cuisses; douleurs qui augmentent la nuit: il dissequa en 1524. une personne en qui il trouva un amas de matiere blanche sur la membrane de la cuisse;) ce sont encore des abcès, non-seulement à la cuisse, mais aussi en d'autres endroits; des ulceres, qui, s'ils sont *in peni* & calleux, sont une preuve démonstrative de l'infection, des nodus, des tubercules douloureux, des tumeurs aux jointures, des fissures & des écailles aux mains & aux pieds, & des croutes sur le corps comme à la lepre. La luette est relâchée, il vient des ulceres à la bouche, au gozier & à l'épiglote, lesquels ne suppurent point; les cartilages du larynx se corrodent, les os se carient. Il y a Bubon, qui, s'il supure, opere la cure; les cheveux & la barbe tombent. Cette derniere circonstance qu'il rapporte montre qu'il a écrit en 1536. quarante ans environ après le commencement de cette maladie; car il se passa cet espace de tems, à ce qu'assure Fallope, avant qu'on observât ce symptome survenir à cette maladie. C'est là une vive description quoique desagréable de cette maladie; on remarquera d'abord sans doute que parmi tous ces symptomes il y en a un dont il n'est pas fait mention, c'est la gonorrhée; qui, quoiqu'elle soit à présent le symptome le plus commun au commencement des maladies veneriennes ne parut point (ce qui est extraordinaire) que plus de quarante ans après l'origine de la maladie, suivant le calcul de Fallope, que je crois être juste. Le premier Auteur que je trouve qui en ait parlé est Fernel. Je m'étonne comment Massa peut avoir oublié ce symptome, puisque dans son tems il devoit avoir paru, & long-tems même avant qu'il publiât la troisiéme édition de son Traité en l'an 1567.

Massa est fort exact dans la méthode de la cure, il déclare que ce mal doit être traité par de nouveaux remedes, & qu'il a été au moins un des premiers, pour ne pas dire le premier, qui les a inventés & communiqués au Public. Quoi qu'il soit fort long sur les éloges du Guaiac, il reconnoît pourtant que le remede le plus sûr est la salivation, qui peut être donnée fans danger aux enfans mêmes & aux femmes enceintes. Il donne plufieurs formes d'onguens, dont le fond eft le lard & le mercure : il donne différentes regles pour préparer le corps, & le préferver contre tous les accidens qui pourroient arriver pendant & après le cours de l'opération. Il obferve que l'humeur flue quelquefois, non-feulement par les glandes falivaires, mais encore par les felles, les urines ou la fueur, & fouvent avec fuccès. Il pratique cette méthode de friction quelquefois pendant trente-fept jours, la continuant par intervale fuivant que les circonftances le demandent, & il la pouffe au point que le malade eft prêt d'y fuccomber. Il traite auffi des fuffumigations, & propofe les mêmes précautions que Lobera ; il donne plufieurs exemples de fuccès qu'il a eu par cette opération, lorfqu'on avoit manqué la cure par la friction ; en un mot il paroît de tous ces Auteurs le plus verfé dans la Pratique.

Dans les Ecrivains qui fuivent il n'y a prefque rien de neuf ou d'important. *Brafavole*, qui eft très-ample, compte deux cent trente quatre combinaifons ou efpeces de cette maladie : il auroit pû de la même maniere les multiplier par milliers, cependant avec toute fa prolixité il ne dit rien de nouveau, ni fur les fymptomes, ni fur la méthode de la cure. Il a écrit en 1551. & a été le premier qui s'eft fervi du Guaiac à Ferrare en 1525. *Fallope* fon Ecolier, grand Maître dans fa profeffion, donna fes leçons fur cette matiere vers l'an 1555. plus tard que M. le Clerc ne le dit ; il traite de chaque branche de cette maladie, mais il ne rapporte que très-peu, ou même rien, qu'on ne trouve dans Maffa. Il fait mention, il eft vrai, d'une circonftance que je ne trouve dans aucun autre Auteur ; c'eft un bruit dans les oreilles, tel que le fon des cloches. Il avoit obfervé ce fymptome environ huit ans plûtôt ; & comme c'eft un fymptome qui ne manquoit prefque jamais de fe trouver dans les cas invéterez, il l'avoit trouvé le plus embaraffant & le plus difficile à guérir. Il eft le premier qui foit le plus circonftancié à l'égard de certains points de la falivation, comme la quantité de l'évacuation ou le cours de l'évacuation. La mefure qu'il rapporte eft depuis fept jufqu'à dix pintes par jour ; & quoique quelquefois dix jours ou environ de flux continu suffisent, & que les empiriques terminent toûjours le flux au quinziéme, cependant il y a des cas où il croit convenable de le prolonger jusqu'au vingtiéme. Nous trouvons, par expérience, que son observation est très-vraie; les circonstances de la maladie peuvent varier si fort, qu'il est impossible de fixer à certain jour le tems du flux.

Les Auteurs qui suivent méritent à peine d'être lûs, & je ne puis m'empêcher d'observer que ceux qui ont écrit environ l'an 1560. ou après nous en apprennent moins que ceux qui les ont précedez. Par exemple dans l'Ouvrage intitulé, *Scriptores de Morbo Gallico*, le second & le troisiéme tome qui font plus de la moitié du Livre, ne contiennent aucune chose importante qui soit nouvelle. Et l'on auroit bien pû se passer des longs discours de *Tomitanus* & de *Petrone*; la plus grande partie de ce qui est là est superficiel & superflu, & ce qui est de quelque conséquence a été mieux expliqué par d'autres. Ces Auteurs paroissent foibles en pratique, quand il survient quelque difficulté dans le cas. Le premier a un chapitre entier sur ce point, si c'est une maladie ou non: & pour donner une idée de sa méthode, il finit où il auroit dû commencer par les symptomes de la maladie. L'autre Auteur est méthodique à l'excès, mais sa méthode, dans laquelle beaucoup de gens excellent, ne fait que répandre beaucoup d'embarras sur le sujet : il est toûjours plein d'observations de rien, qui, comme elles paroissent faites sans fondement, ne méritent pas qu'on s'en charge la mémoire, fût-il possible de le faire. La seule chose, dont d'autres n'avoient pas parlé, est le traitement de ce qu'on appelle perle virulente, lequel symptome ne cede à aucune des méthodes de cure, pas même à la salivation.

On peut conclure en general de ces Auteurs que cette maladie varioit beaucoup, & paroissoit sous différentes formes. D'abord, suivant Fernel, les pustules étoient en grand nombre & la douleur médiocre; quelquefois il n'y avoit presque pas de pustules, mais on sentoit de vives douleurs; il survenoit des nodus. Cependant *Fracastor* dans ce qu'il écrit des Maladies contagieuses, dit que dans celle-ci il y avoit d'abord plus de nodus & moins de pustules; mais au tems qu'il écrivit, peu avant sa mort en 1553. c'étoit l'opposé, les douleurs étoient plus violentes ; & de rechef dans les six dernieres années, il y avoit plus de nodus, moins de pustules, & presque pas de douleur. Quelque différens que puissent sembler ces détails, ils peuvent être tous vrais, & plusieurs incidens peuvent en être la cause, comme aussi la différence des pays dans lesquels ces Ecrivains vivoient. Mais ils conviennent tous en ceci, que cette maladie, peu après qu'elle avoit paru, étoit fort maligne ; qu'il y étoit arrivé de grands changemens depuis que *Leonicenus* en avoit donné la description ; car dans les tems suivans elle n'étoit pas toûjours suivie de douleurs ; il n'y avoit pas toûjours des pustules ; & quand il y en avoit, elles ne survenoient pas toûjours comme d'abord aux parties secretes. On remarqua des changemens considerables vers l'an 1530. & alors parurent particulierement ces symptomes, la chûte des cheveux, des dents & des ongles ; la perte des yeux & la gonorrhée.

Une autre chose qu'on peut observer, est combien peu on étoit fixe alors sur la méthode de la cure. Le régime dans le cours de remedes tirez du guaiac, étoit d'abord extrêmement circonstancié & rigoureux ; le malade étoit mis dans un cachot pour qu'il suât ; & de la maniere dont Fallope s'exprime, les os & l'homme même étoient macerés : ce qui prouve la verité de la description que *Fracastor* fait des lieux qu'il appelle *cæca penetralia*. Quelques expériences qu'eussent fait d'habiles gens, quelques succès qu'ils eussent eu par des frictions mercurielles & les suffumigations, on voit pourtant combien est incertaine la pratique des derniers Ecrivains sur ce sujet. Fernel se déclare contre la friction ; Fallope, homme d'experience & de crédit, regarde la cure par cette méthode comme moins certaine ; & quoiqu'il donne d'excellentes regles sur la maniere de la faire, son avis est qu'on ne la tente jamais que lorsque la salsepareille & le guaiac n'ont pas réussi, lesquels, selon lui, sont les vrais & souverains antidotes de cette maladie. Il s'oublie assez lui-même, pour dire que la carie des os ne vient jamais que de la friction. La recette [a] qu'il donne pour prévenir ce venin, paroit extravagante ; la maniere qu'il donne pour le préparer & s'en servir, sont empirique : on diroit cependant qu'il a grande foi à ce tour de charlatanerie. [b] La lecture de cet Auteur donnera mille

[a] *Linteolum nundum gossypinum*, c. 89.

[b] *Ego ex-*

occasions de réflechir combien peu l'on doit compter sur les topiques, & de quelle mauvaise conséquence ils sont très-souvent. Ils ne procurent pas sûrement un soulagement présent ; & quand cela seroit, l'expérience montre trop souvent que c'est cherement qu'on l'achete. *Antoine Fracanstianus*, qui a écrit quelque tems après lui, & quelquefois d'après lui, observe que la friction mercurielle guérit quelquefois ; mais que comme c'est un remede très-violent, on avoit eu la prudence de l'abandonner. Il dit cependant que depuis deux ans, la maladie devenant plus violente, on en avoit renouvellé l'usage. Il n'est pas étonnant, ces Auteurs sont encore moins conformes & plus vagues sur la suffumigation ; méthode qui demande plus d'habileté & de circonspection pour en avoir du succès.

perimentum feci in mille homonibus, Deum testor nullum esse infectum.

J'entre dans ces détails, parce qu'un peu de réflexion sur ces Auteurs nous apprendra avec quelle circonspection il faut les lire & les suivre. Il n'y a que gens bien expérimentez dans la Pratique sur cette maladie, qui soient capables de bien juger qui est celui qui donne les meilleurs avis, & qu'on peut regarder comme le meilleur Auteur. Ceux qui ont fait essai des remedes qui y sont décrits, & qui ont observé eux mêmes avec soin les effets de ces remedes, sont ceux qui peuvent le mieux discerner qui de tous ces Auteurs parle le plus en maître dans sa Profession.

Malgré toutes les différentes méthodes que les plus habiles Medecins ont essaié depuis plus de deux cens ans, & malgré toutes les hardies assûrances de ces gens qui prétendent avoir des secrets spécifiques, j'ose dire qu'au jugement de ceux qui sçavent le mieux la chose, la voie la plus efficace pour la cure, quand le cas a de la malignité & qu'il est inveteré, c'est la salivation. L'expérience montre encore que la salivation, qui est provoquée par les frictions, produit plus sûrement son effet dans ces cas terribles, que celle qui est produite par des remedes interieurs. Je finirai par une autre remarque, qui est que la grande efficace du mercure pour la cure de cette maladie, consiste principalement si ce n'est uniquement à donner le flux, quelque belles choses qu'on ait dit de frictions & d'applications mercurielles, spécialement de celles de Montpellier en dernier lieu ; si elles ne produisent pas de salivavation du tout, ou que la falivation foit très-imparfaite, il y a lieu de foupçonner que la cure n'eft que palliative. On a tenté plufieurs fois parmi nous cette méthode; & fur les meilleures obfervations, je puis dire qu'elle n'a réuffi que très-rarement, ou même pas du tout. Ainfi quelque gloire qu'on fe foit donné dans ces derniers tems, d'avoir trouvé un art de guérir plus fûr, je fuis perfuadé qu'il vaudroit mieux, & qu'il y auroit plus de probité à marcher fur les traces de nos Ancêtres.

Il y a une chofe remarquable dans cette maladie, & qui n'arrive à aucune autre, c'eft que ceux qui en ont été infectez une fois ne fe croient jamais fi bien guéris, qu'ils ne s'imaginent que la maladie a encore quelque prife fur eux, & qu'ils font continuellement en danger: imagination toute oppofée à celle de ceux qui font en confomption, lefquels, ce qui eft particulier à cette maladie, fe flattent tous de telle forte, que même au dernier foûpir ils ne fçauroient fe perfuader que leur état eft défefperé. Dans cette autre malheureufe maladie, s'il reparoît le moindre boûton, ou qu'on fente la moindre douleur, fur-tout s'il furvient quelque écoulement aux glandes du *penis*, fuivant que je l'ai dit auparavant, on fe jette dans de furieufes apprehenfions, on ne doute pas que l'infection ne fubfifte encore, & qu'elle ne foit prête à éclater de nouveau: terreur qui rend la vie infupportable & qui conduit de telles perfonnes chez le premier charlatan, qui, pour gagner quelque argent, ne manque pas de fortifier leurs craintes. Ces imaginations font fi fortes pour l'ordinaire, qu'un honnête Praticien a fouvent plus de peine à guérir le mal chimerique que le réel.

Je n'en dirai pas davantage: cependant un Hiftorien qui voudroit s'étendre plus au long fur ce fujet, trouveroit dans le commencement de ce fiecle plufieurs autres chofes qui mériteroient d'être rapportées. Il pourroit décrire auffi une autre maladie nouvelle, qui n'a été connue ni des Grecs, ni des Arabes; je veux dire le fcorbut, qui a éclaté avec violence en ce tems. Il doit fon origine probablement à la nourriture qu'on prend fur mer, ce qui a paru par plufieurs fymptomes, tels que l'enflure prodigieufe des gencives, &c. parmi la Flote Portugaife, quand elle alla à la découverte des Indes Orientales. Cette maladie sembla se transplanter après, & je ne sçai par quelle voie, en Dannemarc & dans les pays voisins du Nord pour quelque tems; le nom originaire de cette maladie est même Danois: cependant G. *Fabrice* dans les Antiquitez de son pays, qui est la Misnie, l'a fait de datte plus ancienne, & dit qu'en l'an 1486. cette nouvelle & inouie maladie se répandit beaucoup, & fut non-seulement dangereuse, mais encore contagieuse. Les Mariniers de Saxe l'appelloient, dit-il, Scharbock, qui, dans leur langage signifie une inflammation. Ce fut une des formes sous lesquelles elle parut d'abord, se terminant après en gangrene. Enfin vers l'an 1600. elle se répandit par toute l'Europe, & est devenue à présent un mal épidemique.

On auroit pû aussi observer quelques progrès faits par les Modernes sur les Remedes & sur la Chirurgie: à l'égard des remedes on auroit pû décrire la fameuse composition du *Dias cordium de Fracastor*, & donner un détail des drogues de l'Amerique qu'on commençoit de nous apporter alors, & qui ont depuis si fort enrichi la matiere medicale. Monard, Pison & Margrave, auroient fourni beaucoup là-dessus. Pour ce qui est des simples, & de tout ce qui a du rapport à leurs vertus pour la cure des maladies, on l'auroit trouvé dans le bel Ouvrage que le Chevalier Hans Sloan a publié dernierement ; Ouvrage qui fait autant d'honneur à sa Nation qu'à lui-même. En Chirurgie le traitement des plaies, causées par le feu des armes, étoit un sujet nouveau, lequel a apporté un nouveau jour dans cet Art, & a enseigné à ceux qui le professent, non-seulement une meilleure méthode pour la cure des plaies en general, mais encore leur a appris à juger plus sûrement à quelles parties elles pouvoient arriver sans être mortelles. Ce sujet a été traité au long par *Barth Maggi* (en 1551.) & par *Alfonso Ferri*. Ce dernier a inventé un nouvel instrument, qu'il appelle de son propre nom *Alfonsin*, une sorte de verge de fer ronde, armée de dents à l'extremité pour avoir prise sur la bale. Il a décrit le premier, à ce qu'il croit, une caroncule ou carnosité au col de la vessie, & il explique la maniere de la guérir; Mais Galien en fait mention [a], quoiqu'il ne dise rien sur la cure. Je remarquerai sur cette maladie qu'elle n'est pas toûjours une excroissance d'une

[a] *Loc. affect.* 1. 1. & 6. 4.

substance charnue, mais qu'elle est le plus souvent la suite d'une contraction de l'uréthre.

Il y a un article sur lequel la Chirurgie a fait un progrés plus considerable, c'est la pierre, au sujet de laquelle on a imaginé la maniere de tailler qu'on appelle le grand appareil; méthode amplement expliquée par *Marianus sanctus de Barlete*, disciple de J. de Vigo, dans un Livre qu'il dédia à Vincent Caraffa, Gouverneur de Rome, à la vacance du saint Siege arrivée par la mort du Pape Leon en 1521. Il apprit cette méthode de *Jean des Romains* Cremonois, Chirurgien, à ce qu'il paroît, d'un bon jugement, & qui avoit à Rome une réputation considerable; il étoit aussi meilleur Ecrivain que son disciple. Il fut le premier qui inventa cette operation, conduit uniquement par un instinct naturel, comme voudroit nous le persuader *Marianus*. Les instrumens dont il se servoit, lesquels sont huit en tout, sont rapportez par *Marianus*, & quelques uns ne sont pas à présent en usage; il est fort détaillé sur tout ce qui a du rapport à l'opération. Il faut, dit-il, qu'un homme soit un sot, s'il ne sçait pas deviner par la sonde la grosseur de la pierre. Il donne le même avis que Paul, de ne pas faire l'incision dans le milieu du Perinée, ou *Commissura*, comme il l'appelle, & dit, que cela pourroit être dangereux; il marque de même les précautions convenables pour éviter de couper les parties nerveuses de la vessie, ou les muscles qui empêchent l'écoulement de l'urine. On peut juger par là que cet Auteur a été de l'opinion des Anciens, qu'une blessure, à la substance même de la vessie, est mortelle: on peut observer encore une chose, qui est qu'alors & longtems même depuis, ceux qui faisoient cette operation, quelques bons Anatomistes qu'ils fussent, ne sçavoient au travers de quelles parties cette incision étoit faite. Car par la description de cet Auteur, il semble qu'il ait crû, de même que Celse dans sa maniere de faire l'operation, que l'instrument traversoit tout le sphincter, ou au moins une partie; & l'on peut juger par la précaution dont j'ai fait mention ci-dessus, sçavoir d'éviter les parties nerveuses de la vessie, qu'il craignoit par inadvertance on ne poussât l'incision jusques-là. A l'égard de l'operation de *Marianus*, il est certain qu'il la faisoit dans l'uréthre même, & generalement environ un pouce

du

DE LA MEDECINE.

du fphincter; Tolet va trop loin dailleurs lorſqu'il dit trois
ou quatre pouces. Puiſque les Anciens, comme Celſe a *Pag.* 392.
nous l'apprend, ont connu l'uſage de la ſonde, il eſt étonnant qu'ils n'aient pas été plus loin, & qu'ils n'aient pas
découvert la maniere de tailler par le haut appareil, qui
ſembloit une ſuite naturelle de l'autre uſage. De cette
maniere l'operateur ne peut offenſer l'inteſtin, & moins
encore les veſicules ſéminales, comme cela arrive quelquefois par l'autre méthode; & ce dernier accident, qui
quelquefois ôte la faculté d'engendrer, ce qui eſt remarqué
par Ætius, eſt la raiſon pour laquelle différens Chirurgiens,
& particulierement Lanfranc b, homme diſtingué dans ſon b 414. 26.
tems, étoit tout-à-fait oppoſé à la taille. Mais quelque préferable que ſoit la méthode de *Marianus* à l'ancienne qu'on
appelle le petit appareil, elle eſt ſouvent ſuivie de bien
des inconveniens c, & quelquefois de danger, à cauſe de c *Pag.* 293.
la grande force avec laquelle il faut diſtendre les parties;
c'eſt pourquoi quelques-uns qui ont vécu plus tard n'ont pas
été contens de cette méthode, & ont pris une autre route
pour cette operation. *P. Franco* fait mention d'une de ces
méthodes, laquelle eſt recommandée par Roſſet, & a été
depuis peu remiſe en uſage parmi nous par l'induſtrieux
M. Jean Douglas; ſuivant cette méthode l'inciſion ſe fait dans
la veſſie même, au travers les muſcles de l'abdomen, au-deſſus
de l'os pubis. L'autre méthode eſt ce qu'on appelle parmi nous
la ſection laterale, laquelle eſt décrite ſi amplement & ſi exactement par M. Douglas: méthode qui fut inventée par Frere Jacques, & perfectionnée par M. Rau. Mais comme ces deux opérations n'ont pas encore été beaucoup pratiquées parmi nous,
quoi qu'on les y faſſe avec toute la dexterité poſſible, c'eſt
à l'expérience à déterminer laquelle des deux vaut mieux,
ou même ſi quelqu'une des deux mérite d'être préférée à celle
qu'a décrit *Marianus*.

Pour donner une juſte idée de l'état de la Medecine dans
ce tems, il faudroit ſur-tout marquer les grands progrès
qui ont été faits en Anatomie, dans l'eſpace d'un petit
nombre d'années. Jacques de Carpi que nous avons cité, fut
non-ſeulement le premier reſtaurateur de cette ſorte de
ſçavoir, il y fit de plus lui-même de grands progrès, il diſſe-

O o

qua plus de cent corps, chose fort extraordinaire dans ce tems là, & qui étoit regardée comme très-barbare : il a laissé aussi dans ses autres Ouvrages, particulierement dans ceux qu'il a fait sur les plaies à la tête, de même que dans ses Commentaires sur *Mundinus*, plusieurs remarques & découvertes, & a mis l'étude de l'Anatomie en grande réputation dans son tems. A son exemple plusieurs autres furent excitez à contribuer de tout leur possible à l'avancement d'un Art si nécessaire. *Massa* & *Jac. Sylvius* parmi plusieurs autres, y ont eu beaucoup de part, jusqu'à ce qu'enfin avant le milieu du siecle, Vesale, par son travail infatigable, a porté cet Art près du point de la perfection. Quelque tems après Columb, Eustachy & Fallope, trois grands hommes dans cet Art, & très-éminens dans les trois différentes Professions à sçavoir les trois branches de la Medecine, l'ont poussé aussi loin qu'il étoit possible, sans la découverte de la circulation.

Qui voudroit donner un détail des progrès que ces grands hommes ont fait dans cette science, seroit obligé, en quelque maniere, de transcrire leurs Ouvrages. Je ferai seulement cette remarque en general, que ces Anatomistes originaux se contenterent de donner une description toute nue des parties, & suivirent l'ordre qui s'accorde le mieux avec la dissection.

Comme plusieurs d'entre ces Anatomistes étoient gens de bons sens, & qu'ils étoient devenus capables par leur éducation, aussi-bien que par leur travail, il seroit à souhaiter qu'ils nous eussent aussi laissé leurs opinions. Car les Anatomistes modernes semblent être d'un caractere inferieur ; ils ont été assez exacts pour ce qui regardé la dissection, mais sans aucun égard à la nature ou aux principes d'une bonne philosophie, ils bâtissent chaque jour de nouvelles hypothèses sur la découverte de la moindre vetille. De là sont nez ces vains songes, touchant le suc nerveux, le suc pancreatique, la bile & la salive. Nuck prétend aussi rendre raison de la varieté des secrétions par les couleurs de sa cire, comme si chaque Injecteur étoit capable d'expliquer les phénomenes du corps animé. La plus grande partie de cette sorte d'Ecrivains ressemblent à quelques ouvriers méchaniques, qui entendent la figure & la poſition de chaque roue & de chaque reſſort, mais qui ignorent la raiſon des mouvemens de la machine. Et ceux qui ont compoſé un ſyſtême entier d'Anatomie à deſſein d'expliquer l'œconomie animale, ont été rarement de bons Anatomiſtes, comme ils ne tiennent la deſcription des parties que d'emprunt, ils tiennent les uſages de la même ſource ; ainſi ou ils raiſonnent ſur des faits faux, ou ils entendent mal ce qui eſt vrai : on doit donc regarder ces gens là moins comme des Auteurs, que comme des Compilateurs. Et ſi l'on examine quelqu'un de ces faiſeurs de ſyſtêmes, même des meilleurs, on verra qu'ils expliquent une choſe par les principes d'Ariſtote, une autre par ceux de Deſcartes, une autre par des principes de méchanique : différentes ſortes de raiſonnemens, qui, conformes au ſyſtême de l'Auteur original duquel ils ſont copiez, peuvent être ſupportables, mais qui ſont contradictoires & abſurdes dans le Compilateur, dont l'ouvrage devroit être uniforme & tout d'une même main. Il ſeroit à ſouhaiter que quelque perſonne habile voulût mettre cette matiere dans ſon vrai jour, & expliquer l'œconomie animal par les loix inaltérables que la nature a imprimé dans la matiere & au mouvement ; & puiſque le corps humain n'eſt autre choſe qu'un merveilleux compoſé de ſolides & de fluides qui ſuivent des regles de méchaniſme, il eſt ſurprenant qu'on aille chercher d'autres principes pour les expliquer. Quelqu'un oſeroit-il s'égarer aſſez, pour vouloir expliquer les mouvemens d'une montre, par la doctrine précaire des acides & des alkalis ; ou emploieroit-il la matiere ætherée de Deſcartes, pour réſoudre tous les phenomenes de l'hydroſtatique ? Tels ont pourtant été ceux qui ont introduit dans l'Anatomie une maniere ſemblable de raiſonner, & qui peut être tout auſſi peu appliquée au ſujet. Il y a quelques perſonnes qui condamnent toute ſorte de raiſonnemens ſur ce point ; mais puiſqu'eux-mêmes, quand ils viennent à en traiter, ſont obligez de ſe ſervir ou d'une ſorte de principe ou d'une autre, la ſeule queſtion eſt de ſçavoir quels ſont les principes réels & les imaginaires.

Il y auroit beaucoup de choſes agréables & utiles à dire ſur ce ſujet ; un Hiſtorien, qui, outre qu'il marqueroit les

LINACRE. progrès qui ont été faits dans cette science d'un tems à l'autre, pourroit observer comment les Anatomistes mêmes de ce tems-là ont, en représentant mal certaines choses, fait tort à leur ancien maître Galien, & comment ceux qui leur ont succedé les ont pillé eux-mêmes d'une maniere aussi malhonnête.

Il faut mettre fin à ce discours qui est déja trop long : qu'on me permette seulement d'ajoûter qu'en parlant de l'état de la Medecine dans le commencement de ce siecle, je me reprocherois d'avoir oublié de faire mention d'un homme, qui, pendant & après sa vie, par ses Ecrits & ses bienfaits, a fait beaucoup d'honneur, non-seulement à sa Profession, mais encore à son pays. Je veux dire LINACRE, qui, dans son tems, a été reconnu par les meilleurs Juges pour homme d'un beau génie, d'un bon jugement, & d'un sçavoir extraordinaire à différens égards : ses Ouvrages qui subsistent à présent prouvent la vérité de ces éloges. Il est né à Cantorbery, & a été élevé à Oxford ; il fut choisi en 1484. Associé du College de toutes les ames, & désirant de se perfectionner en voiageant, il crut ne pouvoir faire mieux que d'aller en Italie, qui étoit le pays où a commencé de revivre le sçavoir, & Grec & Latin. Il reçut toutes les politesses possibles de *Lorenzo de Medicis*, l'un des hommes le plus accompli de son tems, & qui favorisoit les lettres, lequel aussi l'aidoit dans tout ce qu'il pouvoit désirer sur ses études, jusqu'à lui donner les mêmes Précepteurs qu'à ses propres fils. Linacre sçut tirer tout le parti possible de circonstances aussi heureuses ; il acquit aussi par les soins de *Demetrius Calcondyle*, natif de Grece, une connoissance parfaite de la Langue Grecque, & fit tant de progrès sous Politian son Maître de Latin, qu'il le surpassa pour le style correct. Il fut réellement à ces deux égards l'homme le plus parfait de son tems. En Latin son style étoit si élegant & si exact, qu'Erasme son ami le regarda comme trop recherché : cependant le Chevalier *Jean Cheke*, (peut-être pour contredire son antagoniste l'Evêque Gardiner) semble lui reprocher qu'il n'est pas assez Ciceronien, & représente Linacre comme étant, par mauvaise humeur, ennemi de ce grand Orateur. Cependant il est certain que Linacre avoit un meilleur goût sur la maniere classique décrire, qu'aucun de ces Auteurs modernes : le premier, quoiqu'abondant & clair dans son style, ne s'est pas attaché à l'exactitude ; & l'autre, suivant la mode de son tems, s'est trop amusé à chercher les nombres & les périodes dont Ciceron remplissoit par-tout ses harangues & ses autres pieces de Rethorique. Pour Linacre, quoiqu'il connût parfaitement tous les Ouvrages de Ciceron, le style des Epîtres & des Ouvrages philosophiques lui plut principalement ; d'ailleurs il tâcha d'imiter l'élegance de Terence & la clarté de Celse, qui convenoit le mieux aux sujets de Medecine dont il traitoit.

Aiant fait un fond si extraordinairement riche de science, il s'appliqua à la Philosophie naturelle & à la Medecine ; il fit particulierement son affaire de la Medecine, & fut le premier Anglois qui chercha à avoir l'intelligence des Ouvrages originaux d'Aristote & de Galien. Il traduisit & publia plusieurs Traitez de ce dernier ; je ne sçaurois mieux faire entendre quels ils sont, & comment ils furent reçûs du Public que par une Lettre du sçavant M. Mattaire, que je joints ici. J'ajoûterai seulement qu'à la lecture de la Preface * des

---

* Cum & tu sæpe alias, charissime Hiero, & alii quidam amici me nunc hortentur ut sibi medendi methodum conscribam : ego sane, tametsi tum vobis in primis gratificari, tam vero posteros non nihil pro viribus juvare studens, semper tamen, fateor, cunctabar ac distuli, multis de causis, quas nunc quoque percommode dicturus videor, priusquam id quod petitis aggrediar : sunt enim ad ea, quæ post dicentur, sane non inutiles. Earum igitur omnium illa præcipua fuit quod frustra me scripturum timebam : cum nemo prope dixerim, hac nostra ætate veritatis inquisitioni sit deditus, sed pecuniam & civilem potentiam & inexplebiles voluptatum delicias omnes eo usque suspiciant ut si quis sapientiæ quodvis studium sectetur, pro insano hunc habeant : quippe qui primam ipsam & vere sapientiam quæ divinarum humanarumque rerum est scientia, ne esse quidam omnino existiment : Medicinam Geometriam, Rhetoricen, Arithmeticen, Musicen, ac reliquas id genus artes esse quidem autument : cæterum ad finem earum studio contendendum minime censeant. Me vero ex iis qui me unice diligere sunt visi, nonnulli sæpe increpant, quasi plus justo veritatis studio impendam ; quasi qui nec mihi ipsi usui, nec ipsis in tota vita sim futurus nisi & ab hoc tanto veritatis indagandæ studio desistam, & mane salutando circum eam, & vesperi apud potentes cænem. His enim artibus tum amari, tum accersi tum vero pro artificibus haberi ; nequaquam ex iis quæ in propria professione sint consecuti. Neque enim esse qui de ea judicent, ubi omnes totum diem diversis studiis transigant ; mane quidem omnes salutationibus publice occupati, mox in alia munia distracti, utique ad forum & lites non exigua turba, ad salutationes & aurigas alia major, jam vel aleæ vel amoribus, vel balneis vel ebrietati, vel comestationi, vel demum alicui corporis voluptati deditus sane non exiguus numerus. Vesperi vero rursum omnes ad symposia publice collecti ; ubi postquam vino se implevere, non lyra, cithareve aut aliud musicum instrumentum circumfertur (quod

quatorze Livres touchant la méthode de cure, si l'on ne sçavoit que c'est une Traduction de Galien, on croiroit, par l'exactitude & la justesse du style, que ce Traité a été écrit dans le tems des Auteurs classiques.

Un certain Etranger qui a publié dernierement les Ouvrages de Buchanan, semble être étonné que cet Auteur ait pû écrire si bien Latin dans notre Isle, puisque ce sont les Italiens & les Hollandois qui ont brillé à cet égard, & qu'à peine ce critique peut-il trouver dans la grande Bretagne quelqu'un qui y ait excellé. Il ne cite que Cambden à qui on pourroit en donner l'éloge; il le laisse pourtant très-froidement. Il seroit aisé de refuter le reproche qu'on fait là à notre Nation, en produisant nombre de personnes, qui, parmi nous ont fort bien réussi dans ce genre; mais je ne me jetterai pas dans cette digression. Je dirai seulement que si ce Critique avoit connu les Ecrits de Linacre, & particulierement son excellent Livre, dans lequel la pureté & l'exactitude du style Latin est enseignée & expliquée si nettement, il n'auroit pas porté un tel jugement; il auroit peut-être appris lui-même à écrire plus élegamment. L'Auteur qu'il publie & qu'il loue, Buchanam, avoit une grande opinion de Linacre; opinion si grande, qu'il crut ne pouvoir mieux contribuer à l'avancement du sçavoir qu'en traduisant & publiant sa Grammaire. Si, en vérité, ce n'est

sicut olim in ejusmodi congressu tetigisse, honestum: sic contra non contrectasse, admodum erat turpe) sed nec sermones, ulli habentur quales in symposiis agitari solere veteres prodiderunt, nec aliud honestum quicquam : imo invicem sibi propinant & de magnitudine poculorum certant : utpote inter quos optimus censetur non qui plurimis instrumentis musicis aut etiam sermone Philosophico uti novit, sed qui multos eosque maximos calices exsiccavit adeo mihi mane etiamnum ebrii videntur ex his plerique : nonnulli vero etiam tam plane vinum olere quasi modo hausissent. Eoque fit ut quoties aegrotare caeperint, medicos advocent non quidem optimos utpote quos per sanitatem noscere nunquam studuerunt, sed eos quos maxime familiares habent, quique ipsis maxime adulantur : qui & frigidam dabunt si hanc possent, & lavabunt cum jusserint, & nivem vinumque porrigent: postremo quidquid jubebitur, mancipiorum ritu efficient contra plane quam veteres illi medici Æsculapio oriundi, qui tanquam Duces militibus, & Reges subditis imperare aegris voluerunt. Nequaquam vero Getarum & Tibiorum, & Phrygum & Thracum emptitiorum ritu parere atque obsequi. Itaque is non qui melius artem callet, sed qui adulari aptius novit, magis in precio est : huicque plana omnia perviaque sunt; huic aedium fores patent : hic brevi efficitur dives, plurimumque potest. Huic discipuli formosi à cubiculis, ubi jam fuerint exoleti traduntur. Atque hoc Thessalus ille cum animadvertit, non solum in aliis Romae divitibus assentabatur, sed etiam artem tradere sex mensibus se promittens, complures discipulos brevi comparavit.

pas flatterie de dire qu'il fut un des premiers avec Collet, Lilly, Grocin & Latimer, (lesquels avoient tous acquis hors de l'Angleterre la connoissance de la Langue Greque) qui restaura le sçavoir des Anciens dans notre Isle. Tel fut Linacre en qualité d'homme de Lettres & d'Ecrivain.

Il se distingua si fort dans sa Faculté, que peu après son retour, il fut chisi par notre Salomon le Roy Henry VII. comme la personne qu'il pourroit le mieux charger du soin de la santé & de l'éducation de son propre fils le Prince Arthur : il fut fait successivement Medecin de ce Roy, d'Henry VIII. & de la Princesse Marie. Mais si de telles faveurs de la part de la Cour ne sont pas une sûre preuve de mérite, nous avons en faveur de Linacre le témoignage des personnes les plus éclairées de son tems, qui reconnoissent en lui une grande sagacité naturelle, & un jugement sûr dans les matieres de sa Profession. On en a une preuve dans le Prognostic qu'il fit sur le cas de son ami Lilly, où il prédit qu'il mourroit, s'il se soumettroit à l'avis de quelques personnes téméraires, qui lui conseillerent de se faire couper une tumeur scrophuleuse & maligne qu'il avoit à la hanche : le conseil de ces gens là prévalut, il mourut. Le Docteur Kaye (qui est mieux connu sous le nom de Caius) grand admirateur de Linacre, & pour cette raison entre beaucoup d'autres, digne d'être admiré lui-même, nous apprend, particulierement dans le monument qu'il a élevé à la mémoire de ce grand homme, quelles cures extraordinaires il faisoit en plusieurs cas dont on avoit désesperé. Il ajoûte à son caractere des traits bien aimables ; il dit qu'il eut toûjours la derniere aversion pour la charlatanerie, & pour tout ce qui pouvoit renfermer la moindre bassesse ; qu'il étoit ami très-fidele, & qu'il jouit de l'estime & de l'amitié de tout le monde depuis les personnes du premier rang jusqu'à celle du dernier ordre. Comme il étoit très-habile dans son Art, il eut toûjours beaucoup de bonté pour tous ceux qui tournerent leurs études de ce côté là ; & quand il trouva dans de jeunes Etudians du génie, du sçavoir, de la modestie, de bonnes mœurs, & un désir d'exceller, il les assista de son crédit & de sa bourse.

Pour prouver mieux encore combien il avoit à cœur le

bien de sa Profession & celui du Public, il fonda deux Chaires en Medecine à Oxford, & une à Cambridge. Celles qui furent établies à Oxford (l'une de douze livres sterling l'année, & l'autre de six) ont été données par le survivant de ses Exécuteurs testamentaires Cuthbert Tonstell, Evêque dépossedé de Durham au College de Merton, & la raison de cette transmutation a été qu'on se tournoit davantage dans ce College du côté de la Medecine. Ces Professeurs sont obligez d'expliquer Hippocrate & Galien aux jeunes Etudians de l'Université; & si dans le College il n'y a personne capable de le faire, on doit chercher dans d'autres Societez des personnes qui le puissent. Par cette donation il a laissé, dis-je, une preuve du cas qu'il faisoit de sa Profession & de l'Université où il avoit été élevé.

Il poussoit ses vûes plus loin encore sur l'avancement de notre Profession; il sentit en quel pitoiable état étoit alors la Pratique de la Medecine, qui étoit presqu'entierement dans les mains de Moines & d'Empiriques non lettrez, qui en imposoient d'une maniere infâme au Public; l'Evêque de Londres, ou le Doyen de saint Paul pour lors, aïant le principal pouvoir d'admettre qui il leur plaisoit à pratiquer, de même que tous les Evêques chacun dans leur Diocèse, il crut qu'il n'y avoit pas d'autre moien de rémedier à ce désordre, qu'en donnant de l'encouragement à des personnes de réputation & de sçavoir, & mettant en de meilleures mains ce pouvoir de donner licence. Il projetta donc de fonder notre College; & par son crédit à la Cour auprès de ce grand Protecteur des sciences le Cardinal Woolsey, il obtint des Lettres Patentes du Roy, lesquelles furent confirmées par le Parlement, pour établir un Corps de Medecins dans cette Ville: en vertu de cette autorité, le College jouit seul du privilege de recevoir tous ceux qui se destinent dans la Pratique de la Medecine, comme aussi le droit d'avoir inspection sur toutes les Ordonnances des Medecins; & il est déclaré expressément que personne ne pourra exercer la Medecine en aucun des Diocèses d'Angleterre hors de Londres, qu'il n'ait auparavant été examiné par le Président & trois des Elûs, dont il doit avoir des Lettres Testimoniales, excepté qu'il ne soit Gradué dans l'une des deux Universitez;

degré

dégré qui est un titre pour pratiquer par toute l'Angleterre à sept mille près à la ronde de Londres inclusivement, sans être obligé de prendre aucune licence de l'Evêque. Cet acte du Parlement est aujourd'hui en vigueur, & il y a lieu d'espérer qu'on s'y conformera dans chaque Diocèse.

Outre cela il prit soin fort prudemment qu'il fût donné un pouvoir pour que ses Successeurs fussent les maîtres de faire de tems à autre tels Statuts & Ordonnances qu'il jugeroit à propos pour le bien public : & pour leur rendre justice, il faut dire qu'ils ont aussi suivi ponctuellement les intentions de leur Fondateur ; qu'ils ont toûjours agi tellement en vûe & de leur dignité, & du bien du Peuple, & particulierement de l'honneur des Universitez, que c'est une regle constante dans la Compagnie, que personne, excepté qu'il n'ait pris un dégré de Docteur dans l'une des deux, ne pourra être choisi Associé, ni être admis à l'Administration d'aucune des affaires de la Société, excepté qu'il ne soit Medecin du Roy.

Par d'autres Actes, un autre point important est remis aux soins du College, c'est la visite des Boutiques & l'inspection des remedes ; chose qui importe autant au malade qu'au Medecin. Ce pouvoir ne fut donné alors que pour Londres, n'y aiant peut-être pas alors dans les Fauxbourgs de Boutique où l'on vendît des remedes : mais comme depuis peu par la sagesse de Sa Majesté & du Parlement, cet ordre a été étendu, il a aussi été exécuté par les Censeurs du College avec tant de soin, de candeur & d'impartialité, qu'il n'y a pas de doute que le gouvernement ne trouve bon de continuer ce pouvoir dans les mêmes mains.

Linacre fut le premier Président de ce College nouvellement érigé, il remplit cette place pendant sept années qu'il vécut depuis cet établissement : les Assemblées se tenoient en sa propre maison, qu'il laissa & légua à la Compagnie & qu'elle posseda encore après eux. La sagesse d'un tel établissement est sensible : son but, sans doute, fut de répandre dans sa Profession un esprit de bonne intelligence & d'unanimitié ; vûe louable en elle-même, mais qui tend encore à rendre les Medecins plus utiles au Public. Il s'imagina qu'en les tirant de la foule des Empyriques vulgaires, & en les mettant fur un pied de diftinction il verferoit dans l'ame de gens, fi bien élevez & inftruits, une émulation qui les exciteroit à la recherche & de la nature des maladies, & de la vraie méthode pour les guérir, dans l'unique vûe de faire du bien au genre humain. Aucun Fondateur peut-être n'a eu le bonheur de voir réuffir fi bien fon projet : cette Societé a toûjours produit une Claffe d'hommes, lefquels fucceffivement ont fait de l'honneur & du bien à leur pays par leur Pratique & par leurs Ecrits ; & quiconque a des yeux ne peut qu'être charmé du coup d'œil d'une telle docte fucceffion.

F I N.

VITA GABRIELIS

Filii BACHTISHUÆ, filii GEORGII,

Ex *Arabico* Latine reddita

A SALOMONE NEGRI DAMASCENO.

BEneficentia & scientiæ præstantia celeberrimus, in medicando solertissimus, magno excelsoque fuit animo, opera felix, Principibus simul & Imperatoribus carissimus, summumque apud eos honoris fastigium consecutus est: quin & tantas ab illis obtinuit opes, quantas nullus medicorum. Refert Quinun interpres, anno centesimo septuagesimo quinto cum ægrotasset Giafar, Errashidi primus consiliarius Barmacensis, præcepisse Errashidum medico suo Bachtishuæ, ut eum inviseret, ipsique operam daret medicaretque; & post aliquot dies., Giafarum dixisse Bachtishuæ, volo ut mihi medicum aliquem peritum eligas, quem beneficiis afficiam & honore ornem; Bachtishuam vero respondisse, filius meus est me ipso peritior, nec inter medicos, qui illi sit consimilis, reperitur. Mihi, inquit Giafar, ipsum sistas velim. Cumque Gabrielem ad eum adduxisset, tribus ei diebus est medicatus, & Giafar sanitatem recuperavit; unde eum, sicut semetipsum dilexit Giafar, nec poterat illius consuetudine vel una hora carere: adeo ut cibum & potum una simul caperent ambo. In illis autem diebus Errashidi concubina, cum inter jactandum se funibus, manum suam sustulisset, remansit illa extensa, ita ut retrahere ipsam nequiret, cui cum medici linimento & unguentis adhibendis nihil proficerent,

Errashid dixit Giafaro, jam actum est; remansit hæc puella cum morbo suo. Respondit Giafar, medicum habeo peritissimum, estque Bachtishuæ filius, eum advocemus & cum ipso de isto morbo sermonem conferamus, ille forsitan aliqua ad illum curandum arte pollet. Jussit ergo ipsum ad se adduci; cui adducto quodnam, inquit Errashid, est nomen tuum? Gabriel, inquit ille: tum Errashid, quid scis ex arte medica? Respondit, calidum reddo frigidum, & frigidum item calidum: siccum efficio humidum, & humidum pariter siccum. Ridens Chalifa dixit, hoc est omne, quo opus habetur in arte medica: deinde statum ei puellæ exposuit; si mihi, inquit Gabriel, non succensebit fidelium Imperator, est mihi ad eam sanandam commentum. Quodnam est illud, inquit, Errashid? Ille, prodeat, inquit, huc puella in omnium conspectum, ut quod velim faciam, tum autem patiaris me, nec subito irascaris. Jubente ergo Errashido prodiit illa, quam conspicatus Gabriel ad ipsam accurrit, & inclinato capite, fimbriam ipsius prehendit, quasi ipsam denudaturus; puella vero commota præ conturbationis & pudoris vehementia, membra sua demittens, manu deorsum extensa fimbriam suam prehendit. Gabriel autem, sanata est, inquit, ô fidelium Imperator. Dicente ergo Errashido puellæ, extende dextrorsum & sinistrorsum manum tuam, cum fecisset illa, miratus ipse cum adstantibus omnibus: statim Gabrieli dari jussit quingenties mille drachmarum, ipsumque dilexit ut semetipsum, & omnibus medicis præfectum constituit. Interrogatus Gabriel de morbi causa, respondit, profudit se in puellæ istius membra inter venerem humor tenuis præ motu & caloris diffusione, & cum subito à motu coitus quiesceret, congelatus est in interiori parte nervorum, adeo ut nisi à motu consimili solvi non posset: usus sum ergo commento, quo dilatato calore, solutus est humor superfluus.

Res Gabrielis, inquit Quinun, & dignitatis gradus augebantur in dies, adeo ut Errashidus suis diceret familiaribus, quicunque opus habet aliquid à me petere, de eo cum Gabriele sermonem conferat; quia quidquid ille à me, vel petierit vel exegerit, ego facturus sum. Ipsum itaque Duces omnium negotiorum suorum causa adibant; & ille magis ac magis in honore habebatur. A quo certè operam dare cæpit

Errashido per annos quindecim, hic morbo in corpore suo non laboravit, qua de causa ipsum in oculis ferebat. Verum ultimis diebus cum in urbe Tus esset Errashid, in morbum, quo mortuus est, incidit, quo ingravescente, Gabrieli dixit, an non sanas me ? Hic respondit, semper tibi ciborum commistionenm prohibebam, semper tibi inculcabam ut venere minus utereris & jam jam rogavi te, ut in patriam tuam redires, ibi enim aer temperamento tuo accommodatior est, & tamen consilium meum non admittis; morbus vero iste gravissimus est, spero fore ut Deus tibi largiatur sanitatem. Tum Errashidus in carcerem conjici Gabrielem jussit. Cum autem narratum illi esset reperiri in Persia Episcopum quemdam artis medicinæ callentissimum, misit qui eum accerserent; accessit ille & viso Errashido, illi dixit qui tibi medicatus est nullam habet notitiam; quod quidem dictum odium in Gabrielem auxit, eumque magis alienum reddidit. At vero El-Fadl Ebn Errabii cum prosequeretur amore Gabrielem, animadvertit mendacem esse episcopum, velleque forum, ut dici solet, fervefacere, sive phaleratis dictis homines ducere, sua venditandi causa, & quantum inter utrumque interesset discriminis, optime cognovit. Interea morbus Errashidi ingravescebat, augebaturque medicante licet episcopo, & tamen dicebat ei, tu es sanitati proximus, deinde addidit, iste morbus totus quantus est, oritur ab errore Gabrielis : quapropter jussit Errashid tolli è medio Gabrielem; verum El-Fadhl jussum noluit admittere, utpote de ipsius vita desperavit; Gabrielem itaque in vita superstitem servavit. Paucis postdiebus è vita excessit Errashid, El-Fadhlus dolore colico gravissimo fuit correptus, adeo ut de ipsius salute desperarent medici, Gabriele vero benigne ei ac solerter medicante, sanatus est : magis igitur magisque ipsum amavit, atque admiratus est.

Inquit idem Quinun, mortuo Errashido eique suffecto El-Emino, ad quem cum accessisset Gabriel, perhumaniter ac honorifice ab eo exceptus fuit, concessis illi magnis opibus. Immo plus quam pater ipsius ei dabat, nec cibum potumve nisi illius permissu sumebat El-Emin. Sed post ea quæ Eminum inter & Elmamunum accidere & gesta sunt, summam rerum adeptus Elmamun, ad Hasanum Ben Sahl, cum vicem ipsius in Aula supleret, scripsit, ut Gabrielem apprehenderet, eumqum in carcerem conjiceret, eo quod, mortuo Errashido ipsius patre, ad ipsum tendere neglexerit, & fratrem suum El-Eminum adiverit; quod & fecit El-Hassan. Anno autem ducentesimo secundo gravi morbo laboravit ipse El-Hassan, medicantibus ei medicis & nihil proficientibus, Gabrielem è custodia eduxit; hic paucis eum diebus sanitati restituit. Datis itaque illi clam multis pecuniis, ad Manunum scripsit de morbo suo, & quomodo valetudinem opera Gabrielis recuperaverit, eum certiorem faciens, & pro illius negotio deprecans. El-Mamun se illi condonaturum respondit. Anno, inquit Quinun, ducentesimo quinto, cum in aulam ingressus esset El-Mamum, Gabrielem domi suæ detineri nec dari ei famulos aut exeundi facultatem jussit, misitque qui accerserent Michaelem medicum Gabrielis generum, quem in ipsius loco constituit, & summo honore, ut Gabrieli ægre faceret, complexus est.

Anno, inquit Quinun, ducentesimo decimo gravi morbo laboravit El-Mamun, ad eum medendi causa accesserunt medici, ipse vero cum nihilo melius se haberet, Michaeli dixit, remedia, quæ tu mihi das malum augent; congrega igitur medicos, & ab ipsis consilium circa morbum meum petito: tum Isa ipsius frater, ô Imperator fidelium, inquit, adesto Gabriel, quia ille temperamenta nostra ab ineunte adolescentis novit; at ipse non curavit dicta illius audire, & Abu-Isaac Joannem filium Messue accersivit; quem Michael ipsius medicus repellens obtrectando petivit dictis conviciatusque est. Porro viribus Mamuni deficientibus nec amplius remedia admittentibus, Gabrielem ipsi in memoriam revocarunt; ipsum igitur adesse jussit, qui, cum accessit, omnem medicandi rationem immutavit; ac unum post diem imminutus fuit Mamuni morbus & tres dies postea recte se habuit, ita ut brevi in pristinam restitutus fuerit sanitatem, & ipsi cibum & potum permisit Gabriel; quod & ille fecit. Ac tum Isa ipsius fratre dicente, ejusmodi vir cui non est par, annon debet honore affici? Jussit ergo El-Mamun Gabrieli dari millies aureorum millia, & mensurarum tritici mille, ipsique omnia quæ ab eo vi abstulerat sive pecunias sive prædia restituit: atque ipfum majori, quam ipfius pater, in honore habuit.

Narrat Jofephus Abrahami filius, die quodam, inquit, menfis Julii ingreffus fum domum Gabrielis, quæ in hippodromo fita eft, & ecce coram eo menfa, fuper quam appofiti erant plumipedes avium pulli majores pipere conditi; ipfe comedens rogavit me, ut una fimul cum ipfo comederem: quomodo, inquam ego de iftis comedam hac anni tempeftate, & hac mea juvenili ætate? Tum ille quid, inquit, exiftimas effe ciborum abftinentiam? Refpondi, eft fibi à gravibus cibis cavere. Erras, inquit, non eft id, quod dicis, ciborum abftinentia, dixitque neminem novi five nobilem, five plebeium, five fenem, five juvenem eo perveniffe, ut per totam ætatem fuam, à qualicunque abftineret alimento, nifi aut illud horrori habeat, aut fuus non cupiat appetitus. Quia homo quidem per ætatem fuam à vefcendo cibo aliquo diutiffime abftinet, deinde alterius obfonii defectu, neceffitate preffus ad eundem comedendum adigitur; vel propter aliquem morbum curandum, vel ut ægrotum domi fuæ jacentem adjuvet, eique præat exemplo ad eundem comedendum; vel amici gratia qui ipfum ad id adjurat, vel denique vel propter appetitum ipfi recens obortum. Quando autem comedit illud à quo diutiffime abftinuerat, id non recipit illius natura, repugnatque quin & illud creat in toto illius corpore morbum magnum, imo nonnunquam ipfum enecat. Melius ergo & magis convenit corporibus, ut cibis omnibus affuefiant gravibus, ut illis confuefcant; & comedatur de iis fingulis diebus exiguum quid, nec uno eodemque die graves cibi duo fimul comedi debent. Cum vero homo aliquid de iis comederit, fi poftea ad multum de iis comedendum adactus fuerit, ab hoc non refugit natura. Etenim videmus refolventia remedia, fi quis frequentius iis ufus fuerit, atque corpus illis confueverit, eorum imminui effectum & nullatenus refolvere. Videmus etiam Andalufios, qui cum velint folvere naturam ejus, qui Scammonea frequentius fuerit ufus, illi, ad emollefcendam naturam pondus trium drachmarum præfcribunt, cum in patria noftra dimidium drachmæ fufficiens fit quantitas. Quod fi remediis ita confuefcant corpora, ut illorum impediant effectum; fimi-

liter & magis adhuc alimentis confuefcant quantumvis gra‑
vibus. Hunc, inquit Jofephus, fermonem Bachtishuæ Gabrie‑
lis filio cum retuliffem, rogavit me, ut illum ipfi dictarem,
eumque manu fua exaravit.

Ait idem Jofephus, retulit mihi Salomon Chorafenfis Raf‑
hidi fervus; die quodam, inquit, cum ftarem prope caput
Rashidi in urbe Hira dum cibum fumebat meridianum, &
ecce ingreffus eft ad eum Aoun El-Ebadi Elgiavhari, difcum
manibus portans in quo erat pifcis butyro conditus, adjecto
farto quod ipfe accommodaverat. Voluit itaque Errashid de
illo pifce comedere; at impedivit eum Gabriel, nictuque oculi
Præfecto menfæ indicavit, ut illum auferret; qua de re mo‑
nitus fuit Errashid. Sublata menfa & lotis manibus, difceffit
ab eo Gabriel; tum præcepit mihi Errashid, ut ipfum infe‑
querer, memetipfum occultans, & quid facturus effet ex‑
plorarem, ipfique referrem; quod & feci, exiftimans me
ipfum occultaffe, fed ita fibi cavit Gabriel, ut me deprehen‑
derit. Abiit ergo domum Aouni, & juffit cibum fibi afferri.
Siftiterunt illi pifcem eundem, tum tria pocula argentea af‑
ferri curavit, & pofita in unoquoque pifcis particula vinum
Trabedenfe purum in uno eorum fuper pifcem infudit, di‑
cens hic eft Gabrielis cibus. In altero aquam nive permiftam
infudit, dicens hic eft Imperatoris cibus, quando non mifcet
pifcem cum aliquo alio cibo. In tertio fruftra carnis vario‑
rum generum ex columbis, carnibus toftis, dulciariis & ole‑
ribus, impofuit, affufa frigida, nive permixta, dicens hoc
eft cibus Imperatoris fidelium, quando mifcet pifcem cum
aliquo, alio, & tollens pocula ad eunuchum menfæ attulit;
hæc, inquit, ferva, donec expergefiat Imperator è fomno
meridiano. Deinde ad pifcem acceffit & de eo, donec di‑
ftentus fuerit ufque ad coftas, comedit & quotiefcunque fiti
premebatur, fibi poculum meri afferri jubebat, bibebatque
poftea dormitum abiit. Expergefactus è fomno Errashid me
vocavit interrogans quid, inquit, notitiæ habes de facto Ga‑
brielis: an aliquid de pifce comederit vel non? Eum de tota
re feci certiorem. Tribus igitur poculis fibi allatis ac detectis,
comperit, illam pifcis partem, fuper quam vinum affuderat
Gabriel, valde comminutam effe? Illam vero fuper quam
frigidam nive mixtam addiderat, duplo quam fuerat prius
majorem

majorem evasisse: illam demum quae cum carnibus in poculo mixta fuerat, odorem suum amisisse, maximamque illi lenitatem obtigisse. Tum Errashid quinquies mille denariorum, sive aureorum ad Gabrielem deferri jussit, dicens, quis me amoris, quo virum ejusmodi prosequor, accusare potest, qui tam bene me regit tantamque mei curam habet? aureos ut ille acciperet, diligenter studuit.

Refert Isaacus Rohaensis ab Ja filio Masse, quod Joannes filius Mesue ipsum certiorem fecerit Errashidum è sacra peregrinatione Meccana reducem, Gabrieli dixisse, an scis, inquit, ô Gabriel, qualis sit tuus apud me dignitatis gradus? Hunc respondisse quomodo Domine mi, id nescio; ac addidisse Errashidum, multas, inquit, causa tui ad Deum fudi preces, in eo quidem loco, ubi sacra festi Meccani celebrari solent; tum ad Hashimenses viros conversum dixisse, forte, inquit, haec mea ad ipsum oratio minus vobis probatur? Illos respondisse, at ille, inquiunt, est in clientelam prophetae receptus. Ita sane inquit, verum rectus corporis mei habitus stat per ipsum & bonus Mussulmanorum status pendet à me; bonus ergo illorum status est per ipsum & per durationem ipsius vitae. Responderunt recte dixisti, ô fidelium Imperator.

Refert Josephus Abrahami astronomi filius, qui alias Ebn-Eddahl dicitur, habebat, inquit, mater Gafari Abil-Faehli filia consessum in palatio Isae filii Ali, quod ipsemet inhabitabat; in illo loco nonnisi astronomi & medici sedebant; illa nunquam de ullo morbo apud aliquem medicum conquerebatur, donec adessent omnes artis professores, & ibi starent, donec ipsa sederet: porro ea in alterutro sedebat loco, aut prope fenestram reticulatam, quae est super officinam magnam è regione fenestrae & ostii primi aulae, aut prope januam minorem, quae est è regione aedium sacrarum aulae. Astronomi vero & medici sedebant extra locum, in quo illa sedebat, tum ipsa de eo quod sentiebat, querebatur. Medici disputabant inter se, donec ad eandem sententiam venirent circa morbum & medendi rationem: his inter se dissentientibus, controversiam dirimebant astronomi, & ei, qui in ipsorum sententia, rem acu tetigerit, fidem habendam esse pronunciabant. Deinde mater Gafari astronomos de tempore ad medicandum idoneo rogabat. Hi etiam, ni in eandem conspirent sententiam, redarguuntur, & medici opiniones eorum perpendunt, & id quod exigit recta ratio judicant. Conquerente illa de morbo quod sibi in ultimo itinere, sacrae peregrinationis religionis causa suscepto contigerat; medicos inter convenit de sanguinis è crure illius detractione cucurbitarum ope. Astronomi quoque diem, quo illi cucurbitae admoveri possent, elegerunt. At tunc temporis erant dies esuriales sive jejunium mensis Ramadhan; nec nisi sub finem diei poterant illi applicari cucurbitae. Inter astronomos qui dissenserunt fuere El-Hassan, filius Mahomedis Ettussi, & Ettamimi dictus El-Abahi, & Omar Ebn El-Pharhan Tabriensis, & Shoaib, Judaeus.

Inquit Josephus, Abrahami filius, cum impedimentum aliquod aut morbus Labaho accidebat, vicem illius supplebam; illi igitur confessui in ejus loco interfui, in quo agebatur de eligendo tempore matri Gafari cucurbitas applicandi; ibique filium Davidis filii Serapionis juvenem, qui nondum viginti annos aetatis attigisse videbatur, inveni. Jusserat enim Gafari mater, ipsum, ut in tali confessu erudiretur, accersiri; nam in mandatis dederat omnibus, qui ad ipsam accedebant medicis, ut doctrina eum instituerent, eique auxiliares manus afferrent idque ob eam quam de eo gerebat curam habita illius parentis, qui, ipsi operam dederat, dignitatis ratione: inveni, inquam, ipsum, cum monaco quodam medico, de civibus Ah-Elwaz (qui jussus fuerat adesse illo die in aula) disputantem circa potionem aquae, cum quis è somno expergefit, ac dicente filio Davidis, neminem video stultiorem eo, qui cum de somno expergefactus fuerit, aquam bibit, accessit Gabriel & in confessum ingressus, non desiit dicere, illum eo, per deum stultiorem, cujus in hepate accenditur ignis, nec illum extinguit; deinde petiit quis esset ille, qui, sermonem, quem audierat, protulerit? Responderunt ei, esse Davidis filium. Eum itaque duriter corripuit graviterque exprobravit, ipsi dicens vah! Pater tuus in arte medica primas tenuit & tu tamen ita loqueris ut audivi! Respondit adolescens, quasi vero tu (honoret te Deus) permittis, ut bibatur aqua noctu, cum quis è somno expergefit? Respondit Gabriel, quantum ad eum qui calido siccoque præditus sit stomacho, & ad eum qui in cœna cibum aliquem salsum comederit, his duobus aquam bibere permitto: illam verò inhibeo ei, qui humidum habet stomachum, & iis qui salsa abundant pituita. Omnes itaque conticuerunt excepto me, ô Abu-Ja, inquam ego, unum adhuc restat, quod nam, ait ille? Respondi, si ille qui siti laborat, medicinam æque ac tu intelligeret, sitim suam an ab amaro aliquo, an à salsa pituita sit orta dignosceret. Tum ille ridens mihi dixit, quando siti urgeris noctu, pedem tuum ex toralio deducito & paululum aquæ bibito, si augeatur sitis, illa à calore aut à cibo super quo bibere necesse est, tunc bibe, si verò sitis non nihil imminuatur à bibenda aqua abstineto, nam sitis tum à pituita salsa exoritur.

Interrogatus Gabriel ab Abu-Isaac de morbo qui Werse Kin appellatur; respondit nomen hoc Persæ composuerunt è duabus vocibus, fractionis videlicet & pectoris, nam in puriori sermone Persarum, nomen pectoris est Wer quod vulgo Ber dicitur, nomen autem fractionis EsKin, si ambæ voces una conjungantur efficiunt WerseKin, id est, morbus ille in quo pectus necessario frangitur, qui quidem si in aliquo firmetur ex illo non assurget, & is qui ex illo evadit, ne recrudescat morbus annuo spatio verendum est, nisi tempore morbi vel postea vomitus sanguinis, quem expellit natura per nares aut inferne, copiose accidat, tunc salus speranda est. Tum Abu-Isaac admirantis in morem quid, inquit, annuo spatio! Ita sane respondit Gabriel, pro te peream, & est alius morbus quem parvi pendunt homines nempè El-Hasba seu morbillorum; ego quidem, pro eo qui illo tentatur, ne recrudescat per annum timeo, nisi post illos contingat ei alvi solutio, & tanta in copia dejiciat, ut parum absit ab exitio; horum alterutrum si eveniat, desino metuere.

Inquit Josephus, intravit Gabriel ad Abu-Isaac post morbum, quo afflictus fuerat, & jam ipsi, ut crassiores ederet carnes permissum fuit, cùm ad mensam consedisset apposuerunt coram eo cibum Kesh Kie; ac ille jussit discum auferri, rogante me causam; respondit nunquam, ait, ulli Chalifæ, qui vel uno die febri laboraverat, ut edulium Kesh Kie per annum integrum ederet, permisi. Tum Abu-Isaac, utrum duorum, inquit, KeshKorum, significare vis; an illud cum lacte pinsum vel sine lacte. Respondit Gabriel non permisi esum illius, quod sine lacte confectum fuit per anni spatium, immo etiam juxta regulas artis, nec debet permitti esum Kesh Kie lacte subactum nisi post finitos tres annos.

Refert Maimun Ben Harun accepisse à Soaido Isaaci filio qui & Christianus fuit, mihi, inquit, Gabriel Ben Bactishuæ narravit, eram, ait ille, cum Errashido in quodam loco Raqua dicto, & erant una simul duo ipsius filii El-Mamun & Mohammad El-Emin, erat autem ipse homo pinguis edax & bibacissimus, die quodam cum res commistas edisset, latrinam ingressus deliquium passus est, eo inde ducto ita invaluit deliquium ut de illius obitu non dubitaretur, ipsius nutu me vocarunt, accessi & cum arteriam tetigissem pulsum latentem inveni. Aliquot verò ante hac dies, de repletione & de concitato sanguinis motu conquestus erat: dixi itaque illis eum esse moriturum rectamque rationem suadere, ut protinus illi admoveantur cucurbitulæ: ipso consentiente chirurgum accersiri curaverunt; tum præcepi ut ipsum sedere facerent: appositis ei cucurbitulis illisque suctis, locum jam rubrum evasisse deprehendi: bono itaque sui animo cognovique eum in vivis futurum: tum chirurgo incide, inquam, fissuram, atque eo incidente sanguis missus fuit, unde ego prostratus Deo gratias egi, & prout sanguis emittebatur ipse caput movebat suum, & illius color illucebat, adeo ut loquutus sit, dicens: ubi Ego sum? Animum illi addidimus, & in cibum pectus gallinæ & potui vinum dedimus, nec cessavimus odores suaves olfaciendo illi dare & aromata in ejus nares indere, donec redierint illius vires, & intrarent ad ipsum homines & largitus est illi Deus sanitatem.

Aliquot post dies, excubiarum, sive custodum stipatorum corporis præfectum advocavit, interrogavitque de proventu, quem singulis annis percipiebat, ac ille significavit ipsi, suum annuum stipendium esse trecentorum millium sestertiorum sive drachmarum. Idem à ductore ordinis sive duce cohortis militum quæsivit, qui dixit illi esse illud quinquies centum millia; ab eunucho suo idem percontatus est, qui respondit illud esse millies mille drachmarum; tum Gabrieli dixit, jus tuum tibi minime tribuimus quando quidem proventus horum, qui ab hominibus, ut ipsi dicunt, me custodiunt, majores sint tuis, qui me à morbis ac infirmitatibus custodis. Jussit itaque ut mihi assignetur proventus millies mille drachmarum; at ego dixi ipsi, ô Domine mi, ego non indigeo pensionibus, verum mihi largiaris unde possim villas pagosve emere; quod & fecit: atque ego iis, quas mihi dedit pecuniis, villas in possessionem emi proventus millies millium drachmarum.

Inquit Josephus Abrahami filius, narravit mihi Abu Isaac Mohdi filius, cum populus Gabrielis domum diripuisset, sub imperio Mahometis El-Emin, illum ad se confugisse & secum hospitio exceptum, ab iis, qui ipsum interficere volebant, defendisse: at videbam, inquit Abu-Isaac, turpem in Gabriele impatientiam nimiumque ob jacturam opum suarum mœrorem atque & mœstitiam præter modum, adeo ut non existimem ullum mortalium tantum unquam doluisse ac ægre tulisse opum jacturam, quantum Gabrielem. Quando autem tumultuata est secta Elmebidatu & prodierunt hostili animo in Bassra & in Ahwaz, venit ad me summa perfusus lætitia, tanquam centies mille drachmarum accepisset: video, inquam, Aba-Isa lætum? Repondit sic sane: tum ego causam tantæ lætitiæ rogavi: pervaserunt, inquit, El-Alawie meas villas in easque immiserunt ignem. Quam mira, inquam ego, tua agendi ratio! quando populus opum tuarum partem diripuit, ita mœrore afficiebaris ut parum abesset quin animam efflares; & jam capiunt El-Alawie omnia penitus quæ possides, & tu tamen hanc præ te fers lætitiam? Respondit, impatientia mea inde erat, quod opibus in somnio donatus fuerim; at sum spoliatus tempore gloriæ meæ ac dignitatis; & prodidit me qui præsidio mihi esse tenebatur, nec grave accidit mihi quod El-Alawie fecerunt; irrito enim conatu, bona viri similis mei, qui sub duobus imperiis opibus iisdem semper afflueret, consumunt. Et ni fecissent, quod fecerunt (quamquam debebant, utpote conscii integritatis animi mei ergo Dominos meos, quos Deus suis cumulavit bonis) in mandatis dare ut salva remanerent prædia mea, & parceretur meis administratoribus; ni fecissent, inquam, dicturi fuissent, Gabriel nostri semper est studiosus, quam diu imperium dominorum ipsius durat, opibus suis de nobis bene meretur,

& nuncia dominorum suorum ad nos curat perferri; atque tum fama harum rerum ad Imperatorem allata fuerit, meque de medio sublaturus fuisset; lætitia ergo afficior, quod villæ meæ sint dirutæ, & ego sim incolumis.

Inquit Josephus, narravit mihi Farach, dictus Abba-Kharasan, servus ac familiaris Salchi Ben Errashid, summam, inquit, rerum administrat herus meus Bassræ, & præfectus ipsius in ea erat Abu-Errazi, cum autem ædificium domus suæ, quæ in hippodromo sita est, restaurare vellet Gabriel, herum meum rogavit, ut daret ipsi in munus quingentas trabes ex ligno arboris platani indicæ (singula autem trabs aureis tunc væniit tredecim.) Meus vero herus multam pecuniarum esse summam existimans respondit, quingentas non, at scribam ad Abu-Errazi, ut ducentas tibi adferri trabes curet; non opus habeo, inquit, Gabriel ducentis. Tum hero dixi meo, opinor equidem aliquid in perniciem tuam Gabrielem esse moliturum. Ille vero respondit, Gabriel est mihi quacumque vili re despicabilior; quid? ego potionem medicam ab eo non accipiam, nec eum, ut me curet, rogabo. Aliquandiu post herus meus voluit Imperatorem invisere, completo per adventum Mamuni consessu, video, inquit Gabriel, vultum tuum, ô Princeps fidelium, esse immutatum, deinde assurgens accessit ad ipsum & arteriam contrectavit, dixitque bibat Imperator fidelium Oxymel, differatque prandium, donec scientia assequamur quid rei sit. Fecit itaque El-Mamun prout indicavit Gabriel. Postea cæpit arteriam identidem palpare, nec quidquam mali sentiebat. Illico Gabrielis servi ingressi sunt, manibus ferentes offulam panis & una simul fercula ciborum ex citrinis cucurbitis & viridibus phaseolis minoribus & similibus rebus confectorum. Non mihi probatur, inquit Gabriel, quod fidelium Imperator quidquam ex animalium carnibus hodie comedat, ex his igitur cibis velit comedere. Ille itaque sumpto cibo dormitum abiit, eoque expergefacto à meridiano somno Gabriel dixit, ô Imperator fidelium, odor vini calorem auget, auctor tibi sum, ut in secessum tete recipias: discessit ergo El-Mamun & non multo post, omnia heri mei stipendia fuere perdita.

Inquit Josephus, mihi retulit Georgius filius Michaelis accepisse se ab avunculo suo Gabriele (quem ob multiplicem doctrinam in honore habebat noster Gabriel, nam hoc excepto, nemo, mea quidem sententia, illo doctior fuit, at amore & admiratione sui magnaque dementia laborabat) quod anno centesimo octogesimo septimo die primo mensis Moharram, Gabriel improbaverit causam, cur Errashid victum suum imminueret, ut pote nihil deprehendebatur in eo, neque in arteriarum pulsu quod necessariam redderet cibi diminutionem, quodque Errashido dixerit, ô princeps fidelium, corpus tuum, laus sit Deo, integrum ac sanum est, neque scio ullam rationem, cur nolis alimentum tuum integre assumere? Ille mihi, inquit Gabriel, cum multoties ipsi quæstionem hanc inculcabam dicebat; in salubrem Bagdadi urbem sum expertus, nolo tamen, hisce diebus ab ea procul abesse? an scis, inquit, aliquem locum illi vicinum, cujus aer sit salubrior? Respondi, urbs El-hira, ô fidelium Imperator: multoties, inquit, iter fecimus in illam urbem, & detrimento Aounum Ebadensem in ipsius regione diversando maximo affecimus. Dixi, ô Princeps fidelium, civitas Anbar optima habetur, & ipsius aer illo El-Hiræ est salubrior. Illuc itaque sese contulit, nec tamen plus cibi sumebat, immo indies minus cibi comedebat; quin & die Jovis, duos ante dies ac noctem, quam Giafarum interimi curasset, se à cibo abstinuit, jejunium agens. Giafar ad ejus interfuit cœnam, atque ipse quoque jejunus erat, in qua non multa Rashidius tetigit. Dicente illi Giafaro, ô princeps fidelium, quid si aliquid plus cibi sumeres? Possem sane, ait, si vellem, sed malo levi stomacho noctem transigere, ut crastino mane cibum magis appetens cum uxoribus prandeam. Diluculo diei veneris surrexit ad equitandum, & cum ipso etiam Giafar Ehn Jahia equitavit. Vidi ipsum introducentem pedem suum in manicam Giafari, donec ad illius manum pervenerit; ac tum illum sibi adjungens amplexatus & inter duo lumina deosculatus est, atque manu sua in manu Giafari contenta incedit plusquam mille cubitorum. Deinde reversus ad tentorium suum dixit, per vitam meam ne vinum hauseris hoc tuo die, illumque diem lætitiæ feceris. Ego quidem, inquit, familia sum distentus mea, tum ad me ô Gabriel, ait, ego pransurus sum cum uxoribus meis, mane tu cum fratre meo atque eidem ac ipse gaudio indulge. Bibi itaque cum Giafaro &

accersitis eduliis pransi sumus ambo ; quin & cantorem Aba Rekan cæcum accersiri jussit , nec quisquam præter nos duos illi interfuit confessui. Videbam autem famulos alterum post alterum ingredientes ad nos quos ipse interrogabat , & illis respondentibus , suspiria edebat , mihi dicens , væ tibi , ô pater Isæ , nondum adhuc cibum cepit Imperator , ego per Deum , inquit, timeo ne sit in eo aliquis morbus , qui ipsum impediat quominus vescatur. Quoties verò bibere volebat , ad unumquemque cyathum vini jubebat Aba Rekan carmen aliquod canere. Nec desiimus hoc modo indulgentes hilaritati usque ad tempus precationis serotinæ , cum ecce ingressus est ad nos Hashem Masrur natu major & cum ipso Chalife Harthame filius Oion & multa militum cohors , tum Chalife extensa manu sua in manum Giafari dixit illi , surge ô improbe , mihi verò nihil vel dictum vel jussum est ; extemplo igitur domum meam petii mentis minime compos, vix ibi dimidium horæ steti cum ad me venit Rashidi nuncius me ad ipsum ire jubens, ad illum ingressus caput Giafari coram eo in pelvi positum vidi. Interrogabasme, inquit, ô Gabriel , de causa , cur victum meum imminuerim. Ita sane respondi ego. Cogitatio , ait , de eo quod vides eo me adduxit : ego verò hodie sum apud memetipsum tanquam ovans camela ; cœnam affer meam, ut videas quantum plus cibi quàm antea sumpturus sim. Comedebam quidem aliud post aliud ne ingravesceret cibus super me , & in morbum conjiceret. Ac tum afferri sibi jussit cibum suum eo ipso tempore, & illa eadem nocte comedit optime.

Inquit Josephus , retulit mihi Abrahamus Mohdi filius, quod cum reliquisset confessum Mahometis, tempore Chalifatus sui , vesperi ob remedium quod ille sumpserat, Gabriel filius Bachtishuæ ad ipsum venerit mane diei sequentis & Emini salutem ipsi renunciaverit ac de statu valetudinis & de remedio sciscitatus fuerit ; deinde propius ad eum accedens dixerit. Imperator est missurus Ali filium Isæ filii Mahan in Chorasanum , ut captivum in compede argentea Mamunum adduceret : verum alienus sit à fide Christi Gabriel, ni Mamun vincat Mohametem, eoque occiso regnum ipsius invadat. Tum ego , væ tibi , inquam, quare dicis hoc & quomodo dicere audes ? Respondit ille, quia iste Chalifa delirus ac furore percitus, est hac nocte inebriatus & advocavit Aba Asmet custodum suorum praefectum eumque vestibus nigris exui meisque indui vestimentis jussit, illi zona mea & mitra capiti impositis, & mihi ut illius tunicis vestibusque induerem & gladium accingerem atque in loco praefecti suorum custodum usque ad ortum solis federem, praecepit: alterum in alterius loco constituens & possessionem muneris more solito conferens. Ergo, inquit Abrahamus, Deus eas gratias & ea quibus fruitur beneficia, est immutaturus, eo quod ipse in se ipso illa mutaverit. Etenim hominem Christianum in custodiam sui constituit. Quando quidem Religio Christiana omnium est vilissima; quia in nulla alia habetur tanquam necessaria conditio, sese ad quidquid exosum ingratumve, quod vult inimicus, submittendi, uti parere cum quis ad aliquod opus sine mercede faciendum adigitur; & si jubeatur incedere milliare, adjiciat & aliud milliare; si colapho illi cedatur altera gena, vertat & alteram, ut illa quoque percutiatur: quae omnia plane sunt aliena à religione mea. Tum, inquit Gabriel, declaravi illi, honorem hominis in hac vita fluxum esse, parvique faciendum. Verum cum Imperator in loco medici sui, qui ipsi vitae custos, corporis minister & naturae servus est, sedere fecit hominem qualis est Aba-Asme, qui ex his omnibus nec multum nec parum intelligit, minime victurus est, & anima illius exitio futura.

Inquit Josephus, audivi Gabrielem filium Bachtishuae alloquentem Aba-Isaac, Abrahamum filium Mohdi, se apud Abbassam filium Mahometis fuisse; cum ad ipsum intravit aliquis poeta ejus laudes carminibus celebraturus, non desiisse poetae auscultare donec venerit ad hoc distichon.

Si diceretur Abbasso, ô fili Mahomedis, dic non (id est denega petenti) & tu immortalis futurus es, non diceret illud (scil. non. id est non denegabit.)

Audito, inquit Gabriel, hoc disticho non potui memetipsam continere, utpote sciebam Abbassum hominum aetatis suae esse avarissimum. Poetae itaque dixi: heus tu! puto loqui te de munificentia, voluisti igitur dicere etiam (dabo) at tu dixisti non. Tum Abbas subridens procul esto, inquit, Deus faciem tuam detestetur.

Inquit Josephus, alloquutus est Gabriel de se ipso Aba-

Isaacum in eo confessu; intravi, ait, ad Abassum uno post Pascha Christianorum die, & erat in capite meo aliquid residui vini hesternæ diei (idque accidit antequam Errashido operam dedissem) sciscitanti mihi quomodo princeps, quem honore dignetur Deus evigilavit mane? Respondit ille, prout ut cupis. Non, per Deum, inquam ego, evigilavit Princeps prout cupio, neque prout cupit Deus, neque prout cupit diabolus. Ipse ob dicta ista mihi iratus, dixit, quid sibi vult hic loquendi modus; improbet te Deus? Respondi ego, penes me est demonstratio. Afferto illam, inquit, sin minus despectui objiciam te, nec ingredieris domum meam amplius. Quantum ad id, ajebam, quod ego cuperem, est, ut fias Imperator fidelium: nequaquam, ait ille. Quod verò, inquam, expetit Deus à servis suis est, ut pareant ei in iis quæ præcepit ipsis & recedant ab iis quæ prohibuit. Tu autem, ô Rex, ita te habes? Minime, inquit, Deus mihi condonet. Denique quod ab hominibus diabolus desiderat, est, ut impii sint erga Deum summamque ipsius potestatem abnegent; similiter & tu ô Princeps? Respondit Abbas, nullatenus: at ne redeas posthac ad ejusmodi sermonem.

Anno, inquit Quinun interpres, ducentesimo decimo tertio cum in Græciam, inferendi belli causa, proficisci decrevisset El-Mamun, videretque Gabrielem, qui tum gravissimo laborabat morbo, valde debilem, ab eo petiit ut secum Bachtishuam ipsius filium mitteret, & illum sibi sisti jussit. Ille autem similis erat patri suo intelligentia & judicio. Quando ipsum alloquutus est El-Mamun & audiit quam optime responderet, eo summopere delectatus est, ipsum maximo in honore habuit, dignitate auxit, secumque in Græciam duxit.

Profecto ad expeditionem bellicam Elmamuno' longum duravit Gabrielis morbus, adeo ut supremum diem obierit. Testamenti sui curatorem nominavit El-Mamun; illudque ad Gabrielem generum suum deferri curavit. Porro Gabrielis exequiæ, pro eo quo erat dignitatis gradu & pro ipsius benemeritis & bonis operibus tanto decore tantaque pompa celebratæ sunt, quanta nulli è suis paribus contigit.

Sepultus fuit in monasterio sancti Sergii in Medain. Cum autem rediisset è Græcia Bachtishua ejus filius, monachos ad inhabitandum illud monasterium congregavit, illisque vitæ necessaria constituit atque redditibus ipsos ditavit.

Familia Georgii, inquit Quinun interpres, & ejus posteri, fuerunt omnium gentis suæ præstantissimi propter eximia illa, quæ Deus ipsis peculiariter tribuit, naturæ & virtutis dona; animos videlicet liberales, beneficentiam, æquitatem, bona opera, erga pauperes misericordiam, in visitandis ægrotis & egenis sedulitatem, & in auxiliandis adversa fortuna utentibus & afflictis alacritatem; quæ omnia enarrandi & explicandi modum superant.

Spatium autem temporis, quo Gabriel opera sua apud Errashidum meruit usque ad ejusdem mortem, est viginti trium annorum. Inventus vero codex apud Gabrielem ab Amanuensi suo conscriptus, in quo ea ad quæ pervenerat dum Rashidio operam dedit, ordine recensentur. Scilicet quod habuerit pro honorario solito singulis mensibus decies mille drach. quæ sunt in anno centum & viginti millia. Spatio 23. an. bis mille millium & septingenta & sexaginta millia. Pro victu unoquoque mense quinquies mille drachm. quæ in anno sunt sexaginta millia, spatio 23. an. sunt millies mille & ter centum & octoginta millia.

Habebat pro honorario ab Imperatoris familia seu Gynacæo singulis annis quinquaginta millia drach. quæ spatio 23. an. sunt millies mille & centum quinquaginta millia.

Pro vestimentis accipiebat singulis an. quinquaginta millia drach. spatio 23. an. sunt millies mille & centum quinquaginta millia.

Enumeratio singulorum.

Dabantur ei viginti volumina panni optimi Phrygii operis Tirazensis.

Item, Decem volumina panni ex sericoneto contexti Mansurensis.

Item, Decem alia ex sericoneto amplo.

Item, Tres partes (decem cubitorum singula ad conficiendas tres vestes) serici panni colorati pictive Jemanici, f. in Arabia Felice confecti.

Item, Tres partes panni serici Nisibensis colorati.

Item, Amicula tria ex pilis caprinis vel camelinis contexta.

VITA

Et ad affuendum veftibus alterum pannum loco panni dabatur ei ex pellibus muftelæ Scythicæ, & muftelæ Fœnariæ vulgo Fovinæ: item ex pellibus muftelæ albæ five muris Hermelini & muris pontici.

Dabatur ei, ineunte Chriftianorum jejunio quadraginta dierum, quinquaginta millia drach. pecunia fignata: fpatio 23. an. funt millies mille & centum quinquaginta millia.

Et die Hofannæ f. Dominicæ Palmarum dabantur ei veftes, panni ferici & fimilia pretio decem millium drach. fpatio 23. an. funt ducenta & triginta millia drach.

Et die folutionis jejunii Muftimorum unoquoque anno, quinquaginta millia drach. pecunia fignata: fpatio 23. an. funt millies mille & centum quinquaginta millia drachm.

Pro fectione venæ Errashidi bis in anno, quinquaginta millia drach. fingulis vicibus. Spatio 23. an. funt bis mille millium & trecenta millia drach.

Pro potione medica bis in anno, quinquaginta millia drach. fingulis vicibus, fpatio 23. an. funt totidem.

Habebat à familiaribus Rashidi fingulis annis in veftimentis, aromatibus & jumentis centum & quadraginta millia: fpatio 23. an. funt tria millia millium ducenta & viginti millia drachm.

Defignatio perfonarum, & fummarum fingulatim enumeratio.

Ab Ja filio Giafari, quinquaginta millia drach.
A Zobaida, matre Giafari, quinquagintam illia drach.
Ab El Abbaffo, quinquaginta millia drach.
Ab El-Fadhlo, filio Rabii, quinquaginta millia drach.
A Fatime matre Mahometis, feptuaginta millia drach.
In veftimentis, aromatibus & jumentis centies mille.

Et de proventu villarum fuarum, quæ funt in Giandifabur & Wafwafi & Baffre, vectigalibus folutis, octingenta millia drach. pecunia fignata: fpatio 23. an. funt octodecim millium & quadringenta millia drach.

Et quod remanebat de vectigalibus ipfi affignatis feptingenta millia drach. fpatio 23. an. funt millies mille fex centum & decies mille drach.

GABRIELIS.

Accipiebat à famila Barmacenfi unoquoque anno pecunia fignata, duo millia millium & quadringenta millia drach.

Defignatio perfonarum & fummarum enumeratio.

Dabant ei, Jahia, filius Chalid, fexcenta millia drach.
Giafar filius Jahiæ, millies mille & centum millia drach.
El-Fahdl filius Jahiæ, fexcenta millia drach. funt fpatio 23. annor. triginta & unum mille millium & ducenta millia drach.

Præter munera & largitiones de quibus in hoc codice non fit mentio.

Summa omnium, quæ acquifivit 23. annis quibus operam dedit Rashidio & 13. an. quibus apud Barmacenfem familiam opera meruit, abit ad 888800000 drachmarum.

Munera, quæ non memorantur inter impenfas & res alias juxta codicem ab autographo defcriptum funt nongenta aureorum millia & fexcenta millia drachmarum.

Sumptus ejus fingulis annis circum circa bis mille millium & ducentæ drachmæ. Spatio 36. an. viginti feptem millia millium.

Pretium gemmarum & quæ recondidit, quinginta millia aureorum & quinquaginta millium drach.

Quæ impendit in emendis prædiis, domibus, hortis, locis amoenis, fervis, beftiis, balneis, funt feptuaginta millia millium & duodecim millia drach.

Quæ impendit in inftrumentis, ftipendiis, artibus & artificibus, & fimilibus, octo millia millium.

Quæ prædictis annis impendit in bonis operibus, erogationibus, muneribus, beneficiis & largitionibus; & quæ perdidit in fponfionibus, & rapinis ter mille millium drach.

Quæ ipfi denegarunt depofitarii funt tria millia millium drach.

Nihilominus tamen his omnibus toleratis deductifque teftamento fcripfit filio fuo Bachtishuæ, curatorem El-Mamunum conftituens, nongenta millia aureorum, roganfque ut illa, nullo obice interpofito, filio tradantur.

Gabriel autem filius Bachtishuæ eft idem ipfe, quem innuit Abu-Nwafs in illo carmine, quod Mamuno tribuitur, quando fic canit.

Interrogavi Aba-Isa, num Gabriel judicio præditus est.

Dixi vinum perplacet mihi:
Respondit multum de eo, interitus est.
Dixi itaque ipsi quantum defini mihi.
Respondit, & sententia ejus decisio est:
Inveni, ait, naturas hominis,
Quæ sunt ipsa prima principia;
Quatuor quidem ad quatuor pertinent
Unicuique igitur naturæ litra (vini sufficit.)

Inter præclare dicta Gabrielis hæc habentur,
Quatuor ætatem destruunt,
Cibum ad cibum introducere ante concoctionem,
Et jejuno stomacho bibere.
Connubio cum vetula conjungi,
Veneri in balneo indulgere.

Gabrielis sunt libri.

1. Epistola ad Mamunum de cibo & potu.
2. Liber introductionis ad artem Logicam.
3. Liber de coitu.
4. Epistola continens epitomen artis medicæ.
5. Syntagma suum.
6. Liber de descriptione & proprietatibus Thurium, quem scripsit gratia Abdallah Elmamuni.

BACON 168.

DE SPECULIS

EX concavis speculis ad solem positis ignis accenditur. Hæc ultima propositio libri de speculis communibus sic demonstratur ibidem. Esto concavum speculum, &c.

Ibidem 177.

Ex quibus omnibus quod prædicta positio insufficiens est; & nimis diminuta tam ratione multiplicationis, quam ratione combustionis. Ratione quidem multiplicationis deficit minus, quia ut præostensum est, infinities infiniti radii ad superficiem speculi multiplicantur, de quibus non fit mentio in dicta positione & tamen omnes reflectuntur à superficie speculi ad locum combustionis, sicut fide oculata experimur. Ratione etiam combustionis nimium deficit, quia ut prius satis diffuse dictum est, infinities infiniti fortiores quam sint radii secundum modum illius positionis multiplicati perveniunt ad superficiem speculi; qui omnes ad locum combustionis reflexi in parvum locum congregantur, utpote infra latitudinem unius denarii, quod fide oculata probamus, ut prædictum est. Et patet ex hoc, quod tota lux in superficie speculi paulatim & gradatim coartata pervenit ad locum combustionis, in quo est maxima coartatio, quæ potest per talem figuram scil. sphæricam taliter aliqualiter caussari, quoniam ab illo loco, & citra & ultra est major lucis latitudo.

BACON PERSPECTIVÆ.
165.

Nam per reflexionem contingit unum apparere multa, & infinita. Sic enim visi sunt aliquando in Cœlo simul plures soles, & lunæ, secundum quod Plinius recitat in naturalibus; & hoc non accidit, nisi quando vapor dispositus fuit ad modum speculi, & hoc ut sit multiplex vapor, & in diverso situ, & quod natura potest illud operari; unde possunt specula sic fieri, & taliter poni & ordinari, quod una res apparebit quotquot volumus. Et ideo unus homo videbitur plures, & unus exercitus plures: etiam prætactæ sunt radices ad hoc, una scil. de speculo fracto, cujus partes recipiunt situm diversum, & diversæ erunt imagines secundum diversitatem fractionum. Et alia radix de aqua & speculo, à quibus diversa imago resplendet. Si ergo ordinarentur specula utroque istorum modorum, quot voluerimus, manifestum est, quod una res apparebit in tot imaginibus, quot cupimus, & sic pro utilitatibus Reipublicæ & contra Infideles possent hujusmodi appericationes fieri utiliter & terribiliter. Et si quis noverit aerem densare, ut reflexio fieret ab eo, posset multas hujusmodi appericationes insolitas procurare. Sic verò creditur, quod dæmones ostendunt castra, & exercitus, & multa miraculosa hominibus, & possunt per visionem reflexivam omnia occulta in locis abditis, in civitatibus, exercitibus, & hujusmodi deduci in lucem. Similiter possent specula erigi in alto contra civitates contrarias & exercitus, ut omnia quæ fierent ab inimicis viderentur, & hoc potest fieri in omni distantia, qua desideramus, quia secundum librum de speculis, potest una & eadem res videri per quinque specula si volumus, si debito modo situentur, & ideo possunt propinquius & remotius situari, ut videremus rem quantum à longe vellemus. Possunt autem specula sic ordinari, ut appareant quot voluerimus, & quæcunque in domo vel platea, & omnis aspiciens res illas videbit secundum veritatem, & cum currat ad loca visionis nihil inveniet. Nam sic situabunt specula in occulto respectu rerum, ut loca imaginum sint in aperto, & appareant in aere in conjunctione radiorum visualium cum cathetis, & ideo aspicientes currerent ad loca visionis, & æstimarent res ibi esse cum nihil fuerit, sed appericatio tantum: & sic secundum hujusmodi nunc facta de reflexione, & consimilia possent fieri non solum utilia amicis, & terribilia inimicis, sed solatia maxima valent philosophicè procurari, ut omnis joculatorum vanitas obfuscetur ex pulchritudine miraculorum sapientiæ & gaudeant homines ex veritate, longius exclusa magicorum fallacia.

De visione fracta majora sunt: nam de facili patet per canones supradictos, quod maxima possunt apparere minima, & è contra, & longe distantia videbuntur propinquissime, & è converso. Nam possumus sic figurare perspicua, & taliter ea ordinare respectu nostri visus & rerum, quod frangentur radii & reflectentur quorsumcumque voluerimus, & ut sub quocumque angulo voluerimus. Videbimus rem prope, vel longe; & sic ex incredibili distantia legeremus litteras minutissimas, & pulveres, ac arenas numeraremus, propter magnitudinem

tudinem anguli, sub quo videremus; nam distantia non facit ad hujusmodi visiones, nisi per accidens; sed quantitas anguli. Et sic posset puer apparere gigas, & unus homo videri mons; & in quacunque quantitate. Secundumque possemus videre sub angulo tanto sicut montem, & prope ut volumus; & sic parvus exercitus videretur maximus, & longe positus appareret prope, & è contra. Sic etiam faceremus solem, & lunam, & stellas descendere secundum apparentiam hic inferius, & super capita inimicorum apparere, & multa consimilia, ut animus mortalis ignorans veritatem non posset aliqualiter sustinere.

In MS. Musæi Protobibliothecarii Oxoniensis.

Quod autem hic intendo est de correctione Calendarii, quo utitur Ecclesia. Julius quidem Cæsar in Astronomia edoctus, complevit ordinem Calendarii secundum quod potuit in tempore suo; & sicut Historiæ narrant, contra Achorium Astronomum, & Eudoxum ejus Doctorem disputavit in Ægypto, de quantitate anni solaris, super quam fundatum est Calendarium nostrum, unde sicut Lucanus refert, ipse dixit

Non meus Eudoxi vincetur fastibus annus.

Sed non pervenit Julius ad veram anni quantitatem, quam posuit esse in Calendario nostro 365. dies, & quartam diei integram, quæ quarta colligitur per quatuor annos, ut in anno bissextili computetur unus dies, plusquam in aliis annis communibus. Manifestum autem est per omnes computistas, antiquos & novos, sed & certificatum est per vias Astronomiæ, quod quantitas anni solaris non est tanta, imo minor; & istud minus æstimatur à sapientibus esse quasi 130. partes unius diei, unde tanquam in 130. annis superflue computatur unus dies, qui si auferretur, esset Calendarium correctum quoad hoc peccatum.

VITA

Secundum quod expono circa Ecclesiastica, & de corruptione Calendarii, quæ est intolerabilis omni sapienti & horribilis omni Astronomo, &c. Julius quidem Cæsar constituit Calendarium, quod habemus, nec unquam fuit postea correctum, & in tempore suo non habuit falsitatem, quæ nunc regnat, propter mutationes à tempore ejus, &c. Sed non fuit Astronomia in usu Latinorum nisi parum, nec in usu Ecclesiæ, apud Græcos & Hebræos. Sed modo sunt Astronomi sufficientes ad hæc, &c.

Epistola ad Johannem Parisiensem. cap. 6. (a)

IN omnem distantiam, quam volumus, possumus artificialiter, componere ignem, comburentem ex sale Petræ, & aliis: (viz. Sulphure & Carbonum pulvere, ut in MS. Germani Langbaine legitur) Præter hæc (id est combustionem) sunt alia stupenda naturæ: nam soni velut Tonitrus, & corruscationes possunt fieri in aere, imo majore horrore, quam illa quæ fiunt per naturam: nam modica materia adaptata, scilicet ad quantitatem unius pollicis, sonum facit horribilem & corruscationem ostendit violentem, & hoc fit multis modis, quibus Civitas aut Exercitus destruatur...Igne exsiliente cum fragore inæstimabili...Mira hæc sunt, si quis sciret uti ad plenum, in debita quantitate & materia.

Clarissimi Viri Johannis Fortescui Militis, Defensio Tituli Domûs Lancastriæ, in Bibliothecâ Cottonianâ.

Item Regibus Angliæ Regali ipso officio plura incumbunt, quæ naturæ muliebri adversantur.... Reges Angliæ in ipsa unctione sua talem coelitus gratiam infusam recipiunt, quod per tactum manuum suarum unctarum infectos morbo quodam, qui vulgo Regius morbus appellatur, mundant & curant, qui alias dicuntur incurabiles. Item aurum & argentum

a. *In opere suo ad Clement. IV. MS.*

sacris unctis manibus Regum Angliæ in die Paschæ Divinorum tempore (quemadmodum Reges Angliæ annuatim facere solent) tactum devote & oblatum, spasmaticos & caducos curant; quemadmodum per annulos ex dicto auro seu argento factos, & digitis hujusmodi morbidorum impositos, multis in mundi partibus crebro usu expertum est. Quæ gratia Reginis non confertur, cum ipsæ in manibus non ungantur, &c.

J. Bradwardinus, Archiepiscopus Cantuariensis, in libro de causa Dei, l. 1. cap. 1. corol. pars 32. pag. 39.

Quicunque negas miracula Christiane, veni & vide ad oculum, adhuc istis temporibus in locis sanctorum per vices miracula gloriosa. Veni in Angliam ad Regem Anglicum præsentem, duc tecum Christianum quemcumque habentem morbum Regium, quantumcumque inveteratum, profundatum & turpem, & oratione fusa, manu imposita, ac benedictione, sub signo crucis data, ipsum curabit in nomine Jesu Christi. Hoc enim facit continue, & fecit sæpissime viris & mulieribus immundissimis, & catervatim ad eum ruentibus, in Anglia, in Alemannia, & in Francia circumquaque; sicut facta quotidiana, sicut qui curati sunt, sicut qui interfuerunt & viderunt, sicut populi Nationum, & fama quam celebris certissime contestantur. Quod & omnes Reges Christiani Anglorum solent divinitus facere, & Francorum, sicut libri antiquitatum & fama regnorum concors testantur: unde & morbus Regius nomen sumpsit.

Viro Doctissimo JOHANNI FREIND, *M. D.*
MICHAEL MAITTAIRE, *S. D.*

Fidem, Vir Amicissime, libero; quam haud ita pridem, cum sermones inter nos super nostratum Medicorum scriptis haberemus, dedi, me tecum, quæ mihi literaria veterum monumenta evolventi passim de Linacro Cajoque occurrerunt, communicaturum.

VITA

Thomas Linacrus anno circiter (*a*) 1460. natus, studiorum tyrocinia (*b*) Florentiæ sub Demetrio Chalcondyla & Angelo Politiano, una cum Laurentii Medices filiis, posuit. Inclaruit ea maxime tempestate; qua crassa præcedentium sæculorum barbaries, renascentibus in Europa literis, cœperat paulatim exolescere. Viri tunc literati solebant suam plerumque operam in Græcorum Authorum Libris latine reddendis collocare: Opus sane nemini nisi linguæ utriusque apprime peritissimo suscipiendum. Plurimi ex Italis in hoc se exercuerunt: Linacrus inter Anglos (nisi fallor) primus huic negotio manus haudquaquam impares admovit. Virium suarum periculum fecit in opusculo Procli de Sphæra latine vertendo; (*c*) quod alius antea quidam fertur, at misere, tentasse. Postquam Romam, (*d*) ubi cum Hermolao Barbaro amicitiam conflavit, invisisset, in Angliam reversus, illam Procli versionem à se politius limatam, & ab Aldo Manutio, anno 1599. excusam, Arthuro Cornubiæ Walliæque Principi Henrici VII. filio & hæredi, addita præfatione, dedicavit. Accipe hic honorificam Linacri mentionem ex epistolis supra-dictæ editioni præfixis.

Aldus Manutius R. Alberto Pio Carporum Principi, S. P. D.

" Cum superioribus diebus curassem imprimenda Arati
" Phænomena cum Theonis enarratione, visum est illis adjungere Procli Sphæram, & eo magis, quod eam Thomas Linacrus Britannus docte & eleganter Latinam nuper fecerit,
" ad meque nostris excudendam formis miserit. Est enim opusculum iis, qui in Astronomiam induci atque imbui cupiunt,
" utilissimum. Quod cum ipse Linacrus noster acri vir judicio
" percenseret, Arcturo Principi suo hoc à se translatum opusculum nuncupavit; quod adolescens ille bonarum literarum
" studiosus astrologiæ operam daret. Quamobrem & nos id
" ipsum opusculum nostra cura impressum ad te legendum mittimus, quod jam Peripateticus mathematicis disciplinis na-

a *Consule Paulo post annum, quod obiit.*
b *Baile Diction.*
c.d *Ibidem.*

vare operam cœperis. Quod eo etiam libentius leges, quod «
sit à Thoma Linacro summa tibi familiaritate conjuncto in- «
terpretatum. Qui utinam & Simplicium in Aristotelis Physica «
& in ejusdem Meteora Alexandrum, quos nunc summa cura «
Latinos facit, ad me dedisset, ut & illos una cum Proclo ad «
te mitterem. Quanquam (ut spero) eosque & alios in philo- «
sophia medicinaque perutiles libros aliquando dabit; ut ex «
eadem Britannia, unde olim barbaræ & indoctæ literæ ad «
nos profectæ Italiam occuparunt, & adhuc arces tenent, La- «
tine & docte loquentes bonas artes accipiamus, ac Britan- «
nis adjutoribus fugata barbarie arces nostras recipiamus, &c. «
Horum ego Latinitatem & eloquentiam admiratus Gulielmi «
Grocini viri Græce etiam, nedum Latine, peritissimi, quam «
ad me doctam quidem & elegantem dedit, epistolam sub- «
jungere placuit, &c. Venet. pridie Idus Octob. M. ID. «

Gulielmus Grocinus Britannus Aldo Manutio Romano, S. P. D.

« Rediit in Britanniam nuper amicus meus summus, idem-
que tuus, Alde Humanissime, Thomas Linacrus, salvus (est «
Deo gratia) & incolumis. Is, cum tua singularia in se me- «
rita abunde mihi exposuisset, facile perfecit, ut te vel hoc «
solo nomine mirifice diligerem, &c. Noster Linacrus nun- «
ciavit mihi te statutum habere, ut libros sacros Veteris Te- «
stamenti Latine; Græce & Hebraice, Novi Græce & Latine «
imprimas, &c. Quod ad nos attinet, nihil prætermittemus, «
quod huic rei futurum adjumento videbitur, &c. Ex urbe «
Londino 6. Calendarum Septembris. «

Quod in Aldina epistola legitur de Aristotele, videtur
(a) Erasmus expectavisse; & (b) nonnulli asserunt, initum
fuisse inter Linacrum, Latimerum, Grocinumque consilium,
ut Aristotelem integrum Latine conjunctis operis ederent.
Verum id successisse nondum comperi. De Galeno autem
habebis, quæ ad meam notitiam pervenerunt.

Linacrus in patriam redux, & totus ad medicinæ studium
conversus, nihil antiquius habuit, quam ut Galeni sua vix

---

a *Epist. 29. lib. 10. Expectamus prima factura libros Aristotelis Meteorologicon.*
b *Baillet, tom. 3. sect. 826.*

(*a*) adhuc lingua noti opera Latio donaret. Initium sibi ducendum proposuit à sex de tuenda sanitate (*b*) libris: quorum Latinam editionem, viris doctissimis (ut ipse ait) partim ex Italis, partim ex Germanis & Gallis, præcipue Erasmo & Budæo, hortantibus vulgatam, Henrico VIII. Angliæ Regi nuncupavit, epistola Londini 16. Calend. Quintiles, M. D. XVII. data: in qua (ut summam modestiam cum summa eruditione conjunctam facile agnoscas) hæc animadvertas velim; *Qui libri* (inquit) *si à me Latinitate donati minores fortasse cuipiam videbuntur, quam sunt à me prædicati; erit id fateor insaniæ meæ maxime imputandum: nisi forsan eorum virtuti, utpote quam pro merito exæquare nec modestus quispiam speraverit, nec temerarius possit.*

His deinde adjunxit *quatuordecim de morbis curandis libros; opus plane* (ut fatetur) *arduum, & quod sive id ob subtilitatem suam, sive prolixitatem, mille jam annis nemo satis Latine, ne dicam ex tanti operis dignitate vertere (quod sciam) est aggressus.* Horum versioni ejusdem Regis, cujus medicus erat, patrocinium conciliavit: quem sic præfatur; *Interim, Rex Clarissime, sines has quoque lucubrationes sub tui nominis patrocinio commendatiores exire: præsertim cum non tam à me tibi destinatæ sint, quam plane debitæ; vel quod, in qua natæ sunt, aulæ tuæ veluti fœtura sint; vel quod tu quicquid usquam laborum est meorum, jure tibi vendices; qui me tam munifice non victu modo stipendioque alis, sed etiam amplissimis muneribus ornas.* —— *Cui potius medicus tuus hoc, quo sanitati tuæ consuli possit, conferam, quam tibi? &.* Hanc editionem Janus Lascaris sequenti epigrammate commendavit:

Omnigenos Pæan suetum te pellere morbos
In Latio, & Diti subtrahere arte animas,
Desidem ubi & bardum vidit, facunde Galene,
Posthabitumque aliis quos memorare piget;
Dixit prospiciens populis; Age, mysta Linacre,
Redde virum ingratis quamlibet Ausoniis,
Tam sibi, quam proavis, qui dogmata prisca relinquunt,
Tricisque involvunt ingenia & tenebris.
Hæc Deus. At Thomas afflatus numine, talem
Te vertit, qualem Græcia culta tulit.

a *Therapeutica Græce prodierunt Venetiis anno 1500.*
b *Hi postea Parisus apud Simonem Collinæum prodierunt 1530.*

Hanc versionem postea Simon Colinæus Parisiis anno 1530. impressit recognitam à Gulielmo Budæo, qui animadvertit Linacrum in illo opere multo plus tribuisse priscæ scribendi vertendique severitati, quam istius temporis indulsisse licentiæ lascivienti.

Linacrus, cui (a) *nihil magis in votis fuit, quam Galeni opera omnibus, qui Romana lingua utuntur, communicari; quæ in manus inciderunt, & per valetudinem potuit, ipse fecit Latina: & egregium ejusdem de motu musculorum opusculum, quod Nicolaus Leonicenus vir doctissimus Latinum fecerat, & Florianus amicus suus ipsi ab urbe miserat, formulis in multa exemplaria quam primum excudendum curavit.*

Libros præterea tres de temperamentis, unum de inæquali intemperie, Latine versos (Cantabrigiæ primum per Joannem Siberch 1521. *& deinceps Parisiis in officina Simonis Colinæi* 1523. *impressos) epistola Londini anno* M. D. XXI. *Nonis Septembris data, Papæ Leoni* X. *obtulit; cupiens aliquo officii genere se declarare non immemorem collatæ recens in se non vulgaris munificentiæ; qua ipsum quoque, sicut reliquos, quicunque illum olim in ludum comitabantur, Pontifex beare dignatus fuerat; promittens interim plura majoraque (ut primum per valetudinem & ministerii sui officia liceret) sub illius Pontificis nomine edenda.*

Alias aliquot Linacri lucubrationes recenset sequens ipsius ad Gulielmum Cantuariensem Archiepiscopum epistola.

« Statueram, amplissime Præsul, pro otio, in quod me honorifico collato sacerdotio ex negotio primus vindicasti, merito primos ejus fructus tibi dedicare. —— Id consilium quemadmodum necessario, non sponte mutarim, alia (b) epistola significavi. Decreveram & aliud animi mei exiguum illud quidem, sed tamen non omnino incongruum monimentum tibi nuncupare; ut Galeni de elementis opere, quod cæteros ejus libros ordine præcedit, à me converso, & tibi dicato, in ipsa maxime fronte mearum in eum lucubrationum primus author otii nostri legereris. Sed cum id certis negotiis districtus distulissem, ecce malum hoc, quo assidue cru-

---

a *Linacri ipsius hæc sunt verba, quæ lego in istius opusculi editione per Guinterium Joannem Andernacum ex Simonis Colinæi officina Parisiis anno* 1528. *emissa.*

b *Hæc nondum ad meam notitiam pervenit.*

„ cior, ita defævire cœpit, ut, quod deftinaram, abfolvi à me
„ poſſe defperarem. Unum igitur, quo me munificentiæ tuæ
„ non immemorem teftarer, fuit reliquum, ut Galeni de na-
„ turalibus facultatibus libros, quos inchoatos in manibus ha-
„ bebam; ubi per morbi fævitiam liceret, abfolverem; ac
„ ultimos faltem otii mei fructus, quando primos non licuit,
„ fub tuo nomine publicarem, &c.

Hos tres libros, & unum de pulſuum uſu, cum quibuſ-
dam Pauli Æginetæ de diebus criticis, ex Linacri interpreta-
tione, prælo iterum fubjecit Colinæus anno 1528. cum hac
Guinterii Joannis Andernaci præfatione. En habes, optime
„ lector, Galeni libros tres de naturæ facultatibus, elegantiffi-
„ me, à Thoma Linacro, Deum immortalem quo viro! in
„ Latinum fermonem tralatos. His & alter de pulſuum uſu,
„ tum ejuſdem authoris tum interpretis, eft additus. Qui jam
„ vel hoc nomine tibi gratiores eſſe debebunt, quod hactenus
„ in Gallia lucem non viderint. Nam Petrus Bellus Ducis Ven-
„ dovienfis phyficus, nuper ex Anglia primus, quo cum Ora-
„ toribus Chriftianiffimi Regis Gallorum profectus erat, unà
„ fecum eos fauftis avibus advexit: fed ita quibufdam in locis
„ typographorum vitio depravatos, ut falfa interim pro veris,
„ afcita pro nativis continerent; denique non parum quafi de-
„ generare ab origine viderentur. Quod cum fenfiffet acri vir in-
„ genio, recognofcendum nobis de integro ad Græci exempla-
„ ris veritatem tradidit, &c.

Hunc de pulſuum uſu (cum aliis de pulſibus Galeni libris)
tractatum Latine iterum luce donavit Colinæus anno 1532.
recognitum ab Hermanno Cruferio Campenſi, cum ipſius
Cruferii præfatione; inqua Henricum VIII. Angliæ regem fic
affatur, *Alumni tui inſtitutum ſequor Thomæ Linacri; ut quem
ille vir doctiſſimus patronum elegiſſet & defenſorem exactiſſimo-
rum ſuorum operum, eidem mea, non illa quidem climatiſſima,
ſed tamen plurimi laboris & operæ certe, offerrem; quo ejus au-
ſpiciis in vulgus feliciter exirent.*

Conftat (*a*) Linacrum obiiſſe anno falutis Chriftianæ
1524. ætatis fuæ 64. in D. Pauli Æde apud Londinenſes fe-
pultum.

Poft ejus mortem quadriennio, viz. 1528. Parifiis apud Si-

a Baile Dictionaire.

monem

monem Colinæum impressi sunt, Latine, illo interprete, quatuor Galeni de Symptomatibus libri, scil. unus de eorum differentiis, tres de causis: quibus anonymus quidam sic præfatus est.

"Vix potest explicari, studiose Lector, quam elegans & eruditum de symptomatis opusculum in manibus habes. Nec tacendum esset, quantis Latinæ linguæ deliciis hos commentarios Linacrus dudum donavit, vir ut utriusque linguæ doctissimus, ita reconditarum artium cum primis eruditus: qui studiosos omnes (dum dixerat) ad meliorem illam mentem non modo adhortabatur, verum etiam maximis muneribus & fovere & alere solebat, ut non immerito tanquam alter Mecænas doctis hominibus haberetur. Ille suis lucubrationibus & vigiliis fortassis in non parvum suæ valetudinis dispendium nostræ conditionis miseratus, tantum de re medica meritus est, quantum nostri sæculi nemo alius, quippe qui meliorem partem medicinæ è Græco in Latinum rara felicitate verterit. *Quatuordecim enim libros de methodo medendi, de sanitate tuenda sex, de naturali facultate tres, de temporamentis tres, de inæquali intemperie unum, de usu pulsuum unum, cum his de symptomatibus, summa sui ingenii fœtura, tam Latine vertit, ut non melius aut elegantius Græce eos olim Galenus scripserit.* Multa item alia à se versa reliquit, quæ, quod ante obitum non erant edita, verendum est, ne in manus studiosorum nunquam exeant."

Sine hic interjiciam luculenta quædam de interpretandi, qua Linacrus valuit, facultate testimonia. En (a) Erasmi inter veteres de nostrate judicium. *Tandem apud nos prostare cœpit Galenus à Linacro versus, qui mihi supra modum placet. Posthac & medicum fieri juvat. Et mitto dono libros Galeni, opera Linacri melius Latine loquentes, quam antea Græce loquebantur. Et, est apud Britannos vir undequaque doctissimus Thomas Linacrus multis annis elimatas lucubrationes suas vicissim edit in lucem. Prodiit Galenus περὶ τῶν ὑγιεινῶν tanta fide, tanta luce, tanto Romani sermonis nitore redditus, ut nihil usquam desideret Lector Latinus: imo nihil non melius reperiat, quam apud Græcos habeatur. Successerunt libri Therapeutices, quod scis, quales antehac habuerimus. Et, apud*

_____
a Lege passim Erasmi Epistolas.

VITA

Britannos studio Thomæ Linacri sic nuper disertus cæpit esse Galenus, ut in sua lingua parum disertus videri possit. Ejusdem opera sic Latine legitur (a) *Aristoteles, ut, licet Atticus, vix in suo sermone parem habeat gratiam. Et in Ciceroniano, Linacrum novi virum undiquaque doctissimum. Urbanitatem nusquam affectat, ab affectibus abstinet religiosius quam ullus Atticus, breviloquentiam & elegantiam amat, ad docendum intentus: & in aliqua suarum ad Linacrum epistolarum. At tu si mihi permittis, ut omnium eruditissimus lucubrationes, ut libere tecum agam, sine premis tuas omnium eruditissimas lucubrationes, ut periculum sit, ne pro cauto modestoque crudelis habearis, qui studia hujus sæculi tam lenta torqueas expectatione tuorum laborum, ac tamdiu fraudes desideratissimo fructu tuorum voluminum. Ecce Petri Danielis* (b) *Huetii inter recentiores de Linacro testimonium & censuram. Sed ad Anglos pergamus. Et primum omnium, cum propter hominis ætatem, tum propter insignia in rem literariam beneficia, adeamus Thomam Linacrum, quo nemo majorem orationis nitorem, castitatem & condecentiam ad interpretationem contulit, quarum virtutum integritatem, dum diligentius tueri studet, fidelem verborum affectationem, raro quidem, at aliquando tamen, omisit.*

Nunc ad illam Anonymi Præfationem, quam hæc digressio, haud quaquam intempestiva, abruperat, redeo.

„ Linacrus Grammaticam absolutissimam paulo ante mor-
„ tem chalcographis excudendam commiserat. In quibus (scil.
„ lucubrationibus) ut cæteris omnibus satisfaciebat, ita sibi
„ fere nusquam; utpote qui per valetudinem, quæ multis an-
„ nis parum erat prospera, otium illud litteris dicatum, vel
„ minutatim concidere cogebatur. Ex hujus hominis interitu
„ res medica tantam jacturam passa est, ut suo jam patrono
„ vidua prope elanguescat & periclitetur. Bene precemini, stu-
„ diosi lectores, animæ hujus de re literaria tam bene meriti;
„ qui ad hæc tum Oxonii cum Cantabrigia suis impensis pu-
„ blicas lectiones medicinæ studiosis perpetuo futuras easque
„ honorificis salariis sustinendas curavit; quo ars una generi hu-
„ mano maxime necessaria, jamdiu prope extincta, veterem
„ illum suum nitorem resumat & assequatur. *Vale.*

a *Nihil adhuc Aristotelis à Linacro versum legi. Vide prius not.* (c)
b *Lib. de Clar. Interpret.*

GABRIELIS.

De illa Grammatica paululum aliquid dicendum est: quam Linacrus in Mariæ Cornubiæ & Walliæ Principis Henrici VIII. filiæ gratiam conscripsit. Ille (ut ejus præfatio declarat cum Mariæ *à rege patre, pro sanitate tuenda, comes datus fuisset, nec id ministerium obire per valetudinem liceret; secum cogitavit, quanam alia ratione ei esse usui potissimùm posset. Itaque cernens in ea generosum felicissimi ingenii ad studia literarum impetum, hunc juvandum fovendumque censuit, & Latinæ linguæ rudimenta, quæ Anglis antea ediderat, nunc in summam quam potuit, redigit claritatem. Eadem postea Buchananus cum Gilberto Kennedo Comiti Cassilissæ summæ spei adolescenti prælegeret, placuit illi supra modum in eo viro etiam in rebus minimis citrà curiositatem exacta diligentia, & ordinis lux, quanta in tam confusa rerum congerie esse potest, & quædam sani judicii lectoribus in argumento vulgato non ingrata futura novitas. Quare visus est sibi operæ pretium facturus, si eum libellum è vernaculo Anglorum sermone, quo primùm ab authore est editus, in Latinum verteret.* Hanc Buchanani versionem nitidissimè excudit Stephanus 1536.

Aliud autem Grammaticale opus composuit, nempè sex de emendata Latini sermonis structura libros, ex Richardi Pynsoni officina Londini primùm mense Decembri 1524. & posteà Parisiis ex Roberti Stephani prælo 1527. & 1532. & ab aliis typographis sæpius deinceps editos: in quibus consummatam artis illius peritiam & multifariam optimorum quorumcumque authorum lectionem eruditus harum rerum judex non poterit non admirari.

Habes jam nostri Linacri imaginem; ex elaboratis & elegantissimis illius operibus, unitisque complurium doctorum per universam Europam virorum ipsi plaudentium suffragiis delineatam. Obganniat, nunc Batavus iste Buchanani prætumidus editor: Clamitetque peculiari petulantiâ fretus, nullum ex Anglis scriptorem cum eruditis aliarum gentium viris (aut, juxta Burmanianam Latinitatis elegantiam, cum aliis gentium eruditis) posse comparari.

Quod ad Cajum attinet, de ejus scriptis copiosissime egi in tertio meorum Annalium Typographicorum tomo, paucos intra dies prodituro; ad quem, si hisce tui amici nugis delectari possis, te remitto.

Vale. Ex Museolo. M. DCC. XXV. 16. Cal. Novemb.

VITA

Thomas Linacrus, Regis Henrici VIII. Medicus; vir & Græcè, & Latinè, atque in re medica longè eruditissimus: Multos ætate sua languentes, & qui jam animam desponderant, vitæ restituit. Multa Galeni opera in Latinam linguam, mirâ & singulari facundiâ vertit. Egregium opus de emendatâ structurâ Latini sermonis, amicorum rogatu, paulò ante mortem edidit. Medicinæ studiosis Oxoniæ unam, in perpetuum stabilivit. In hac urbe Collegium Medicorum fieri sua industria curavit, cujus & Præsidens priximus electus est. Fraudes dolosque mirè perosus; fidus amicis; omnibus justo carus: aliquot annos antequam obierat, Presbyter factus, plenus annis ex hac vita migravit, multum desideratus, anno Domini 1524. die 21. Octobris.

Vivit post funera virtus.

Thomæ Linacro clarissimo Medico Joannes Caius posuit, anno 1557.

FINIS.

TABLE ALPHABETIQUE DES MATIERES,

Contenues dans ce Volume.

A

Abcès dans le mediaſtin, page 160. Abcès au péricarde, *ib.* Autre abcès à l'un des reins qui contient ſept pintes de pus. 163

Abi Oſbia, mauvais Livre. 140

Academies fameuſes en Eſpagne du tems d'Avenzoor. 172

Actuarius; on ne ſçait pas le tems auquel il a vécu; diſputes là-deſſus, 106. Son hiſtoire, ſes emplois, ſes Ouvrages, 107. Il a fait un Chapitre ſur les ſyrops, 111. Il ne traite point de certaines maladies, dont les Arabes ont parlé, 112. Sept diſcours de lui ſur les urines. 116

Ægidius, ſon Ouvrage en vers latins, 221

Ætius, ſon origine, il ordonne la ſaignée dans les éruptions préjugez vulgaires là-deſſus, combatus & détruits, 30. Il tient les cauteres ouverts quarante & ſoixantes jours, 17. Il a le premier parlé des dragonaux, 18. Il eſt fort étendu ſur les applications exterieures, 22

Abucaſis diſtingue le Bronchocele en naturel & non naturel, 185. Il décrit le petit appareil pour la taille, 198. Brunus le tranſcrit,

196. Frere Jacques & Monſieur Rau conformes à Albucaſis, *ibid.*

Alexandre eſt original & méthodique, ſelon M. le Clerc, 34. Il a des particularitez remarquables au ſujet de quelques maladies, 37. Il parle de la faim canine, 45. Cas ſinguliers qu'il rapporte la-deſſus, 46. Ses Ouvrages, 49

Alexandrie. Ecole d'Alexandrie ; ſa Bibliotheque brulée par les Sarraſins, 128

Alfouſin, inſtrument de Chirurgie, 287

Alkindus, ce que c'eſt que cet Auteur. Averrhoés en parle, 176

Almamon, fils de Raſhid, protege les ſciences, 132

Almenar, Eſpagnol, a publié un petit traité ſur le mercure, 277

Alſaharavius, Auteur conſiderable, 176. Ses Ouvrages ; il copie beaucoup Rhazès, *ibid.* Il eſt le même qu'Albucaſis, auſſi le Docteur Freind l'appellera dans la ſuite de ce nom, 168. Il eſt lettré & expérimenté, *ibid.* Il a été reſtaurateur de la Chirurgie, *ibid.* Il parle des inſtrumens propres à chaque operation, & en donne des planches, 179

Ambroiſe Paré, inventeur de la ligature des arteres, 97. La cir-

circulation n'est point interrompue, quoique les grosses artéres soient coupées, *ibid.*

Amputation du sein aux hommes décrite par Paul; il faut amputer ou se résoudre à n'avoir jamais de guérison, 85

Anasarque, guérison de cette maladie, 14. Observation de Leonides sur l'opération de l'Anasarque. 15

Anciens, étoient judicieux dans la composition des remedes, 28. Ils connoissoient peu les ventouzes, 8

Aneurismes, Paul & Ætius différens à ce sujet, 74. Opinions différentes des Medecins, disputes curieuses; réflexions judicieuses du Docteur Freind, *ibidem.* Aneurismes disséqués par Bartolin, *ibid.* Les Areunismes sont mieux traitez quand on entend bien les loix de la circulation. 97

Anne Comnene : cette Princesse entendoit la Medecine, 114. Elle décrit très-bien la maladie de son Pere, 115

Années. Il faut ajoûter aux années Arabes, si on veut qu'elles s'accordent avec les nôtres. 156

Antidotes de Nicostratus, vendues deux talens, 32

Antiquité des eaux de Bath, observation la-dessus, 139

Arabes, origine des sciences parmi eux, 128. Ils gâtoient ce qu'ils traduisoient ; l'état de l'Astrologie parmi eux, 135. Leur progrès dans l'Astronomie, *ibid.* État des Mathématiques parmi eux, 136. Edition Arabe d'Euclide très-fautive, *ibid.* Plusieurs autres de même, *ibid.* Ils ont mal traduit les Auteurs Latins, 137. Etat de la Philosophie naturelle & de la Botanique parmi eux, *Ibid.* Leurs Medecins suivent Hippocrate & Galien dans leur Theorie, 138. Pratique de leurs Medecins, *ib.* Les Arabes, quoique Copistes, ont des choses nouvelles, 139. Ils ont été louez & blâmez avec excès & sans raison, 148. Du grand nombre d'Arabes, dont parle Abe-Oibaia, on n'a pû recouvrer que Mesué, Razés & Avicenne, 141. Les Arabes ont moderé la méthode violente de purger & de saigner des Grecs, 194. Avantages que l'on peut retirer de leurs Auteurs, 24. Ils sont les premiers introducteurs des préparations chymiques dans la Medecine; la Chirurgie n'a pas été perfectionnée parmi eux jusqu'à Albucasis, 211. Ils ont beaucoup ajoûté à la botanique, & à la matiere medicale, 212. Ils ont inventé plusieurs choses à ce sujet. Gui Patin, leur ennemi passionné, *ibid.*

Ardern, Chirurgien Anglois, 264. Ses Ouvrages, *ibid.* Il est instructif & habile., *ibid.*

Ardeurs d'urine, peuvent n'avoir point de principe venerien, 272

Arnaud de Villeneuve, grand Chymiste, 231. Ses préparations Chymiques, *ibid.* Il guérit un Pape de la peste, 231. Son origine, son histoire, ses voianges, ses Ouvrages, ses querelles avec les Ecclesiastiques, *ibid.* Il y a dans son Traité des Maladies des Femmes des choses étranges sur l'impudicité de ce sexe dans son tems. 233

Artere, ouverture d'un artere dans un vertige, 66. Nécessité de faire deux ligatures à l'artere piquée. 98

Arteriotomie décrite par Paul. Galien donne plusieurs exemples du suc-

DES MATIERES.

çès. Intention de l'arteriotomie réduite à la derivation & à la revulsion, depuis pag. 71. jusqu'à 73

Asne, les Arabes en ont recommandé le foye, la corne des pieds & la fiante, comme remedes internes. 164

Astrologie, Astronomie, Progrès des Arabes dans ces sciences. 135

Avenzoar a précedé Avérrohés qui lui donne de grandes louanges, 157. Il vécut 135 ans; *ib.* ses Ouvrages, *ibid.* Réfutation de ceux qui le font passer pour un homme empirique; remarque importante de cet Auteur, 158. Conte singulier de son pere, *ibid.* Il paroit dogmatique dans ses Ouvrages; il cite beaucoup Galien, dont il est grand Partisan, 159. Cas singulier qui lui est arrivé, *ibid.* Autre cas arrivé à lui-même d'un abcès dans le mediastin, 160. Il parle d'un abcès au pericarde : ses symptomes, *ibid.* Il aime la pharmacie, 167. Il s'étend sur les plantes venimeuses, & sur les antidotes. Il donne le nenuphar comme antidote de l'hellebore noir, *ibid.* Il est versé en chirurgie, 170. Il traite des Dislocations, *ibid.* De son tems la Medecine, la Pharmacie & la Chirurgie, étoient trois Professions distinctes, 171. De son tems Academies fameuses en Espagne, 172

Averrhoés, ses Ouvrages inconnus jusqu'à présent aux Arabes d'Orient, 172. Son histoire, 173. Celle de son grand-pere racontée par Leon, *ibid.* Son caractere & ses Ouvrages, *ibid.* Il n'a point pensé sur Avicenne comme Bayle le prétend, 174. Quelques-autres erreurs de Bayle à son sujet, *ibid.*

Averrhoés parle d'Alkindus, 176

Avicenne, sa naissance son pays, 155. Ses Ouvrages, 156. Sa mort, *ibid.* On l'a prodigieusement loué sans raison, 157. Il n'a rien qui donne à penser qu'il ait voulu parler des distilations. 114

Auteurs; quelques-uns de ce tems-là ne méritent pas, dit le Docteur, qu'il en parle. 119

B

Bacon le Moine, appellé Roger Bacon, aussi digne qu'un Ministre d'Etat ou qu'un Prince, de l'attention des Biographes : sa naissance, son caractere, son sçavoir étonnant, 225. Il est contemporain d'Albert le grand, ses Ouvrages, sa Chymie & ses sentimens, *ib.* C'étoit un prodige de son siécle, sur-tout pour les Méchaniques, 224. On le soupçonnoit de magie, 227. Ses Ouvrages de Medecine, où il étoit fort versé & non connu pour tel; Ouvrages qu'on lui a attribué mal-à-propos; Milord Bacon, fameux, 228 & 229

Bactishua a traduit plusieurs Livres, sa Patrie & celle de plusieurs autres fameux Auteurs Arabes. 131

Baume d'Agrippa remarque de Zwelfer. 28

Bernard, Passage de lui sur la Chirurgie ancienne & moderne, 87. Les Modernes n'ont presque rien ajoûté aux Anciens. 88

Besoar, description & histoire de cette Pierre par Avenzoar, 169

Bibliotheque de l'Ecole d'Alexandre, brûlée par les Sarrazins, à la destruction de laquelle les Medecins Grecs furent probablement épargnez, 128. Preuves de cette

336 TABLE ALPHABETIQUE

conjecture, 129. La Bibliotheque de Vienne renferme plusieurs Manuscrits ramassez par Busbequius, *ibid.*

Botanique, science par laquelle les Arabe sont beaucoup ajoûté à la matiere medicale, 212. Ils ont inventé beaucoup de choses à ce sujet, *ibid.*

Bronchocele décrit par Paul, 83. Aurelien tourne cette operation en ridicule ; Paul répond du succès, Purman y a réussi, 84. Albucasis le distingue en naturel & non naturel, 85. Bronchoceles changez en meliceres & en steatomes ; les Espagnols sujets à cette maladie. Il est dangereux d'extirper ces tumeurs. 185

Bronchotomie conseillée par Avenzoar dans une Esquinancie ; il en fait l'expérience sur un bouc qu'il guérit 165

Bubons ; il s'en faut bien que tous ceux qui viennent aux aînes soient veneriens. 273

C

Cadavre ouvert où l'on trouva le pericarde enflammé. 161

Calife Alwalid interrompit le premier l'Ere d'Alexandrie. 129

Cancer ; avis de Rhazés à ce sujet, 149. Albucasis en traite, 186. Inutilité d'y rien essayer lorsqu'ils sont grands ; il n'en a jamais guéri, ni vû personne qui y ait réussi. *ibid.*

Cas d'une femme qui se coupe la gorge. 84

Cas de Chirurgie où s'est trouvé Valesius. 241

Cautere actuel & potentiel, 15 ; leur ancienneté, 17. Ætius les tient ouverts jusqu'à quarante ou soixante jours, *ibid.* Les cauteres des Anciens & les nôtres sont les mêmes, *ibid.* Histoire du cautere appellé Seton, 18. Albucasis traite au long des cauteres, 179. Leur usage plus ancien parmi les Arabes qu'ailleurs. 180

Celse a augmenté la matiere medicale. 28

Cerfs vivent long-tems, contes à ce sujet. 228

Cerveau, sa membrane blessée, une partie emportée, & même de la substance du cerveau perdue sans que les malades en meurent, 181 & 260

Chair de vipere, histoire à ce sujet, confirmée par plusieurs choses que rapporte Galien.

Chaude-pisse ; Atdern en parle, sans dire qu'elle ait quelque cause venerienne, 264. Elle n'a paru que trente ou quarante ans après l'origine de la verole, 272. Jacques de Catane dit que la verole est quelquefois plusieurs années à paroître, 278. Caustiques d'Ardern, accidens qui les ont suivis. 264

Chinois & les Turcs ne cultivent que les Arts Mechaniques. 133

Chirurgiens Grecs ont été plus hardis qu'aucuns autres. 200

Chirurgie ; Passage de Monsieur Bernard sur l'ancienne & la moderne, 87. Les modernes n'ont presque rien ajoûté aux anciens. 88, 89

Chirurgie, perfectionné du tems d'Ætius & Paul. 122

Cholera morbus, pour lequel le vin est ordonné. 46

Chymie ; son introduction en Europe, 223. Epoque de son introduction

duction dans la Medecine. 113
Circulation du fang, dont la connoiſſance eſt néceſſaire pour entendre ce que c'eſt que revulſion. 98
Cire, eſt un remede ſuppuratif, de même que les gommes & les réſines. 27
Clergé & les Moines s'emparerent de la Pratique de Medecine, 233. Decret du Concile de Tours contre cet abus, *ibid.*
Clyſtere ; Galien nie qu'on puiſſe donner par leur moyen de la nourriture au corps, Avenzoar eſt d'opinion contraire, 165. Diverſes hiſtoires la-deſſus. 166
College de Salerne, ſes Statuts. 222
Collyre de Danaüs vendu 1200 écus. 32
Commerce avec une femme gâtée, ſes ſuites : Gilbert en parle, 239. Deſcription de pareils ſymptomes dans le Livre intitulé *Rogerina*, 239. Recette curieuſe de J. de Gaddeſden à ce ſujet, *ibid.*
Conſtantin l'Affriquain, 217. Preuve qu'il a vécu dans le onzieme ſiécle ; jugement ſur cet Auteur. 228
Corps aux pieds & aux mains, ſont différentes couches d'épiderme. 256
Coûtumes des Mahometans en bâtiſſant leur Moſquées. 131

D

Decoction. Geſner veut que les Arabes n'ayent pas parlé d'autres choſes. 114
Demoniaque de l'Ecriture attaqué de λυκανθρωπια. 9
Cette maladie n'a pas été inconnue en Irlande & en Livonie. 10
Diaſcordium. de Fracaſtor. 287

Delaians, ſont de la derniere importance dans les fievres & toutes les maladies aigues. 45
Diſſenterie. Alexandre ordonne la Rhubarbe pour la guerir, opiates nuiſibles à cette maladie, mépriſes à éviter dans la diſſenterie ulcereuſe. 46
Diſtillation. Il n'y a rien dans Avicenne qui donne à penſer qu'il ait voulu en parler. 119
Dragonaux. Ætius eſt le premier qui en a parlé, hiſtoire de cette maladie. 18
Drogues de l'Amerique, Monard, Piſon & Margrave en ont traité. 287

E

Eaux ferrugineuſes utiles dans les maladies chroniques, 48. Eaux du Pô nuiſibles à la digeſtion ſelon Procope, 56. Eaux minerales priſes interieurement, 339. Eaux de Bath ; obſervation ſur leur antiquité, 239. Recherches à ce ſujet, *Ibid.*
Ecole d'Alexandrie, 128. Ecole de Salerne fondée par Charlemagne, 216. Ecole de Montpellier fameuſe pour la Medecine, neanmoins un peu tombée. 220
Edition d'Euclide en Arabe très fautive, pluſieurs autres de même. 136
Æſophage nouveautez dans Avenzoar à l'égard du relâchement de cette partie, 165. Trois manieres de guerir cette maladie. *Ibid.*
Eloge de l'Hiſtoire de la Medecine de M. le Clerc. 1. Jugement ſur le ſupplement. 2
Ellebore noir dont Avenzoar fait un uſage ſingulier. 168 Il le recommande pour un bon purgatif, mais dangereux, la doſe qu'en

V v

donnoient les anciens étoit trop forte, *ibid.* Si l'Ellebore des anciens, & le nôtre font le même, 169. Deux vertus de l'Ellebore.
Empire des Sarrafins, révolution qui lui eſt arrivé, 172
Emplaſtre de Nechepſo. 28 Emplaſtre ſtictique deParacelſe nuiſible à la cure des playes & aux foulures, 27. Galien les condamne. 29
Enfans, Ouvrage de Rhazés au ſujet de leurs maladies, 149. Enfant mort dans la matrice, un autre y naît; ils ſortent tous deux par le nombril, 187. Autre cas, *ibid.*
Epilepſie. Oribaſe l'a mieux connu que Galien, les Evacuans & les Confortatifs ne ſont pas contradictoires dans cette maladie.
Epoque de l'introduction de la Chymie dans la Medecine. 113
Ere d'Alexandrie que le Calife Alwalid a interrompu le premier 129
Ere de Nabonaſſar tres moderne. 136
Eſcrouelles. Uſage de ſe faire toucher par les Rois, auſſi ancien en Angleterre qu'en France, 241. La Reine Elizabeth d'Angleterre à touché les malades. 240
Eſquinancie. Methode d'Alexandre à ce ſujet, ſentiment d'Aurelien & d'Ætius ſur le même ſujet. *Ibid.* Paſſage entier d'Alexandre touchant cette maladie, les modernes n'ont rien à ajouter, *Ibid.*
Etat de la Philoſophie naturelle & de la Botanique parmi les Arabes. 137
Eſtienne l'Athenien ou l'Alexandrien, ſes ouvrages. 102
Etude. En quoi elle conſiſtoit du tems de Bacon, 225. La Philoſo-

phie & les langues étoient tres négligées. *ibid.*
Excreſcenſes charnues leurs cauſes. 255

F

Fallope préfere le guaiac aux onguens mercuriels dans les maladies veneriennes. 289
Faute commune à tous les Editeurs des Arabes, 117. Autre de Chronologie ordinaire aux Hiſtoriens de Medecine touchant Ætius, Alexandre, Oribaſe & Paul, deux pareilles erreurs au ſujet de Dioclés, néceſſité d'éclaircir ce point. 27
Femmes gâtées, ſymptomes du mal qu'on peut gagner avec elles, 252. Femmes Toſcanes, leur impudicité. 233
Fer; Différentes opinions des Anciens ſur ſon uſage dans les maladies. 48
Ferrand, ſon voiage aux Indes, dont il rapporte du guaiac, 270
Fievres tierces doivent être attaquées par le purgatif, ſelon Alexandre & Galien, 37. Tierces & quartes, attaquées par le vomitif. 39
Fiſtule à l'anus, Traité d'Ardern à ce ſujet, 263. Différentes manieres de le traiter, *ibid.*
Flamſtead compte près de 3000 étoiles. 136
Fracaſtor, habile Medecin, parle du mercure & du guaiac. 279
François de Piemont. 236
Frederic II. Empereur, grand protecteur des ſciences, 222. Frederic, Moine, & depuis Evêque de Cervie, croit en Moine pouvoir uſer librement des biens d'un Laïque, & pille mot pour

mot Brunus. 252

Frenesie ; méthode d'Alexandre pour la guérir. 4

Freind fait l'éloge de l'histoire de la Medecine de M. le Clerc, 1. Son jugement sur le supplément 2, de même que sur Oribase & Ætius, 5. Oribase a mieux connu que Galien l'épilepsie, 11. Ses réflexions sur les Medecins Grecs, & sur les éditions qu'on en a donné. 20

Friction mercurielle ; le Cardinal de Segorbe, Alonso, Borgia & son frere, victimes de cette méthode. 275

G

Gadesden, Medecin propre pour la Cour, pour la Ville, pour les femmes, pour les riches, & pour toute la terre, 241. Son histoire qui n'est pas longue divertira beaucoup, *ibid*. Il est le premier Medecin Anglois qui ait été emploié à la Cour d'Angleterre. Il cite Girard ; quel est ce Girard, *ibid*.

Galien a dans ses Ouvrages des remedes composez, 212. Plusieurs Traitez lui sont faussement attribuez. 37

Gilbert, Chymiste Anglois, 280. Quelques préparations chymiques de lui, *ibid*. Il est le premier Medecin qui ait écrit en Angleterre de la Pratique, 238. Ses Ouvrages prouvent le tems où il a vécu, *ibid*. Il a pillé les Arabes comme bien d'autres, mais il l'a fait avec choix & jugement, *ibid*. Bizarre recette de lui pour purger doucement. Histoire d'une cure considerable qu'il a faire. 239

Glandes extirpées, Albucasis, 143. Acquapendente se sert de caustiques pour cela, *ibid*.

Goute, remedes d'Ætius, 33. Alexandre la croit guérissable, 49. Son remede extravagant, 33. Gadesden la prend pour une espece de lépre. 267

Guaiac, Leon Schmaï en parle, de même que J. de Vigo qui le fait plus en détail. 277

Guillaume de Salicet, bon Auteur expérimenté ; Passage de lui que tous les Medecins devroient sçavoir par cœur, 253. Il est le premier qui ait prescrit des remedes chymiques, 230. Il montre son habileté à l'occasion des playes au thorax. 257

Guy de Chauliac comparé par Fallope à Hyppocrate, 259. Qui il étoit, *ibid*. Il réduit la Chirurgie en systême, *ibid*.

Guy Patin se déchaîne mal-à-propos contre l'Antimoine & le Quinquina. 212

H

Hali, Abbas. 141

Harvé, Contemporain de Colomb, 95. Son Ouvrage est le plus court & le meilleur qui ait été écrit sur la circulation, *ibid*. C'est à lui qu'on doit cette découverte, *ibid*. Sa doctrine est combattue, *ibid*. Utilité de cette doctrine dans la Medecine, ce que le Docteur Freind prouve par des exemples. 96

Hernies inguinales ; Paul exact là-dessus : sa méthode de cure qui a été mise en pratique par Hildan sur une personne âgée de soixante dix ans, 67. Méthode de Barbette, *ibid*. L'hernie inguinale est le commencement de l'intestinale, *ibidem*. Méthode de Guy de Chauliac, pour guérir l'inteſtinale & l'inguinale, 260. Remarques & réflexions ſur les hernies, la nature du péritoine, *ibidem* & ſuiv. Hernies charnues, leur cauſe, réflexions à ce ſujet. Méthode de Guillaume de Salicet pour les guérir, 254. Mathiole & d'autres ont cru pouvoir les guérir, ſans le ſecours du fer. 257

Hidrocele pris pour ſarcocele. 256

Hildan rapporte un cas ſingulier ſur l'inflammation du pericarde, 162. Il condamne l'uſage des matieres graſſes dans la gangrene. 26

Hippocrate ne ſe ſert dans les tumeurs que de cerat. 28

Hiſtoire de la maladie du Calife Raſhid, 132. Bactiſhua fut ſon Medecin avec dix mille dragmes d'appointement par an, *ibid*. Vuide de cinq cens ans dans l'Hiſtorien Grec de la Medecine, 99. Hiſtoire d'un homme mordu d'un chien enragé, 149. Celle de la Maladie du neveu de Cabous, 156. Celle du Conſul Obſon, à qui on tira une pierre des reins. 201

Honain, fameux Traducteur, ſon hiſtoire, 134. Son fils & ſon neveu ont traduit Hippocrate, Ariſtote & autres, mais mal. 134

Hôpital magnifique, fondé par Alexis; établiſſement digne de curioſité. 115

Huile d'antimoine, 230. Huile nuiſible aux inflammations & aux foulures. 27

Hydrocephale, Vertunianus, Gabriel de Ferrare, & depuis les Chirurgiens Anglois, ont fait le trépan ſans danger, 121. Albucaſis décrit l'ouverture d'un hydrocephale, ſon avis la-deſſus. 180

Hydroroſatum d'Ætius & de Paul. 112

I

Jauniſſe. Methode d'Avenzoar. 169

Ignis Perſicus, Vena Medenſis, Spina ventoſa. Razés en parle, 149. Si la tumeur s'ouvre, il faut emporter la partie carriée de l'os. *Ibid*.

Impudicité des femmes Toſcannes. 233

Inſtrumens inventés par Paul pour ſcarifier, 67. Autre pour les cliſteres par Ardern. 262

Invention d'Aquapendente pour rendre le trépan moins dangereux. 181

Jugement de Freind ſur Ætius & Oribaſe 5

L

Lanfranc; quel il eſt; ſes opinions ſingulieres & dignes d'attention. 258

Lecture pour un Medecin, tout eſt bon pour lui; réflexions qui font voir l'eſprit & le jugement du Docteur Freind, 123 & ſuiv.

Leonard de Capoue, qui prétend que les Grecs n'ont rien entendu en Medecine, eſt réfuté. 92

Lepre, il y a en qui ne la croient pas contagieuſe, 267. Lépreux, l'examen que Geſner en fait ne prouve pas l'ancienneté de la vérole, 274. Remarques de M. le Clerc à ce ſujet, *ibid*. L'hiſtoire de Leonicenus, *ibid*.

L'état des Lettres au commencement du Mahometiſme. 33

Linacre, Auteur Anglois, digne d'une eſtime ſinguliere, & des plus grandes louanges de tous les amateurs des ſciences, reſtaurateur de la Medecine en Angleterre; ſa naiſſance, ſes études,

DES MATIERES. 341

son caractere, l'élevation de son esprit, la solidité de son jugement, les établissemens dont le peuple Anglois lui est redevable, 290 & suiv.

Lobera, Espagnol, a un Traité court & excellent sur la verole. 279

Loupes. 255

S. *Luc* l'Evangeliste a parlé en Medecin. 90, 91

Luette coupée sans nuire à la parole, 284. Luette détruite par un cautere liquide, *ibid.*

M

Main, un homme se la coupe au refus d'Albucasis. 187

Maladies des yeux dont a parlé Hippocrate, ne sont pas en si grand nombre que celles dont a parlé Ætius. 121

Manuscrits, il faut peu s'arrêter à leur titre. 100

Massa parle du guaiac, du mercure, des suffumigations, 280. Il décrit les symptomes de la verole. 281

Matieres visqueuses; leur usage dans les compositions, 28. Matiere medicale, augmentée par Celse.

Matthieu Silvaticus. 236

Medecine comme toutes les autres sciences a déchu dans les siécles d'ignorance. 122. Medecine renfermée dans des familles. 131

Medecins Grecs, dont on a donné l'histoire, ont beaucoup perfectionné la Medecine, 121. Medecins Juifs, leurs intrigues, les Papes s'en servent, *ibid.*

Mélancholie; méthode d'Alexandre sur cette maladie. 41

Mercure, les Arabes s'en servoient sans dessein de provoquer la salivation, 276. Il servit à enrichir Jacques de Carpi. 277

Mesue, Professeur célebre à Bagdad. 131, 142, 144

Michel Savonarole. 250

Mirobolans, Myrepsus en distingue cinq sortes. 111

Modernes s'attribuent sans fondement la gloire d'avoir inventé plusieurs choses qu'on trouve dans Guy de Chauliac. 260. Leurs progrès touchant les remedes de la Chirurgie. 287

Morsure d'un chien enragé: Actuarius a vû des cas où il ne survient d'hidrophobie qu'un an après. 107

Mouvements vitaux continuent quand les mouvements animaux cessent; pourquoi. 257

N

Nemesius, un Passage de lui sur la bile, 93. Il a connu, si l'on en croit son Editeur, la circulation du sang, *ibid.*

Nerfs; sentimens de Willis à ce sujet, est le même que celui de Salicet. 257

Nonus, Copiste d'Ætius, d'Alexandre & de Paul. 107

Nouveautez dans Avenzoar à l'égard du relâchement de l'æsophage. 165

O

Oribase décrit les glandes salivaires, 6. Plusieurs monumens de l'antiquité, conservez dans Oribase & Ætius, 7. Il parle de la saignée par scarification, *ibid.* Il décrit la maladie appellée λυκαν-θρωπω, 8. Il parle de la cure de l'épilepsie, 10. Il l'a mieux connu que Galien, 11. Il donne des spécifiques sans y trop compter, *ibid*. Patrie, éducation, caractere, histoire d'Oribase, 12. Ses Ouvrages, 13. Commentaires sur les Aphorismes d'Hippocrate, que Guinther lui attribue mal-àpropos, 13. Inutilité de l'Ouvrage de Barchuisen sur la theorie d'Oribase. 13

Os de la cuisse carrié, sans que cela ait empêché le malade de marcher. 287

Ovaires, capables d'une prodigieuse dilatation, 164. Ovaire, œuf, maniere dont il se nourrit. 255

Ouvrage fameux. 218

P

Palladius le ïatrosophiste, son histoire; il a vécu après Ætius & Alexandre; quels sont les Ouvrages, dont quelques-uns ont été attribuez à Theophile & à Etienne. 99 & 100

Palpitation; ses causes suivant Actuarius, 107. Opinions de divers Auteurs là-dessus; solidité de celle d'Actuarius, 108. Hollier rapporte un cas particulier à ce sujet, 109. Actuarius dit plus sur la cure de cette maladie que tout autre, *ibid*. Galien rapporte un cas extraordinaire, *ibid*. Salius veut qu'on saigne, 110. Excellente regle de Sennert à ce sujet, *ibid*. Palpitations guérissables, & Incurables, *ibid*.

Paracentese; comment Albucasis en traite, 188. Cette opération doit être ancienne, *ibid*. Observations curieuses sur la façon dont cette opération doit être faite, *ibid*. Réflexion du Docteur Freind à ce sujet sur les causes de l'hydropisie, *ibid*. Bandages proposez par Aurelien & Monsieur le Litre à ce sujet, 192. Paracenteses dangereuses dans les enfans, 193. Conseil à ceux qui sont attaquez de l'hydropisie, *ibidem*. Garengeot rebuté, *ibid*. S'il faut tirer toute l'eau à la fois ou non, *ibid*

Parotides, méthode d'Alexandre à ce sujet, 42; deux sentimens de divers Auteurs sur les parotides, *ibid*.

Patriarche d'Alexandrie vers l'an 800. est très-renommé pour son sçavoir en Medecine, 130

Paul, son histoire, 85. Le jugement de Saumaise, severe sur lui, est mal fondé, 86. Il différe sur plusieurs choses de Galien, Leonide & Hippocrate, 66. Choses curieuses dans son Traité de Chirurgie, *ibid*. Sa méthode pour tirer d'une playe les fleches, 67. Il a été copié de tout le monde à la sourdine. 86

Pericarde enflammé, Rondelet en parle, 162. Salius & Rondelet ont écrit sur ce sujet dans le même tems sans le sçavoir, *ibid*. Pericarde épaissi & augmenté; raison de ce phenomene, 163. Cœurs trouvez sans pericarde, *ibid*. Hydropisie du Pericarde si bien uni au cœur, qu'on ne peut séparer *ibid*.

Peritoine, capable d'une grande extension, comme il paroît par l'hydropisie, le peritoine ouvert se réunit très-bien. 70

Peste de 643. Son histoire par le même, 58. Rapport de cette peste à celle d'Athenes, dont parle Thucidide, 63. Différence de cette peste d'Athenes avec celle de Constantinople, *ibid*. Autre décrite par Guy de Chauliac, 260

Phenomene causé par une famine extraordinaire. 56

Pierre d'Apono, sa naissance, son pays, ses Ouvrages, 134. De son temps on se servoit peu de préparations chymiques, 235. Pierres cas où l'on en a craché, ce que le Docteur Freind a souvent rencontré, 44. Alexandre à ce sujet en contradiction avec Galien, *ibid.* Il prescrit la saignée, 41. Progrès des Modernes sur la pierre pour son extraction ; ils ont imaginé la taille par le grand appareil, 15. Pierre Armenienne qu'Alexandre préfere à l'hellebore blanc dans la mélancholie. 41

Pleuresie ; dispute sur le côté où l'on doit ouvrir la veine dans cette maladie, 98. Pratique d'Alexandre à ce sujet ; il est indifférent d'ouvrir telle ou telle veine, *ibid.*

Ponction ; Sylvius propose la maniere de la faire.

Poudre à canon, inventé par Bacon. 226

Procope crû Medecin, & pourquoi, 56. Il fait honneur à la Medecine, *ib.* Il descend dans un détail curieux sur les playes d'Artabazes & de Trajan, d'Arses, de Cutilas & de Budas. 57

Progrès des Modernes sur la pierre ; ils ont imaginé le grand appareil pour la tirer, 15. Progrès fait dans l'Anatomie par Sylvius, Vesale, Columb, Eustachy, 290. Les Modernes & faiseurs de systêmes ont tous gâté depuis, *ibid.*

Psellus, Compilateur d'autres Compilateurs, est compilé à son tour par Simeon. 106

Psichrestus, son histoire donne à connoître combien il étoit ignorant, fourbe & impertinent. 52

Purgation dans la goute n'est pas une invention moderne, 36. Purgatifs trop forts, dangereux, 41. Purgatifs lents, bons, de même que les eaux minerales dans certaines maladies chroniques. 41

R

Raimond Lulle, disciple de Bacon, 224. Grand chercheur de la pierre philosophale, *ibid.*

Rhazés est le premier des Arabes qui se soit adonné à la Chymie, 113. Naissance de cet Auteur, 145. Son caractere, *ibid.* Il est le premier qui parle de l'*oleum benedictum.* Il compila le Livre appellé Continent, 144. Ses emplois, ses voiages, ses occupations, ses Ouvrages, *ib.* Erreur d'Haly-Abbas à ce sujet, *ibid.* Table de dix Livres de Razès, 146. Razès a plusieurs choses nouvelles, telles que les paroxismes irréguliers d'une fievre, 148. Sa méthode dans le cas d'une tumeur au poignet, *ibid.* Il suit Archigenes pour la cure de la sciatique, & donne des clysteres assez violents, *ibid.* Son sentiment sur les vomitifs, 149. Il a composé plusieurs Livres sur la Chymie, 151. Ses sentimens sur les qualités que doit avoir un Medecin, 152. Il parle des Charlatans ou imposteurs, 153. Il fait une énumeration de leurs friponneries. 154

Reflexions du Docteur Freind sur les Medecins Grecs, & les éditions qu'on en a donné. 120

Remedes universels dangereux. 32.

Révolutions dans la Medecine. 223

Révulsion contraire à la suppuration. 30

Rhodostagma & l'intybostagma d'Actuarius. 112

Rhubarbe confondue avec le rhapontic, 46. Son histoire. 47

Richard, Chymiste. 231

Roger Bacon aussi digne qu'un Ministre d'Etat ou qu'un Prince, de l'attention des Biographes. 229

Roger de Parme. 230

Rougeole regardée comme la petite vérole, 203. Symptomes de rougeole. 205

S

Saignée est redoutée par Oribase dans le cas même de plenitude, 38. Opposé en cela à Hippocrate, *ibid*. Cas ou Bactishua la propose avec jugement, 133. Disputes extravagantes sur la saignée à un bras ou a un autre, 25. Différens instrumens d'Albucasis pour la saignée. 19

Sang. Colomb n'en a pas bien connu la circulation. 94

Sarcome. L'opération n'est pas difficile; en quel cas. 156

Secte méthodique, son caractere, 50. Toutes les Sectes sont confondues après Galien dans la dogmatique qu'il avoit établie. 50

Senné, ses qualitez. 111

Scarification, bonne dans l'érésipele. 31

Sciences passent d'Orient en Occident; pourquoi, 216. Ecole de Salerne fondée par Charlemagne, *ibid*.

Schirre; usage de l'acier dans cette maladie, trouvé par Alexandre, 47. L'Anatomie dicte comment doit être traité le schitre. 48

Scorbut, histoire de cette maladie. 286

Sylvius de le Boë, propose une maniere de faire la ponction; il parle du cautere actuel & potentiel; il le conseille dans l'asthme inveteré, 15. Il parle de la paracentese. 17

Sueur, histoire de cette maladie. 286

Suppuration, quelle en est la véritable idée. 29

Sybille Conversana, trait de cette Princesse si généreux & si touchant, qu'il mérite d'être remarqué. 220

Syncope produite par la suppression de quelque évacuation naturelle. 38

T

Tailler, différentes manieres de le faire. 286

Tetrapharmacum, violent suppuratif. 30

Thadée, Contemporain de Guillaume de Salicet. 230

Theodocus & Theodonus, Medecins d'Alexandrie, vers la fin du septiéme siécle. 130

Theophile, ses Ouvrages. 101

Thorella, Medecin de César Borgia, décrit plusieurs symptomes de la verole.

Toux, Averroes croit que les vers peuvent la causer, 167. Il est opposé en cela aux Anciens, *ibid*.

Traductions des Ouvrages Grecs & Arabes en Latin, 222. Teinture d'or, histoire à ce sujet. 228

Trépan au sternum, conseillé par Colomb & Barbette dans les maladies du mediastin, 161. Observation de Spigelius à ce sujet, *ibid*. Ambroise Paré s'est trompé à ce sujet, *ibid*, Il est ridicule d'employer le trépan pour de prétendues

dues vapeurs, 182. Tous les adversaires du trépan ne donnent pas de bonnes raisons. 185
Tribunus, Medecin, son histoire par Procope. 56
Triphera Parva, composition. 111
Tubercules aux poumons. 53
Tumeurs cristallines au dos, 183. Cas singulier, *ibid*. Tumeur qui contenoit un cailloux, *ibid*. Tumeurs dans la bouche & à la gorge, 184. Histoire d'une Tumeur livide sans douleur. Il est difficile de connoître si dessous une tumeur, il y a de la matiere ou non, 254. Tumeur changée en substance charnue, 185. Tumeur aux glandes Tyroides, 186. Tumeurs fongueuses au ventre, *ibid*. Autre, *ibid*. Quel but on se propose pour les dissiper, 24. Méthode de différens Medecins anciens pour les guérir, *ibid*.

V

Valesius de Tarenta a composé le philonium. 249
Variations de la verole, 283. Conjectures dessus, *ibid*.
Veine, ouverture de la jugulaire. 66
Ventouses peu connues aux anciens. 8
Verole (la petite) son origine, 203. On ne peut l'avoir deux fois, selon Averrhoés, 174. Elle se fait sentir en Europe, *ibid*. Elle étoit inconnue aux Grecs plusieurs siécles après les ravages qu'elle avoit faite par tout ailleurs, 112. Razès est celui des Arabes qui en parle le mieux, *ibid*. Principes de cette maladie, 204. Quelles personnes y sont les plus sujettes, *ibid*. Ses symptomes, 205. Différence de ses pustules à celles de la rougeole, *ibid*. Autres différences entre les deux sortes de petite verole, *ibid*. pronostics de la bonne & mauvaise, *ibid*. La rougeur excessive en est un bon, la pâleur un mauvais, *ibid*. Plusieurs signes funestes, *ibid*. Les remedes prescrits par Razès ne peuvent convenir dans un autre climat, 207. Il faut éviter les purgatifs violens, les laxatifs conviennent, *ibid*. Bassin d'eau froide, ordonné par Razès, 208. Nulle guérison sans que les pustules suppurent, *ibid*. Quand il convient de purger, *ibid*. On a peu ajoûté à ce qu'à dit Razés de cette maladie, 209 Les Arabes ont prescrits les Evacuations dès le commencement de la maladie, 209. Sidenham suit les Arabes, puis il se retracte, 210. à quoi se réduit l'intention des Arabes pour la cure de cette maladie, *ibid*. L'opium emploié quelquefois chez les Arabes, *ibid*. Sur la fin de la maladie ils assistoient la nature accablée, *ibid*.
Verole (la grosse) son origine, 266. Les Espagnols portent la petite verole dans l'Amerique, & en rapportent la grosse, 267. Sentimens différens sur l'origine de la verole, *ibid*. Cette maladie inconnue aux Anciens, Hippocrate, Galien, &c, *ibid*. Les plus sçavans & les plus experimentez Medecins ont regardé cette maladie comme nouvelle, 26. Détail qui le prouve, *ibid*. Ulcere à la verge, dont Razés donne une raison burlesque, 119, 272. Variations de la verole, 283. Conjectures sur ces variations, 104. Symptome singulier de la verole

observé par Fallope, 282. Réflexions consolatoires pour les veroles. 286
Vers de trois sortes, décrits par Alexandre. 49
Versions, sur-tout celles du Prêtre Aaron, ont fait connoître les Grecs aux Arabes. 130
Vesuse, mont dont l'air & les souphres sont salutaires. 56
Vieillards, méthode de les saigner 174.
Université Juive dès l'an 200. de J. C.
Urines; Theophile est le premier Auteur qui en ait parlé ex professo, 101.

ERRATA DE LA PREMIERE PARTIE.

Page 6 lig. 32. traitez qui, lis. traitez de Machinamentis & laqueis.
Pag. 16. l. 7. plus bas vers, lis. plus bas en arriere vers.
Pag. 18. l. 5. il peut arriver qu'on fit, lis. on pourroit faire.
Ibid l. 34, 310. lis. 1310.
Pag. 26. l. 34 qu'il recommande, lis. pour un cataplasme.
Pag. 29 l. 35. d'air, lis. rien du tout.
Pag. 32. l. 11. Nicostratus, ajouté, contre la colique.
Pag. 35. l. 17. quelques raisons, ajoutez, en s'appuiant sur l'exemple de Galien.
Pag. 39 l. 30 toutes les autres, lis. la plûpart des
Pag. 40. l. 30. la pleuresie & la toux, lis. la phrenesie & de la pleuresie.
Pag. 44. l. 11. insensiblement, lis. en marasme.
Pag. 46. l. 31. la rhubarbe étoit connue, lis. étoit connue.
Pag. 50. l. 5. son Livre, lis. son II. Livre.
Pag. 51. l. 28. d'Alexandre, lis de Psycrestus.
Pag. 58, l 26, 643. lis. 543.
Pag 63. l. 5. aux maladies qui viennent de la sueur, lis. à la sueur Angloise.
Ib. l 14. ce qui a été dit des, lis. bubons & des.
Pag. 64. l. 23. qu'il entens, ajoutez, que ce n'est pas.
Pag 71. l. 32. du vaisseau du sang, lis. des vaisseaux sanguins.
Pag. 73. l. 27. n'opere, lis. n'opere-t-elle.
Pag. 74. l. 21. on y remarque, lis on n'y remarque par.
Pag 76 l. 30. sept fois. lis. cinq fois.
Pag. 80. l. 17. à une, lis. à la.
Pag. 84. l. 21. quelqu'accident, lis. étouffement.
Pag 85. l. 1. mémoralistes, lis. faiseurs de mémoires.
Pag. 97. l. 32 souvent, lis. rarement.
Pag. 102. l. Aretous, lis. Philaretus
Pag. 106. l. 5. qu'il est mort. lis. que Psellus est mort.
Pag. 109. l. 11. la cuisse, lis. la caisse du thorax.
Pag. 111. l. 31. nupobolans, lis remedes.
Pag. 112. l. 21. chirurgique, lis. chymique.

Pag. 114. l. 21. quelques plantes de liqueur, lis. quelques sucs de plantes.

Seconde Partie.

Pag. 134. l. 18. l'appella, lis. s'appella.
Pag. 138. l. 19. mêlées par, lis mêlées de.
Pag. 141. l. 8. pensées, lis. pensions.
Pag 144. l. 2. remedes, ajoutez, composés
Pag. 145. l. 13. un Auteur, lis cet Auteur.
Pag. 151. l. 29. les Professeurs qui l'enseignent, lis. ceux qui la professent.
Pag. 158. l. 5. des miramamolins, lis. de miramamolin.
Pag. 159. l. antepenult. chopine, lis pinte.
Pag 160. l. 36 quoique, &c. lis. quoi qu'il arrive sans contredit, & qu'il.
Pag. 164. ajoutez en note, Vid. Hemar, Mariff. Bokari
Pag. 168. l. 2. huile d'œufs, ajoutez, qui est un baume naturel
Pag. 184. l. 8. au chapitre, lis, dans le cas.
Ibid. l. 32. &, ajoutez, quoi qu'il avoue qu'il.
Pag. 187. l. 31. de la main, lis. d'une palme.
Pag. 190. l. 16. muscles de l'abdomen, lisez, vaisseaux de l'abdomen.
Pag. 198. l. note omise, laquelle est, Dans les Manuscrits citez par Volsus, il est appelé Cyropolitanus. Cyropolis étoit une des principales Villes de Medie, située sur la Mer Caspienne.

Troisiéme Partie.

Pag. 220. l. 18. Mathématiques, lis. méchaniques.
Pag. 230. l. 14. dissenterie, lis difficulté d'uriner.
Pag. 232. l. 10 Paris, ajoutez, en 1309
Pag. 240. l. 28. quelques siecles auparavant, lis. durant quelques siecles.
Pag. 250. l. 13. en 1440. lis. entre 1440.
Pag. 261. l. 5. hanches, lis. reines.
Pag 267. l. 7. aiant, lis. avoit.
Pag 270. l. 15. humoribus, ajoutez, locum exulcerantibus.

FIN.

PRIVILEGE DU ROY.

LOUIS par la grace de Dieu, Roy de France & de Navarre, à nos amez & féaux Conseillers les gens tenant nos Cours de Parlement, Maîtres des Requêtes ordinaires de notre Hôtel, Grand Conseil Prévôt de Paris, Baillifs, Sénéschaux, leurs Lieutenans Civils & autres nos Justiciers qu'il appartiendra, SALUT. Notre bien amé JACQUES VINCENT, Imprimeur & Libraire à Paris, Nous aiant fait remontrer qu'il lui avoit été mis en main un Manuscrit qui a pour Titre : *Histoire de la Medecine depuis Gallien, avec des Observations sur la Taille*, qu'il souhaiteroit imprimer & donner au Public, s'il nous plaisoit lui accorder nos Lettres de Privilege sur ce nécessaires, offrant pour cet effet de le faire imprimer en bon papier & en beaux caracteres, suivant la feuille imprimée & attachée pour modele sous le contre-scel des Présentes. A CES CAUSES, voulant favorablement traiter ledit exposant, Nous lui avons permis & permettons par ces Présentes de faire imprimer ledit Livre ci-dessus spécifié, en un ou plusieurs volumes, conjointement ou séparément, & autant de fois que bon lui semblera, sur papier & beaux caracteres, conformes à ladite feuille imprimée & attachée pour modele sous le contre-scel desdites Présentes, & de le vendre, faire vendre & débiter par tout notre Royaume pendant le tems de huit années consécutives, à compter du jour de la datte desdites Présentes : Faisons défenses à toutes sortes de personnes de quelques qualité & conditions qu'elles soient, d'en introduire d'impression étrangere dans aucun lieu de notre Obéissance : Comme aussi à tous Imprimeurs, Libraires & autres, d'imprimer, faire imprimer, vendre, faire vendre, débiter ni contrefaire ledit Livre ci-dessus exposé en tout ni en partie, ni d'en faire aucuns extraits sous quelque prétexte que ce soit, d'augmentation, correction, changement de titre ou autrement, sans la permission expresse & par écrit dudit Exposant ou de ceux qui auront droit de lui, à peine de confiscation des Exemplaires contrefaits, de quinze cens livres d'amende contre chacun des contrevenans, dont un tiers à Nous, un tiers à l'Hôtel-Dieu de Paris, l'autre tiers audit Exposant, & de tous dépens, dommages & interêts, à la charge que ces Présentes seront enregistrées tout au long sur le Registre de la Communauté des Imprimeurs & Libraires de Paris, & ce dans trois mois de la datte d'icelles : Que l'impression de ce Livre sera faite dans notre Royaume & non ailleurs, & que l'Impétrant se conformera en tout aux Reglement de la Librairie, & notamment à celui du 10. Avril 1725. & qu'avant que de l'exposer en vente, le Manuscrit ou imprimé qui aura servi de copie à l'impression dudit Livre sera remis dans le même état où l'Approbation y aura été donnée, ès mains de notre très-cher & féal Chevalier Garde des Sceaux de France le Sieur Fleuriau d'Armenonville, Commandeur de nos Ordres, & qu'il en sera ensuite remis deux exemplaires dans notre Bibliotheque Publique, un dans celle de notre Château du Louvre, & un dans celle de notredit très-cher & féal Chevalier Garde des Sceaux de France, le sieur Fleuriau d'Armenonville, Commandeur de nos Ordres, le tout à peine de nullité des Présentes. Du contenu desquelles vous mandons & enjoignons de faire jouir l'Exposant ou ses aians cause pleinement & paisiblement, sans souffrir qu'il leur soit fait aucun trouble ou empêchement. Voulons que la copie desdites Présentes qui sera imprimée tout au long au commencement ou à la fin dudit Livre soit tenue pour duement signifiée, & qu'aux copies collationnées par l'un de nos amez & feaux Conseillers & Secretaires foi soit ajoûtée comme à l'original. Commandons au premier notre Huissier ou Sergent de faire, pour l'exécution d'icelles, tous Actes requis & nécessaires, sans demander autre permission, & nonobstant Clameur de Haro, Charte Normande & Lettres à ce contraires : CAR tel est notre plaisir. DONNÉ à Paris le dix-septiéme jour du mois d'Août l'an de grace mil sept cent vingt-six, & de notre Regne le onziéme. Par le Roi en son Conseil.

NOBLET.

Registré sur le Registre VI. de la Chambre Royale des Imprimeurs & Libraires de Paris, num. 474. fol. 376. conformément aux anciens Reglemens, confirmez par celui du 28. Février 1723. A Paris le 22. Août 1726.

D. MARIETTE, *Syndic.*

1999

www.ingramcontent.com/pod-product-compliance
Lightning Source LLC
Chambersburg PA
CBHW070623230426
43670CB00010B/1629